Deutsche Fallschirm-Jäger 1939–1945

Franz Kurowski

EDITION
ZEIT
GESCHICHTE

Im Auftrag hergestellte Sonderausgabe

Printed in Slovakia

Inhalt

Inhalt

Rußland — Vom Himmel in die Hölle

Erdeinsatz in Afrika

Kampfraum Italien

Inhalt

Endkampf im Westen

Nach dem Kriege

Ein Vorwort zum Verständnis

Dieses Buch, das den weiten Bogen zwischen den ersten Versuchen des Fallschirmabsprungs bis hin zum Hochleistungssport des Fallschirmfliegens heute spannt, ist in seinem Schwerpunkt eine Darstellung des Einsatzes deutscher Fallschirmjäger im Zweiten Weltkrieg.

Diese Einsätze werden vom Verfasser eindringlich dargestellt und zeigen Höhepunkte und Tiefen eines gnadenlosen Kampfes, Leidens und Sterbens auf.

Anhand von Kriegstagebüchern der Verbände, Tagebüchern von deren Führern, und hunderten Berichten ehemaliger Fallschirmjäger — vom Fallschirmschützen bis zum Oberbefehlshaber der deutschen Fallschirmtruppe — sind hier die Geschehnisse des Zweiten Weltkrieges, an denen Fallschirmjäger teilnahmen, dargestellt.

Die kriegsgeschichtliche Literatur beider kriegführender Seiten, und insbesondere die vielen Einzeldarstellungen des Autors, sind ergänzend eingefügt worden.

So entstand ein geschlossenes Werk über den Fallschirm und seine Verwendungsmöglichkeiten. Von den ersten Fallschirmabsprüngen, über die Aufstellung der ersten Fallschirmjäger-Verbände, deren Einsatz im Kriege an allen Fronten, bis hin zum Fallschirm als Luftsportgerät, spannt sich dieser gewaltige Bogen.

Franz Kurowski, einer der profiliertesten Autoren für Kriegsgeschichte, hat auf allen genannten Gebieten grundlegende Werke veröffentlicht. Seit nunmehr über 30 Jahren hat er jenes Material gesammelt, das jetzt in der endgültigen Form — versehen mit 410 Fotos und Kartenskizzen — vorgelegt wird.

Daß er sich nicht scheut, die Fakten *so* darzustellen wie sie waren, daß er nicht versucht, die Sprache der Kriegsberichte und persönlichen Aufzeichnungen zu verfälschen, macht den Wert dieses Werkes aus. Nur *so* ist dieser Einsatz deutscher Fallschirmjäger zu begreifen.

Daß sie von einer politischen Führung mißbraucht wurden, die sich schwerste Verfehlungen zu Schulden kommen ließ, konnten sie damals nicht ahnen.

Daß sie sich *nicht* an Greueltaten oder Kriegsverbrechen beteiligten, ist durch viele Tatsachen bezeugt. Dazu gehört auch, daß der ehemalige Oberbefehlshaber der deutschen Fallschirmtruppe, Generaloberst Kurt Student, wenige Jahre nach Kriegsschluß zum Vizepräsidenten des Neuseeländischen Frontkämpferverbandes ernannt wurde — des erbitterten Gegners von Kreta — und daß ihm zu Ehren in den USA 1963 eine große Fernsehsendung stattfand.

Mit den französischen Cassinokämpfern und den britischen Fallschirmjägern von Tunbridge Wells, sowie allen übrigen Fallschirmjägerverbänden Westeuropas und der USA, verbindet den Verband Deutscher Fallschirmjäger e. V. seit Jahrzehnten eine feste Freundschaft.

Beim Treffen jener 16 Nationen, die am Kampf um Monte Cassino beteiligt waren, reichten sich General Juin und der unvergessene Oberst Rudolf Böhmler, (der mit dem Autor lange Jahre zusammengearbeitet hat) für immer die Hände.

Dieses Werk will nichts weiter, als an jene Männer erinnern, die tapfer und anständig gekämpft haben, in dem Glauben, damit ihrem Vaterland zu dienen.

Gleichzeitig aber soll es auch eine Mahnung und Warnung sein: Daß sich ein solches vernichtendes Ringen *nie* wiederholen darf. Wer dieses Buch kritisch liest, der weiß, daß *jeder Krieg* nur Verlierer sieht.

Eine neue Waffe entsteht

Hermann Göring, Reichsminister der Luftfahrt, Oberbefehlshaber der Luftwaffe und Generalfeldmarschall, zu Kriegsschluß Reichsmarschall, befahl die Aufstellung der deutschen Fallschirmtruppe aus dem Regiment „General Göring".

Der Fallschirm: Vom Rettungsgerät zum Luftfahrzeug

Als der spätere Chef des Großen Preußischen Generalstabes, General Graf Schlieffen, am 16. April 1889 den ersten Fallschirmabsprung des Ballonfahrers Charles Leroux sah, sagte er: „Diese Art des Absprunges wäre für einen Feind eine totale Überraschung. Damit könnte beispielsweise eine Handvoll Männer ein feindliches Hauptquartier ausheben, wenn diese Dinger auch lenkbar wären."
Man konnte die ersten Fallschirme weder lenken, noch war das Flugzeug erfunden, mit dem Fallschirmspringer in den Rücken des Feindes hätten transportiert werden können.
Die ersten Fallschirmartisten, die mit

Luftkapitän I. Leitz: Der erste „Fallschirmkünstler" der Welt.

dem Fesselballon und später mit den „fliegenden Kisten" aufstiegen, waren vielbewunderte Menschen. Unter ihnen auch Käthe Paulus, die als erste deutsche Frau 1893 mit dem Fallschirmspringen begann und es auf 147 Absprünge brachte. Vor ihr hatten nur Geneviève Labrosse und Elisa Garnerin Fallschirmabsprünge vorgeführt.
Von dem ersten Fallschirm, den Leonardo da Vinci 1495 im Entwurf skizzierte, bis zu jenem Fallschirm, mit dem der Luftschiffer Lattemann und seine Verlobte, Käthe Paulus, sprangen,

Käthe Paulus, die erste deutsche Fallschirmspringerin.

war es ein weiter Weg. Am 27. Mai 1900 meldete Käthe Paulus ihren verbesserten Fallschirm als „Rettungsgerät für Luftfahrer" zum Patent an. Sie übernahm 1912 in Berlin-Reinickendorf die persönliche Leitung der von ihr errichteten Fallschirmfabrik, in der während des Krieges weit über 5000 Fallschirme angefertigt wurden, die Hunderten von Ballonfahrern und Fliegern das Leben retteten.
Die Verbesserung ihres Schirmes zum Flugzeug-Sprungfallschirm wurde erst 1917 von dem Luftschiffer-Maschinisten Otto Heinecke entwickelt. Er fand als Sitzfallschirm in den deutschen Fliegerstaffeln Verwendung. Viele der Luftkriegsasse des Ersten Weltkrieges benutzten ihn. Er rettete auch dem Pour le mérite-Flieger Ernst Udet —

Ballonbeobachter während des Ersten Weltkrieges bereit zum Fallschirmabsprung.

Richard Kohnke, Fallschirmpionier und Fallschirm-Konstrukteur, nach einem Fallschirmabsprung in Malmö/Schweden, 1923.

dem späteren General-Luftzeugmeister der deutschen Luftwaffe — das Leben. Alle Nationen nahmen noch während des Krieges dieses Fallschirmsystem auf. Die Schirme der französischen, englischen, amerikanischen, russischen und italienischen Flieger beruhten auf dem Prinzip des Schirmes von Otto Heinecke.
Nach dem Kriege war es in Deutschland die Deutsche Fallschirmgesellschaft in Berlin, die weiter verbesserte Schirme hervorbrachte. Die Inhaber dieser Firma waren Hermann Göring, Bruno Lörzer und Paul Körner.
Von seiten der Luftfahrtbehörden in Deutschland wurde im Zuge der immer schneller werdenden Flugzeuge in Zusammenarbeit mit der Prüfstelle für Luftfahrzeuge in Berlin-Adlershof die erste ständige Fallschirmerprobungsstelle eingerichtet. Die Spezialisten für Fallschirme und Anschnallgurte waren der Dipl.-Ing. Friedrich Hoffmann und die Ingenieure von Stryk und Hermann Klar. Leiter der Prüfstelle war Professor Madelung.
Hier wurden Funktionsprüfungen, Festigkeitsprüfungen und Entfaltungsstoß-Messungen durchgeführt.
Von 1933 an wurden schließlich die Belange des Fallschirmwesens auf dem militärischen Sektor zentral im Technischen Amt des Generalluftzeugmeisters beim Reichsluftfahrtministerium wahrgenommen. Diesem Amt standen die Deutsche Versuchsanstalt für Luftfahrt in Berlin, die Erprobungsstelle der Luftwaffe in Rechlin und das Flugtechnische Institut der Technischen Hochschule in Darmstadt zur Verfügung. 1939 kam schließlich noch das neu eingerichtete Forschungsinstitut Zeppelin dazu, das die Aufgabe erhielt, Fallschirmforschung zu betreiben.
Jene Schirme, die der jungen deutschen Fallschirmtruppe 1935 zur Verfügung standen, waren Rundkappenschirme von 8,5 Meter Durchmesser (Planfläche) und einer Flächengröße von 56 Quadratmetern. Es waren die Baumuster RZ 1, dann die Verbesserung RZ 16 und schließlich RZ 20.
Dieser Fallschirmjägerschirm wurde als Rückenschirm getragen. Einen Reservefallschirm — wie er bei der heutigen Fallschirmspringer-Ausrüstung zwingend vorgeschrieben ist — gab es bei diesen Truppenfallschirmen noch nicht, da die Absprünge nur aus 100 bis 120 Meter Höhe aus den langsam fliegenden Ju 52 ausgeführt wurden.

Richard Kohnke springt mit seinem Kohnke/Schmittner-Fallschirm 1923 in Schweden.

Während des Krieges — dies sei hier vorgetragen — wurde bei der deutschen Fallschirmtruppe auch das Baumuster RZ 36 — der Dreiecksfallschirm — verwendet. Er war von Dipl.-Ing. Wolf Schauenburg in Bonn entwickelt und am 5. Juni 1943 zum Patent angemeldet worden. Dieser Fallschirm hatte den dreifachen Vorteil eines geringeren Entfaltungsstoßes, geringerer Pendelbewegungen und weicherer Landung.

Die Männer der Fallschirmtruppe

Bereits im Ersten Weltkrieg hatte der US-Generalmajor Mitchell die Idee, im Abschnitt Menin-Roselare im Rücken der deutschen Front die erste großangelegte Luftlande-Operation der Kriegsgeschichte durchzuführen, um die deutsche Front zu Fall zu bringen. Dazu forderte er sämtliche Flugzeuge der Alliierten, es waren dies insgesamt 2000, zur Unterstützung an. Die gesamte 1. US-Division sollte mit Fallschirmen ausgerüstet und im Gebiet von Ypern hinter der deutschen Front gelandet werden.

Das Vorhaben wurde auf Februar 1919 vertagt. Durch das Kriegsende am 8. November 1918 unterblieb dieser erste spektakuläre Fallschirmeinsatz der Kriegsgeschichte.

Als 1930 die Memoiren des Generals Mitchell herauskamen, in denen auch von dieser geplanten Angriffsaktion die Rede war, wurde der General für verrückt erklärt. Allerdings hatte Rußland bereits im Jahre 1928 die ersten Fallschirmspringer ausgebildet. Zunächst nur auf dem zivilen Sektor, dann aber auch im militärischen Bereich.

Der Sowjetmarschall Michail Nikolajewitsch Tuchatschewski, Oberbefehlshaber der Roten Armee, förderte diese neue Art des Kampfeinsatzes aus der Luft.

Die vormilitärische Ausbildungszentrale der Sowjetunion, Ossaviachim, erhielt Weisung, vormilitärische Ausbildungsgruppen im Fallschirmspringen in allen sowjetischen Städten auszurichten.

Das Jahr 1930 sah erstmals russische Fallschirmschützen im Allunionsmanöver südlich von Moskau im Einsatz. Es gelang dieser kleinen Gruppe, im Handstreich einen hohen Stab auszunehmen. Im folgenden Jahr sprangen ein Offizier und sechs Rotarmisten aus einer Antonow 14 und sicherten mit ihrem sMG einen strategisch wichtigen Punkt.

Anläßlich der sowjetischen Sommermanöver des Jahres 1935 in der Ukraine wurden erstmals Fallschirmabsprünge und Einsätze größerer Verbände vorgeführt. Im Hauptschau-Schlußeinsatz sprangen 1000 russische Fallschirmspringer gleichzeitig ab, kämmten ein Landegebiet für 5000 Mann Luftlandetruppen frei und hielten es so lange, bis diese Luftlandetruppen nachgelandet waren.

Der damalige englische Oberst Archibald P. Wavell (später Oberbefehlshaber der britischen Streitkräfte in Afrika) schrieb an seine Regierung, daß er etwas erlebt habe, was er für unmöglich gehalten hätte, wenn er es nicht mit eigenen Augen gesehen hätte.

Die deutschen militärischen Beobachter meldeten diesen sensationellen Einsatz einer neuen russischen Waffe nach Berlin.

Auch hier wurden sofort ähnliche Ausbildungsprogramme ins Auge gefaßt, die allerdings zunächst an der Unmöglichkeit, alle Dinge gleichzeitig schaffen zu können, scheiterten.

In der Sowjetunion aber ging der Gedanke der Fallschirmeinsätze weitgehend verloren, als im Jahre 1937, auf dem Höhepunkt der großen Tschistka (Säuberung) Marschall Tuchatschewski und viele seiner Mitarbeiter zum Tode verurteilt und hingerichtet wurden.

Oberstleutnant Jakoby, Kommandeur des Regimentes „General Göring“ vom 6.06.1934 bis zum 12.08.1936.

Sein Nachfolger in der Regimentsführung, Oberst Walther von Axthelm.

Die deutsche Fallschirmtruppe entsteht

Mit dem am 16. März 1935 verkündeten neuen Wehrgesetz des Deutschen Reiches sollte auch die Landespolizeigruppe „General Göring“, die Hermann Göring, der Oberbefehlshaber der neugeschaffenen Deutschen Luftwaffe, als sein Leibregiment zu bezeichnen pflegte, ins Heer übernommen werden. Göring widersetzte sich mit Erfolg. Erst im September konnte er durchsetzen, daß die Landespolizeigruppe „General Göring“ ab 1. Oktober 1935 in die Luftwaffe eingegliedert wurde.

Oberstleutnant Jakoby, der Regimentskommandeur, wurde zum Oberbefehlshaber der Luftwaffe gerufen, und Göring erklärte ihm, daß er, Jakoby, dafür zu sorgen habe, daß aus Freiwilligen seines Regimentes ein Fallschirmjäger-Bataillon aufgestellt werde.

Diese Anregung hatte Göring von dem damaligen Chef des Generalstabes der neuen Luftwaffe, Generalleutnant Wever, erhalten, der die Berichte aus der Sowjetunion interessiert gelesen hatte.

Noch im Oktober mußte der Chef der 2. Abteilung des Generalstabes der Luftwaffe, Major i. G. Kammhuber, die Stärke- und Ausrüstungsnachweisung für dieses Fallschirmjäger-Bataillon ausarbeiten.

Am 10. November wurde schließlich vom OB der Luftwaffe befohlen, das I. Bataillon des Regimentes „General Göring“ zum Fallschirmjäger-Bataillon umzurüsten und aus Regimentseinheiten eine Pionier-Kompanie aufzustellen. Oberstleutnant Jakoby schlug vor, diesen neuen Truppenverband Fallschirmjäger-Bataillon zu nennen, womit die alte Bezeichnung Fallschirmschützen-Bataillon entfiel. Die Umgliederung sollte bis zum 18. November durchgeführt werden. Allerdings waren diese acht Tage zu kurz, denn kein einziger Soldat des neu aufgestellten Verbandes hatte bis dahin einen Fallschirm angelegt, noch war er damit gesprungen.

Um den ersten Freiwilligen zu zeigen, wie ein solcher Fallschirmabsprung vor sich gehe, wurde auf dem Flugplatz Jüterbog von einem Gefreiten, der bereits einmal mit einem Fallschirm abgesprungen war, ein solcher Sprung gezeigt. Am Rande des Rollfeldes hatte das gesamte Regiment „General Göring“ Aufstellung genommen.

Der Gefreite sprang aus einer Ju W 34 aus 250 Meter Höhe. Er schwebte sicher zur Erde, kam aber so unglücklich auf, daß er verletzt im Krankenwagen weggefahren werden mußte.

Als am nächsten Tag die Soldaten des Regimentes „General Göring“ zur Freiwilligenmeldung aufgefordert wurden, meldeten sich binnen kürzester Zeit 800 Mann.

Damit war das I. Bataillon des Regimentes „General Göring“ Fallschirmjäger-Bataillon geworden. Es kam nun darauf an, diesen Soldaten zunächst das Springen mit dem Fallschirm beizubringen. Da sich fast alle Offiziere des Regimentes beworben hatten, mußte Oberstleutnant Jakoby auswählen. Er benannte folgende Offiziere:

Bataillonskommandeur:
  Major Bruno Bräuer
Adjutant:
  Oberleutnant Vogel
Nachrichtenoffizier:
  Leutnant Dunz
Führer 1. Kompanie:
  Oberleutnant Walther
Führer 2. Kompanie:
  Oberleutnant Kroh
Führer 3. Kompanie:
  Oberleutnant Schulz
Führer 4. Kompanie:
  Hauptmann Reinberger

Am 29. Januar 1936 wurde vom Reichsminister der Luftfahrt und OB der Luftwaffe, Hermann Göring, unter dem Aktenzeichen „L.A. Nr. 262/36g III, 1A geheim“, dessen Adressat das Luftkreiskommando II, Berlin, war, der Befehl zur Vorbereitung der Ausbildung des Regimentes „General Gö-

ring" im Fallschirmspringen befohlen. Es sollten 15 Offiziere, Unteroffiziere und Soldaten des Regimentes durch Freiwilligenmeldungen ausgewählt und zur Ausbildung bereitgestellt werden.

Als Chef über die neuzuschaffenden Ausbildungseinrichtungen für Fallschirmspringen wurde der damalige Inspekteur der Kampfflieger, Oberst Kurt Pflugbeil (der spätere General der Flieger und OB der Luftflotte 1) ernannt. Oberst Pflugbeil suchte zunächst einige im Fallschirmspringen ausgebildete Offiziere, um mit ihnen die neuzuschaffenden Stellen zu besetzen. In Hauptmann Immans, dem Chef der Rekrutenkompanie des Flieger-Ausbildungs-Regimentes Lübeck, fand er einen voll ausgebildeten Fallschirm-Offizier. Diesen schlug er zum Chef des Ausbildungskommandos vor. Am 1. Februar 1936 trat Immans diese neue Dienststellung an, als dessen Standort der Flugplatz Stendal gewählt wurde. Hptm. Immans veranlaßte die Zuweisung des Polizeimeisters der Luftaufsicht Diete zu seinem Kommando. Diete hatte ihn im Fallschirmspringen trainiert und galt als besonnener und zuverlässiger Ausbilder.

Aus diesem „Ausbildungskommando Immans" wurde binnen weniger Wochen die Fallschirmschule Stendal. Hauptmann Kuhno kam noch als weiterer Ausbilder hinzu.

In Stendal begann am 1. April 1936 der erste Sprungkurs der Schule, an dem 30 Männer aller Dienstgrade des I. Batl./„General Göring" teilnahmen. Führer dieser Gruppe wurde der Bataillonskommandeur Major Bruno Bräuer. Unter der Führung von Major Bassen-

Die ersten der deutschen Fallschirmtruppe, von links: Assistenzarzt Greiling, Oberleutnant Kroh, Major Bräuer, Hauptmann Immans, Hauptmann Kuhno, Oberleutnant Rau, Leutnant Moll und Leutnant Kiess.

Die Standarte des II./FJR 1, die dem Bataillon am 4. November 1938 verliehen wurde.

Das Fallschirmjäger-Sturmabzeichen.

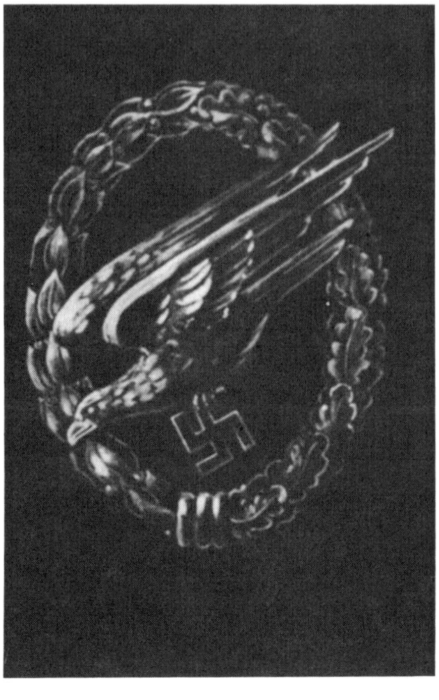

ge arbeitete ein kleiner Stab die Richtlinien der dreimonatigen Sprungausbildung der angehenden Fallschirmjäger aus. Hauptpunkte waren neben der Sprungausbildung die Auswahl und Entwicklung der Fallschirmausrüstung und der Abwurfgeräte.

Unmittelbar neben dieser ersten kleinen Gruppe zog schließlich das gesamte Bataillon Bräuer in dem nahe Jüterbog rasch errichteten Barackenlager ein, von wo aus es Lehrgang um Lehrgang zur Schule nach Stendal ging.

Drei Monate nach Aufstellung des FschJägBatl. I rief Major Bräuer den gerade zum Oberleutnant beförderten Chef der 15. (Pi.) Kp. des Regimentes „General Göring", Karl-Lothar Schulz, zu sich. Von Generalmajor a. D. Karl-Lothar Schulz ist dieses Gespräch überliefert, mit dem aus der Pionier-Kompanie eine Fallschirm-Pionier-Kompanie wurde:

„Major Bräuer begrüßte mich mit den Worten: 'Also Schulz, es soll jetzt auch eine Pionier-Kompanie in das Fallschirmjäger-Bataillon eingegliedert werden. Da Sie sich bereits freiwillig gemeldet haben, bitte ich Sie, an Ihre Kompanie zu appellieren, sich möglichst zahlreich ebenfalls freiwillig zu melden. Wenn Sie einen schwachen Zug zusammenbekommen, wäre dies gut.'

Ich ließ am selben Tage meine Kompanie antreten und hielt eine kurze Ansprache, die etwa mit den Worten endete: 'Männer, macht ihr mir alles nach, was ich euch vormache?'

Als die Männer lautstark zustimmten, beendete ich diese Ansprache mit den Worten: 'Dann seid ihr ab heute nachmittag alle Fallschirmjäger.'"

Da natürlich immer noch die Freiwilligkeit erstes Gebot war, ließ Schulz es zu, daß sich einzelne Männer, die sich nicht zu diesem Dienst tauglich fühlten, melden konnten. Aber es kam keiner, und so mußte er drei oder vier Familienväter aussondern. Damit war das FJBatl. I zu einer voll ausgebildeten Pionier-Kompanie gekommen.

Als Generalleutnant Wever im Juni 1936 auf einem Flug zu einer Inspektion verunglückte, wurde Generalmajor Kesselring sein Nachfolger. Auch er sah in der Fallschirmtruppe eine entscheidende neue Waffe.

Bei der Deutschen Forschungsanstalt für Segelflug, DFS, wurde um die gleiche Zeit aus dem von Alexander Lippisch entwickelten Meß-Segelflugzeug „Observatorium" auf Veranlassung des Leiters des Technischen Amtes des Reichsluftfahrtministeriums, Ernst Udet, eine Neuschöpfung gefordert. Der Konstrukteur Hans Jakobs wurde gebeten, aus dem Meßflugzeug „Observatorium" einen Lastensegler für militärische Zwecke zu entwickeln.

So entstand der DFS 200, der von der bekannten Fliegerin Hanna Reitsch eingeflogen wurde. Dieses Segelflugzeug hatte Platz für einen Flugzeugführer und neun Soldaten mit voller Ausrüstung.

Leutnant Kiess und Unteroffizier Flucke wurden am 11. Januar 1937 aus dem Fallschirmjäger-Bataillon I nach Darmstadt kommandiert. Dort nahmen sie an einem Segelfliegerkurs teil. Kursleiter war der bekannte Rhön-Segelflieger Fritz Stahmer. Dieser bildete zunächst Kiess und Flucke zu Lastenseglerführern aus.

Als General Kesselring einer Übung dieser Lastensegler-Piloten beiwohnte, befahl er die Aufstellung eines „Ausbildungskommandos für Lastenseglerflug" und ernannte Lt. Kiess zu dessen Chef. Das Kommando wurde in eine Transportstaffel der Kampfgruppe z.b.V. 1 eingegliedert.

Nach den ersten Erkenntnissen über Fallschirmjäger befaßte sich auch das Heer mit der Frage, ob es nicht auch ein Fallschirmjäger-Bataillon aufstellen sollte. Wenige Wochen darauf wurde die Fallschirm-Infanterie-Kompanie unter Oblt. Zahn aufgestellt. Kompanieoffizier war hier der bekannte Fünfkämpfer Oblt. Pelz.

Das Luftfahrtgerät Fallschirm wird gewartet und gepackt.

Diese Kompanie kam während der Herbstmanöver des Jahres 1937 auf dem Bückeberg in Mecklenburg zum Einsatz.
Oberstleutnant Jakoby, Kommandeur des Rgt. „General Göring“, dem zwar fliegerische Erfahrung fehlte, stellte dennoch bereits im Frühjahr 1936 jene Überlegungen an, die schließlich zu den bekannten Planungen von Fallschirm- und Luftlandungen großen Stils führten, ohne seine Überzeugung zunächst durchsetzen zu können. Da seine ständigen Bitten und Forderungen nur ungern gehört wurden, erfolgte im August 1936 schließlich seine Ablösung. Er wurde zur Luftnachrichtentruppe versetzt. (Zu Ende des Krieges war er als Generalleutnant Höherer Nachrichtenführer einer Luftflotte.)
Sein Nachfolger, Oberstleutnant, dann Oberst Walther von Axthelm, kam aus der Inspektion der Flakartillerie. Unter seinem Kommando wurde die Umwandlung des Regimentes „General Göring“ in ein Flakregiment eingeleitet. Das I. (Fallschirm-) Bataillon wurde nunmehr IV. Bataillon, und die Offiziere der Fallschirmtruppe fragten sich mehr oder weniger offen, ob dies denn auch die Rangfolge sei, die damit der Fallschirmtruppe zugemessen worden war.
Zur gleichen Zeit sah man selbst in der Luftwaffenführung für die Weiterentwicklung der Fallschirmtruppe keine Möglichkeit. Im Generalstab der Luftwaffe setzte sich schließlich der Gedanke durch, kleine Fallschirmjäger-Einheiten und -Kommandos im Zuge der Bombenangriffe der Luftwaffe auf militärische Ziele einzusetzen und sie zum Angriff gegen besonders wichtige hinter der Front liegende Objekte vorzubereiten. Da dies aber bedeutet hätte, daß die Männer keine Chance hatten, solche Einsätze lebend zu überstehen, wurde der soeben erst aufgekommene Gedanke, Fallschirmjäger zu großangelegten Einsätzen im feindlichen Hinterland zu entscheidenden Aktionen einzusetzen, begraben.
Aufgrund dieser Einstellung der Obersten Führung erfolgte im Sommer 1937 eine Umgliederung des Fallschirmjäger-Bataillons der Luftwaffe. In den einzelnen Kompanien wurden Zerstörer- und Sabotagetrupps aufgestellt.
Beim Heer hatte sich nach Bekanntwerden des Aufbaues eines Fallschirm-

Fallschirmjäger-Manöver Sommer 1939 in Lippstadt.

verbandes auch der in Potsdam als Taktiklehrer dienende Major Richard Heidrich gemeldet. Im Alter von 41 Jahren absolvierte er seine ersten Fallschirmabsprünge und übernahm am 1. März 1938 die Führung des neugeschaffenen Fallschirm-Infanterie-Bataillons des Heeres, von dem allerdings auch nur erst die bereits genannte Kompanie stand, die zu Anfang ebenfalls in Stendal untergebracht wurde. Erst als die Zahl der Fallschirmjäger wuchs, erhielt das Bataillon mit der neuerrichteten Kaserne in Braunschweig-Riddaghausen ihren endgültigen Standort.

Damit gab es bei der Luftwaffe und beim Heer je ein Fallschirmjäger-Bataillon.

Während man bei der Luftwaffe nunmehr die Konzeption der Kommando-Einsätze verfocht und die Truppe dazu entsprechend ausbildete, war man beim Heer zu der Überzeugung gekommen, daß nur ein taktisch-infanteristischer Einsatz in Frage kommen dürfe, weil dies zur Spezialität der Waffe werden würde.

Im Verlauf der Wehrmachtsmanöver des Jahres 1937 setzte denn auch die Luftwaffe ihr Fallschirmjäger-Bataillon nur zu Sabotageunternehmen ein. Das Heer wiederum erteilte seinen Fallschirmjägern den Auftrag, eine Seenenge hinter dem Feind, der frontal angegriffen wurde, zu sperren. Die Fallschirmjäger des Heeres schnitten bei diesem Manöver am besten ab. Major Heidrich war der Mann der Stunde.

Erster Gruppenabsprung. Oben links eine „Beinahe-Kollision".

Kurt Student kommt

Am 1. Juli 1938 wurde Generalmajor Kurt Student mit der Führung der 7. Flieger-Division beauftragt, wie die 1. Fallschirmjäger-Division aus Tarnungsgründen genannt wurde. Dieser Entscheidung vorausgegangen war Görings Vorschlag, zur Besetzung des Sudetenlandes — des Unternehmens „Grün" — den strategisch wichtigen Goldoppa-Abschnitt durch Fallschirmjäger von rückwärts aufbrechen zu lassen. Dazu mußten allerdings die wenigen Fallschirmjäger durch Zuführungen auf Divisionsstärke gebracht werden. Oberstleutnant Bassenge, der Kdr. der Fallschirmschule in Stendal, wurde ins OKL kommandiert und erhielt den Auftrag, mit einigen Helfern den Stab

Nach der Landung muß der Fallschirmjäger wieder auf die Beine kommen. Hier geschieht dies vorbildlich.

„L und F“ (Luftlande- und Fallschirmangelegenheiten) zu bilden und dafür einen Großverband zu schaffen.

Als Kerntruppen dienten die beiden Fallschirmjäger-Bataillone, die auf insgesamt neun Springer-Kompanien gebracht werden konnten. Hinzu kam die Umwandlung des FschJägBatl. IV zu einem geschlossenen Kampfverband, wie er vorher bereits bestanden hatte.

Am 1. Juli wurde also für diesen noch gar nicht bestehenden Divisionsverband der damalige Generalmajor Kurt Student als Kommandeur ausersehen, der am 1. April dieses Jahres Kommandeur der 3. Flieger-Division in Münster geworden war. Da seine Jagdverbände im Sommer 1938 vorübergehend auf andere Großverbände aufgeteilt worden waren, um diesen für das Unternehmen „Grün“ weitere Verstärkung zu geben, war GenMaj. Student frei. Da

Hanna Reitsch, die berühmte Testpilotin zu Besuch bei den Fallschirmjägern.

er sowohl über fliegerische als auch infanteristische Erfahrungen verfügte und anerkannterweise ein Mann von Ideen war, wurde er zum Kommandeur der neugeschaffenen 7. Flieger-Division ernannt. So lautete die Tarnbezeichnung für die 1. Fallschirmjäger-Division.

Generalmajor Student forderte die nach seiner Überzeugung für den genannten Auftrag notwendigen Kräfte an. Ihm wurde das IR 16 unter Oberst Kreysing unterstellt und in den Divisionsverband eingegliedert. Ein weiteres Bataillon wurde von der Luftwaffe zusammengestellt. Dieser um Pioniere und Artilleristen erweiterte Verband erhielt die vorläufige Bezeichnung Luftlandebataillon „General Göring". Kommandeur desselben war Oberstleutnant Sydow.

Für die Dauer des Unternehmens „Grün" wurde auf besonderen Wunsch Görings auch die „SA-Standarte Feldherrnhalle" — ein paramilitärischer Verband in Regimentsstärke — der 7. Fliegerdivision unterstellt und unter der Bezeichnung „Regiment Feldherrnhalle" in diesen Verband eingegliedert. Aktive Offiziere wurden den zu Offizieren ernannten SA-Kommandeuren als militärische Berater beigestellt.

Damit stand die Division. Nun galt es, die Lufttransportkräfte zusammenzubekommen. Die 7. Fliegerdivision erhielt sechs Transportgruppen Ju 52, von denen jede ein Bataillon befördern konnte.

Generalmajor Student, der bereits von dem Ausbildungskommando Lastenseglerflug gehört hatte, ließ sich auch diese Einheit unterstellen und leitete damit die Einbeziehung der Lastensegler in die Fallschirmtruppe ein. Als er

Zum Sprung geht es gruppenweise an die Maschinen.

Weitere Übungssprünge werden absolviert.

unmittelbar darauf das Lastensegler-Kommando Kiess in Prenzlau besuchte, unternahm er seinen ersten Lastenseglerflug, der von Lt. Kiess durchgeführt wurde.
„Er erkannte, daß der Lastensegler nicht nur ein Transportmittel war, das unabhängig von Flugplätzen auf fast jedem Gelände landen konnte, sondern daß er auch infolge seiner völligen Geräuschlosigkeit eine hochwertige Waffe zur Durchführung von Überraschungsangriffen im feindlichen Hinterland sei." (Siehe Hermann Götzel: Generaloberst Kurt Student und seine Fallschirmjäger.)
Generalmajor Student gab Lt. Kiess den Auftrag, bei der bevorstehenden Besetzung des Sudetenlandes die beherrschende Höhe 698 südostwärts Freudenthal mit seinem Zug im Lastensegler-Einsatz handstreichartig zu besetzen und den dort stehenden Gegner auszuschalten.
Ein Schlachtgeschwader und ein Jagdgeschwader wurden der 7. Fliegerdivision für diesen Auftrag unterstellt.
Im Rahmen der Vorbereitungen führte Generalmajor Student im September 1938 die erste größere Luftlandeübung bei Jüterbog durch.
Durch das Münchener Abkommen entfiel dieser geplante erste Einsatz der 7. Fliegerdivision. Das Sudetenland wurde in vier Zeitabschnitten friedlich besetzt.
Generalmajor Student erreichte von Göring die Zustimmung, daß die Besetzung von Freudenthal von Teilen der 7. Fliegerdivision durchgeführt wurde. In 250 Transportflugzeugen wurden die Fallschirmjäger zu den drei vorgesehenen Landeplätzen geflogen und dort gelandet.
Einer der Zuschauer dort war Hermann Göring. Er war stark beeindruckt und machte Student die Zusage, daß der Fallschirm- und Luftlandegedanke weiterverfolgt werden würde.
Damit schien klar, daß die Wiederauflösung der 7. Fliegerdivision, die ja vorgesehen war, nicht mehr ausgesprochen würde. Dennoch kam es zum Abbau der Truppen. Das IR 16 kehrte im Januar 1939 zu seiner Stamm-Division, der 22. ID, zurück, die im Auftrage von Göring zur Luftlande-Division umgerüstet werden sollte. Generalmajor Hans Graf von Sponeck wurde neben seiner Dienststellung als Divisionskommandeur zum Inspekteur der Luftlandetruppen ernannt.

Aber nicht nur negative Ereignisse brachte das Jahr 1939, als bereits am 1. 1. das Fallschirm-Infanterie-Bataillon II des Heeres als Fallschirmjäger-Bataillon II zum Fallschirmjäger-Regiment 1 übergeführt wurde und damit auch zur Luftwaffe gehörte. Sein Kommandeur, Major Heidrich, der als Kommandeur des noch aufzustellenden FJR 2 vorgesehen war, ging zunächst zum Stab der 7. Fliegerdivision. Sein Nachfolger als BatlKdr. wurde Hauptmann Fritz Prager. Einer der Offiziere dieses Bataillons, der Nachrichtenoffizier Lt. Rudolf Böhmler, sollte später zu einem der Verteidiger des Monte Cassino werden.

Die 7. Fliegerdivision wurde direkt dem OKL unterstellt. In Gardelegen stellte Hptm. Karl-Lothar Schulz das III./ FJR 1 auf, während das I. und II. Bataillon des FJR 2 unter den Hauptleuten Noster und Pietzonka in Tangermünde aufgestellt wurden. Alle Verbände waren aus Freiwilligen zusammengestellt worden.

Generalmajor Student erließ die Richtlinien zur weiteren Ausbildung und Erziehung der Fallschirmjäger und bemühte sich, mit bestem Beispiel voranzugehen. Dem Autor erklärte er bei dessen Interviews nach dem Kriege:

„Während meiner vielen Truppenbesuche war ich besonders häufig bei meinen Fallschirmjägern und unterhielt mich mit ihnen über ihre Interessen, persönlichen Verhältnisse und Sorgen. Ich befragte sie nach ihrer Meinung über anstehende Ausbildungsfragen und freute mich, wenn ich offene und freimütige Antworten erhielt. Meine Kompaniechefs, die Bataillonskommandeure und ich schlossen auf diese Weise die Fallschirmtruppe zu einer großen Familie zusammen.

In dieser Grundhaltung liegt zu einem großen Teil das Erfolgsgeheimnis der Fallschirmtruppe begründet, das später im Kampfeinsatz zutage getreten ist:“ (Siehe auch Karl Alman: Sprung in die Hölle; ferner Volkmar Kühn: Deutsche Fallschirmjäger im Zweiten Weltkrieg.)

Am 20. April 1939 trat die Fallschirmtruppe zum erstenmal bei der großen Parade auf, die in Berlin, Unter den Linden, aus Anlaß des 50. Geburtstages von Adolf Hitler abgehalten wurde.

Nach dem Sprung wird der Fallschirm wieder zusammengelegt.

20. April 1939: Hitlers 50. Geburtstag. Oberstleutnant Bräuer führt seine Fallschirmjäger am Führer vorbei.

Die Fallschirmjäger zogen in einem geschlossenen Block in Zwölferreihen an Hitler vorbei.
Standort des Stabes der 7. Fliegerdivision wurde Berlin-Tempelhof, und der Stab richtete sich — nomen est omen — in der Manfred-von-Richthofen-Str. Nr. 2 ein.
Kurt Student wurde damit gleichzeitig auch zum Inspekteur der Fallschirm- und Luftlandetruppen ernannt. Diese Inspektion führte die Bezeichnung L. IN XI; Chef des Stabes dieser Inspektion wurde der verdiente Oberst Bassenge.
In seiner Eigenschaft als Inspekteur unterstand Generalmajor Student auch die Fallschirmschule Stendal.
Es war nicht zuletzt den dauernden Anstrengungen des Generalmajors Student zu verdanken, daß die 7. Fliegerdivision nicht aufgelöst worden war, sondern weiter ausgebaut wurde, obgleich General Jeschonnek, der Generalstabschef der Luftwaffe, seinem Kameraden Student eröffnete, daß über das Regiment 1 hinaus keine weiteren Divisionseinheiten aufgestellt werden könnten.
Generalmajor Student hielt dies nicht für der Weisheit letzten Schluß. Anläßlich der ersten Luftlandemanöver auf dem Truppenübungsplatz Bergen im Juli 1939, die vom General der Artillerie Hans Günther von Kluge geleitet wurden, dachte sich Kurt Student etwas besonderes aus.
Er ließ die ihm von Oberstleutnant Heidrich vorgeschlagene Kriegslist anwenden und lebensgroße Puppen an Fallschirmen zur Täuschung des Gegners im Rücken desselben einsetzen. Als der Verteidiger zur Bekämpfung und Vernichtung dieses vermeintlichen

Gegners kehrt machte, sprang das II./FJR 1 auf der Vorderseite, besetzte das zu erkämpfende Höhengelände im Handstreich und richtete sich darauf zur Verteidigung ein. General von Kluge war nicht nur überrascht und begeistert, sondern auch von der Durchschlagskraft der Fallschirmtruppe überzeugt worden.

Mitte August 1939 betrug die Zahl der Springer in der 7. Fliegerdivision vier Bataillone. Das war zwar noch lange keine Fallschirmjäger-Division, aber doch ein guter Grundstock. Dennoch: die Fallschirmtruppe stand noch mitten in ihrem Aufbau, und wenn sich auch Hitler offenbar nicht um diese neue Waffe kümmerte (er hatte sie bis zu diesem Zeitpunkt noch nicht besucht und auch nicht den Kommandeur zu sich befohlen), so war doch Hermann Göring von ihr überzeugt, auch wenn

Die Fallschirmtruppe: Eliteformation der Deutschen Luftwaffe.

General Wilhelm Keitel (später Generalfeldmarschall) ist als Chef des Oberkommandos der Wehrmacht bei den ersten Besprechungen über Fallschirmjäger-Einsätze dabei.

ihm aus den Reihen der Luftwaffe noch immer Bedenken über diese nutzlose Waffe zugetragen wurden, und das Heer ohnehin nicht darauf setzte.

Fallschirmjäger in Warteposition

Als Deutschland am 26. August 1939 mobil machte, standen die vier Bataillone der Fallschirmtruppe noch in ihren Friedensstandorten. Am 1. September 1939 brach der Zweite Weltkrieg aus. Der 7. Fliegerdivision waren unter dem Codenamen „Fall Weiß" folgende Aufgaben für den Einsatz im Polenfeldzug zugewiesen worden:

„Die 7. Fliegerdivision — verstärkt durch das IR 16 — ist operative Reserve der Obersten Führung. Sie marschiert hierzu am X-Tage (dem ersten Angriffstag) im Raume Liegnitz auf."

Als der Abend des 1. September einfiel, standen die Fallschirmtruppen auf der Autobahn zwischen Berlin und Breslau. Sie waren zu den um Breslau liegenden Flugplätzen in Marsch gesetzt worden, um von dort aus zu den für sie vorgesehenen Sondereinsätzen zu starten.

Als erster Einsatzort wurde die Stadt Posen genannt. Diese war bei der großen Zangenbewegung des Heeres aus Schlesien und Ostpreußen heraus ausgespart worden.

Danach kam man auf die Idee, durch sie die wichtigen Weichselbrücken bei Pulawy im Handstreich zu nehmen, sie in der Hand zu behalten und gleichzeitig den vorwärts dieser Brücke stehenden Feindverbänden den Rückmarschweg abzuschneiden.

Zu diesem Angriff hatten die dazu ausgewählten Fallschirmjäger-Einheiten bereits in den Transportmaschinen Platz genommen, als plötzlich auch dieser Einsatz in letzter Sekunde abgesagt wurde. Danach wurde ein weiterer Einsatz in Galizien geplant. Dort sollte ein Brückenkopf bei Jaroslaw über den San im Sprungeinsatz gewonnen und gehalten werden, bis das Heer herangekommen war.

Auch dieser Angriff wurde abgeblasen. Für die Fallschirmtruppe bedeutete dies Hin und Her eine Enttäuschung ersten Ranges. Für Generalmajor Kurt Student schien klar zu sein, daß sich Heer und Luftwaffe über den Einsatz seiner Division nicht im klaren waren. Er wußte damals noch nicht, daß Hitler derjenige war, der alle drei Einsätze verboten hatte, als sich herausschälte, daß das Heer, mit der Luftwaffe als Unterstützung, allein fertig werden würde und die Fallschirmtruppe noch nicht enttarnt zu werden brauchte.

Als dann die Fallschirmjäger — gewissermaßen zu Fuß — Mitte September nach Polen rollten, bestand ihr Auftrag darin, Flugplätze zwischen Weichsel und Bug zu besetzen, einen Erkundungsvorstoß über die Weichsel zu unternehmen und den Gefechtsstand des VIII. Fliegerkorps unter General von Richthofen zu bewachen.

Zu letzterem Auftrag wurde das III./FJR 1 unter Oberstleutnant Sydow nach Radom geflogen. Nördlich der Stadt, nahe der Pilica auf dem Gut Sucha, befand sich der GefStand von Richthofens. In der Umgebung desselben waren polnische Freischärler entdeckt worden.

Das Bataillon, das ohne seine Trosse und Fahrzeuge nur unzulänglich bewaffnet auf dem Gut Sucha eintraf und von Oberstleutnant Sydow geführt wurde, wollte nach dem Willen Sydows zunächst einen starken Sperrgürtel um den Gefechtsstand legen und danach erst durch Spähtrupps aufklären lassen. Wenn Aufklärungsergebnisse vorlagen, sollten die nächsten Schritte beschlossen werden. General der Flieger von Richthofen lehnte dieses Verfahren ab und befahl am 14. September, zu starken Stoßtrupps durch den Wald anzutreten. In diesen Wald, das stellte sich zu spät für die Fallschirmjäger heraus, hatte sich eine ganze polnische Division zurückgezogen.

Zwei Züge einer Kompanie stießen auf eine starke Feindgruppe. Im entbrennenden Nahkampf wurde der Kompaniechef schwer verwundet. Es traten hohe Verluste ein, und nach stundenlangem Gefecht gelang es dem hier sitzenden Gegner, sich durch den schwachen Sperr-Riegel der Fallschirmjäger durchzuschlagen und in verlustreichen Nachtkämpfen zu entkommen. Das war für die junge Fallschirmtruppe eine sehr schlechte Bilanz, an der sie völlig unschuldig war. Sie hing ihr aber nunmehr an, weil die Gründe zu diesem Fehlschlag verschwiegen wurden.
Das II./FJR 1 führte am 24. September einen Erkundungsvorstoß nach Osten durch und stieß bei Wola-Gulowska auf ein polnisches Artillerie-Regiment, das noch voll kampfkräftig war. Das Bataillon setzte sich durch und nahm einen Teil dieses Regimentes gefangen.
Anfang Oktober 1939 marschierte die Fallschirmtruppe nach Deutschland zurück und erreichte bis zum 10. Oktober ihre alten Standorte.
Waren mit diesen unbefriedigenden Einsätzen die Tage der Fallschirmtruppe gezählt? Hatte sie ihre besondere Stärke nicht beweisen können? War sie nicht mehr, sondern eher weniger wert, als die Infanterieverbände des Heeres? Bereits die nächsten Wochen sollten zeigen, daß es Adolf Hitler war, der diese neue Truppe zu einem wichtigen Einsatz benötigte. Die Möglichkeiten dieser Waffe hatte er erkannt, auch wenn er sie nie zuvor in Aktion gesehen hatte.

Von links: Hitler, Keitel und Jodl bei einer Einsatzbesprechung.

Sturmangriff aus der Luft

Generalleutnant Student führte den ersten Sturmangriff aus der Luft gegen die Festung Holland, die Albertkanal-Brücken und Eben Emael. Bei Kriegsschluß war er General-oberst und OB der 1. Fallschirmarmee.

Planungsgespräch in der Reichskanzlei

Generalmajor Kurt Student wurde am 27. Oktober 1939 in die Reichskanzlei befohlen. Hier stand er Hitler zum ersten Male gegenüber. Dieser informierte ihn über jene Aufgabe, die er der jungen Fallschirmtruppe im Westfeldzug zugedacht hatte.

„Die Fallschirmtruppe wird nunmehr ihren ersten großen Auftrag erhalten, Herr General. In Polen ist das Heer mit der Luftwaffe gemeinsam siegreich gewesen. Es wäre unüberlegt gehandelt, das Geheimnis unserer neuen Waffe vorzeitig zu lüften.

Nunmehr aber ist es soweit. Sie werden mit Ihrer Truppe und besonders ausgerüsteten Sturmgruppen mit Hilfe von Lastenseglern einen Handstreich auf die belgische Werkgruppe von Eben Emael unternehmen." (Siehe Kurt Student: Gespräche mit dem Autor.)

Im Verlaufe der Unterredung stellte sich heraus, daß Hitler diesen Plan schon mit einigen Vertrauten beraten und daß General Keitel bereits das Oberkommando der Wehrmacht darüber informiert hatte, wie dieser Plan im einzelnen zur Ausführung gelangen sollte.

Student gegenüber dem Autor: „Hitler entwickelte während dieser zweistündigen Unterredung mit außerordentlicher Klarheit *seine* Auffassung über die neue Luftlandewaffe. Zu meinem nicht geringen Erstaunen zeigte er hierbei großes Fachwissen, sogar auf dem Gebiet der Lastensegler. Der Kernsatz seiner Ausführungen lautete:

'Dieser erste scharfe Einsatz unserer Fallschirmwaffe muß mit aller Kraft und Kühnheit an entscheidender Stelle geführt werden. Sie und Ihre Männer, mein General, werden jetzt bestimmt im Westen zum Einsatz kommen.' Und lächelnd fügte er hinzu: 'Und es wird eine große Sache werden!'"

An einer Generalstabskarte des Großraumes Maastricht-Lüttich erläuterte Hitler, assistiert von General Keitel, die Aufgaben der Luftlandeverbände in der kurz bevorstehenden Westoffensive:

„1. Die 7. Flieger-Division (wie die 1. Fallschirmjäger-Division aus Tarnungsgründen genannt wurde) und die 22. Luftlande-Division unter Führung von Generalmajor Student nehmen das 'Reduit National' aus der Luft und halten diese wichtige feindliche Befestigungslinie bis zum Eintreffen des Heeres.

Adolf Hitler wies Generalmajor Student persönlich in die Lage ein.

Der Lastensegler DFS 230.

Eine Panzerkuppel der Werkgruppe Eben Emael. Dieses Festungswerk sicherte die Brücken über den Albertkanal.

2. Eine weitere Fallschirmabteilung auf Lastenseglern wird im Handstreich die Werkgruppe Eben Emael, südlich von Maastricht bei Lüttich gelegen, und die nördlich davon liegenden Brücken über den Albertkanal sowie die Maasbrücken bei Maastricht erobern, und damit den schnellen Übergang der 6. Armee unter General von Reichenau über Maas und Albertkanal zu ermöglichen."

Befragt, ob er diese beiden Aufgaben gleichzeitig durchführen könne, erwiederte Student, daß er die Wegnahme der Brücken für durchführbar halte. Eine handstreichartige Eroberung des belgischen Sperrforts Eben Emael sei aber nach seinen Vorstellungen mit den geringen Kräften nicht durchführbar.

„Überschlafen Sie die Sache", meinte Hitler, „und kommen Sie am anderen Morgen wieder."

Die Werkgruppe Eben Emael, das erfuhr Generalmajor Student durch die mitgegebenen Unterlagen, lag etwa 80 Meter über dem Maastal in dem Dreieck, das durch den Albertkanal und den Geerfluß gebildet wurde. Ihre Grundlinie hatte etwa 700 Meter Länge mit einem Dreieck, das bis zu seiner nördlichen Spitze 900 Meter Höhe aufwies.

Diese Werkgruppe bildete einen zusammenhängenden Komplex mit 64 Einzelwerken, die zusammenwirkten und sich gegenseitig deckten. Eben Emael war mit Infanteriewaffen und Artillerie bis zum Kaliber von 12 Zentimenter bestückt, Pak, Flak und schwere MG kamen hinzu. Der gesamte Komplex war nach Nordosten — in die Richtung eines möglichen deutschen Angriffs —

Die Ju 52: Beide bildeten jeweils einen Schleppzug. Während die Ju 52 den Segler zum Ausklinkpunkt führte, stieß dieser auf das Ziel nieder.

durch eine 40 Meter hohe Steilwand gesichert, die beinahe senkrecht zum Albertkanal hin abfiel und nicht zu überwinden war.

Der Nordwestteil des gesamten Festungsgebietes wurde durch das Wasser des gestauten Jeker-Baches gesichert, das ein ausgedehntes Überschwemmungsgebiet bildete. Hinzu kam an dieser Stelle noch ein etwa 500 Meter langer Stichgraben, dessen Flankenböschungen ebenfalls sehr steil waren.

Die Südseite der Werkgruppe lag zwar mit dem anschließenden Gelände auf gleicher Höhe, war aber durch breite Gräben und hohen Mauern gesichert.

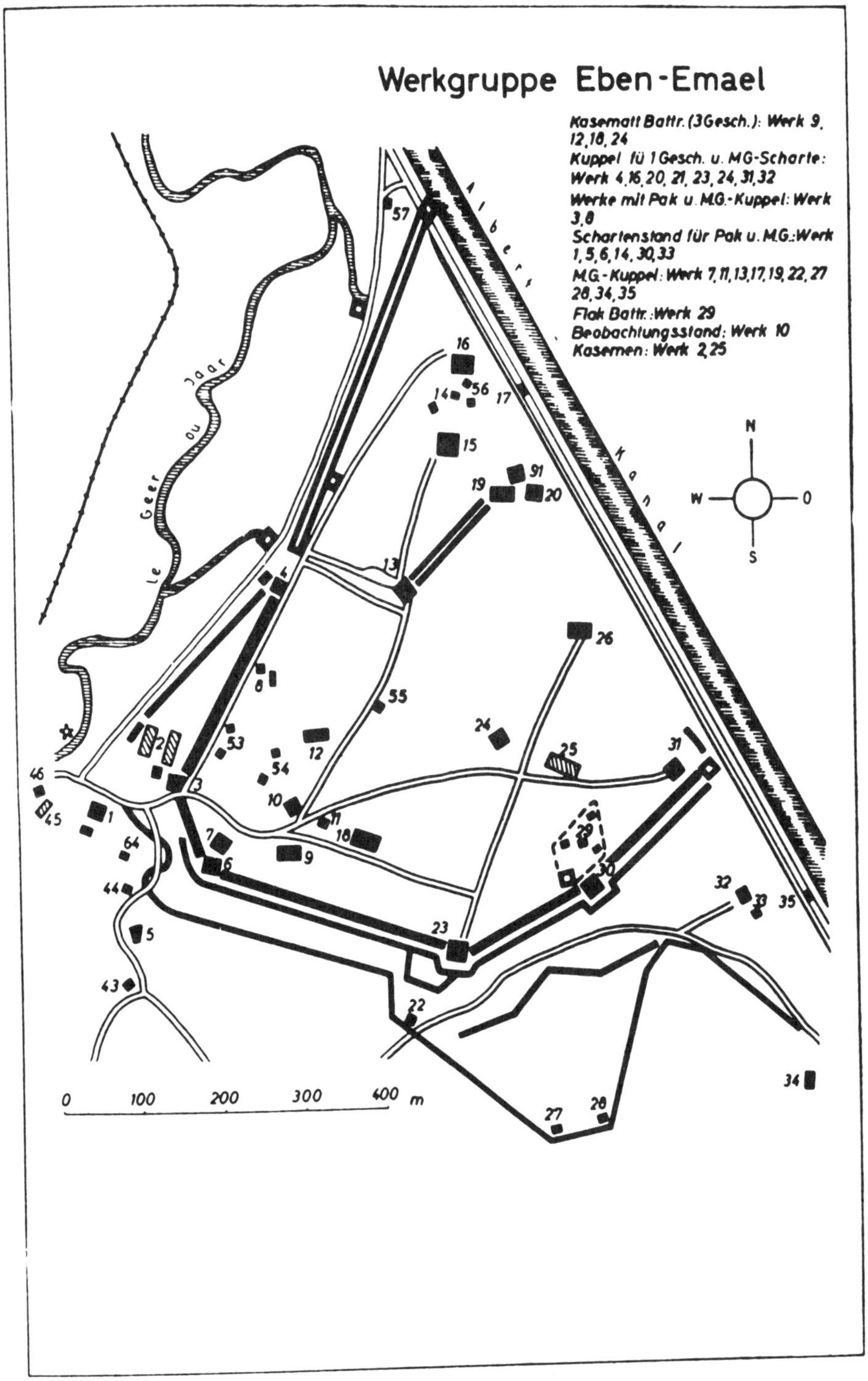

Die Werkgruppe Eben Emael zum Schutz der Albertkanal-Brücken.

Zum Albertkanal fallen die Mauern der Werkgruppe steil ab.

Alle Einzelwerke dieser massiven, für uneinnehmbar gehaltenen Festungsanlage waren durch ein unterirdisches Stollensystem miteinander verbunden. Der wichtigste Aspekt aber war die Tatsache, daß Eben Emael mit seiner gesamten Nordostflanke unmittelbar an den Albertkanal anschloß. Wer die Werkgruppe erreichen wollte, hatte also vorher den aus der überhöhten Festung gut zu überblickenden Albertkanal zu überwinden.

Mit 14 Geschützen des Kalibers 7,5 cm und zwei 12 cm-Geschütztürmen waren die Verteidiger im Zusammenwirken mit ihrer Pak und Flak in der Lage, die Maasübergänge von Maastricht ebenso unter Feuer zu halten wie die drei wichtigen Brücken über den Albertkanal. Es waren dies: Veldwezelt im Nordosten, Vroenhoven in der Mitte und Canne direkt gegenüber dem Dorf Eben Emael und nur etwa 1500 Meter von den schweren Waffen der Festung entfernt.

Sechs ausfahrbare Panzerkuppeln von jeweils fünf Meter Durchmesser und 30 Zentimeter Panzerstärke, und sieben weitere Panzerkuppeln von drei Meter Durchmesser waren die stärksten Bollwerke von Eben Emael. Mehrschartenstände, Grabenstreichen und 15 Scheinwerferstände kamen hinzu.

Entscheidend aber war, daß jeder Angreifer, der aus Osten kam, erst dann die drei Brücken über den Albertkanal benutzen konnte, wenn er zuvor die Werkgruppe Eben Emael in Besitz genommen hatte. Diese Werkgruppe in den Händen des Gegners konnte immer noch jeden Vorstoß über die Maas und den Albertkanal entscheidend behindern und möglicherweise den Übergang verwehren, denn ihre Geschütze waren genau auf die neuralgischen Punkte fixiert, und die Schußweiten waren präzise vermessen.

Selbst wenn alle Brücken über Maas

Die wichtigste Brücke über den Albertkanal war diese bei Vroenhoven.

und Kanal unzerstört in deutsche Hand fielen: *ohne* Eben Emael waren sie nicht oder nur unter schweren Verlusten zu benutzen.
Die einzige Schwäche, die dieses gewaltige Sperrfort hatte, das wurde Generalmajor Student bei der nochmaligen Durchsicht der Unterlagen klar, war die Tatsache, daß es nur gegen einen Feind wirken konnte, der über Land angriff. Aber er hatte ja mit dem sogenannten „Dach" der Festung eine beinahe ebene Hochfläche und damit einen idealen Landeplatz für die Lastensegler. War es nicht doch möglich, diese Festung zu knacken? Mit Männern, die darin geübt und fest entschlossen waren, mit neuen Sprengmitteln, die Hitler erwähnt hatte, die einzelnen Kampfstände zu vernichten? Wenn dies alles unter strengster Geheimhaltung vor sich ging und der Überraschungsfaktor genutzt wurde, dann konnte es tatsächlich gelingen!
Sorgsam untersuchte Kurt Student alle Landungsmöglichkeiten. In den Luftaufnahmen der Aufklärer fand er Gebüschgruppen, Mulden und niedrige Hügel, die seinen Männern Deckung boten, wenn sie erst einmal gelandet waren.
Bedenken verursachte lediglich der Blick auf den Feindstärken-Nachweis. Er sah, daß die 7. belgische ID den Fallschirmjägern gegenüberstehen würde. Am Westausgang von Vroenhoven war noch ein belgisches Regiment in Stellung gegangen, um die Straße nach Tongern zu sichern.
Das Sperrfort selber verfügte nach den Erkenntnissen, die durch V-Männer erlangt worden waren, über 1200 Mann Besatzung. In der nach Norden angrenzenden Maastricher Spitze lagen noch vier niederländische Infanterie- Bataillone.
Ein Erdeinsatz der Fallschirmjäger verbot sich aus zwei Gründen: Einmal aus Hitlers kategorischer Weigerung, die wichtige neue Truppe zweckentfremdet einzusetzen, und zum zweiten aus der Tatsache, daß den Fallschirmjägern hier vielfach überlegene Feindgruppierungen gegenüberstehen würden. Es blieb beim Handstreich.
Generalmajor Student meldete am nächsten Morgen Hitler: „Mein Führer, ein Handstreich auf Eben Emael ist bei äußerster Geheimhaltung und bester Vorbereitung der Truppe durchführbar."
„Gut, dann treffen Sie alle Vorbereitungen unter strengster Geheimhaltung."

Bei Veldwezelt galt es ebenfalls, den Weg über den Albertkanal für die nachfolgenden deutschen Verbände zu sichern.

Oberleutnant Rudolf Witzig, Führer der Sturmgruppe GRANIT erkämpfte die Werkgruppe Eben Emael.

Die Truppe für den Handstreich — Ihre Bewaffnung

Der erste große Sturmangriff aus der Luft in der Kriegsgeschichte basierte auf der völligen Überraschung des Gegners *und* auf der Anwendung neuentwickelter Sprengmittel: einer Hohlladung verschiedener Größen mit größter Sprengwirkung zur Vernichtung der Panzerkuppeln der Werkgruppe. Für die großen Panzerkuppeln wurden Hohlladungen von 50 Kilogramm Gewicht entwickelt. Für die kleineren Kuppeln und Kampfstände waren es Hohlladungen von 12,5 Kilogramm Gewicht.

Gemeinsam mit Oberst Bruno Bräuer, dem Kommandeur des Fallschirmjäger-Regimentes 1, wählte Kurt Student jene Einheiten aus, die für die handstreichartige Inbesitznahme der Brükken über den Albertkanal ebenso wie für den Lastenseglereinsatz auf Eben Emael in Frage kamen.

Die Wahl der beiden Fallschirmjäger-Kommandeure fiel auf Hptm. Walter Koch und die von ihm geführte 1./FJR 1. Aus dieser Kompanie, dem Fallschirm-Pionierzug des II./FJR 1 unter Oblt. Witzig und dem Lastensegler-Kommando unter Oblt. Kiess sollte Walter Koch die „Sturmabteilung Koch" zusammenstellen. Dieser Kernverband wurde durch Ersatz aus den Fallschirmschulen verstärkt. Es waren schließlich 427 Soldaten und 11 Offiziere, die am 9. Mai 1940 zum Angriff bereitstanden.

Die nach mehreren Verschiebungen des Angriffstermins ausgegebenen Aufträge für die Fallschirmjäger sowie die Befehle für die Fallschirmtruppe und die 22. Luftlande-Division lauteten:

„1. Inbesitznahme der Brücken bei Moerdijk, Dordrecht und des Flughafens von Rotterdam, Waalhaven, für die 18. Armee, die mit Schwerpunkt südlich des Stromgebietes vorstoßen wird.

2. Gleichzeitige Besetzung der Hauptstadt Den Haag und damit Ausschaltung der feindlichen Führung.

Generalmajor Student wird beauftragt, die Führung des ad hoc aufgestellten Luftlandekorps zu übernehmen. Die 22. Luftlande-Division führt Generalleutnant Hans Graf von Sponeck."

Am 3. März 1940, nachdem die „Sturmabteilung Koch" sich unter strengster Geheimhaltung zum Angriff gegliedert

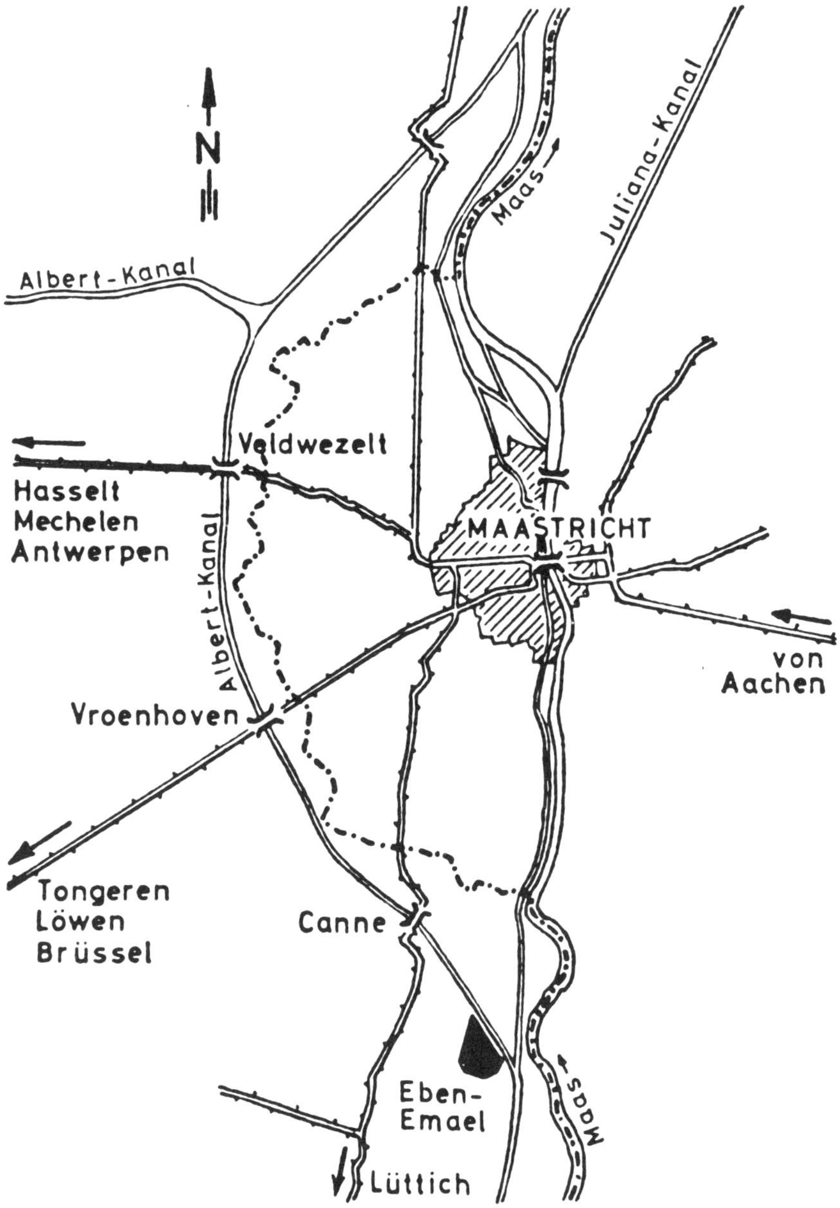

Die drei Brücken über den Albertkanal und Eben Emael.

Leutnant Gerhard Schacht eroberte mit seiner Sturmgruppe BETON die Brücke Vroenhoven.

hatte und jeden einzelnen Handgriff kannte, den es zu tun galt, erfuhr der Gesamtplan noch eine Änderung.
Hitler hatte sich aufgrund der alarmierenden Meldungen über bevorstehende Invasionsabsichten Englands gegen Norwegen, mit dem Ziel der Sperrung des Erzhafens Narvik für die deutsche Erzzufuhr, dazu entschlossen, das Unternehmen „Weserübung" — die handstreichartige Besetzung Norwegens — noch vor dem Angriff im Westen durchführen zu lassen. Dazu forderte er von der Fallschirmtruppe ein Fallschirmjäger-Bataillon an.
Kurt Student, seit dem 1. Januar 1940 zum Generalleutnant befördert, der die 7. Flieger-Division noch immer nicht in voller Stärke hatte aufstellen können, lehnte diese Forderung in einer ersten Stellungnahme ab. Er brauchte *jeden* Mann des springenden Personals, wenn er die ihm im Westen gestellten Aufgaben erfüllen wollte. Die 7. Flieger-Division verfügte zu dieser Zeit lediglich über ein kampfstarkes Regiment, während das FJR 2 sich erst in Aufstellung befand.

Major Erich Walther, Kdr. des I./FJR 1, unternahm die ersten Sprungeinsätze in Norwegen.

Oberst Fritz Morzik, Kommodore des KG z.b.V. 1, führte die Fallschirm- und Luftlandeverbände ans Ziel.

Schließlich mußte sich der Befehlshaber der Fallschirmtruppe fügen. Um die inzwischen aufeinander eingespielte Sturmabteilung Koch nicht auseinanderzureißen, mußte Student das I./FJR 1 unter Major Erich Walther für den Norwegeneinsatz freistellen.

Die Einsatzziele für dieses Bataillon im Norwegen-Feldzug waren wie folgt festgelegt worden:

„1. Ein Halb-Bataillon unter Führung des Kommandeurs besetzt und sichert den Flugplatz Oslo-Fornebu für nachfolgende Truppenlandungen.

2. Die 3. Kompanie unter Oblt. von Brandis wird den Flugplatz Stavanger-Sola im Handstreich besetzen und für Truppenlandungen freihalten.

3. Die 4. Kompanie unter Hptm. Gericke besetzt die wichtigsten Brücken und Flugplätze in Dänemark."

Damit war gleichzeitig klar geworden, daß der erste scharfe Einsatz der deutschen Fallschirmtruppe nicht im Westen, sondern im hohen Norden stattfinden würde.

Die Westpläne waren vorerst auf Eis gelegt, und Teile der für den Westen zusammengestellten beiden Transportgeschwader z.b.V. 1 und 2 unter ihren Kommandeuren Oberstleutnant Morzik und Oberst Conrad mit ihren 450 Flugzeugen und den für die Schleppgruppen vorgesehenen Lastensegler DFS 230 blieben vorerst untätig in den Bereitstellungen liegen.

Einsatz im hohen Norden

Am frühen Morgen des 9. April 1940 starteten die ersten deutschen Fallschirmjäger zum Einsatz. Das Ziel des Halb-Bataillons „Walther" war der Flughafen Oslo-Fornebu. Die Wetterlage über dem Skagerrak und über Südnorwegen war schlecht. Dichter Nebel senkte sich bis auf wenige Meter auf die See herunter und reichte bis zu 600 Meter empor.

Oberstleutnant Drewes, Kommandeur der II./KG z.b.V. 1, der mit seinen Ju 52-Transportern die Fallschirmjäger nach Oslo-Fornebu bringen sollte, sah sich im Oslofjord so dichtem Nebel gegenüber, daß er seinen Auftrag nicht durchführen konnte. Selbst die Nachbarflugzeuge des in Kettenformation fliegenden Verbandes kamen zeitweise außer Sicht. Als dann gar zwei Maschinen vermißt wurden, befahl Oberstleutnant Drewes, die Nebelwand nach oben zu durchstoßen. Der Verband machte kehrt und flog Aalborg an, dessen Flugplatz bereits in deutscher Hand war. An Bord dieser Maschinen befand sich auch die neue 1. Kompanie des FJR 1 unter Führung von Oblt. Herbert Schmidt.

Die 4. Kompanie unter Hptm. Walter Gericke hatte nach dem Antreten am frühen Morgen des 9. April befehlsgemäß auf Fahrrädern die Storstrommebrücke erreicht und sie den völlig entgeisterten dänischen Posten entrissen und gesichert. Damit war die wichtige Verbindungslinie für die Heerestruppen zwischen der Insel Falster und Seeland gesichert.

Die unter dem Befehl von Oblt. von Brandis stehende 3./FJR 1 geriet bei ihrem Flug zum Zielort Stavanger-Sola ebenfalls in dichten Nebel. Zehn Kilometer vor dem Ziel riß jedoch hier die Nebeldecke auf, und die norwegische Küste kam in Sicht.

Über dem Ziel angelangt, erscholl zum erstenmal in den Transportmaschinen während eines scharfen Einsatzes das Boschhorn.

Die Kompanie wurde richtig abgesetzt. Sie erhielt zunächst starkes Feindfeuer aus verschiedenen Feldstellungen des Flugplatzrandes.

Der Kampf schien sich bereits zugunsten der Verteidiger zu entscheiden, als plötzlich zwei Me 110-Zerstörer auftauchten, im Tiefflug über den Platz brausten und, aus allen Bordwaffen feuernd, den Feind aus den Platzrand-Stellungen vertrieb.

Oblt. von Brandis ließ diese Feindstel-

lungen säubern und besetzen. Der Platz war für alle nachfolgenden Truppenlandungen gesichert. Damit war eine der wichtigsten Voraussetzungen zum Gelingen des Unternehmens „Weserübung" gegeben. Auf dem Flugplatz Stavanger-Sola konnte von nun an der Nachschubverkehr abgewickelt werden.

Der Absprung! Dicht hintereinander verlassen die Jäger ihre Maschinen; jede Sekunde Verzögerung bedeutet 50 Meter Distanzvergrößerung zum Vordermann.

Die Landung in der verschneiten Felswüste war gefährlich; Knöchelverletzungen die Regel.

Fertig zum Springen ins Gudbrandsdal.

Die Stukas kommen und werden begrüßt.

Doch noch immer war der zweite wichtige Flugplatz, der von Oslo-Fornebu, in der Hand des Gegners.

Von Vorteil für die gesamte Norwegenoperation wurde der Flugplatz Oslo-Fornebu von einer nächsten dorthin dirigierten Transportgruppe unter Hptm. Ingenhoven angeflogen. Die Besatzungen der acht an diesem Einsatz beteiligten Me 110 der I./ZG 76 flogen den Platz an, erhielten starkes Abwehrfeuer und kämpften diesen Gegner durch entschlossene Tiefangriffe nieder. Der Funkspruch über den Gewinn des Platzes erreichte auch das Halb-Bataillon „Walther". Dieses kletterte wieder in die Maschinen und landete sicher und unangefochten in Oslo-Fornebu. Hier hieß es zunächst warten, denn die Lage war allerorten noch ungeklärt. Ein typischer Sprungeinsatz zeichnete sich noch nicht ab.

Als am Morgen des 14. April britische Truppen bei Namsos landeten und bereits im Ansatz derselben die große Gefahr abzusehen war, daß sie sich mit den bei Dombas stehenden Norwegern vereinigen und nach Süden durchstoßen könnten, kam für die 1./FJR 1 die Stunde des Sprungeinsatzes.

Der Alarmruf erreichte Major Walther und Oblt. Schmidt gegen Mittag. Zunächst fuhren die beiden Offiziere mit dem Kdr. der II./KG z.b.V. 1, Oberstleutnant Drewes, zum Korpsgefechtsstand. Dort wurden sie in die Lage eingewiesen. Der Auftrag für die 1. Kompanie lautete:

„Englische Truppen befinden sich von Namsos aus im Vorstoß nach Südosten auf Andalsnes. Das Vordringen dieses Gegners — es handelt sich vor allem um die 148. britische Infanterie-Brigade — muß am Eisenbahnknotenpunkt Dombas gestoppt werden. Der Auftrag: Sprunglandung im Raume ostwärts Dombas. Sprengung der Bahnlinie und Sperrung der von Dombas nach Süden führenden Straße. Dombas ist in Besitz zu nehmen, und die Stellung bis zum Eintreffen der im Vorstoß nach Norden begriffenen Heerestruppen zu halten."

Auf der Karte zeigte es sich, daß das angegebene Absprungziel 150 Kilometer vor der eigenen Front lag und daß die Fallschirmjäger dort auf sich allein gestellt sein würden und mit Nachschub auf dem Straßenweg nicht zu rechnen war.

Einsatz im Gudbrandsdal

Um 16.30 Uhr des 14. April 1940 hieß es in Oslo-Fornebu für die 1./FJR 1: „An die Maschinen!"

Der Nebel drückte auch an diesem Tag tief auf den Platz herunter. Aber im Einsatzgebiet — das hatten Aufklärermeldungen bestätigt — würde es heller sein.

Wie vorgesehen startete die erste Kette, dicht gefolgt von den übrigen, um 17.00 Uhr. Die Ju 52 stießen in schwachem Steigflug durch den Nebel nach oben, während sie auf Kurs gingen. Erst als sie 3000 Meter Höhe erreichten, lag die Wolkendecke unter ihnen, wurde die Sicht nach vorn klar.

Dicht vor dem Landegebiet angekommen, befahl Oberstleutnant Drewes: „Maschinenweise nach unten durchstoßen!"

Es galt nunmehr, in dem gebirgigen Gelände mit Bergkämmen von 1000 Metern minutenlang durch dichten Nebel nach unten zu gehen und darauf zu hoffen, sich nicht an einer der Kuppen zu zerschellen.

Die Ju 52 mit dem Kompaniechef und dem Kompanietrupp, einschließlich dem Funktrupp, durchstieß als erste den dichten grauen Schleier aus Nebel und Wolken. Dann zogen die letzten Nebelfetzen an der Maschine vorbei. Unter ihnen lag das tief verschneite Gudbrandsdal.

Wenig später eröffnete die norwegische Flak das Abwehrfeuer. Sie waren südlich des vorgegebenen Landeplatzes herausgekommen, und der Flugzeugführer der Ju 52 drehte nach Norden.

Er flog nun fast frontal in den aufstiebenden Feuervorhang hinein. Flakgranaten krachten links und rechts, vor und unter der Maschine auseinander. Steil, sehr steil stieß die Ju 52 hinuter und erhöhte dadurch ihre Geschwindigkeit. Ein krachender Schlag in nächster Nähe riß einen Teil des Seitenleitwerkes weg. Aber die Maschine gehorchte dem Knüppel. Rechts von ihnen wurde eine Ju 52 voll getroffen. Ein grellroter Feuerball schoß aus dem Bauch der Ju 52. Dann krachte es auch wieder an der Führermaschine. Leutnant Vogt sah, wie die Trümmer der getroffenen Maschine zur Erde wirbelten. Einer der Motoren stürzte brennend an ihnen vorbei.

Ein sanft abfallender Hang tauchte vor ihnen auf. „Dort springen!" rief Oblt. Schmidt und tastete sich zur Tür der Ju 52 vor. Oberstleutnant Drewes, der die Führermaschine flog, drehte in die gewiesene Richtung und drückte die Maschine noch weiter herunter. Als sie noch etwa 100 Meter über Grund waren, nahm er das Gas weg, um die Fahrt zu verlangsamen. Dann gingen 90 Meter durch.

Das Boschhorn ertönte.

Oberleutnant Schmidt schnellte sich mit einem weiten Satz nach vorn aus der Maschine heraus. Der Fallwind riß an seiner Tasche, in der er die notwendigen Dinge mit sich trug. Dann riß der Entfaltungsstoß ihn scheinbar wieder in die Höhe, und danach hörte er auch wieder das Krachen der Maschinenwaffen der Norweger, die sich auf zwei Hügeln links und rechts des Tales befanden. Eine zweite Ju 52 wurde von mehreren Granaten gleichzeitig getroffen und

Die Ju 87-Stukas halfen in Norwegen, Holland und auf Kreta den Feindwiderstand zu brechen.

Kampfflugzeuge He 111 führten die vorbereitenden Angriffe durch. Hier eine Maschine mit offenen Bombenschächten.

stieß steil nach unten. Sie raste gegen eine Felswand, schlug auf und rutschte etwa acht bis zehn Meter daran in die Höhe, ehe sie in Flammen stand und eine Detonation sie in Fetzen riß.

Eine dritte Ju 52 drehte getroffen seitlich weg. Fallschirme blühten schräg unter ihr auf und zeigten dem Kompaniechef, daß die Männer zum größten Teil herausgekommen waren, ehe der Pilot die Maschine weiter im Norden abstürzen ließ und ausstieg.

Von den 15 eingesetzten Ju 52, die die Kompanie in Stärke von etwa 140 Mann zum Einsatzort bringen sollten, gingen acht verloren, davon drei direkt beim Absetzen.

Die ersten Gruppen der gesprungenen Jäger sammelten sich und arbeiteten sich zum Kompaniechef vor, der das vereinbarte Leuchtzeichen geschossen hatte. Das Feuer, das noch immer aus MG und Karabinern auf sie gerichtet war, zeigte ihnen, daß sie in eine vorgeschobene norwegische Stellung gesprungen waren. Die eigenen MG schossen auf die in der schnell einfallenden Dämmerung sichtbar werdenden Abschußflammen. Eines der Feind-MG nach dem anderen wurde zum Schweigen gebracht.

„Voraus, Daumensprung rechts von den Kusseln, ein Blockhaus Herr Oberleutnant!“ rief einer der vorgeschickten Spähtrupp-Männer.

„Wir gehen darauf zu. Siering und Pötter geben Feuerschutz. Das übrige macht einen geschlossenen Sprung auf — marsch!“

Oberleutnant Schmidt schnellte sich hoch, rannte geduckt nach vorn. Links und rechts und auch hinter ihm folgten die Jäger nach.

Ein norwegisches MG begann zu feuern, dann klackerten Karabinerschüsse dazwischen, und noch bevor er sich hinter einer Bodenwelle erneut in Deckung werfen konnte, spürte der Kompaniechef einen harten Schlag gegen die linke Seite und wurde durch die Wucht eines auftreffenden Geschosses zu Boden geschleudert. Daß er nicht gleich tot war, verdankte der Oberleutnant seiner dicken Kartentasche, die an seiner linken Seite am Koppel hing. Sie war durch die Gewehrkugel weggefetzt worden. Schmidt hatte einen Hüftschuß erhalten, der auch die Bauchdecke beschädigte.

Zwei Männer des Kompanietrupps zogen ihn in die Deckung eines halb mit Schmelzwasser gefüllten Grabens. Schmidt spürte den Schmerz an der Seite und im Innern des Körpers, während gleichzeitig sein linkes Bein völlig gefühllos wurde.

Einer der Männer hatte sein Verbandspäckchen geöffnet und drückte den Mullverband auf die blutende Wunde. Aus zwei Zeltplanen machten sie mit Hilfe von zwei Karabinern eine Trage. Und während die beiden eigenen MG Feuerschutz gaben und den Gegner zum Schweigen brachten, der sich zurückzuziehen begann, wurde der Kompaniechef zu der Blockhütte getragen, die sich als nicht feindbesetzt herausgestellt hatte. Dort wollte der Sanitätsfeldwebel ihm eine Spritze geben, doch Schmidt lehnte ab, weil er voll bei Verstand bleiben mußte, um seine nächsten Befehle zu geben.

Jene der beiden weiter nördlich abgesetzten Gruppen, der die Sprengung der Bahnlinie befohlen worden war, hatte von ihrem Landeplatz aus noch etwa 350 Meter zur Bahnlinie zurückzulegen. Zwei der Männer trugen jeweils eine 25 Kilogramm wiegende Tellermine.

Sie erreichten unangefochten die Bahnlinie, gruben unter Schienen und Schwellen zwei Löcher und bauten ihre Tellerminen ein, um sie noch sachgemäß zu verdämmen. Dann rollten sie das Kabel zur Fernzündung ab, und der Truppführer stieß den Handgriff der Zündanlage herunter.

Mit Donnergetöse gingen beide Tellerminen hoch, rissen die Gleise in die Höhe, wirbelten Schwellen durch die Luft und machten den Schienenstrang unpassierbar.

Als zwei Feind-MG auch hier das Feuer eröffneten, zogen sich die Männer der Sprenggruppe zurück. Zwar wußten sie nicht genau, wo das Gros der Kompanie niedergegangen war, deshalb gingen sie zunächst in der Generalrichtung nach Südsüdosten.

Diese Detonationen waren auch im Blockhaus zu hören, wo Oberleutnant Schmidt inzwischen versorgt worden war. Zwei Stoßtrupps wurden von ihm befohlen. Während der eine die Verbindung mit der Sprenggruppe herstellen und diese zum Blockhaus zurückführen sollte, hatte der zweite Stoßtrupp Weisung erhalten, bis nach Dombas vorzugehen und zu erkunden, ob diese Ortschaft feindbesetzt sei.

Der Stoßtrupp Dombas fand die Stadt von mehreren Bataillonen norwegischer Soldaten besetzt. Auch Artillerie wurde erkannt. Nach der Meldung des Gruppenführers entschloß sich Oblt. Schmidt dazu, das Tal an jenem Punkt zu sperren, an dem sie sich gerade befanden. Die ersten provisorischen Stellungen wurden in den Schnee gegraben und Wachen aufgestellt, sowie ein vorgeschobener Posten mit einem MG eingerichtet. Die Fallschirmjäger richteten sich zur Verteidigung ein.

Es war inzwischen völlig finster geworden und alle atmeten auf, als die Sprenggruppe mit dem ausgeschickten Stoßtrupp zurückkam. Auch sie fügten sich in den Verteidigungsigel ein.

Jeder der insgesamt hier zusammengefundenen zwei Offiziere und 61 Fallschirmjäger wußte, daß sie einem mit geballter Kraft und Artillerieunterstützung vorgehenden Feind keinen langen Widerstand entgegensetzen konnten.

Generalmajor Wolfram Frhr. von Richthofen führte als KommGen. des VIII. Fliegerkorps Unterstützungsaufgaben durch.

General der Flieger Kesselring befehligte die Luftflotte 2 und war im Westen für die Fallschirmjäger-Einsätze und deren Sicherung verantwortlich.

Fallschirmlandungen bei Narvik, als Hilfeleistung für General Dietls Gebirgsjäger.

Aber als der dann am Vormittag des zweiten Tages angriff, war die Straße bereits in einer Tiefe von über 100 Metern vermint. Aus den Löchern peitschten den vorgehenden Norwegern die Salven der MG 34 entgegen und zwangen sie in Deckung.

Zwei gepanzerte Spähwagen, die mit aufgesessener Infanterie versuchten, in schneller Fahrt über die Straßen vorzupreschen, rollten nacheinander auf Minen und blieben liegen. Die Soldaten sprangen heraus und ergaben sich. Sie wurden zurückgeführt.

Bei Sonnenuntergang eröffnete die norwegische Artillerie das Feuer und nach 15 Minuten griff erneut Infanterie an. Aus den beiden flankierenden MG-Stellungen schlug den Angreifern das Abwehrfeuer entgegen. Karabinerschüsse knallten dazwischen. Der Gegner hatte Tote und Verwundete zu beklagen. Er zog sich unter Mitnahme derselben zurück.

In den frühen Morgenstunden des dritten Tages wurde von einem Stoßtrupp eine zweite Gleissprengung mit Tellerminen vorgenommen. Damit war die Bahnlinie endgültig unbenutzbar geworden. Ein Trupp mit einem MG wurde weit vorgestaffelt eingesetzt. Er konnte die Bahntrasse weit überblicken und auf jeden Arbeitstrupp das Feuer eröffnen. Weit auseinandergezogene Einzellöcher verhinderten, daß der Feind diesen MG-Trupp umging und unschädlich machte.

Oberleutnant Schmidt war trotz seiner schweren Verwundung der Mittelpunkt des Kampfes. Sein Beispiel spornte alle Jäger zur Hergabe der letzten Kräfte an. Am dritten Tag schafften die Norweger einige Geschütze nach vorn. Darunter auch zwei 12,7 cm-Geschütze, die von englischen Zerstörern ausgebaut und im Bahnmarsch bis nach Dombas geschafft worden waren.

Mehrfach versuchten die Norweger, ab dem frühen Morgen des 4. Tages auch englische Truppen der Brigade 148, diesen Sperr-Riegel zu knacken, vergebens. Die Fallschirmjäger hielten. Dreimal wurden sie zur Übergabe aufgefordert, dreimal lehnte Oberleutnant Schmidt ab. Er wußte, daß es um die Kameraden im Süden schlecht aussehen würde, wenn der Feind hier durchbräche.

Als am frühen Morgen des 5. Tages die Munition zur Neige ging, Ersatztruppen aber nicht herangeführt werden konnten, wie über Funk zu erfahren war, ging der Kampf im Gudbrandsdal zu Ende. Die Kampfgruppe Schmidt — es waren noch 34 Mann — ging in die Gefangenschaft. Die Verwundeten

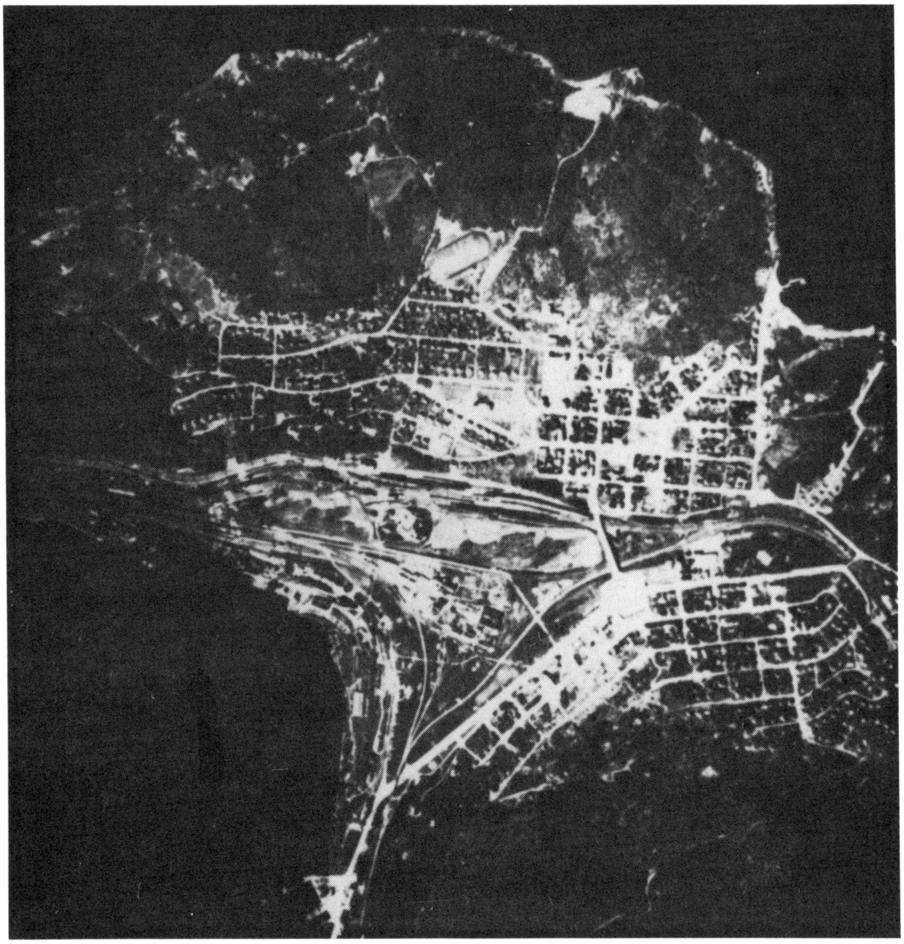

Narvik aus der Luft gesehen.

wurden in norwegischen und englischen Sanitätsfahrzeugen nach Dombas geschafft. Sie stießen auf das Gros der Briten, die hier liegengeblieben waren. Als diese hörten, daß sie von ein paar Händevoll Soldaten gestoppt worden waren, taten sie dies als Propaganda ab. Aber schließlich erkannten sie die Wahrheit.

Im Lazarett zu Dombas wurden die Fallschirmjäger gut versorgt. Eine Stunde nach seiner Einlieferung wurde Oblt. Schmidt von einem norwegischen Stabsoffizier verhört. Er sollte diesem die Männer nennen, die die Bahnlinie gesprengt hatten. Herbert Schmidt erklärte, daß *er* der Führer der Kampftruppe sei, und daß *er* die Befehle auch zur Sprengung der Bahnlinie gegeben habe. Die weiteren Fragen nach Interna der Fallschirmtruppe, ihrer Stärke und den Standorten, beantwortete er mit der immer wiederkehrenden Antwort, in der er nur seinen Namen, Vornamen und die Erkennungsmarkennummer nannte.

Die Engländer drohten, ihn nach seiner Genesung vor ein Kriegsgericht zu stellen. Von Dombas aus wurden die Fallschirmjäger nach Andalsnes geschafft. Acht Tage später ging es nach Aalesund weiter. Hier wurden sie Anfang Mai von deutschen Gebirgsjägern befreit.

Am 24. Mai 1940 erhielt Oblt. Herbert Schmidt das Ritterkreuz des Eisernen Kreuzes.

Die Begründung zur Verleihung lautete: „Seine Kompanie und sein besonderer Einsatz sperrten das Gudbrandsdal bei Dombas und machten ein weiteres Vorstoßen des Gegners nach Süden und Südosten unmöglich."

Herbert Schmidt wurde am 16. Juli 1944 als Major und Ia der 2. Fallschirmjäger-Division in der Bretagne während einer Autofahrt von französi-

Narvik-Landepier.

schen Maquisards erschossen. Der neben ihm sitzende Divisionskommandeur, Generalmajor Hermann Bernhard Ramcke, entging der ihm zugedachten Kugel.

Hilfe für General Dietl

Neben diesem Einsatz der 1./FJR 1 unter Oberleutnant Herbert Schmidt, von dessen Kompanie nach Ende der Kämpfe im Gudbrandsdal noch ganze 34 Soldaten — auch diese zum Teil verwundet — übrig geblieben waren, begann Mitte Mai ein weiterer Fallschirmjäger-Einsatz, zu dem das I./FJR 1 unter Major Walther erneut herangezogen wurde.

Nach der geglückten Landung der deutschen Gebirgsjäger unter Generalmajor Dietl bei Narvik, wurde diese Division in den nächsten Tagen und Wochen von jeder Land- und Seeverbindung abgeschnitten. Hitler erwog bereits, Norwegen aufzugeben und die Gebirgsjäger ihrem Schicksal zu überlassen, doch dann besann er sich wieder auf die Fallschirmtruppe.

Von Drontheim aus startend, konnten kleine Gruppen Ju 52 die Jäger nach Narvik schaffen. Der Großteil der Ju 52 war in Holland geblieben (Siehe Abschnitt: Sprungeinsatz Festung Holland.) Noch vor den Fallschirmjägern, die sich größtenteils aus jungen, soeben von den Springerschulen kommenden Soldaten zusammensetzten, waren auch Gebirgsjäger im Fallschirm-Schnellehrgang zum Einsatz gelangt.

Am 15. und 16. Mai hatte der Wehrmachtbericht über die Lage der Gruppe Narvik berichtet, und am 24. Mai wurde ebenso wie am darauf folgenden Tage gemeldet, daß den bei Narvik kämpfenden Truppen Gebirgsjäger-Einheiten durch Fallschirmabsprung

Oberleutnant Fritz Becker hat nach dem Sprung seine Kampfgruppe versammelt.

General der Gebirgstruppen Eduard Dietl bedankt sich bei Major Walther und seinen Fallschirmjägern.

Leutnant Martin Schächter fand die Brücke von Canne bereits gesprengt vor.

zugeführt worden seien.

Bis zum 29. Mai dauerten die kleckerweisen Absetzeinsätze der Fallschirmjäger. Diese reihten sich in die Abwehrfront der Gebirgsjäger ein und entlasteten diese fühlbar. Vor allem war es der Wille zum Sieg, der von den Fallschirmjägern zu den Gebirgsjägern übersprang.

Als die Alliierten schließlich Narvik zu räumen begannen, um sich aus Norwegen zurückzuziehen, besetzte das Bataillon „Walther" am 8. Juni die vom Feind aufgegebene Stadt.

Das II./FJR 1, dessen Aufgabe im Westfeldzug beendet war, hatte inzwischen im Bahnmarsch von Oslo aus nach Drontheim diesen Einsatzort zum Sprung bei Narvik erreicht, als es über Funk angehalten wurde.

Der Transportzug rollte wieder nach Deutschland zurück. Generalleutnant Dietl (nach Norwegen zu diesem Rang befördert) überreichte Major Walther ein Bild, auf dem er seinen Dank für die Hilfe bei Narvik zum Ausdruck brachte.

Der Albertkanal und Eben Emael

Norwegen hatte also den ersten großen Einsatz der Fallschirmjäger gesehen und deren große Möglichkeiten, aber auch die schweren Verluste aufgezeigt. GenLt. Kurt Student schaffte es, das I./FJR 1 rechtzeitig wieder nach dem Westen zu bekommen. Die 1. Kompanie jedoch hatte zu hohe Verluste erlitten. Sie mußte neu aufgestellt werden und kam zum Westfeldzug nicht mehr klar.

Zum Angriff gegen die drei Brücken über den Albertkanal und das Sperrfort Eben Emael hatte Hptm. Walther Koch seine Sturmabteilung in vier Kampfgruppen gegliedert:

1. KAMPFGRUPPE BETON
   Führung Leutnant Schacht.
   Sie greift die wichtigste Brücke über den Albertkanal bei Vroenhoven an. Über diese Brücke führt die Hauptvormarschstraße nach Brüssel.
   Bei dieser Kampfgruppe auch der Stab der Sturmabteilung mit Hptm. Koch an der Spitze. Gesamtstärke 160 Mann.
2. KAMPFGRUPPE STAHL
   Führung Oberleutnant Altmann.
   Sie nimmt die Brücke bei Veldwezelt in Besitz. Über diese Brücke führt die in Aussicht genommene Vormarschstraße nach Antwerpen. Gesamtstärke 100 Mann.
3. KAMPFGRUPPE EISEN
   Führung Leutnant Schächter.
   Inbesitznahme der Brücke von Canne. Diese Brücke steht unter direkter Beobachtung von Eben Emael. Kampfstärke 80 Mann.
4. KAMPFGRUPPE GRANIT
   Führung Oberleutnant Witzig.
   Wegnahme der Werkgruppe Eben Emael. Halten des Sperrforts bis zum Eintreffen der Infanterie. Kampfstärke zwei Offiziere und 84 Mann.
5. RESERVEZUG
   Führung Leutnant Ringler.
   Er steht in Bereitschaft, um zwischen Vroenhoven und Canne im Sprungeinsatz zu landen, die Verbindung zwischen den beiden südlichen Kampfgruppen herzustellen. Er wird an einem noch zu bestimmenden Punkt eingesetzt. Kampfstärke 80 Mann.

Generalmajor Wolfgang Frhr. von Richthofen, Kommandierender General des VIII. Fliegerkorps erhielt von der Luftflotte 2, General der Flieger Kesselring, Weisung, das Fallschirmjäger-Unternehmen mit starken Kräften zu unterstützen und Entlastungsangriffe zu fliegen, wann und wo diese notwendig werden sollten.

In den letzten Wochen vor Beginn des Westfeldzuges wurden die für diese Operationen notwendigen 50 Lastensegler DFS 230, unter strengen Geheimhaltungsvorschriften, in Einzelteile zer-

legt und per Möbelwagen zu den vorgesehenen beiden Einsatzorten geschafft. Die besten deutschen Segelflieger hatten sich zu diesem Einsatz freiwillig gemeldet.
In den Hallen der beiden Flugplätze Köln-Ostheim und Köln-Butzweilerhof wurden die Segler wieder zusammengesetzt. Die Hallen wurden mit Stacheldrahthindernissen umgeben und bei Tag und Nacht von Doppelposten bewacht, die Befehl hatten, *jeden* von diesen Hallen fernzuhalten „und sei es auch ein General mit viel Lametta am Anzug".
Die beiden Transportverbände hatten inzwischen ihre detaillierten Aufträge erhalten. Oberstleutnant Morzik hatte mit dem Transportgeschwader z.b.V. 1 den Transport der 7. Flieger-Division zu den Einsatzorten zu übernehmen. Das Transportgeschwader z.b.V. 2 unter Oberst Conrad flog die Verbände der 22. Luftlande-Division zu den Landepunkten. Ihr Hauptflughafen sollte Waalhaven bei Rotterdam sein. Dieser Flugplatz war es, um den sich alle Operationen der Fallschirmjäger und Luftlandetruppen drehten. Wenn er frühzeitig in deutschen Besitz gelangte, *dann* war der Einsatz so gut wie gesichert, denn dann erst konnten die Soldaten der 22. Luftlande-Division unter Generalleutnant Hans Graf von Sponeck gelandet werden.
Die drei wichtigsten Brückenpaare waren jene von Moerdijk, Dordrecht und Rotterdam.

Letzte Befehle — Endgültige Einsatzorte

Am 2. Mai 1940 eröffnete Hitler den beiden in die Reichskanzlei befohlenen Generalen Student und von Sponeck, daß der Beginn des Angriffs auf den 8. Mai festgelegt worden sei und daß er entsprechende Befehle erteilen werde.
„Sie beide", schärfte er den Kommandeuren ein, „haben meine Zeittafel an die Truppe herauszugeben und darüber zu wachen, daß sie genau eingehalten wird."
Die Befehle für die beiden Divisionskommandeure lagen bis zu diesem Zeitpunkt fest verschlossen in den Panzerschränken. Nun wurden sie herausgeholt und Student und Graf Sponeck übergeben. Für die Behandlung der holländischen Königin Wilhelmina hatte Hitler besondere Vorschriften bereit. Er sah es als sicher an, daß die Königin im Lande bleiben werde.
Hitler zu seinen beiden Generalen: „Die Königin wird entweder in ihrem Stadtschloß bleiben oder sich auf ihren Landsitz, dem 'Huis ten Bosch' zurückgezogen haben. Dort kann sie wohnen bleiben.
Als Souverän ist Königin Wilhelmina mit größter Ehrerbietung zu behandeln. Sie beide haften mir mit Ihren Köpfen dafür, daß bei den Kampfhandlungen weder der Königin noch der königlichen Familie das geringste geschieht.
Ich kann alles auf mich nehmen, nur nicht daß Königin Wilhelmina etwas passiert, die bei ihrem Volk und in der ganzen Welt beliebt ist." (Siehe Karl Alman: Sprung in die Hölle).
Der 7. Mai ging ohne eine notwendige Verlautbarung vorüber. Erst am Nachmittag des 9. Mai klingelte in General Students Arbeitszimmer das Telefon. Am anderen Ende der Leitung war Major von Below, Hitlers Adjudant:
„Im Auftrag des Führers teile ich Ihnen mit, daß der Führer Sie sehen will, um mit Ihnen den Angriffsbeginn abzustimmen."
Wenig später stand Generalleutnant Student dem Führer in der Reichskanzlei abermals gegenüber. Das Treffen dauerte nur wenige Minuten. Hitler kam gleich zur Sache: „X-Tag ist der 10. Mai 1940; Angriffsbeginn 5.30 Uhr!"
Der Gesamtbefehl für die Fallschirm- und Luftlandeverbände stand nun unverrückbar fest. Er lautete:
„Die 7. Flieger-Division hat den Auf-

Oberleutnant Walter Kiess, Chef des Lastenseglerkommandos der Sturmabteilung Koch.

trag, die Brücken bei Moerdijk und Rotterdam für nachfolgende schnelle Truppen des Heeres, die über Tilburg-Breda nachgeführt werden, offenzuhalten. Dazu besetzt sie mit den Fallschirmtruppen handstreichartig die Brücken bei Moerdijk und Dordrecht und nimmt sie fest in die Hand.

Ein weiterer Fallschirmverband setzt sich gleichzeitig in den Besitz der Brücken bei Rotterdam und des Flugplatzes Waalhaven und übernimmt dort die Sicherung für die Landung der nachfolgenden Truppen der 22. Luftlande-Division. Die Masse dieser Division muß auf Waalhaven landen, deshalb ist dieser Platz unter allen Umständen zu nehmen und landeklar zu halten.

Das neugebildete Fliegerkorps z.b.V. ist auf Zusammenarbeit mit dem Luftlandekorps angewiesen. Es übernimmt den Angriff auf die Bunkerstellungen bei Moerdijk und die Sicherstellung und Sicherung des Nachschubs.

Am A-Tage (nachmittags) wird eine Jagdgruppe entsprechend der Entwicklung der Lage und der Lande- und Startmöglichkeiten nach Waalhaven verlegt und dem Luftlandekorps unterstellt."

Die Einzelaufträge für die 7. Flieger-Division:

„1. Gruppe Süd (verstärktes FJR 1), Führer Oberst Bräuer, mit I./FJR 1, 14./FJR 1, FschNachr-Zug 7 (Teile), 1./Pi 22, DivGeschBattr. 7, 1. Zug DivFlakBattr. 7, FschSanHalbkp. 7

setzt sich nach vorherigem Bombenangriff in den Besitz beider Brücken bei

Waalhaven, Ort der frühen Entscheidung.

Moerdijk, beseitigt sofort alle vorhandenen Sprengvorbereitungen des Gegners und nimmt diese Brücken fest in die Hand. Sie müssen unbedingt gehalten werden, bis die vordersten Teile des Heeres eintreffen.

Gleichzeitig ist eine Kp. zur Wegnahme der Brücken bei Dordrecht einzusetzen. Sie wird später durch Einheiten des IR 16 abgelöst und steht dann ebenfalls für Moerdijk zur Verfügung.

Die in Waalhaven landenden Teile werden beschleunigt nach Dordrecht vorgeführt und erhalten dort weitere Befehle durch die Gruppe Süd.

2. III./FJR 1 unter Hptm. Karl-Lothar Schulz nimmt, der Division unmittelbar unterstellt, nach der Vorbereitung durch Kampfkräfte der Luftwaffe den Flugplatz Waalhaven im abgekürzten Verfahren und sichert den Platz für die nachfolgenden Landungen. Gleichzeitig sind die Brücken bei Rotterdam durch eine Kp. zu besetzen. Diese tritt nach Ablösung durch das IR 16 zum Bataillon zurück. Die Maasbrücke bei Hoogvliet (sieben km südwestlich von Waalhaven) ist zu sperren.

3. Gruppe Nord, das verstärkte IR 16 unter Führung von Oberst Kreysing mit dem IR 16, 2./Pi 22 und 4./AR 22 übernimmt gruppenweise die Besetzung des Ostens und des Nordens. In Rotterdam ist hierfür unmittelbar vor den Maasbrücken ein Brückenkopf zu bilden (unter Ausnutzung des Hafenbeckens).

Weiter kommt es vor allem an:

a) Auf die Sicherung der Übergänge an den Verbindungsstraßen Dordrecht-Rotterdam.

b) Auf die Sperrung der Brücken ostwärts Dordrecht und der Fähre ostwärts von Ridderkerk.

4. II./FJR 2 ohne seine 6. Kp. erreicht nach der Landung Barendrecht und stellt sich hier zur Verfügung der Division bereit.

5. DivPakKp. 2, 1./PzAbw. 22. DivTranspKp. 7 erhalten Befehle nach ihrem Eintreffen auf dem Flugplatz Waalhaven am A-Tage.

6. Luftnachrichten-Kp. 7 gemäß Anlage 6.

7. LwSanKp. 7 ohne FschHalbKp. richtet den Hauptverbandsplatz im Südteil von Rotterdam ein."

Die Marschroute stand damit fest, der Termin war gegeben, die Würfel waren gefallen.

Was aber war beim Gegner geschehen? Hatte er die Vorbereitungen zum Sprung in die Festung Holland erkannt? War er darauf vorbereitet? Glaubte er überhaupt an einen solchen Handstreich?

Niederländische Verteidigungsmaßnahmen

Im Raum Den Haag war die niederländische Verteidigung besonders stark. Hier stand das I. Armeekorps ab Velzen (westlich von Amsterdam) bis Hoek van Holland mit drei Divisionen, von denen allerdings lediglich die 1. Division voll aufgestellt und ausgerüstet war.

Die Deckung der Hauptstadt Den Haag lag in den Händen der Grenadier- und der Jäger-Verbände der 1. Division. Beide Regimenter sollten Den Haag und den umliegenden Raum im Ernstfall decken. Das Jäger-Regiment mußte jedoch bereits vorher sein III. Bataillon nach Waalhaven abgeben, während das I. Bataillon in Tilburg als Grenzsicherung weit vom Schuß lag, wenn es um Den Haag ging. Aber wer konnte schon nach Den Haag eindringen, der nicht auch über Tilburg mußte?

Die 2. Division dieses Korps befand sich noch in der Aufstellung aus Rekrutenverbänden, und die 3. Division wurde erst nach Beginn der Kämpfe in Eilmärschen in den bedrohten Raum geführt.

Die niederländische Luftabwehr hingegen hatte sich im Raum Delft—Den Haag mit 38 Rohren des Kalibers 7,5 cm, sechs 4 cm-Flak, 38 FlaMW des

Hauptmann Karl-Lothar Schulz sollte mit seinem III./FJR 1 Waalhaven in Besitz nehmen, auf dem die 22. LL-Division landen würde.

Kalibers 2 cm und 108 alten Flieger-MG versammelt. 70 Scheinwerferanlagen standen zur Verfügung. Dies war eine beträchtliche Massierung zur Abwehr feindlicher Luftangriffe.

Was die Fliegerwaffe selber anging, so verfügten die Niederländer am 10. Mai 1940 über 125 einsatzbereite Flugzeuge. Davon waren 70 moderne Baumuster, darunter auch 29 Fokker D-21 Jäger. Diese Flugzeuge waren auf den Plätzen De Kooy (bei Den Helder), Bergen (in der Provinz Nordholland), Schiphol Ypenburg und Waalhaven stationiert.

Daß über der Festung Holland, wie das vorbezeichnete Gebiet auch in Deutschland genannt wurde, deutsche Fallschirmspringer eingesetzt werden könnten, hielt man in niederländischen Militärkreisen für ausgeschlossen.

In seinem Werk „Nederland is paraat“, das im Frühjahr 1940 erschien, nur wenige Wochen vor Norwegen und dem Holland- und Belgien-Einsatz deutscher Fallschirmjäger, schrieb Generalmajor Alting von Geudau, ein niederländischer Kriegsexperte:

„Diese hypermoderne Waffe, deren Wirkung maßlos übertrieben wird, kann nur als ein Hilfsmittel betrachtet werden. Das Absetzen von großen Verbänden dürfte zwar in Friedenszeiten versuchsweise durchgeführt worden sein und auch zum Erfolg geführt haben, aber der wichtigste Faktor, nämlich das Abwehrfeuer der Verteidiger gegen den zur Erde niederschwebenden Feindverband, fehlte bei diesen Übungen.

Zumal in unserem kleinen Land würden die Fallschirmjäger in kurzer Zeit eingeschlossen und gefangengenommen werden. Es besteht kein Grund für kleinmütige Landesgenossen, sich durch abscheuliche Geschichten über diese Fallschirmjäger aus der Fassung bringen zu lassen.“

Wenige Wochen darauf bewiesen die Ereignisse, daß diese Einschätzung falsch gewesen war.

Warnungen für die Niederländer

Am 3. Mai 1940 erhielt der niederländische Major Gijsbertus J. Sas, Militärattaché in Berlin, von seinem deutschen Freund, dem Oberst im OKW Amt Abwehr/Ausland Hans Oster, die Nachricht, daß der Beginn der Westoffensive unmittelbar bevorstehe. Oberst Oster hatte dem Niederländer bereits einige Male mitgeteilt, daß es soweit sei, doch aus verschiedenen Gründen war die deutsche Westoffensive immer wieder verschoben worden. Diesmal aber stand es nach der Meldung Osters definitiv fest, daß es losgehen werde.

Neben Major Sas wurde auch einer der Vertrauensmänner Osters, Dr. Josef Müller von der Abwehrstelle in München, eingeweiht, mit der ausdrücklichen Erlaubnis, dieses Geheimwissen an den Vatikan weiterzuleiten.

Doch weder in den Niederlanden noch im Vatikan maß man dieser Meldung besonderen Wert zu.

Dennoch trafen sich Oster und Sas ab dem 3. Mai 1940 täglich. So erfuhr Sas auch, daß die abermalige Verschiebung des Angriffstermins wegen der Schlechtwetterzone erfolgt sei, der die Fallschirm- und Luftlande-Einsätze zum Opfer gefallen wären.

Nachdem sich das Wetter ab dem 6. Mai besserte, wurde von Hitler der 8. Mai als erster Angriffstag befohlen. Oberst Oster informierte sofort Major Sas.

Abermals wurde der Angriff, diesmal auf Drängen von Göring hin, aufgeschoben, und Hitler bestimmte schließlich am Vormittag des 8. Mai, daß nunmehr unwiderruflich der 10. Mai als endgültiger Angriffstag im Westen gelte, von dem unter gar keinen Umständen abgewichen werden konnte.

Am Nachmittag des 9. Mai stand Hitlers Sonderzug zur Fahrt ins vorgeschobene Führerhauptquartier „Felsennest“ bei Münstereifel bereit. Am selben Tag erhielten die 7. Flieger-Divi-

sion und die 22. Luftlande-Division den Angriffsbefehl:
„X-Zeit 10. Mai 1940, 5.30 Uhr (nach niederländischer Zeit war dies 3.30 Uhr)."
In Berlin hatte Major Sas den ganzen 9. Mai hindurch versucht, seinen Freund Oster zu erreichen und von diesem die Bestätigung über den Angriffstermin zu erhalten. Erst am Abend traf er Hans Oster in dessen Wohnung. Beide Männer warteten hier bis 21.00 Uhr. Als bis dahin keine Nachricht eingegangen war, hielten sie es hier nicht mehr aus und fuhren in Osters Dienststelle am Tirpitzufer. Oster ging allein hinein, während Sas draußen in angemessener Distanz wartete, um nicht mit Oster zusammen gesehen zu werden.
20 Minuten später trat Oster wieder ins Freie. Er eilte auf den Treffpunkt zu, und an seinen ersten Worten erkannte Sas, wie erregt sein Freund sein mußte. Oster sagte nur:
„Mein lieber Freund, nun ist es endgültig soweit. Es ist aus! Gegenbefehle sind nicht eingetroffen. Hoffentlich sehen wir uns nach dem Kriege wieder."
Major Sas eilte in seine Gesandtschaft. Er warnte den erreichbaren belgischen Militärattaché und versuchte von dort aus Kontakt mit Den Haag aufzunehmen. Nach 20 Minuten kam die Verbindung zustande. Am anderen Ende der Leitung war Lt.z.S. Post Uiterweer, der Wache hatte.
„Post!" rief Major Sas. „Ich bin Sas aus Berlin und habe dir etwas zu sagen: Morgen früh bei Tagesanbruch! — Willst du dies bitte wiederholen? Du begreifst mich doch?"
Post Uiterweer hatte verstanden und antwortete mit dem dafür vorgesehenen Codewort:
„Ja, Brief 210 erhalten!"
Brief 200 bedeutete die Westoffensive, und die 10 zeigte an, daß sie am 10. Mai beginnen werde, also am nächsten Morgen.
Diese Meldung wurde sofort an den niederländischen Generalstab weitergeleitet. Dieser trat in aller Eile zusammen und — zweifelte die Richtigkeit dieses neuen Datums an, denn schließlich hatte Sas schon einige Male falsche Mitteilungen gemacht.
Der Chef des niederländischen Geheimdienstes rief Sas in Berlin an und fragte diesen im Code:
„Ich habe schlechte Nachrichten von dir über die Operation deiner Frau. Hast du auch alle Ärzte konsultiert?"
Die Anwort des Majors lautete: „Ich habe die größten Kapazitäten hinzugezogen."
Damit hatte Sas die Nachricht vom unmittelbar bevorstehenden Losschlagen der Deutschen bestätigt.
Dennoch hegten der niederländische Generalstab und ein Teil des niederländischen Geheimdienstes immer noch Zweifel an der Echtheit dieses Datums. Als der 10. Mai 1940 heraufzog, sollte sich die Richtigkeit dieses Datums auf das Schrecklichste bestätigen.

Bombenangriffe gegen die Flugplätze

Am frühen Morgen des 10. Mai 1940 starteten eine halbe Stunde vor den Fallschirmjägern die Kampfgruppen der Luftwaffe gegen die vorgesehenen Landeplätze ihrer Fallschirmjäger-Kameraden, um diese sturmfrei zu bomben. Von verschiedenen westfälischen Fliegerhorsten stiegen sie auf und flogen den vereinbarten Zielen entgegen. Es galt vor allen Dingen, die niederländische Luftwaffe völlig auszuschalten. Im Visier der Kampfflugzeuge, Me 110-Zerstörer und Me 109-Jäger, lagen die Plätze De Kooy bei Den Helder, Bergen, Schiphol, Valkenburg, Ockenburg, Ypenburg und Waalhaven.
Die Kampfgruppen starteten zunächst mit der Zielrichtung England, um die niederländischen Horch- und Beobachtungsstationen so lange wie möglich zu täuschen. Erst über der Nordsee sollten sie eindrehen und dann aus Norden

Ju 88 kamen zu Horizontal- und Sturzangriffen gegen belgische Truppen.

Bf 110-Zerstörer griffen an den Zentren des Kampfes immer wieder ein.

und sogar aus Westen angreifen. Demzufolge würde der am weitesten nach Norden gelegene Flugplatz De Kooy als erster an die Reihe kommen.
Es war 4.00 Uhr niederländischer Zeit, als dieser Flugplatz von einem Me 109-Verband angegriffen wurde. Unmittelbar nach der ersten Meldung über die Annäherung feindlicher Flugzeuge ließ der Platzkommandant seine elf D-21

Die Fokker G-1 der niederländischen Luftstreitkräfte, mit neun MG bestückt, war eine kampfkräftige Maschine.

starten. Als sie gerade aus dem Platz heraus waren, jagten die Me 109 darüber hinweg und schossen aus ihren Bordwaffen in die Schuppen und in die Flugleitung hinein.

Die D-21 griffen in den Kampf ein, die ersten Zweikämpfe am Himmel endeten mit dem Abschuß von vier Me 109. Unter ihnen befand sich auch der Staffelkapitän der I./JG 186, Hptm. Robitsch. Dieser konnte auf De Kooy mit einer Bruchlandung heil herunterkommen und geriet kurzfristig in Gefangenschaft.

Auf dem Platz Bergen hatte der Flugplatzkommandant die dort stationierten zwölf Fokker G-1 nicht auf dem schlammigen Platz verteilt, sondern alle Maschinen dicht bei dicht auf der Betonplattform an der Flugleitung aufstellen lassen. Bereits am 9. Mai hatten einige Flugzeugführer darauf hingewiesen, daß sie bei Alarm nicht würden starten können, weil eine Maschine die andere behindere. Der Vorschlag, die Maschinen auf Brettern auf dem Platz verstreut aufzustellen, wurde verworfen.

Am Morgen des 10. Mai erfolgte auch hier zeitgleich mit allen anderen Angriffen um 4.00 Uhr der erste Angriff dreier He 111, die über die Nordsee kamen und zunächst als Bristol-Blenheim des englischen Fliegerkorps angesprochen wurden. Ihnen folgte eine Gruppe von etwa 20 weiteren He 111. Die drei vordersten Maschinen stießen im Tiefflug, aus allen Bordwaffen feuernd, über die Gebäude hinweg. Die folgenden He 111 warf Bomben. Einige Bomben fielen in die Flugzeughalle, in der zwei Maschinen zur Reparatur standen. Die Halle brannte.

Die niederländischen Piloten rannten zu ihren Maschinen und mußten feststellen, daß sie so dicht ineinander verkeilt waren, daß nur die ganz vorn stehende Nr. 321 frei starten konnte. Die hinter ihr stehende G-1 wurde so schwer getroffen, daß sie nicht einmal weggerollt werden konnte. Damit war allen übrigen Flugzeugen der Start unmöglich geworden.

Als die deutsche Angriffsgruppe abdrehte, waren alle Maschinen mit Ausnahme der zuerst gestarteten Nr. 321 so schwer beschädigt, daß sie zunächst für die Abwehr ausfielen. Erst in den nächsten Tagen konnten sechs von ihnen wieder einsatzbereit gemacht werden.

Die am Platzrand getarnt stehenden Fokker C-10-Aufklärer wurden nicht bekämpft. Sie starteten in den nächsten Tagen zu Aufklärungseinsätzen.

Die vom Platz weggekommene Maschine Nr. 321 konnte bei Katwijk einige soeben dort gelandete Ju 52 erkennen. Sie raste im Tiefflug darüberhin und schoß aus ihren acht MG drei Ju 52 in Brand.

Von Schiphol bis Valkenburg

Schiphol, das dritte Angriffsziel der deutschen Luftwaffe, war mit neun Fokker-Bombern des Typs T-5 und neun Fokker-Jägern D-21 belegt. Auch für diesen Platz kam der deutsche Angriff völlig unvorbereitet. Es waren dort 12 Ju 88, die von Westen her den Platz anflogen. Während die drei vordersten Maschinen im Tiefflug heranrasten und kleine Sprengbomben auf Hallen und die Kaserne warfen und aus allen Waffen schossen, flogen die folgenden Horizontal- und Sturzkampfbomber bedeutend höher. Sie warfen ihre Bomben in die Hallen. Ein Großteil der hier stationierten Flugzeuge konnte jedoch starten.

Der Einsatz über Schiphol dauerte insgesamt 90 Minuten, denn nach den Ju 88 folgten noch Me 109, und dann tauchten auch noch einige He 111 auf, ehe dieser Angriff beendet wurde. In den Luftkämpfen über Schiphol wurde eine Ju 88 abgeschossen, eine zweite von der Flak vom Himmel heruntergeholt.

Auf dem Flugfeld von Valkenburg gab es weder Flak noch Flugzeuge, die dem deutschen Initialangriff Paroli hätten bieten können. Als hier sechs deutsche Flugzeuge auftauchten, fanden sie keinerlei Widerstand vor. Sie bombten die Flugzeughallen und unterbrachen auch

10 cm-Flachbahngeschütze der Holländer richteten vor allem bei Waalhaven großen Schaden an.

die Telefonverbindung. Der Angriff erfolgte in der Zeit, da die wachfreie Besatzung des Platzes in der Halle 3A versammelt war. Die Männer flüchteten in die Deckungsgräben. Lediglich die 84 Soldaten, die den Wachdienst versahen, blieben in ihren Stellungen.

Auch der Platz Ockenburg wurde zuerst von deutschen Jägern angegriffen. In Valkenburg hatte man noch vor dem eigenen Beschuß den Beginn des deutschen Angriffs auf den nahebeiliegenden Flughafen Ypenburg beobachten können. Vier der von Ypenburg rechtzeitig gestarteten niederländischen Flugzeuge, die in den Luftkampf gegen die Angreifer eingetreten waren, landeten nach Aufbrauch des Benzins in Ockenburg. Hier gab es jedoch kein Benzin, so daß die Maschinen nicht mehr starten konnten, sondern stehenbleiben mußten und von den angreifenden deutschen Flugzeugen zerstört wurden.

Der nördlich Rotterdam gelegene Flugplatz Ypenburg, der für die deutschen Luftlandetruppen von größter Wichtigkeit war, sollte als Ausgangsbasis zum Sturmangriff nach Den Haag hinein dienen. Aber selbst wenn dieser Landeplatz in deutsche Hände fiel, dann war immer noch der De Vlietkanal westlich dieses Platzes zu überwinden. Darüber hinaus galt es auch, die nordwestlich des Platzes gelegene Hoornbrücke in Besitz zu nehmen. Falls dies alles gelang, dann war es möglich, Den Haag zu erobern und die niederländische Regierung und die königliche Familie gefangen zu nehmen.

Bereits beim Anflug auf Ypenburg eröffnete die bei Delft stehende niederländische Flak das Feuer. Kurz darauf fiel auch die Den Haager Luftabwehr in den Kampf ein. Eine der angreifenden He 111 wurde von der Flak-Batterie Vetharding getroffen. Die Granate schlug ihr die rechte Tragfläche ab. Dann erscholl im Innern der Maschine eine Explosion. Das deutsche Kampfflugzeug stellte sich auf den Kopf und stürzte auf eine Wiese. Einige Fallschirme standen am Himmel und deuteten an, daß nicht die ganze Besatzung zu Tode gekommen war.

Die Maschine brannte völlig aus. Auf dem Platz hatte dieser Angriff eines der Gebäude an der Westflanke in Brand gesetzt, der aber schnell gelöscht werden konnte. Einige Kraftfahrzeuge und Kräder wurden vernichtet, zwei niederländische Panzer außer Gefecht gesetzt.

Danach nahmen Me 109 und Me 110-Zerstörer die Platzsicherung unter Feuer. Einige der hier liegenden Verteidigungsgruppen zogen sich demoralisiert zurück. Etwa 25 Soldaten konnten von Oblt. Warnaars gestoppt und wieder eingesetzt werden.

Die hier stehenden Flugzeuge starteten während des Bombenangriffs. Es waren acht D-21 und 11 Douglas-Maschinen. Sie schossen zwei deutsche Flugzeuge ab. Aber alle 11 Douglas und eine Reihe der D-21 wurden während dieser Kämpfe abgeschossen oder auf dem Platz vernichtet.

Um den in Den Haag in der großen Kaserne stehenden Soldaten jeden Entsatzvorstoß zu verwehren, wurde um 4.00 Uhr auch die Alexander-Kaserne bombadiert. Darin fanden 58 Soldaten den Tod, viele wurden verwundet, oder erlitten Brandverletzungen.

Königin Wilhelmina erließ noch am selben Morgen einen Aufruf über den niederländischen Rundfunk.

Mein Volk!

Nachdem unser Land sich während all der Monate des Krieges peinlich neutral verhalten hat und nichts anderes beabsichtigte, als diese Haltung konsequent aufrechtzuerhalten, hat die Deutsche Wehrmacht in der vergangenen Nacht ohne jede Warnung einen plötzlichen Angriff auf unser Land verübt. Dies entgegen der feierlichen Zusage, daß die Neutralität unseres Landes respektiert werden würde, solange wir selber neutral blieben.

Ich erhebe hiermit energischen Protest

Generalmajor Dipl.-Ing. Wolfram Frhr. von Richthofen führte in Holland das VIII. Fliegerkorps erfolgreich.

gegen diese unerhörte Verletzung von Treu und Glauben und gegen den Angriff auf alles das, was sich zwischen zivilisierten Staaten gehört.
Ich und meine Regierung werden jetzt unsere Pflicht tun. Tun Sie die Ihrige! Überall und unter allen Umständen! Jeder an seinem Platz, mit äußerster Wachsamkeit und mit jener inneren Ruhe und Hingabe, deren ein reines Gewissen befähigt.

Eine Festung wird erobert

Die Männer der Sturmabteilung Koch wurden am Abend des 9. Mai 1940 aus ihren Bereitstellungsräumen zwischen Hilden und Düsseldorf zu den beiden Starthäfen Köln-Ostheim und Köln-Butzweilerhof verlegt.
Von diesen Plätzen aus sollten sie getrennt starten und sich erst westlich von Köln zum geschlossenen Verband sammeln, um an allen Zielen gleichzeitig aufzutauchen und so den Überraschungsfaktor voll zu wahren. Dieser Zweistart-Einsatz war notwendig geworden, weil es galt, 42 Schleppzüge, bestehend aus jeweils einer Ju 52 und einem Lastensegler DFS 230, so schnell wie möglich in die Luft zu bekommen. Von dem Zeitpunkt ihres Zusammenschlusses an würden sie durch eine vorbereitete Leuchtfeuerstraße genau zum Ziel gelotst werden. Dies war notwendig, da in völliger Finsternis gestartet werden mußte.
Noch in der Nacht wurden Waffen und Geräte und vor allem die Sprengmittel von dem dazu abgestellten Personal zu den Seglern geschafft.
Für die „Kampfgruppe Granit", die von Köln-Ostheim aus startete, mit dem Ziel, Eben Emael in Besitz zu nehmen, mußten nicht weniger als 2500 Kilogramm Sprengmittel aller Art, einschließlich der 12,5- und 50-Kilo-Hohlladungen in die elf Segler verpackt werden. Hinzu kamen Handfeuerwaffen, Handgranaten, Nebelbüchsen und Funkgeräte.
Alle übrigen Kampfgruppen waren leichter bepackt und hatten demzufolge auch mehr Platz in ihren Seglern.
Um 2.45 Uhr bereits waren die Pioniere des Zuges Witzig geweckt worden. Um 3.30 Uhr traten die einzelnen Seglergruppen an. Oberleutnant Witzig verabschiedete sich von jeder einzelnen Gruppe und schärfte ihnen ein, daß sie nur das zu tun brauchten, was sie seit Wochen intensiv gelernt hatten. Wenn sie dies zur Anwendung brachten, war der Sieg sicher.
Dann erscholl der Befehl für alle: „An die Maschinen!"
Die Männer der „Sturmgruppe Granit" gingen hintereinander zu ihren elf Seglern hinüber, vor denen die Ju 52 bereitstanden. Die Halteseile der Segler waren bereits in die Halterung der Schleppmaschinen eingehängt. Als alle Männer mit ihrem Gerät und den Waffen Platz gefunden hatten, ging die Startflagge des Hauptmanns hoch, der den Start zu regeln hatte. In Dreierketten nebeneinander rollten die Ju 52 los. Die Seile strafften sich, und die Segler wurden mitgezogen. Mit donnernden Motoren hoben die Ju 52 ab und zogen die Segler mit in den dunklen Himmel empor.
Als die elf Maschinen aufgeschlossen hatten und mit jenen Flugzeugen zusammentrafen, die in Köln-Butzweilerhof gestartet waren, kam es zu einem bösen Zwischenfall, der die „Kampfgruppe Granit" ihres Führers beraubte. Der Segler des Trupps 11, in dem Oblt. Witzig saß, mußte eine scharfe Ausweichbewegung fliegen, um nicht mit einem Segler der anderen Gruppe zu kollidieren. Bei dieser scharfen Ausweichbewegung, die von der Ju 52 nicht mitgeflogen wurde, weil man dort nichts von dieser Kalamität ahnte, riß das Schleppseil des Seglers 11. Der Pilot des Seglers schaffte es, diesen über den Rhein zurückzubringen und auf einer Wiese notzulanden.
Oblt. Witzig befahl den Männern, alle Hindernisse, die einem Start von hier

aus im Wege standen, zu beseitigen und eine Startmöglichkeit für Schlepp-Ju 52 und Segler zu schaffen. Er werde ein neues Schleppflugzeug beschaffen.
Ein zweiter Segler der Sturmabteilung Koch, der den Trupp 2 transportierte, ging bei Düren nieder. Die Besatzung rollte mit der deutschen Heeresspitze vor, gelangte ostwärts von Canne über die Grenze und organisierte sich einen Lastwagen, mit dem sie nach Canne durchbrach, wo ihre Kampfgruppe in harten Abwehrkämpfen stand. Sie konnte noch vor der eigenen Infanterie in diese Abwehrkämpfe eingreifen.
Neun Schleppzüge aber näherten sich der Werkgruppe Eben Emael. Nachdem die deutsche Grenze passiert war, wurden die deutschen Segler ausgeklinkt und flogen nun ihren Objekten entgegen, die im Morgengrauen schemenhaft zu erkennen waren.
Die Feindflak und schwere MG eröffneten das Feuer von der Werkgruppe aus auf die geisterhaft heranschwebenden Segler. Die Gefechtsstärke in den neun Seglern betrug noch 85 Mann. Dazu kam das Hindernis, daß der Kampfgruppenführer fehlte. Aber Leutnant Delica übernahm sofort die Führung. In Feldwebel „Teddy“ Wenzel fand er einen erfahrenen Helfer.
Die einzelnen Trupps landeten dicht hintereinander an genau den angegebenen Stellungen auf dem Werk-Plateau. Hier begann nunmehr ein Kampf, wie er in der gesamten Kriegsgeschichte ohne Beispiel war. Nur etwa 70 deutsche Soldaten (zwei Seglergruppen waren im äußersten Norden an zwei Scheinkuppeln gelandet und fielen zunächst ebenfalls aus) standen im Freien einer Streitmacht von 1.200 belgischen Soldaten gegenüber, die sich in

Die Mannschaften der Ju 52-Transporter bezahlten den Kampf im Westen mit dem Leben vieler ihrer Kameraden.

Lastensegler DFS 230 waren die große Überraschung. Mit ihren Punktlandungen trugen sie zum Sieg entscheidend bei.

völliger Deckung befanden und alle möglichen Waffen zu ihrer Verteidigung verfügbar hatten.

Jeder der gelandeten Trupps wußte bis ins letzte Detail hinein, was er zu tun hatte. Jeder griff *sein* Objekt an. Geballte Ladungen krachten auseinander. Die erste der 3-Meter-Panzerkuppeln wurde von einer Hohlladung durchschlagen. Das aus den MG-Ständen dieser Kuppel kommende Feuer verstummte. Eine belgische Flakstellung auf dem Höhenplateau eröffnete das Feuer, um Sekunden später von dem darauf angesetzten Trupp mit MG-Feuer und Handgranaten ausgeschaltet zu werden. Eine geballte Ladung vernichtete die Richtgeräte dieser Waffen.

Sekunden nach der Landung des letzten Seglers war das gesamte Plateau von Waffengetöse erfüllt. Sieben Kampftrupps der Sturmabteilung Koch konnten binnen fünf Minuten ebenso viele Panzerkuppeln außer Gefecht setzen. Neun besetzte Werke wurden in

Die Werkgruppe Eben Emael nach einer Aufklärer-Aufnahme. Unten links der Eingang.

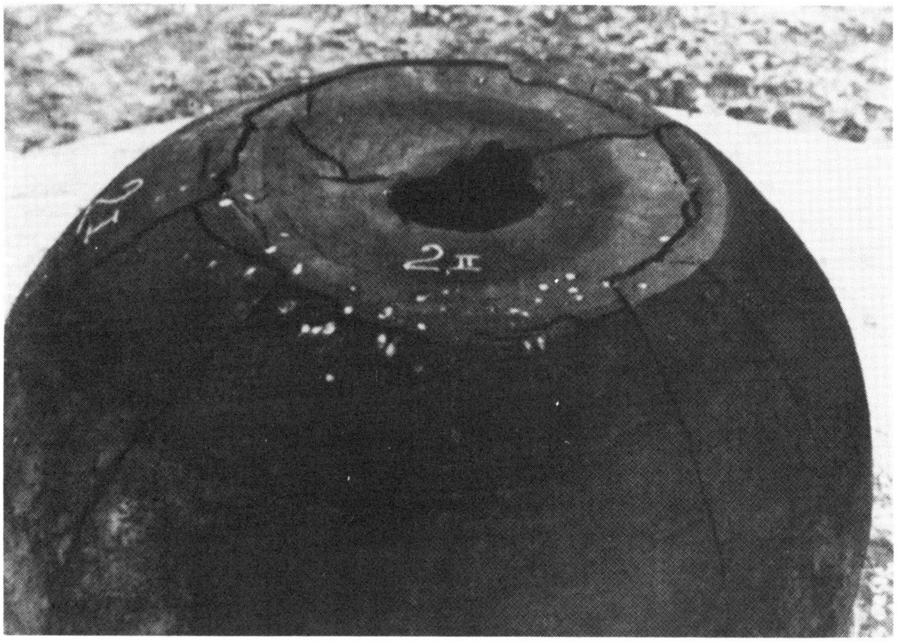

Eine der schweren Beobachtungskuppeln, durch 50 kg-Hafthohlladung vernichtet.

den folgenden Minuten angegriffen und in Besitz genommen. Durch die Grabenstreichen peitschte das Feuer der Verteidiger. Teddy Wenzel wurde hier zum „Kuppelknacker". Unermüdlich war er im Einsatz, gönnte sich und dem Gegner keine Schonung.

Sieben Trupps kämpften mit einem Einsatz, wie er einfach nicht zu beschreiben ist. Die beiden anderen hatten die Scheinanlagen angegriffen und feststellen müssen, daß es hier keinen Gegner gab. Es dauerte Stunden, ehe sie sich zu ihren Kameraden durchschlagen konnten.

Oberjäger Peter Arent, Führer des Stoßtrupps 3, hat diesen Einsatz in seinen persönlichen Erinnerungen festgehalten. Folgen wir seiner Darstellung der Ereignisse, erfahren wir durch ihn, was sein Trupp in dieser Situation zu tun hatte:

„Noch vor dem Einsteigen in den Segler wandte ich mich an meinen Freund Merz und schärfte ihm ein, daß er den Trupp übernehmen müsse, wenn ich ausfallen sollte.

Oberjäger Sapper, ein ganz ausgefuchster Segelflieger, flog unsere Holzkiste. Er pfiff vergnügt vor sich hin. Wir glaubten unseren Ohren nicht trauen zu dürfen. Der flog so, als ginge es um einen Stundenrekord auf der Wasserkuppe, und nicht ins Gefecht.

Dabei war er doch ebenso dabei wie wir, denn wieder starten und zurückfliegen, das gab es nicht.

Als die schleppende Ju 52 meldete, daß das Zielgebiet erreicht sei, klinkte Sapper unseren Vogel aus, und wir jagten zunächst in weiten, dann enger und enger werdenden Kreisen dem Ziel entgegen, das förmlich zu uns heraufzufliegen schien.

Für einen Sekundenbruchteil sah ich schemenhaft zwei oder drei andere Segler an dem kleinen Ausblick vorbeihuschen. Feuer war überall zu hören, es krachte laut, und einige Splitter klackerten durch die Verspannung, ohne unseren Segler zu gefährden. Die Landung nach dem harten Abfangen war sauber, und Sapper setzte den Vogel etwa 50 Meter von unserem Ziel — der Kasematte 12 — entfernt auf den Boden.

'Raus und ran!' rief ich.

Meine Männer griffen nach Waffen und Sprengmitteln. Wir rannten durch das einsetzende Infanteriefeuer der Belgier, und ich hörte die keuchenden

Eben Emael, einer der Stichgräben mit Grabenstreichen-Bunker.

Atemzüge meiner Männer. Hinter mir spurtete Merz, er trug eine 12,5-Kilo-Ladung.

Dann hatten wir jene Panzerkuppel erreicht, die unser Ziel war. Merz setzte die Hohlladung an, und ich zündete sie. Zehn Sekunden waren nun Zeit, in Deckung zu springen, bevor die Ladung auseinanderkrachte. Wir warfen uns in eine Mulde. Die Sekunden vertickten, und dann grollte eine harte Detonation durch das hektische Geklacker der Gewehre und die schnatternden Feuerstöße der MG. Die Panzerkuppel war durchschlagen, das hier stehende 7,5 cm-Geschütz unbrauchbar geworden. Wir hatten den ersten Teil unseres Auftrages erfüllt."

Fast gleichzeitig mit dem Trupp 3 war auch der Trupp 1 unter Fw. Nabert dicht beim Ziel niedergegangen. In diesem Segler befand sich auch Lt. Delica. Im Hinausspringen sah Delica, daß sie dicht bei der Kasematte 18, dem erklärten Ziel, gelandet waren. Durch das flackernde Feuer, das aus dem Werk 11 gegen sie anbrandete, rannte er, gefolgt von den Männern, auf die Kasematte 18 zu. Die 12,5-Kilo-Ladung konnte die schwere Kuppel jedoch nicht durchschlagen. Aber durch den starken Luftdruck wurde ein Teil der Kasemattenbesatzung getötet oder verwundet. Eine der MG-Scharten war ebenfalls weggesprengt worden.

Durch eine Lücke drang der Trupp 1 in diese Kasematte ein. Er setzte sich darin fest. Leutnant Delica befahl dem Funker, einen FT-Spruch an Hptm. Koch abzusetzen. Es war genau 5.42 Uhr, als dieser Funkspruch getastet wurde:

„Von Sturmgruppe Granit an Sturmabteilung Koch: Objekt erreicht, alles in Ordnung."

Das war zwar beruhigend für den Führer der Sturmabteilung, entsprach aber nicht den Tatsachen, denn hier auf dem Hochplateau von Eben Emael mußte in den nächsten Stunden erbittert gekämpft werden.

Im ersten Ansprung war auch das Werk 23 mit der Grabenstreiche gefallen, durch welche der Graben zum Werk 30 nicht nur mit MG, sondern auch mit der 6 cm-Pak und der 7,5 cm-Kanone beschossen werden konnte. Auch in Richtung auf Werk 24 konnte die 7,5 cm-Zwillingskanone ihr Feuer richten, da die Querverbindung von Werk 23 zum Werk 24 schnurgerade verlief.

Das Werk 30 — das war allen klar — mußte so schnell wie möglich zum Schweigen gebracht werden. Es war der Trupp 5, der die MG-Kuppel dieses starken Werkes knackte.

Inzwischen hatte das schon erwähnte Werk 23, das nur leicht beschädigt worden war, das Feuer wieder aufgenommen. Es mußte außer Gefecht gesetzt werden.

Lt. Delica ließ Fw. Nabert mit seinem Trupp dagegen antreten. Vor dem dichten Abwehrfeuer, das erneut aus dem Werk herauspeitschte, mußte der Trupp zunächst in Deckung gehen. Der Angriff war damit vom Gegner abgewiesen worden. Ebenso wurde ein zweiter Angriff kurze Zeit später von den Belgiern abgeschlagen.

Inzwischen hatten die Fallschirmjäger ihre ersten Toten und Verwundeten zu beklagen. Der Trupp 8, der zwischen dem Werk 31 und der 120 Meter weiter westlich liegenden Anlage 25 landete, wurde aus einem niedrigen Schuppen — der Stellung 25 — von zwei MG beschossen. Hier befand sich auch einer der versenkbaren 7,5 cm-Zwillingstürme, die es außer Gefecht zu setzen galt. Zwei Männer dieses Trupps fielen im Vorstürmen, zwei weitere wurden leicht verwundet.

Dort, wo die vier Flakstände das Feuer eröffnet hatten, griff Trupp 5 an. Zwei Männer schleppten jeweils eine Hälfte der 50-Kilogramm-Hohlladung. Sie setzten sie zusammen, brachten sie an und zündeten.

Zehn Sekunden darauf brandete eine gewaltige Detonation durch das Kampfgetöse auf dem Plateau. Die

Gruppe Arent hat es geschafft: Peter Arent 3. von rechts.

große 5 m-Kuppel war vernichtet.
Das aus verschiedenen Werken hinauspeitschende Feuer ließ die Fallschirmjäger in Deckung gehen. Die vier MG-Stände des Werkes 29 wurden drei Minuten später flankierend angegriffen und gesprengt. Damit war dieses Werk ausgeschaltet.
Aus den MG-Ständen neben den beiden 12 cm-Zwillingstürmen, den schwersten Waffen der Werkgruppe, peitschten ebenfalls MG-Salven, mit denen der Gegner verhindern wollte, daß diese Geschütze außer Gefecht gesetzt wurden. Die belgische Führung war sicher, daß dieser Angriff nur der Auftakt sein würde und daß sie bald auch mit Angreifern zu rechnen hatte, die frontal über den Albertkanal hinweg angriffen. Die inzwischen erfolgten Lastensegler-Landungen an den Brücken hatten dies ebenfalls signalisiert.

Oberleutnant Witzig kommt

Inzwischen war es Oblt. Witzig gelungen, eine Schlepp-Ju 52 zu erhalten und diese nach dem Notlandeplatz seines Seglers zu dirigieren. Als die Maschine dort eintraf, hatte der Trupp 11 bereits alle Vorkehrungen zu einem neuen Start getroffen. Die Ju 52 schwebte in der durch Leuchtsignale angegebenen Richtung ein, setzte auf und rollte ungefährdet aus.
Witzig dirigierte die Maschine in die vorgesehene Startposition. Einige Fallschirmjäger hängten das Schleppseil ein. Dann hieß es ein zweitesmal an diesem Morgen: „An die Maschine!“

Hitler und Offiziere des Albertkanal-Unternehmens. Von links: Oberleutnant Meissner, Hauptmann Witzig, Major Koch.

Die Fallschirmjäger zwängten sich in ihren Segler. Die Ju 52 rollte an, wurde schneller und schneller, erreichte Abhebgeschwindigkeit und löste sich vom Boden. Sie zog in gutem Abstand über die Weidenbüsche am Ende der Wiese hinweg in den Himmel, und leicht und scheinbar schwerelos folgte der Segler nach. Sie gewannen an Höhe, flogen dem Ziel entgegen, von dem sie noch immer nicht wußten, wie es dort gelaufen war.

Schon von weitem sahen die Männer in der Ju 52, daß auf dem Plateau gekämpft wurde. Auch der Lastensegler-Pilot meldete Kämpfe, als die Festung in seinen Blickwinkel kam. Belgische Flak eröffnete auf den einzeln einschwebenden Segler, der von der Ju 52 entlassen worden war, das Feuer. Steil stieß der Lastensegler hinunter, drehte seine enger werdenden Spiralen, die das Ziel förmlich einkreisten, durchbrach die Barriere des Feindfeuers, und als der Pilot den richtigen Landepunkt erkannte, setzte er den Segler auf. Er rutschte ein paar Meter, ehe die mit Stacheldraht umwickelten Kufen griffen.

Als erster sprang Oblt. Witzig hinaus. Die Männer folgten ihm so schnell wie möglich. MG-Feuer peitschte ihnen entgegen und zwang sie sofort wieder in Deckung. Der Blick auf die Uhr zeigte Witzig, daß es 8.30 Uhr war. Aus dem nahen Zuggefechtsstand, in dem Lt. Delica die Meldungen der einzelnen Gruppen entgegengenommen hatte, eilte der Leutnant herbei und warf sich neben dem Zugführer in Deckung.

„Ich freue mich, daß Sie hier sind, Herr Oberleutnant“, stieß Delica hervor.

„Und ich erst“, meinte Witzig trocken. „Wie sieht es aus?“ fuhr er fort.

„Die Außenanlagen sind befehlsgemäß genommen. Die beiden großen Werke an der Nordspitze haben sich als Scheinanlagen entpuppt. Lediglich das Werk 19 dort war besetzt.
Wir haben die Werke 10, 12, 13, 18, 19, 23, 24, 26, 30 und 31 in Besitz genommen, beziehungsweise ausgeräuchert. Die Flak-MG-Stellung 29 wurde im Handstreich genommen und besetzt. Sieben Panzerkuppeln, zwei Scheinkuppeln und neun 7,5 cm-Geschütze in den Kasematten sind gesprengt worden. Drei weitere 7,5 cm-Geschütze und zwei 12 cm-Geschütze in Kuppeln konnten ebenfalls zum Schweigen gebracht werden."
„Danke, Delica", sagte Witzig erleichtert, ehe er sich dem neben ihm liegenden Funker zuwandte, der sein Gerät betriebsbereit gemacht hatte.
„Funkspruch an Sturmabteilung Koch: 'Eben Emael. Feind wird weiter zurückgeschlagen. Höhen werden besetzt. Witzig.'"
Als Oberleutnant Witzig wenig später den Funkkontakt zur Gruppe Arent aufgenommen hatte, meldete ihm Oberjäger Arent:
„Kasematte 12 befehlsgemäß genommen. Wir werden aus westlicher Richtung, vermutlich von den Werken 3 und 7, beschossen. Erhalten wahrscheinlich auch Feuer aus dem Werk 6, Herr Oberleutnant."
„Was ist mit dem Beobachtungsstand 10?" fragte der Zugführer.
„Kein Feuer von dort, Herr Oberleutnant", meldete Arent knapp.
„Stoßen Sie mit zwei Mann auf den Beobachtungsstand 10 vor und setzen sie auf ihn durch Sprengung außer Gefecht. Nach Durchführung dieses Auftrages führen Sie einen Spähtrupp zur Erkundung der feindlichen Stellungen am Westhang in Richtung auf Werk 5 durch.

Eine Ju 87, Maschinen dieses Typs starteten auch gegen den Albertkanal und die Brücken.

Hauptmann Walther Koch, hier als Major, führte das Unternehmen Eben Emael — Albertkanal-Brücken.

Vorsicht vor den MG-Ständen und der dort stehenden Pak", schärfte Witzig dem Kameraden ein.

Feldwebel Arent verließ mit zwei seiner Männer die Kasematte, während Ob-Gefr. Merz für ihn vertretungsweise den übrigen Trupp führte, der sichernd zurückbleiben sollte. In tiefgebückter Haltung liefen sie nach Südwesten. Die Distanz zum Werk 10 betrug schätzungsweise 120 Meter. Einige Buschgruppen gaben ihnen zwischen den kurzen Sprüngen vorwärts Deckung und die Möglichkeit, zu verschnaufen.

Als sie Feuer erhielten, hatten sie gut die Hälfte der Distanz zurückgelegt. Sie gingen abermals in Deckung und arbeiteten sich von hier aus robbend, dicht an den Boden gepreßt, weiter vor. In einer Mulde, etwa 30 Meter vor dem Ziel, blieben sie noch einmal liegen. Vom Werk 10 direkt hatten sie offenbar nichts zu befürchten, denn von dort wurden sie nicht beschossen. Wohl aber aus einem Graben halbrechts davon.

„Wir müssen den Graben dort nehmen, dann sind wir vor diesen Schützen sicher", meinte Peter Arent und deutete nach links. Sie rannten gleichzeitig, waren mit zwei langen Sätzen am Graben und sprangen hinein. Von hier aus bis zum Werk 10 kamen sie unangefochten weiter.

Arent stellte bei Erreichen der Anlage fest, daß es sich — wie vermutet worden war — um einen Ausstiegsschacht mit einer Beobachtungsmöglichkeit handelte. Das Fernrohr, das hier auf einem drehbaren Untersatz stehen mußte, war abgebaut.

Sie warfen zwei gezündete Dreikiloladungen hinein, und als sie nach diesem doppelten Detonationsschlag zurückgingen, sahen sie, daß der Schacht zur Hälfte eingestürzt war. Von dort unten konnte niemand mehr hinaufgelangen, das war sicher. Sie kehrten in die Sicherheit der Kasematte 12 zurück und wurden mit sichtbarer Erleichterung von den Kameraden begrüßt. Arent meldete dem Zugführer die Durchführung dieses Auftrages.

Im weiteren Versuch, sich des Werkes 5 zu bemächtigen, erlitt der Trupp Arent Verluste. Sie mußten sich bis zum Ausstiegsschacht 10 zurückziehen und in dem dortigen Graben Deckung suchen. Drei Männer der Gruppe Arent waren im Pak- und MG-Feuer des Gegners gefallen.

Gegenangriffe der Belgier wurden bereits im Ansatz unterbunden. Noch immer hielten sich einige Werke. Das vorher bereits von Arent ausgeschaltete Werk 4 war offensichtlich wieder einsatzbereit gemacht worden, denn es eröffnete kurz vor Mittag das Feuer.

Die Belgier schossen noch aus mehreren Maschinenwaffen aus der Grabenscharte des Werkes 30 an der Südostseite der Werkgruppe. Zwar war die MG-Kuppel dieses Werkes vom Trupp 5 gesprengt worden, aber der Gegner hatte hier die beiden anderen MG eingesetzt, die ihm in dieser Stelle noch zur Verfügung standen.

Dann eröffnete auch die Pak aus Werk 23 wieder das Feuer.

Oblt. Witzig eilte von einer Gruppe zur anderen. Wo er auftauchte, dort verbreitete sich Zuversicht und Vertrauen. Wohl hatte Witzig in den Nachmittagsstunden dieses Tages erwogen, mit dem Rest seiner Männer auszubrechen und sich zum nahen Brückenkopf der Kameraden bei Canne durchzuschlagen, aber er mußte befürchten, daß der Gegner dann die gesamte Werkgruppe wieder einsatzbereit machen könnte. Er entschloß sich zum Ausharren. Wenn allerdings die Belgier zum befürchteten Gegenstoß antraten, dann war ihre Lage aussichtslos.

In der beginnenden Nacht legte die belgische Führung starkes Artilleriefeuer auf die Höhe des Festungswerkes, wie dies vom Festungskommandanten angefordert worden war. Aber der erwartete Angriff blieb aus. Die ganze Nacht über lagen die Fallschirmjäger mit wenigen Ausnahmen, die für kurze Zeit

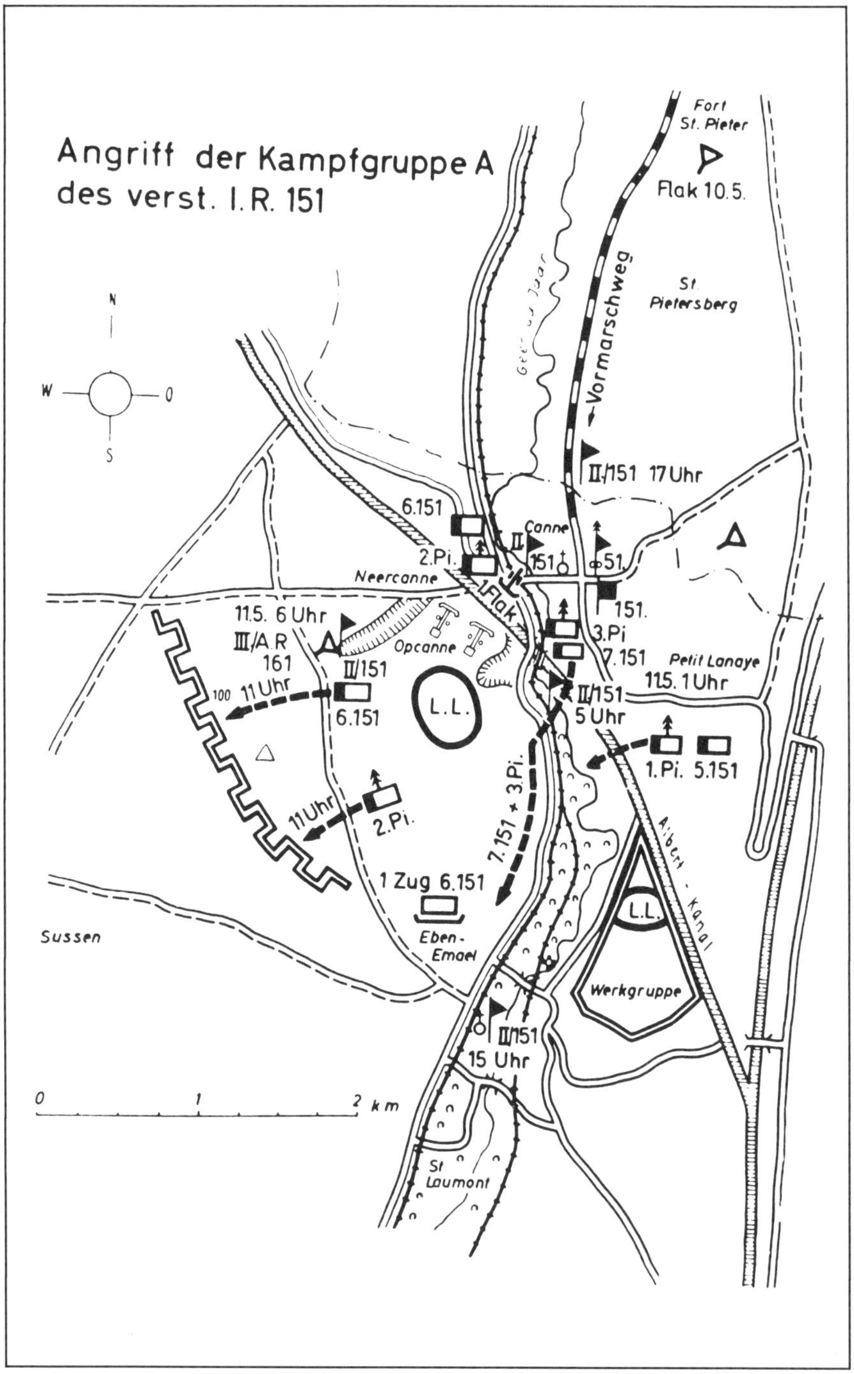

Der Entsatzvorstoß der KGr. A (verstärktes I./IR 151) entsetzte am 11. Mai die Fallschirmjäger.

ruhen konnten, auf der Lauer. Als dann der Morgen graute und der Feindangriff noch immer nicht erfolgt war, atmete Oberleutnant Witzig auf. Jetzt war die größte Gefahr gebannt. Es konnte nur noch Stunden dauern, bis die Kameraden vom Heer hier eintrafen.

Es war genau 7.00 Uhr des 11. Mai 1940 als die ersten Stoßtrupps des PiBatl. 51 der 61. ID sich dem Fort näherten. Der erste Infanterist, den Oblt. Witzig zu Gesicht bekam, war der Stoßtruppführer Ofw. Portsteffen, der sich im Alleingang durch die Linien gekämpft hatte und die erste Verbindung zu den Fallschirmjägern aufnahm. Gegen 12.00 Uhr erreichten weitere Pionier-Stoßtrupps die Werkgruppe, von der kein Feuer mehr auf die Angreifer nieder-

Sie haben Eben Emael geschafft: Männer des Pionierzuges Witzig nach dem Sieg.

paukte. Kurz darauf erreichte die 6./IR 151, aus der Ortschaft Opcanne vorstoßend, gewissermaßen die Hintertür der Festung. Es kam hier noch einmal zu einem erbitterten Gefecht, in das auch die Stukas eingriffen, die am Vortage einen kleineren Feindverband zusammengebombt hatten, der als einziger Entsatz nach Eben Emael unterwegs gewesen war. Es war das belgische Grenadier-Regiment 2, das in die Hölle der Stuka-Angriffe geraten war.

Plötzlich erscholl aus der Werkgruppe Eben Emael ein Trompetensignal. Aus dem Werk 3, das mit einigen wenigen übrigen Werken noch feuerte, wurde eine weiße Fahne gehißt, und gleichzeitig damit stellten auch die noch schießenden Werke 17, 23 und 35 das Feuer ein.

Ein Parlamentär erschien beim Hptm. Hauboldt, dem Chef der 14. (schweren) Kp. des IR 151, und bot diesem die Kapitulation der gesamten Werkgruppe an. Kurz darauf verließen die ersten belgischen Soldaten die Kasematten. Alles in allem strömten über 1000 Soldaten aus dem Festungswerk ins Freie. Oberstleutnant Jottrand, der Kommandant von Eben Emael, versicherte Oberstleutnant Mikosch, Kdr. des IR 151, auf Ehrenwort, daß in der gesamten Werkanlage keine Sprengmittel angeschlagen worden seien.

Es war 16.00 Uhr, als die „Sturmgruppe Granit" der Sturmabteilung Koch Eben Emael verließ und auf Lastwagen nach Maastricht zurückfuhr. Von den insgesamt 85 eingesetzten Fallschirmjägern waren sechs gefallen. 20 wurden zum Teil schwer verwundet.

In seinem Abschlußbericht erklärte Rudolf Witzig — wie alle anderen Offiziere zu einem höheren Dienstrang befördert und nunmehr Hauptmann — die Hauptgründe für die rasche Übergabe der Werkgruppe Eben Emael. Auch Reichsmarschall Göring mußte er

Hauptmann Witzig überreicht „Kuppelknacker“ Gefreiter Becker das EK I. Rechts der Chef der 4. Kp., Hauptmann Hardt.

diesen Bericht geben. Er nannte unter anderem die moralische Erschütterung der Festungsbesatzung, die Lähmung der Werkgruppe durch den Verlust der Masse der Einzelwerke, und das Versagen jeglicher Hilfeleistung von außen. Nach dem Kriege erklärte Generaloberst a. D. Kurt Student dem Autor bei dessen Besuchen:
„Eben Emael war in der Tat ein Einsatz

Nach dem Sieg bei Eben Emael: Es geht nach Maastricht zurück.

von einzigartiger Kühnheit und entscheidender Bedeutung. Eine Handvoll vorausgeschickter Fallschirmjäger erzwang mit starker Unterstützung der Luftwaffe den Durchbruch für die Armee.
Ich habe die Geschichte des Zweiten Weltkrieges studiert, und das an allen Fronten. Unter den vielen glänzenden Waffentaten bei Freund und Feind habe ich *kein* Beispiel finden können, das dem großartigen Erfolg der 'Sturmabteilung Koch' am 10. Mai 1940 gleichgekommen wäre."
Was aber war mit den drei Brücken über den Albertkanal?

Veldwezelt im Handstreich genommen

Die „Sturmgruppe Stahl" unter Oblt. Altmann hatte den Auftrag erhalten, die nördlichste Brücke über den Albertkanal bei Veldwezelt im Handstreich zu nehmen und diese für die nachfolgenden Heeresverbände offenzuhalten.
Dieser Verband startete zeitgleich mit allen übrigen Einsatzgruppen. Als diese Sturmgruppe Maastricht erreichte und nur noch 3000 Meter von der Brücke Veldwezelt entfernt war, wurden die Lastensegler ausgeklinkt. Alle neun eingesetzten Segler, von denen zwei mit elf, und die übrigen sieben mit jeweils zehn Soldaten besetzt waren, landeten im Abwehrfeuer der Flak dicht am Objekt. Der Segler mit dem Einsatzführer Oblt. Altmann schien fast die Brücke rammen zu wollen. Der Pilot drehte, und die Brücke schien nach Norden auszuwandern. Dann erfolgte der harte Aufprall. Die Kufen schrappten über den Boden, und der Lastensegler stand nach wenigen Metern sicher auf dem Acker neben der Brücke.
Noch während sie den Segler verließen, eröffnete der Feind das Feuer von rechts. Die Männer gingen in Deckung. Die beiden MG-Schützen erwiderten aus ihrem MG 34 das Feuer, und noch während Oblt. Altmann versuchte, mit den übrigen Trupps Funkkontakt aufzunehmen, zeigte es sich, daß sie mitten in den belgischen Stellungen niedergegangen waren.
Sie sahen, daß der Segler mit dem Trupp Ellersiek direkt auf den großen Brückenbunker zuhielt und dicht davor aufsetzte.
Das Feuer der Verteidiger hatte sich zu einem wilden Stakkato gesteigert. Sich am Kanal entlang vorarbeitend, versuchte der Trupp, mit dem Oblt. Altmann gelandet war, in Richtung zur Brücke Raum zu gewinnen. Unter dem Feuerschutz ihrer beiden MG kamen sie sprungweise vorwärts. Aber bereits nach 40 Metern war das Feindfeuer so dicht geworden, daß sie liegenblieben.
Aus jener Richtung, wo der Trupp 9 zur Sicherung des südlichen Brückenaufganges niedergegangen war, erscholl nun ebenfalls MG-Feuer, das wenig später von drei Feind-MG und Gewehrschüssen überdeckt wurde. Die dort liegende Gruppe war mit einer Bruchlandung angekommen, weil ein Flaktreffer die linke Tragfläche des Seglers weggerissen hatte. Der Großteil der Gruppe war verletzt worden. Nur der Truppführer und zwei Jäger kämpften hier. Wenige Minuten nachdem sie aus dem einen MG, das sie aus den Trümmern geborgen hatten, das Feuer eröffneten, tauchten ein paar Kameraden bei ihnen auf. Es war Oblt. Altmann mit seinen Männern. Gemeinsam gingen sie nun in Richtung Brücke vor. Als sie die ersten belgischen Gräben erreichten, sprangen sie hinein und schossen den Gegner hinaus. Handgranaten krachten auseinander. Es gab weitere Verluste.
Der Pioniertrupp Ellersiek, der Befehl hatte, die Sprengladungen der Brücke zu entschärfen, wurde von dem Hauptbunker aus beschossen. Aus einem neben dem Bunker gelegenen Gasthaus schoß der Gegner mit Handfeuerwaf-

fen. Damit sicherte er den Bunker.
Nachdem er sich in voller Deckung nahe genug herangearbeitet hatte, schleuderte Fw. Ellersiek eine geballte Ladung in das Gasthaus hinein. Als der Schlag der Detonation aufbrandete, stürmten seine Männer gleichzeitig gegen das Gasthaus und gegen den Bunker vor. Auch der Bunker wurde mit einer geballten Ladung zum Schweigen gebracht.
Mit Drahtscheren und anderem Gerät arbeiteten sich Ellersiek und seine Männer über die Brücke vor. Sie durchschnitten die Hauptzündleitungen, hangelten sich an den Brückenstreben herunter bis zu den Sprengkammern und entfernten die Zündverbindungen. Zwei Männer fielen im Feindfeuer, das über die Brücke hinwegstrich.
Alle Zündleitungen waren gekappt. Nunmehr konnte die Brücke nicht mehr in die Luft gejagt werden.
Feldwebel Ellersiek meldete dem Oberleutnant: „Brücke in eigener Hand, Sprengladungen unscharf gemacht!"
„Jetzt Beseitigung aller Sperren auf und vor der Brücke", befahl Altmann, um anschließend über Funk an Hptm. Koch zu melden:
„Sturmgruppe Veldwezelt an Sturmabteilung: Objekt genommen." Dieser FT-Spruch trug die Absetzzeit 5.35 Uhr. Die erste der drei Albertkanalbrücken war in eigener Hand, und sie war unzerstört.

Vroenhoven wird erobert

Zeitgleich mit der „Sturmgruppe Stahl" startete um 4.30 Uhr auch die für die mittlere Brücke bestimmte „Sturmgruppe Beton". Im Verband dieser Sturmgruppe flog auch der Abteilungsstab unter Hptm. Walter Koch mit. Deshalb bestand sie auch aus insgesamt 129 Soldaten und fünf Offizieren, und war damit die stärkste Einsatzgruppe.
Die elf Lastensegler hoben hinter den Schlepp-Ju's um 4.30 Uhr in Köln-Ostheim ab. Bei Hottdorf gab es den ersten Ausfall. Das Schleppseil des Seglers, in dem sich der Pioniertrupp unter Oberjäger Kempa befand, riß. Der Segler mußte notlanden.
Die übrigen Segler wurden zwischen der Reichsgrenze und Maastricht in einer Höhe von 2000 Metern ausgeklinkt und steuerten im Spiralflug ihre Ziele im Zielbereich der Brücke an. Unter diesen Seglern lagen die hell erleuchteten niederländischen und belgischen Ortschaften.
Leutnant Gerhard Schacht, der die Führung der Kampfgruppe übernommen hatte, vernahm die ersten krachenden Einschläge der Flakgranaten. Dicht bei seinem Segler platzten einige Granaten auseinander und warfen ihn fast aus dem Kurs. Die Segler kurvten lautlos durch den Beschuß, und jeder der Piloten, der sein Ziel erkannte, stürzte sich darauf herunter, um genau an dem vorgeschriebenen Landeplatz niederzugehen.
Schon waren die ersten Feldbefestigungen des Gegners zu erkennen. Die letzten 100 Meter wurden zu einem mörderischen Inferno, als auch die Handfeuerwaffen in das Abwehrfeuer eingefallen waren.
Der Segler mit dem Trupp unter Ofw. Stolzewski erhielt einen Flaktreffer. Aus nur noch 15 Metern Höhe stürzte er wie ein Stein zur Erde. Drei Männer der Besatzung wurden schwer verletzt und fielen für den folgenden Kampf aus, noch ehe dieser begonnen hatte. Die übrigen krochen aus den Trümmern heraus, befreiten und versorgten die verletzten Kameraden und nahmen dann den Kampf auf.
Der Segler mit dem Trupp Bading, der dicht am Brückenbunker landen sollte, wurde im steilen Gleitflug von seinem Piloten auf dieses Ziel hingesteuert. 120 Meter nordwestlich des Brückenbunkers krachte die Maschine auf den Boden. Auch hier gab es drei Verletzte. Oberjäger Bading stieß mit seinem

Trupp zum Bunker durch. Gefr. Stenzel, der hinter Bading lief, sah, wie der Truppführer plötzlich getroffen zu Boden stürzte. Abschüsse peitschten auch ihm entgegen. Er riß die MPi hoch und feuerte im Laufen, erreichte eine Grabenbiegung und stieß hier auf Ofw. Hoffmann, ihrem Lastenseglerführer, der gerade eine andere Feindgruppe niederkämpfte. Gemeinsam rannten sie nun durch den Quergraben direkt auf den Bunker zu. Im Laufen warf Stenzel aus etwa 30 Metern eine Handgranate in die offene Bunkertür. Er stürmte nach der Detonation hinein, schaltete die Männer im Raum aus und riß die Zündkabel aus ihren Kontakten in der Schalttafel.

Die Bunkerbesatzung war gerade im Begriff gewesen, diese Brücke in die Luft zu jagen. Nur der Schnelligkeit dieses Handstreiches war es zu verdanken, daß sie noch stand und stehenbleiben würde.

Leutnant Schacht, der im Segler des Trupps Bergmann mitgeflogen war, sah dicht vor dem niederstoßenden Gleiter das langgestreckte Kasernengebäude, das ihr Ziel war. Die Kufen des Seglers rutschten über den Boden. Die elf Männer glitten ins Freie und folgten Leutnant Schacht, der bereits auf das Kasernengebäude zulief. Sie erreichten einen Graben, erhielten Feuer und wichen hinter eine Hecke aus. Von dort erreichten sie unangefochten die Kasernen-Rückfront. Aus einem niedrigen Schuppen dieser Rückseite schossen einige Gewehre. Handgranaten brachten diesen Gegner zum Schweigen. Sie waren im Pferdestall der Kaserne gelandet.

Geschoßgarben peitschten durch den langen Mittelgang. Sie schossen sich den Weg hinaus frei, erreichten einen weiteren kleineren Schuppen, in dem Lafetten und Munitionskarren standen. Der Trupp war bereits durch Verwundungen stark geschwächt und kam nun nicht mehr weiter.

Der Kampf um die Brücke war ebenfalls noch nicht zu Ende. Hier war der Gegner zu stark, als daß er mit den schwachen Kräften auf Dauer hätte niedergehalten werden können. Deshalb wurde Hptm. Koch verständigt.

Der Abteilungsstab war etwa 500 Meter nördlich dieser Brücke in einer Senke niedergegangen und lag hier, vom Feuer des Gegners festgenagelt, in Deckung. Hptm. Koch befahl den Einsatz des sMG-Halbzuges Sprengert auf Vroenhoven.

Es war 6.15 Uhr, als dieser bereitstehende Zug nördlich und südlich der Hauptstraße, im Fallschirmeinsatz abgesetzt wurde. Einige Männer wurden noch in den Schirmen hängend getötet oder verwundet. Das Gros aber kam heil herunter und eröffnete zunächst mit zwei, dann mit vier MG das Feuer auf den Gegner, der sich anschickte, die Brücke zurückzuerobern. Im Feuer der vier MG wurde dieser Gegenangriff gestoppt. Vroenhoven blieb fest in der Hand der Fallschirmjäger. Damit war auch der zweite Übergang gesichert. Was aber war mit der südlichsten Brücke bei Canne?

Canne: „Brücke gesprengt, aber in unserer Hand!“

Jener aus zehn Schleppgruppen bestehende Kampfverband, der zur Wegnahme der Brücke von Canne vorgesehen war, startete in Köln-Butzweilerhof. Sein Führer war Leutnant Schächter.

Als die „Kampfgruppe Eisen“ startete, war es noch völlig finster. Die Schleppgruppen überflogen die Leuchtfeuerstraße und näherten sich rasch der Reichsgrenze. Auch sie wurde viel zu weit auf belgisches Gebiet geschleppt. Einer der Lastensegler, dessen Schleppflugzeuge die Orientierung verloren hatte, erreichte den vorgesehenen Landeplatz nicht. Die übrigen neun Segler kamen heil am Ziel herunter, obgleich der Verband bereits hinter Aachen in schweres feindliches Flak- und MG-Feuer geriet.

Die Brücke von Canne wurde vor der Landung der Fallschirmjäger gesprengt.

Die Gruppe Canne, und das war ihr Verhängnis, hinkte einige Zeit hinter dem Angriffsplan her. Beide andere Brücken waren schon vor dem Erscheinen der Gruppe Canne angegriffen worden. Aus diesem Grunde waren die Soldaten der Brückenwache von Canne bereits gewarnt. Als die ersten Lastensegler über dem Ziel erschienen und im heftigen Flakfeuer zur Sturzlandung ansetzten, ließ der Brückenkommandant Canne seine Brücke sprengen.

Die Piloten der Ju 52 und jene Fallschirmjäger an den kleinen Ausgucken der Segler sahen zunächst vier Feuersäulen aus der Brücke emporstieben, dann quollen Rauchwolken empor, und schließlich brandeten auch die vier Donnerschläge der Sprengung gegen ihre Trommelfelle.

Als sich Qualm und Feuer verzogen hatten, sahen sie im Angriff, daß die Brücke von Canne in den Kanal gefallen war.

Obgleich damit das vordringliche Ziel, Wegnahme der Brücke und deren Halten bis zum Eintreffen der Heerestruppen, nicht mehr gegeben war, mußten die Brückenreste in Besitz genommen werden. Ein Brückenkopf, wie klein er auch sein mochte, konnte für die Pioniere der angreifenden Infanterieverbände zum Schlagen einer Behelfsbrücke, oder zur Reparatur der alten Brücke entscheidend wichtig werden.

Die Sturzlandung erfolgte. Die Maschine des Trupps 3 erhielt 35 Meter über dem Boden einen Volltreffer. Die detonierende Flakgranate brachte die Sprengmittel zur Detonation. In Flammen gehüllt schlug der Gleiter auf dem Boden auf. Dennoch kamen sechs Männer — auch sie leicht verletzt — aus den Trümmern heraus. Sie folgten ihrem Truppführer in die Schlucht, um die belgischen Stellungen auf der nördlichen Hügelkuppe von Canne anzugreifen.

Einige der hier niedergehenden Lastensegler landeten mitten in den belgischen Stellungen. Mit Handgranatenwürfen und MPi-Feuerstößen wurde um die Gräben gekämpft. Die ersten Männer drangen in die MG-Stände ein und brachten deren Waffen zum Schweigen. Der Trupp 8 wurde auf drei feindliche MG-Stellungen angesetzt. Als er den ersten MG-Stand erreichte, ergaben sich die hier hockenden Belgier, die ebenfalls Verluste erlitten hatten. Kurz darauf wurde in einem letzten geschlossenen Sprung nach vorangegangenem Handgranatenwurf auch das zweite MG außer Gefecht gesetzt, und nur

Adolf Hitler und die Sieger von Eben Emael und den Brücken. Von links: Leutnant Delica, Oberleutnant Witzig, Hauptmann Koch, Oberleutnant Zierach, Hitler, Leutnant Ringler, Leutnant Meissner, Oberleutnant Kiess, Oberleutnant Altmann, Oberarzt Dr. Jäger.

eine Minute später schwieg auch das dritte MG dieser Feindgruppe.

Leutnant Martin Schächter stürmte an der Spitze seiner Gruppe durch einen feindbesetzten Graben. Ein Beinschuß warf ihn für einige Minuten nieder. Als diese Wunde versorgt war, stand er wieder auf. Trotz fast unerträglicher Schmerzen wollte er seinen Verband nicht führerlos zurücklassen. Ein Kopfschuß streckte ihn dann nieder.

Leutnant Joachim Meissner übernahm nunmehr die Führung der gesamten Kampfgruppe. Auch er wußte ganz genau, welche Trupps auf welche Ziele hier bei Canne angesetzt waren.

Seine Männer schafften es. Trotz verbissenen Widerstandes der Verteidiger drangen sie ins Dorf Canne ein und sprengten die MG-Stellungen, um der nachfolgenden Infanterie den Weg nach Westen zu öffnen.

Leutnant Meissner mußte — da er als einziger dieser Gruppe das Funkalphabet beherrschte — nach dem Ausfall des Funkers das Gerät selbst bedienen, um der Sturmabteilung Koch den ersten Bericht durchzutasten. Sein FT-Spruch hatte folgenden Wortlaut:

„Sturmgruppe Canne an Sturmabteilung Koch: Objekt erreicht. Widerstand groß. Brücke Canne vom Feind noch vor unserer Landung gesprengt. Bei Pioniervorbereitung wieder begehbar."

Der dritte Trupp mit seinen sechs Männern einschließlich des Truppführers hatte inzwischen die Schlucht erreicht. Die Männer durchbrachen ein Gebüsch, arbeiteten sich über einen schmalen Pfad vor, der sich am Schluchtausgang, in nördliche Richtung verlaufend, zum oberen Schluchtrand emporzog.

Von allen Seiten vernahmen sie das Gebelfer der Maschinenwaffen und die trockenen, peitschenden Abschüsse der Karabiner.

Ein Feind-MG schoß auf sie, es wurde zum Schweigen gebracht. Dann war der Weg frei. Sie erreichten die Kuppe. Voraus erkannten sie nun das verwirrende Muster der belgischen Gräben, die mit Schußrichtung nach Osten im Halbkreis um die Höhe herum angelegt waren. Da sie aus deren Rücken kamen, war der Überraschungseffekt groß. Der schwache Widerstand wurde gebrochen, die übrigen Belgier ergaben sich. Doch aus drei in der Nähe liegenden Häusern wurde immer noch geschossen.

Zwei Sprengtrupps gingen das erste Haus an, während die anderen Feuerschutz gaben. Das Haus wurde in Besitz genommen. Als hier gerade der Feindwiderstand gebrochen war, eröffnete der Gegner aus dem nach Westen liegenden und nach dorthin über freies Schußfeld verfügenden Eingangsbunker von Eben Emael das Feuer auf sie. Im entschlossenen Ansprung griffen sie diesen vorgestaffelten Bunker an und setzten ihn mit Sprengmitteln außer Gefecht. Die Besatzung zeigte die weiße Fahne. 25 Belgier ergaben sich hier in ihr Schicksal. Sie waren überrascht, daß sie nur einer Handvoll Fallschirmjäger gegenüberstehen sollten.

Wenig später war auch in Canne der letzte Widerstand gebrochen. Allerdings lag die Brücke im Kanal. Doch dies war nicht den Fallschirmjägern anzulasten.

Die Fallschirmjäger sammelten sich und drangen nach der Sicherung der eroberten Bunker tiefer in das Dorf Canne ein. Von hier aus hätte der Gegner immer noch die Chance gehabt, die auf dem Plateau der Werkgruppe im Einsatz stehenden Kameraden mit Artillerie zu bekämpfen.

In der Mitte dieses Dorfes kam es noch zu einem kurzen Feuergefecht. Als dann wenig später der Gegner in Bataillonsstärke aus Westen zu einem Gegenstoß ansetzte, tauchten zur rechten Zeit die deutschen Stukas auf und zerschlugen nicht nur diesen Feindangriff, sondern auch dessen Bereitstellungsraum.

Um 11.32 erreichte ein FT-Spruch der „Sturmabteilung Koch" die Nachrichten-Abteilung des VIII. Fliegerkorps und wurde von dort nachrichtlich zu Generalleutnant Student weitergeleitet:

„Vroenhoven an VIII. Fliegerkorps:
1. Sämtliche Objekte genommen.
2. Brücke Canne gesprengt. Beschreiten nach Pioniervorbereitung möglich.
3. Wann ist mit Entsatz zu rechnen?
4. Feind schießt auf Brücke Veldwezelt."

Eine Stunde darauf erreichte ein FT-Spruch aus Canne die Sturmabteilung Koch: „Canne an Sturmabteilung: Erbitten Stukaunterstützung, Objekt gefährdet. Wann ist mit Entsatz zu rechnen?"

Es war genau 12.57 Uhr, als ein Artilleriebeobachter des Heeres den Brückenkopf Veldwezelt erreichte und sich dort meldete. Nach kurzer Einweisung ließ er über Funk die vom Dorf Veldwezelt aus in Richtung Vroenhoven führende Straße, auf der Feindtruppen erkannt worden waren, mit Artilleriefeuer belegen. Der hier zum Gegenstoß antretende Gegner wurde von diesem deutschen Feuer voll erfaßt.

Gegen Abend schossen die Belgier noch einmal auf die Brücke von Veldwezelt. Dieser Beschuß kam jedoch zu spät, denn nur Minuten vorher waren schnelle deutsche Verbände des Schützen-Regimentes 33 über die Brücke gerollt, hatten den Brückenkopf erweitert und die Verteidigung bis zum Herankommen des Gros der Heerestruppen übernommen.

Oberleutnant Altmann erhielt Weisung, den Befehl an dieses Regiment zu übergeben und mit seinen Männern nach Maastricht zurückzukehren.

Auch bei Vroenhoven sah es nicht sehr

Hauptmann Witzig (links) berichtet dem OB der Luftwaffe über die Einsätze bei Eben Emael.

gut aus, bis auch hier die ersten deutschen Infanteristen um 12.30 Uhr auftauchten und in den Verteidigungsring eingebaut werden konnten. Größere Verbände zogen gegen 18.00 Uhr nach. Vorher hatte Hptm. Koch gemeldet, daß ein Infanterie-Bataillon den Brükkenkopf verstärkt habe. Er ließ funken, daß vor allem Eben Emael Unterstützung benötige, da die dort kämpfenden eigenen Fallschirmjäger durch die Feindartillerie Verluste erlitten hätten.

Eine halbe Stunde nach diesem Funkspruch an das VIII. Fliegerkorps begann das Feindfeuer auf die Brücke von Vroenhoven abermals. Noch einmal versuchte der Gegner, die Brücke auf diese Art zu vernichten. Mehrere 21 cm-Granaten schlugen in den Kanal, doch die Brücke blieb unbeschädigt.

Nachdem sich das gesamte verstärkte Infanterie-Bataillon in den Verteidigungsigel eingeschoben hatte, übergab Hptm. Koch die Führung bei Vroenhoven an den Infanterie-Offizier und kehrte mit den Männern dieser Kampfgruppe nach Maastricht zurück.

Die Verluste dieser Gruppe betrugen sieben Tote und 24 Verwundete.

Die „Kampfgruppe Granit" hatte auf der Werkgruppe Eben Emael sechs Männer durch Tod verloren, 20 weitere waren verwundet worden.

Bei Veldwezelt verloren die Fallschirmjäger acht Männer durch Tod und hatten noch 14 Schwer- und 16 Leichtverwundete zu beklagen.

Am schwersten aber hatte es die „Kampfgruppe Eisen" bei Canne getroffen. 22 Fallschirmjäger starben in den wechselvollen Kämpfen an der süd-

lichen Brücke, 26 weitere wurden verwundet. Dies bedeutete einen Ausfall von annähernd 50 Prozent.
Nach diesem Einsatz am Albertkanal und bei Eben Emael zurück zu jenen Fallschirmjäger-Verbänden, die den Sprung in die Festung Holland hinein wagen sollten. Dieser Sturmangriff aus der Luft war wesentlich weiter gefaßt. Es galt dort, das Kernstück der niederländischen Verteidigung aus den Angeln zu heben.

Die Festung Holland

Generalleutnant Hans Graf von Sponeck, Kommandeur der 22. Luftlande-Division, sollte die Regierung, die militärische Führung und die Königin der Niederlande, Wilhelmina, gefangen nehmen. Er entging mit viel Glück einer Gefangenschaft, um am 23. Juli 1944 im Wehrmachtsgefängnis Germersheim hingerichtet zu werden (Aufstand 20. Juli).

Planungen und Ansätze

Der Angriff auf die Festung Holland war die erste große Luftlandeoperation der Kriegsgeschichte. Sie verlief zeitgleich mit dem Einsatz an den Albertkanal-Brücken und bei Eben Emael.

Zwar hätte der Gegner bereits durch die ersten Fallschirmjäger-Einsätze in Norwegen gewarnt sein müssen, doch auf der Seite der Alliierten schenkte man diesen Einheiten nicht die gebührende Aufmerksamkeit.

Zum geplanten Einsatz in Holland wurden die noch nicht voll aufgestellte 7. Flieger-Division und die 22. Luftlande-Division bestimmt. Die 7. Flieger-Division erhielt den Auftrag, auf die bekannten niederländischen Plätze zu springen. Das freie Gelände mit seinen vielen Wasserläufen und den kleinen Feldern ließ — selbst wenn man über genügend Springer verfügt hätte — keine größeren Fallschirmlandungen zu.

Die Flugplätze, um die es ging, waren vor allem jener von Rotterdam-Waalhaven als Landeplatz für die nachfolgenden Verbände der 22. LL-Division, De Kooy, Valkenburg, Ypenburg und Ockenburg. Hinzu kamen die wichtigen Flußübergänge.

Zur Planung selber befahl Generalleutnant Kurt Student, dem auch diese Operation anvertraut war, daß der Einsatz der „Sturmabteilung Koch" dem Fallschirmjäger-Einsatz in der Festung Holland zeitlich vorgezogen werden sollte. Die 7. Flieger-Division und die 22. Luftlande-Division sollten genau 30 Minuten nach den Luftlandungen am Albertkanal und über Eben Emael über ihren einzelnen Zielen springen.

Zum Transport der Fallschirmjäger ans Ziel standen die bereits mit Teilen im Norwegeneinsatz erprobten Kampfgeschwader zur besonderen Verwendung 1 und 2 unter ihrem Kommodores Oberstleutnant Morzik und Oberst

Niederländische Soldaten beim Grabenbau.

Der Panzerwagen M 38 kam auf dem Flugplatz Ypenburg zum Einsatz.

Conrad zur Verfügung. Hinzu kam für den Divisionsstab der 7. FlDiv. die Transportstaffel unter Hptm. Schäfer. Damit standen als Transportflugzeuge 450 Ju 52 zur Verfügung. Es war geplant, die Lastensegler, die bei den Albertkanal-Brücken eingesetzt und nicht zu Bruch gegangen waren, am zweiten Kampftage als Ju 52-Schleppgruppen wieder zum Transport von Nachtruppen und Material in die Festung Holland einzusetzen.

Neben den genannten Flugplätzen sollten die Fallschirmjäger-Kampfgruppen noch die drei wichtigen Brückenpaare bei Moerdijk, Dordrecht und Rotterdam in Besitz nehmen und sie für die nachfolgenden Panzerverbände freihalten.

Das wichtigste Ziel dieses Angriffs war der Flugplatz Waalhaven bei Rotterdam. Dort mußten die Luftlandetruppen gelandet werden. Er mußte als erster fallen und einsatzbereit gehalten werden. Die Kurzformel, auf die alles schließlich gebracht wurde lautete:

„a) Schlagartige Inbesitznahme der wichtigen Flußübergänge innerhalb der Festung Holland durch die 7. Flieger-Division.

b) Schnelle Ausschaltung der politischen und militärischen Führung Hollands durch einen unmittelbaren Angriff gegen die Hauptstadt Den Haag durch die 22. Luftlande-Division."

Alle Operationen sollten mit den Bewegungen der 18. Armee koordiniert werden, um die niederländischen Streitkräfte im ersten Ansprung zu vernichten oder zur Aufgabe zu zwingen.

Die 9. Panzer-Division der 18. Armee sollte zu diesem Zweck bei Gennep die Maas überschreiten, die dortige Peelstellung durchbrechen und im Vorgehen über Breda, von Süden aus über die von den Fallschirmjägern im Sprungeinsatz gewonnenen Brücken nach Rotterdam und Den Haag eindringen.

Alle Einsätze der Fallschirmjäger und Luftlandetruppen hatten auch in diesem Abschnitt gleichzeitig zu erfolgen und örtlich ebenso wie zeitlich hundertprozentig zu klappen, wenn der Gesamtplan gelingen sollte.

Generalleutnant Student befahl den Einsatz der FJR 1 unter Oberst Bruno Bräuer. Und zwar sollten das I. und II. Bataillon die Brücken von Dordrecht und Moerdijk im Handstreich erobern, während das III. Bataillon unter Hauptmann Karl-Lothar Schulz den Flughafen Waalhaven in Besitz nehmen und so lange halten sollte, bis die ersten Luftlandetruppen darauf niedergegangen waren.

Die im Kampf gegen landende Ju 52 höchst erfolgreiche Oerlikon 2 cm-FlaMW.

Ein Zug des III. Bataillons sollte direkt am Rande von Rotterdam, in den Vorort Teyenoord springen und gewissermaßen als Vortrupp die Rotterdamer Brücken nehmen, die daran angebrachten Sprengleitungen entfernen und die Brücken halten, bis das III./IR 16 (der 22. LLDiv) herangekommen war. Dieses Bataillon sollte als erstes auf Waalhaven landen und von dort aus unverzüglich zu den genannten Brücken durchstoßen.

Als Generalleutnant Student in einer abschließenden Besprechung beim Reichsmarschall in Karinhall erklärte, daß ein Zug Fallschirmjäger für eine so große Aufgabe nicht stark genug sei, verfügte Reichsmarschall Göring, der diese Tatsache ebenso wie Student erkannte, daß zusätzlich eine Staffel Hs 59-Seeflugzeuge bereitgestellt werden müsse. Mit diesen Maschinen sollte die 11./IR 16 vom Zwischenahner Meer aus starten, in Rotterdam an den zu nehmenden Brücken landen und die Fallschirmjäger unterstützen. Auch diese Aktion stand und fiel mit der Exaktheit ihrer Durchführung.

In der ersten Welle würde also das FJR 1 und das III./IR 16 mit der Führungsabteilung des Stabes der 7. FlDiv. antreten. Die zweite Welle bildete das Gros des IR 16, erste Flakeinheiten, Artillerie, Panzerjäger und der Regimentsstab unter Oberst Kreysing. Diese Kampfgruppe konnte bestenfalls vier bis fünf Stunden nach der ersten Welle auf dem Platz Waalhaven eintreffen.

Der gesamte Angriffsplan war für die 7. Flieger-Division von Generalleutnant Student mit seinem Stab bereits Ende März 1940 fertiggestellt und vorgelegt worden. Zur gleichen Zeit hatte auch Generalleutnant Hans Graf von Sponeck den Angriffsplan seiner 22. LLDiv. fertig. Hauptpunkt seines Planes war die schnelle Einschließung der niederländischen Hauptstadt und, nach der Landung der Masse seiner Division, der Vorstoß in die Stadt, zum Regierungssitz von Königin Wilhelmina der Niederlande und der Regierung. Zu diesem Zweck würde das IR 47 unter Oberst Heyser zur Landung in Katwijk, das verstärkte IR 65 unter Generalmajor Friemel (ohne ein Bataillon) in Ypenburg und ein verstärktes Bataillon des IR 65 in Ockenburg landen.

Als springende Einheiten waren der 22. ID LLDiv. das I./FJR 2 und die 6./FJR 2 zur Verfügung gestellt worden. Aufgabe dieser Fallschirmeinheiten sollte es sein, die drei im Einsatzraum der 22. LLDiv. befindlichen Flugplätze noch vor dem Eintreffen der 22. LLDiv. im Sprungeinsatz in Besitz zu nehmen und

Fokker T-5-Bomber bombten am 10. Mai den von den Fallschirmjägern besetzten Platz Ockenburg.

die Landungen vorzubereiten. Graf von Sponeck hatte aus den Fallschirmjäger-Einheiten drei Kampfgruppen bilden lassen, die folgende Aufträge erhielten:
„Stab und 3 Kompanien des I./FJR 2: Wegnahme des Flugplatzes Ypenburg.

Eine Kompanie FJR 2 zur Eroberung des Flugplatzes Katwijk.
6./FJR 2: Handstreichartige Inbesitznahme des Flugplatzes Ockenburg."
Generalleutnant Student, der auch für die Gesamtausführung verantwortlich war, stimmte dieser Einsatzverteilung zu. Zur Unterstützung aller Operationen war von der Luftflotte 2, General der Flieger Kesselring, ein Großverband zusammengestellt worden, der unter Führung von Generalmajor Putzier stand.

Bombardierung von Waalhaven — Start und Sprungeinsatz in Waalhaven

Im Morgengrauen des 10. Mai 1940 standen die Einheiten des III. Bataillons des FJR 1 in Gütersloh zum Einsatz bereit.
Hauptmann Karl-Lothar Schulz, der Bataillons-Kommandeur, meldete sich bei GenLt. Student ab, der mit dem gesamten Führungsstab am Rande des Rollfeldes stand, weil dieser 30 Minuten nach dem III. Bataillon starten würde.
Kurt Student wollte vorn bei seinen Soldaten sein und seine Befehle direkt nach Lage der Dinge geben. In Wiedenbrück war lediglich ein kleiner Verbindungsstab unter dem Kommando von Oberst Fichte zurückgeblieben. Er hatte den Ablauf des gesamten Transportplanes zu überwachen und die durch den Gefechtsverlauf notwendig werdenden Änderungen in der Transportfolge zu veranlassen. Außerdem hatte er alle Anforderungen auf fliegerische Unterstützung an die zuständigen Stellen weiterzuleiten. Notfalls war er von GenLt. Student ermächtigt worden, direkt den Reichsmarschall anzurufen, wenn die Situation dies erforderlich machen sollte.
Die Ju 52 der Kampfgruppe Waalhaven waren in der Luft, sie sammelten sich und flogen direkten Weges in Richtung Rotterdam. Nun war keine Geheimhaltung mehr notwendig, nachdem die vorbereitenden Angriffe vorüber waren.
Karl-Lothar Schulz war eingeschärft worden, daß die Inbesitznahme dieses

Der Fokker-Fernaufklärer CX kam über Waalhaven zum Einsatz.

Flugplatzes für die nachfolgenden Lufttransportverbände und für die Luftlandetruppe, und demzufolge für den Gesamtverlauf dieser Operation, von entscheidender Bedeutung sei.

Während die Maschinen der Fallschirmjäger sich noch sammelten, hatten die He 111 der III. Gruppe des KG 4 unter Oberst Martin Fiebig mit den ersten Maschinen bereits den Einsatzraum Waalhaven erreicht. Zwar wurden die Motoren der auf Waalhaven stationierten elf Fokker G-1 angelassen, doch noch bevor sie zum Start rollen konnten, tauchten die ersten beiden He 111 der genannten Kampfgruppe über dem Platz auf und griffen die Stellungen am Süd- und Ostrand des Flugplatzes mit Splitterbomben und Bordwaffenfeuer an.

Drei G-1 Flugzeuge wurden so stark be-

Fokker-Jagdflugzeug D-21 begleiten Fokker T-5 zum Angriff.

schädigt, daß sie nicht mehr starten konnten. Die übrigen acht hoben ab und nahmen den Luftkampf gegen die nachfolgenden He 111 auf, die nunmehr in Staffelformation über dem Platz auftauchten und ihre Bomben warfen. Eine der beiden zuerst erschienenen He 111 wurde von Lt. Noomen abgeschossen. Der Heckschütze des niederländischen Jagd-Zweisitzers schoß die zweite He 111 ab. Dann mußte die G-1 mit zerschossenen Treibstofftanks notlanden.

Die G-1 der Nr. 302, mit der Besatzung Lt. Kuiper und Uffz. Venema, schoß ebenfalls zwei He 111 ab und beschädigte eine dritte. Mit zerschossenem linken Motor mußte sie danach auf Waalhaven notlanden und wurde durch einen Bombentreffer außer Gefecht gesetzt.

Die G-1 Nr. 311 unter Lt. Sonderman und Uffz. Holwerde schoß eine Ju 52 und zwei Me 109 ab. Die Nr. 329 vernichtete eine Ju 87 und eine Ju 52. Die Maschine des Geschwader-Kommodore Oberst Fiebig wurde ebenfalls abgeschossen. Oberst Fiebig konnte sich mit dem Fallschirm retten und ging in eine nur kurze Gefangenschaft.

Bis auf eine G-1 wurden alle holländischen Maschinen dieses Typs in diesen und den folgenden Luftkämpfen oder am Boden vernichtet.

Kurz bevor die Ju 52 mit dem III./FJR 1 Waalhaven erreichten, begann bereits die Flakabwehr, deren Salven gut lagen. Schon waren die brennenden Flugzeughallen des Platzes zu erkennen. Der Zeitpunkt des Sprungs stand unmittelbar bevor. Hier die Darstellung, welche Generalmajor Karl-Lothar Schulz dem Autor nach dem Kriege darüber gab:

„Fertigmachen — Abstände einhalten. Nach der Landung in den befohlenen Sektoren sammeln!

Ich ging zur offenen Tür. 'Tuuuuuttt!' brüllte das Boschhorn, welches das Zeichen gab, daß die Zeit des Sprunges gekommen war. Ich schnellte mich mit einem weiten Sprung hinaus. Alle Soldaten in der Maschine folgten dichtauf. Ebenso sprangen die Männer in den übrigen Ju 52.

Ich spürte, wie die schwere Gerätetasche und das Gewicht der Waffen mich in die Tiefe rissen. Im pfeifenden Fallwind fiel mir das Atmen schwer. Die Luft war hart wie ein Brett. Der harte Entfaltungsstoß traf mich, und die sich über mir blähende weiße Glocke des Fallschirms knatterte über meinem Kopf wie ein Segel im Wind. Alle Nervosität war plötzlich von mir abgefallen. Jetzt kam es nur noch auf uns allein an.

Die feindbesetzte Erde raste mir und meinen Männern, die gleichzeitig mit mir aus allen Maschinen gesprungen waren, entgegen. Ein pfeifendes Geräusch ließ meinen Kopf zur Seite schnellen. MG-Salven und Karabinerschüsse peitschten uns entgegen. Aber das Feindfeuer war bedeutend geringer, als wir befürchtet hatten.

Dann kam der Aufprall! Ich preßte die Lederhandschuhe vor das Gesicht, zog die Beine an und landete mit einer Rolle vorwärts. Rauschend sackte der Fallschirm in sich zusammen. Mit einem Griff wurde der Gurt abgeworfen.

Wir rannten zur nächsten Deckung und warfen uns hinein. Wir waren — wie geplant — außerhalb des Platzes gelandet, um nicht auf dem Präsentierteller zu stehen. Damit befanden wir uns im Rücken der Holländer. Einige Fallschirme gingen auch über dem Flugplatz nieder. Wir wußten, daß darin nur Puppen hingen. Aber die Holländer ballerten aus allen Waffen auf diesen 'Gegner', der keiner war."

Karl-Lothar Schulz sammelte seinen Verband. Als sich Oblt. Becker bei ihm meldete, schickte er ihn sofort mit seiner 10. Kompanie zum Ostrand des Platzes, und die 9. zu den Stellungen am Südrand. Die 11. Kp. unter Oblt. Kerfin eilte zur Maasinsel hinüber, um die von dort schießende Feindflak auszuschalten.

Karl-Lothar Schulz ging mit seiner Gruppe in Richtung Platz vor. Alle anderen Einheiten griffen in den angegebenen Richtungen an.

Der Kampf um den Platz tobte einige Minuten mit großer Heftigkeit. Mehrere MG feuerten auf die Angreifer, um sie zu stoppen und das Herankommen des eigenen Jäger-Bataillons abzuwarten, das unter dem Kommando von Major de Vos stand und außerhalb des Flugplatzes lag.

Aber Major de Vos, dessen 3. Kp. die Straße ostwärts des Hafens verlassen hatte und in die Stadt Rotterdam zurückgegangen war, suchte vergebens seine beiden Infanterie-Züge, die den Eingang des Flugplatzes bewachten. Auch sie hatten sich zu Beginn des Bombardementes abgesetzt. Die Flughafenverteidigung war auf sich selbst gestellt. Major de Vos, in der Annahme, daß Waalhaven bereits gefallen sei, zog sich mit dem Rest seines Bataillons ebenfalls nach Rotterdam zurück.

Durch einen Absetzfehler war eine kleine Gruppe Fallschirmjäger in den brennenden Gebäuden gelandet und fand darin den Tod. Eine weitere Gruppe war in Waalhaven „zu Wasser gelandet". Von ihnen ertranken alle jene, die sich nicht rechtzeitig aus den Fallschirmgurten befreien konnten.

In einem letzten Gewaltschlag wollte Hauptmann Schulz den Platz zur Gänze in die Hand zu bekommen. In wenigen Minuten mußten die ersten Ju 52 mit dem Vorauskommando des IR 16 landen. Bis dahin mußte das Feindfeuer zum Schweigen gebracht sein.

Es war 6.03 Uhr, als Karl-Lothar Schulz die Motorengeräusche der ersten Ju 52-Kette vernahm. Wenig später tauchten die Maschinen am Himmel auf und stießen zur Landung tief hinunter.

Es waren die beiden Züge der 9. Kp. des IR 16 unter Lt. Schwiebert und Ofw. Grauting. Kurz darauf tauchte auch die Masse dieser Transportgruppe auf, die das III./IR 16 heranbrachte.

Noch immer schossen MG und Flak des Gegners. Eine Ju 52 geriet in Brand. Der rechte Motor einer zweiten qualmte, dann stob eine Flammenfahne daraus hervor. Aber sie landete sicher und rollte aus. Männer sprangen ins Freie und warfen sich in die Dekkungen.

Gegen die Kasematten des ostwärtigen Platzrandes und jene des Nordostrandes vorstoßend, versuchte Hptm. Schulz, die Lage unter Kontrolle zu bekommen. Diese Bunker wurden im geschlossenen Sprung erreicht und durch Sprengmittel kampfunfähig gemacht. Die hier stehende große Betonkasematte hielt sich jedoch noch immer. Dort feuerten ein sMG und ein lMG in schneller Schußfolge. Zwei Fallschirmjäger, die sich herangearbeitet hatten, wurden niedergeschossen, bevor sie ihre Geballten Ladungen anbringen konnten.

Dann versiegte das Feuer der Verteidiger. Der Gegner ergab sich auch hier. Damit war das letzte MG auf dem Flugplatz durch die Fallschirmjäger des III./FJR 1 außer Gefecht gesetzt worden.

Der Gefechtsstand des Flugplatzkommandanten, der von Schulz mit einem Zug Fallschirmjäger als nächstes Ziel erkannt worden war, wurde mit Handgranaten angegriffen. Der Flugplatzkommandant, Major Simon Thomas, und sein Stabspersonal ergaben sich den Fallschirmjägern.

Major Thomas war damit einverstanden, die noch Widerstand leistenden Holländer zur Aufgabe zu bewegen. Er fuhr mit vier Fallschirmjägern in seinem Geländewagen zu den beiden noch feuernden Flak-Batterien hinüber.

Die Batterie 77 unter einem Oberleutnant stand auf dem Hafendamm. Sie schoß eine Ju 52 ab und wurde, nachdem sie dem Befehl des Flugplatzkommandanten zur Übergabe nicht gefolgt war, von den Fallschirmjägern im Sturm genommen. Der Batteriechef, Oblt. Hasewinkel, geriet schwer ver-

wundet in deutsche Gefangenschaft.
Die 4. Flak-Batterie, die mit drei 7,5 cm-Flak im Dorf Smithhoek stand, schoß ebenfalls auf die dicht über ihre Köpfe hinwegfliegenden Ju 52. Auch sie wurde durch Major Simon zur Übergabe aufgefordert, ohne diesem Befehl Folge zu leisten.
Der hier führende Feldwebel, der nach der Verwundung seines Batteriechefs, Oblt. Backer, die Führung übernommen hatte, ließ das Feuer auf die Unterhändler eröffnen.
Major Thomas und zwei deutsche Fallschirmjäger fielen. Zwei weitere Fallschirmjäger konnten sich in Deckung bringen. Noch bevor die übrigen Fallschirmjäger von dieser Beschießung der Parlamentäre erfuhren, hatte sich die Besatzung der Batterie abgesetzt.
Es war 10.55 Uhr, als Karl-Lothar Schulz dem inzwischen eingetroffenen GenLt. Student melden konnte, daß Waalhaven fest in deutscher Hand sei. Lediglich die dritte Flak-Batterie, die in Vlaardingen lag, schoß nach wie vor auf die auf Waalhaven landenen deutschen Transportmaschinen.
Diese Batterie erzielte an diesem 10. Mai 1940 zehn Flugzeugabschüsse und trug mit dazu bei, das Desaster der Ju 52 vollständig zu machen, das Hitler letzten Endes zu einer folgenschweren Fehleinschätzung der Lage veranlaßte. Doch darüber später.

Generalleutnant Student in Holland

Mit seiner Funkmaschine, einer Ju 52, die als Fliegende Funkstation eingerichtet worden war, startete der kommandierende General des Luftlandekorps, wie die beiden eingesetzten Divisionen hochtrabend genannt wurden, eine halbe Stunde nach dem Abflug des III./FJR 1 nach Waalhaven. Im Verband folgten die übrigen Maschinen des Stabes.
Als die Ju 52 in der Luft waren, ging gerade die Sonne auf. Generaloberst Student hat dem Autor nach dem Kriege einen Überblick über diese Minuten gegeben:
„Die aufgehende Sonne erhellte ein Bild von großer Eindringlichkeit. Wohin wir auch blickten, überall konnten wir Flugzeuge erkennen. Trettner zeigte mir einen Jägerpulk, der hoch über uns nach vorn preschte, um dann nach links und rechts außer Sicht zu kommen. Sie flogen Sicherung für meinen Stab.
Ju 52 röhrten durch den Luftraum. Dann tauchte eine Staffel He 111 auf, die aus Westen zurückkehrte. Andere flogen dorthin, überholten unsere langsamen Kisten und verschwanden im roten Glast der Sonne.
Als wir den Rhein überflogen, kamen uns die ersten Transportstaffeln entgegen, die ihre Truppen bereits abgesetzt hatten.
Nicht weit von meinem Stab abgesetzt flogen die Maschinen des Stabes der 22. Luftlande-Division. Auch sie wurden von jenen Jägern gesichert, die uns umkreisten. Ab und zu erhielten wir schwaches Flakfeuer, aber der Verband blieb dichtgeschlossen beisammen. Waalhaven war unser Ziel:"
Als das III. Bataillon des IR 16 noch vor der Führungsstaffel Students geschlossen gelandet war, eilte aus der Führermaschine Oberstleutnant von Choltitz ins Freie und lief auf seinen Kriegsschulkameraden Karl-Lothar Schulz zu.
„Glückwunsch, Karl-Lothar! Gut gemacht!" rief er und schüttelte ihm die Hand.
Generalleutnant Student sah im Vorüberfliegen, daß die Brücken von Dordrecht und Moerdijk unbeschädigt waren. Dies konnte nur bedeuten, daß die Fallschirmjäger sie im Handstreich genommen haben mußten. Nachrichten darüber waren jedoch noch nicht eingegangen.
Schließlich schwebten auch jene Maschinen auf Waalhaven ein, in denen

der Stab der 7. Flieger-Division saß.

Hauptmann Schulz machte seinem Kommandeur Meldung und berichtete, daß sich nur noch einige Stützpunkte des Gegners hielten, die gerade niedergerungen würden.„Gratulation, Schulz! Ich freue mich, daß Sie es geschafft haben!“ Major i. G.Heinz Trettner, der Ia der 7. FlDiv., gratulierte ebenfalls und notierte die Details der Meldung, die Schulz dem GenLt. machte.

Mit einem Rundblick überschaute Kurt Student das sich ihm darbietende Chaos.

Er sah viele holländische Gefangene und Verwundete, die versorgt wurden. Brennende Gebäude, die verkohlten Stahlgerippe der Flugzeughallen, und darin die noch nicht geborgenen ebenfalls verkohlten Leichen der ins Verderben gesprungenen Fallschirmjäger. Auf und am Rande des Flugfeldes standen eine Reihe angeschossener und abgeschossener deutscher Flugzeuge, die stumme Zeugen eines kurzen und überaus erbitterten Kampfes.

Die Nachlandungen auf Waalhaven gingen reibungslos vonstatten. Noch vor Mittag dieses ereignisreichen Tages landeten das I. und II./IR 16, gefolgt von Artillerie, Pionier- und Flakeinheiten, sowie einem Teil einer Sanitätskompanie.

Da die anderen für das IR 65 vorgesehenen Landeplätze blockiert waren, landeten in Waalhaven auch die 4., 7. und 13. Kp. des IR 65.

An Fallschirmjäger-Einheiten trafen auf diesem entscheidenden Platz noch die FschArtBattr. 7 und die erste Hälfte der 14./FschJägRgt. 1 (Panzerjäger-Kp.) ein.

Mit der Masse des IR 16 war auch dessen Kommandeur, Oberst Kreysing, in Waalhaven gelandet. Unmittelbar nach seiner Ankunft fuhr er nach Rotterdam-Süd, wo GenLt. Student in einer Schule den Korps-Gefechtsstand eingerichtet hatte.

Was aber war bei Moerdijk geschehen? Welches Schicksal hatten die Fallschirmjäger bei den Brücken von Rotterdam und Dordrecht erlitten?

Die Brücken von Rotterdam

Als am frühen Morgen des 10. Mai 1940 gegen 5.00 Uhr 12 He 59 Seeflugzeuge die Wasserung auf der Maas bei den Maasbrücken in Rotterdam durchführten und wenig später drei weitere He 59 nachfolgten, war dies zunächst für die früh aufgestandenen Bürger der Stadt ein besonderes Spektakel, von dem sie nicht wußten, daß es tödlicher Ernst war.

120 Soldaten der 11./IR 16 (zwei Züge) und einige Pioniere der 2./Pi 22, verstärkt durch jeweils einen sMG Zug, waren auf diese Weise gelandet. Der KGrFhr. war Oblt. Schrader.

Von diesen abgesetzten Soldaten landete der Zug unter Lt. Gottbehöde am Boompjes und Ooserkade, am Nordufer der Maas, während der Zug unter Lt. Fortmann an der Ostspitze der Noorderinsel anlegte. Der Kompanietrupp und die sMG-Gruppe landeten am Nordrand der Insel. Die Pioniere wurden von ihren He 59 an das Südufer geschafft und gingen bei Nassaukade am Konigshaven an Land. Es waren keine niederländischen Soldaten, die hier den landenden Männern der 22. LLDiv. gegenübertraten, sondern Polizisten, die ihnen zuriefen, zu verschwinden.

Anstatt diesem Befehl nachzukommen, besetzte der Zug Gottbehöde verschiedene Gebäude entlang der Boompjes, so auch das leerstehende Maashotel, das der Willemsbrücke gegenüberliegende Bankgebäude und das Bollwerk an der Brücken-Ostseite.

Eine MG-Gruppe nistete sich an der Ecke Redcrijstraat und Boompjes ein. Die Vierleeuwenbrücke und der Maasbahnhof wurden von einer anderen kleinen KGr. besetzt. Der Bahnhof Beurs (die Börse) wurde ebenfalls besetzt, die dort stehende niederländische

Wache gefangengenommen. Auf der Eisenbahnbrücke zog ein deutscher MG-Posten auf, um die Brückensicherung zu übernehmen.

Der Zug Fortmann besetzte strategisch wichtige Stellen auf der Noorderinsel, von denen aus man das Nordufer unter Kontrolle halten konnte. Die auf dem Südufer abgesetzte Einheit drang in das Polizeirevier ein. Damit waren die Willemsbrücke, die Königinnenbrücke und die Eisenbahnbrücke von Rotterdam in deutscher Hand.

Während diese Aktionen im Gange waren, hatte die vom Flugplatz Waalhaven aus durch Hptm. Schulz eingesetzte 11. Kp. unter Oblt. Kerfin den Stadtrand erreicht. Sie hielten eine Straßenbahn an, ließen die Leute, die zur Arbeit fahren wollten, aussteigen und fuhren damit in Richtung Rotterdam-Süd, zu den Brücken. Doch bereits in Rotterdam-Süd wurden diese Fallschirmjäger in erste Kämpfe verwickelt.

Der Stadtkommandant von Rotterdam, Oberst Scharroo, hatte unmittelbar nach der ersten Meldung über das Auftauchen deutscher Truppen einen Pionierverband in die Stadt geschickt, mit dem Auftrag, das Nordufer der Maas zu sichern. 70 Mann marschierten unter Führung von Hptm. De Bats in Richtung Beurs-Bahnhof. Weitere 80 Pioniere setzten sich zum Maasbahnhof hin in Marsch, und 10 Soldaten, geführt von Lt. Rodrigo, versuchten die Vierleeuwenbrücken zu erreichen.

Wenig später erhielt eine Kp. des III./IR 39 der Holländer unter Hptm. van Rhijn den Befehl, das Nordufer der Maas gegenüber der Noorderinsel freizukämpfen, in deren Bereich auch die Boompjes lagen.

Im Gegenstoß gegen die Vierleeuwenbrücke gelang es Lt. Nanninga, den deutschen Posten auf der Brücke zu überwältigen. Im weiteren Vorstoß auf den Bahnhof erhielt diese Gruppe Feuer, konnte sich aber zum Bahnhof durchschlagen, wo inzwischen auch Hptm. De Bats eingetroffen war.

Obtl. Schrader, der Chef der 11./IR 16, der mit einem Teil seiner Männer den Maasbahnhof besetzt hatte, mußte sich vor dem herandrängenden Pionierverband unter Hptm. Dohna in Richtung Vierleeuwenbrücke zurückziehen.

Nach wechselvollen Gefechten gelang es schließlich der Vorausabteilung der Gruppe von Choltitz sich zu den Kameraden der arg in Bedrängnis geratenen 11./IR 16 durchzuschlagen und diese zu entsetzen.

Oberstleutnant von Choltitz hatte sich gemeinsam mit seinem Adjudanten, Oblt. Grave, der Vorausabteilung angeschlossen und wurde, auf einem Krad hockend, ebenfalls von den holländischen Schützen unter Feuer genommen. Oblt. Grave wurde bei diesem Vorstoß schwer verwundet. Aber das Vorauskommando unter Lt. Schwiebert erreichte das Ziel: den Afrikaanderplatz. Dieser fiel wenig später in deutsche Hand. Lt. Schwiebert wurde durch Bauchschuß verwundet und starb.

Inzwischen hatte Oblt. Kerfin mit seinen Fallschirmjägern den Versuch unternommen, den kleinen Brückenkopf rechts der Eisenbahnbrücke in Richtung Vierleeuwenbrücke zu erweitern. Er mußte diesen Versuch aber unter dem dichten Feuer des Gegners einstellen.

Kerfin ließ drei Kampfgruppen zusammenstellen, von denen er selber eine übernahm, die in Richtung Beursbahnhof sicherte.

Als es am Abend dieses ersten Kampftages in Rotterdam-Süd gelang, eine Pak auf der Willemsbrücke aufzustellen, wurde dessen Bedienung von Gegnern niedergekämpft. Die holländische Artillerie schoß das Bankgebäude zusammen, in dem sich die Fallschirmjäger verteidigten. Es stand kurz darauf in hellen Flammen. Am nördlichen Brückenkopf war die deutsche Angriffsgruppe bis auf wenige Soldaten zusammengeschrumpft.

Die Brücken wurden immer noch von

Zerschossener Bunker.

den Deutschen gehalten. Ein kampfstarker Stoßtrupp hätte sie ihnen in dieser Situation wegnehmen können. Aber ein solcher Angriff erfolgte nicht. Als Oberstleutnant von Choltitz am Nachmittag des 10. Mai die ersten Granatwerfer einsetzen konnte, erlahmte an diesen hartumkämpften Plätzen der Feindwiderstand, ohne daß jedoch ganz Rotterdam die Waffen gestreckt hätte.

Im Laufe der Nacht zum 11. Mai wurden durch die holländische Führung sechs Infanterie-Bataillone als Verstärkung nach Rotterdam geworfen und überall dort eingesetzt, wo ein weiterer Feindangriff zu erwarten war. Einmal entlang der Maasfront, dann aber auch im Westen, Norden und Osten der Stadt. Von Oberst i. G. Langmann aus dem Stabe des Luftlandekorps kennen wir die Situation am Abend dieses ersten und am Morgen des zweiten Kampftages um Rotterdam:

„Der Flugplatz Waalhaven wurde in der Nacht zum 11. Mai laufend von

Holländische Pioniere, „die schwarzen Teufel“, ergeben sich bei Rotterdam.

englischen Bombern angegriffen, die starke Zerstörungen anrichteten, nach denen nur noch Einzellandungen möglich waren.
Die 7. Flieger-Division hat den Kommandeur des III./IR 16 ermächtigt, bei übermäßigem Feinddruck den Nordteil der Brücken Rotterdams aufzugeben und jene Teile der 9. und 11. Kp. aus dem nördlichen Brückenkopf auf die Insel zurückzunehmen. Eventuell sollte sogar die ganze Brücke geräumt werden.
Falls Rotterdam nicht zu halten ist, beabsichtigt die 7. Flieger-Division in das Gebiet zwischen Hordijk und Dordrecht zurückzugehen. Die Brücken von Dordrecht aber sind unter allen Umständen zu halten."
Oberstleutnant von Choltitz, der diese Weisungen erhielt, weigerte sich, sie auszuführen. „Ich kann unmöglich", schrieb er in seinen Erinnerungen, „das mit so hohen Verlusten erkämpfte Gelände aufgeben. Es steht zuviel auf dem Spiel. Man darf mir glauben, daß mir diese Gehorsamsverweigerung angesichts der immer noch neu zu bringenden Opfer nicht leicht geworden ist." (Siehe Dietrich von Choltitz: Soldat unter Soldaten, Bonn 1951.)
An dieser Stelle und nur in dieser einen Nacht bot sich den Niederländern die Chance, der deutschen Fallschirm- und Luftlandetruppe eine schwere Niederlage beizubringen. Sie wurde nicht genutzt, und als der Morgen des 11. Mai heraufzog, war sie auch schon vertan, denn nun konnten deutsche Kampfflieger wieder in den Kampf eingreifen.

Kampf um die Moerdijk-Brücken

Daß die Niederländer ihre strategisch wichtigen Brücken besonders gesichert hatten, war der deutschen Führung durch Agentenmeldungen und Luftaufnahmen bekannt. Bei Moerdijk waren sowohl auf dem Südende der Brücke, als auch auf dem Nordende solche Anlagen erkannt und deren Belegung ausgeforscht worden. Im Falle

Die Maasbrücke bei Moerdijk.

Das Nordende der Straßenbrücke von Moerdijk mit Betonbunker.

eines Kriegsausbruchs sollten die Brückenbesatzungen durch das 6. Grenz-Bataillon verstärkt werden, das in Breda lag.

Auf dem Südende der Brücke stand die 3. Kp. des niederländischen III./IR 28 mit vier Zügen, der die Aufgabe gestellt war, in einem großen Radius von bis zu 2,5 Kilometer Entfernung vom Südende der Brücke in Feldstellungen und Unterständen ihre Sicherungsaufgaben zu erfüllen. Auf den beiden Flanken dieses Halbkreises lagen zwei Züge der MG-Kp. 12 dieses Regimentes, während sich in der Mitte zwei weitere Züge der MG-Kp. 12 eingenistet hatten. Jeder dieser insgesamt vier Züge verfügte über vier sMG.

Dieser kleine Verband hatte die Aufgabe erhalten, die Brücke gegen einen von Südosten vorstoßenden Feind zu halten und sie nicht aus der Hand zu geben. Mit Angriffen von Fallschirmjägern wurde nicht gerechnet.

Die Brücke von Moerdijk. Erstürmung des Brückenwärterhauses.

Zwei Feldgeschütze geringen Kalibers, eine Batterie 7,5 cm-Flak und acht FlaMW standen in diesem Sektor, bis unmittelbar an das Südende der Eisenbahnbrücke herangezogen, bereit.
Am Nordende der Moerdijker-Brücken lag das I/IR 28 zwischen der Dordtse Kil und Kop van't Land (dem Nordostende der Insel von Dordrecht). Eine Kp. hatte den Westteil mit den Brücken zu verteidigen. Diesem Kampfverband standen jeweils ein Zug Granatwerfer und MG sowie eine Deckungsgruppe zur Verfügung. Letztere setzte sich aus Einheiten des IR 41 und des 3. Grenz-Batl. zusammen.
Am Nordende der Eisenbahn- als auch der Straßenbrücke von Moerdijk stand ein schwerer Flußbunker mit jeweils einem 5 cm-Geschütz und einem sMG, mit Schußrichtung nach Süden. Hart nördlich der Brücken befanden sich noch drei kleine MG-Kasematten.
Nach dem Einsatz deutscher Luftlandetruppen in Norwegen wurden an dieser Stelle gegen eventuelle Landungen deutscher Transportflugzeuge einige sMG an der großen Verkehrsstraße bei Willemsdorp und ein FlaMG-Zug aufgestellt.
Auf der Insel Dordt lagen Einheiten der I./AR 17 und der I./AR 14 mit einigen alten Geschütz-Batterien. Alles in allem eine beachtliche Streitmacht, wenn man bedenkt, daß die darauf angesetzten deutschen Fallschirmjäger-Einheiten schutzlos in den Schirmen hängend landeten.
Auch an dieser Stelle eröffneten um 4.00 Uhr des 10. Mai deutsche Kampfflugzeuge das Gefecht, indem sie die holländischen Stellungen bei beiden Brücken angriffen. Von den Flakwaffen der Niederländer wurde hier nur eine Ju 52 abgeschossen. Drei Insassen derselben, die sich durch Fallschirmabsprung gerettet hatten, wurden gefangengenommen.
Noch während der Luftangriff andauerte, sprangen hier die Männer des II./FJR 1 unter Hptm. Prager. Während zwei KPn. südlich der Brücke niedergingen, wurden die beiden übrigen nördlich davon abgesetzt.
Am Südende der Brücke sprangen Pragers Fallschirmjäger genau in den Feuerbereich des 4. Zuges der MG-Kp. 12 hinein. Zum Glück für sie hatten die MG-Bedienungen ihre Waffen bei dem vorangegangenen Bombardement

Abgeschossene Ju 52.

fluchtartig verlassen und sich in Deckung begeben. Bevor sie ihre MG wieder erreichen konnten, hatte Hptm. Prager sie in Besitz genommen und damit das Feuer eröffnet.
Lediglich bei Lage Zwaluwe hielt sich ein Zug Holländer bis 10.30 Uhr, ehe auch er überwunden werden konnte.
Der in dieser Gruppe eingesetzte Lt. Fritz Hamm, der 15 Jahre bei Moerdijk gewohnt hatte und das Gelände wie seine eigene Hosentasche kannte, sollte die Fallschirmjäger führen; er wurde aber direkt nach der Landung durch einen Karabinerschuß aus der nahegelegenen Kaserne im Dorf Moerdijk getötet.
Als das 6. Grenz-Bataillon am Kampfplatz eintraf, waren das Südende der Brücke und die dortigen Verteidigungsstellungen bereits in deutscher Hand. Darüber hinaus hatten die deutschen Fallschirmjäger die Dörfer Lage Zwaluwe und Zevenbergse Hock besetzt. Als Teile des 6. Grenz-Batl. hier eintrafen, wurden sie vom Feuer der Fallschirmjäger empfangen, die sich wenig später etwas zurückzogen, sich in den Kasematten einnisteten und von hier aus den weiteren Vorstoß des Gegners stoppten.
Als der Kommandeur der Luftverteidigung Festung Holland vier Fokker C-10 auf den Südteil der Brücke ansetzte, warfen diese 29 Bomben auf die nun von deutschen Fallschirmjägern besetzten Stellungen. Anschließend gelangen dem Gegner einige hundert Meter Geländegewinn.
Schließlich erhielt Major Hendriksz, Kdr. des 6. Grenz-Batl., die Nachricht, daß französische Truppen im Anmarsch seien und ihm zur Hilfe kommen würden. Er atmete erleichtert auf.

Auch hier Bruchlandungen und Abschüsse.

Erstes Treffen der Fallschirmjäger mit den Panzermännern bei Moerdijk.

Inzwischen waren im gleichen Zuge — auch am Nordende der Brücke, wo die Verteidigungsanlagen nach Süden ausgerichtet waren — die Fallschirmjäger sprunggelandet. Auch an diesem Kampfplatz erfolgte der Sprungeinsatz noch während der Bombardierung, wodurch der Überraschungsfaktor verstärkt und die niederländische Abwehr geschwächt wurde. An dieser Stelle erfolgte die Landung genau nach Plan. Die Fallschirmjäger sammelten sich rasch, umstellten die Quartiere und die Barackenlager des Gegners nördlich von Willemsdorp, wo sich drei Züge der 1. Kp. des IR 28 ergaben, ohne einen Schuß abgefeuert zu haben.

Die beiden an der Hauptverkehrsstraße aufgestellten sMG jedoch schossen auf die Fallschirmjäger. Die Artilleristen der I./AR 17, die sich in vier Bauernhöfen eingerichtet hatten, wurden nach kurzem Feuergefecht überwältigt.

Die Sprengstellen der Brücken waren so angelegt, daß man nach dem Anschluß der Knallzündschnur an die Sprengkammern die Zündschnur von der Brücke her bis zur Zündstelle abrollen mußte. Dies war ein schwieriges, und wie sich herausstellte tödliches Unterfangen. Es gelang hier und bei Dordrecht an keiner Brücke.

Die 5./FJR 1, die den großen Betonbunker am Nordende von Moerdijk angriff, wurde von heftigem MG-Feuer empfangen. Lt. Cord Tietjen gelang es, die Bedienungen desselben zur Aufgabe zu zwingen.

Oblt. Straehler-Pohl, der Chef der 5. Kp., erreichte als erster den großen

Bunker an der Verkehrsstraße, der mit der 5 cm-Kanone und einem sMG bestückt war. Durch Parlamentär forderte er die Verteidiger zur Aufgabe auf. Fw. Almkerk, Kommandant dieses Bunkers, lehnte dies ab.
Nachdem die Fallschirmjäger den Bunker mit Nebelbüchsen eingedeckt hatten, wurde Almkerk abermals zur Waffenstreckung aufgefordert, auch diesmal mit negativem Ergebnis.
Nunmehr arbeitete sich Straehler-Pohl mit seinen Männern im Schutze der Nebelschwaden an den Bunker heran. Mit Geballten Ladungen wurde die Panzertür desselben gesprengt und das Rohr der 5 cm-Kanone durch Handgranaten unbrauchbar gemacht. Nunmehr gab Almkerk mit seinen Männern auf. Damit hatten auch die Besatzungen der MG-Stände keinerlei Rückendeckung mehr und streckten die Waffen. Das Nordende der Brücke war fest in deutscher Hand.

Leutnant Cord Tietjen erhält das Ritterkreuz für die Eroberung der Straßenbrücke.

Gedenkstein für die Gefallenen bei Moerdijk.

Der schwere Kampf um Dordrecht

Die Stadt Dordrecht an der Oude Maas gelegen und Schlüsselpunkt der großen Hauptstraße Moerdijk—Rotterdam, galt als Zentrum zwischen den Moerdijk-Brücken und Rotterdam. Hier führen zwei Brücken, eine Straßen- und eine Eisenbahnbrücke, über die Maas. Wer sie besaß oder kontrollierte, der beherrschte die Verbindung zwischen Willemsdorp am Nordufer und Moerdijk und Rotterdam-Süd.

In der Stadt lag ein Pionier-Brückenbau- und ein Minenlegeverband in Stärke von 1200 Mann. Bei den Brükken über die Oude Maas standen schwache Postengruppen, die von jeweils zwei MG-Zügen unterstützt wurden.

Der Stadtkommandant von Dordrecht, Oberstleutnant Mussert, Bruder des NSB-Leiters gleichen Namens, war als Pionieroffizier mit der Verteidigung einer solchen Brückenanlage nicht vertraut genug.

Auch hier begann pünktlich um 4.00 Uhr das Bombardement mit anschließendem Bordwaffenfeuer jenes deutschen Kampfverbandes, der die niederländische Verteidigung lähmen sollte. Unmittelbar nach Weiterflug dieser Maschinen in Richtung Moerdijk tauchten 18 Ju 52 des KG z.b.V. 1 auf. An Bord die verstärkte 3. Kp. des FJR 1 unter Oblt. Freiherr von Brandis. Diese Einheit hatte Auftrag, die beiden Brücken in Besitz zu nehmen, einen Brückenkopf jeweils auf dem Nord- und Südufer zu bilden und die Straße am Südrand von Dordrecht freizukämpfen.

Nachdem das Signal des Boschhorns erschallt war, sprang ein Zug in Stärke von 36 Jägern bei Zwijndrecht hart

An der Dordrechter Brücke: Oberst Bräuer (mit Schirmmütze) begrüßt die ersten hier auftauchenden Panzermänner mit großer Erleichterung.

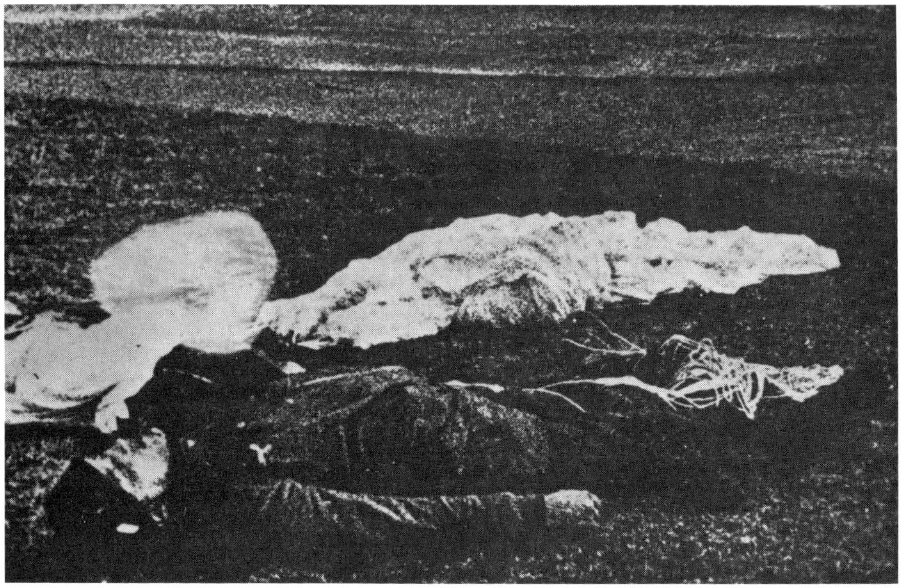

Gefallener deutscher Fallschirmjäger.

nördlich der Brücke, während die Masse der Kp., unter ihnen auch der Kompaniechef, südlich des Bahnhofes in der Nähe des Wohnviertels Krispijn in der Wiese der Polder landete.

Der Zug Fallschirmjäger drang in schnellem Ansprung gegen die Brükkenbesatzung vor, kämpfte diese nieder und drang sprungweise über die Brücke hinüber, dabei hinter den Stahlpfeilern Deckung suchend, wenn das feindliche MG-Feuer zu stark wurde.

Solcherart kämpfend, erreichten die Männer bis 6.00 Uhr das Südufer und zwangen die dort in ihren Stellungen liegenden Holländer zur Aufgabe.

Nunmehr galt es, die Ankunft des Gros der Kp. abzuwarten. Doch diese drei Züge erschienen nicht, weil Oblt. von Brandis den Entschluß gefaßt hatte, jenen Gegner, der seine Kp. angriff, im sofortigen Zupacken zum Schweigen zu bringen und so eine Gefährdung seiner Flanke rechtzeitig zu unterbinden. Erst dann wollte er zur Brücke abdrehen.

Von Brandis ließ sofort einige MG an den Einfallstraßen nach Krispijn aufstellen. Auch an der Bosboom-Toussaint-Straße wurden zwei MG aufgestellt, weil sich von dort die holländischen Pioniere näherten. Die hier stehenden beiden MG wurden von den niederländischen Pionieren unter Führung von Oblt. van der Houwen umgangen und aus dem Rücken niedergekämpft.

Nunmehr kam es zu jenem bitteren Verlust, den die Kompanie mit dem Tode von Oblt. von Brandis und vieler Jäger erlitt.

Die genannten Pioniere hatten sich durch Seitenstraßen und Gärten in die Nähe des De Roo-Waldes vorgearbeitet, aus dem einige Fallschirmjäger das Feuer auf sie eröffneten. Etwa 140 Meter südlich der Villa „Weiznicht" sichtete ObGefr. Grollee einen deutschen Offizier, der aufrecht stehend einige Fallschirmjäger, die in einem trockenen Wassergraben in Deckung gegangen waren, „zur Sau" machte.

„Der Oberleutnant stand genau vor dem Lebensmittelgeschäft Jasmin, und ich erschoß ihn mit einem Schuß aus meinem Gewehr", berichtete Grollee. Es war Oblt. von Brandis.

Hier stieß Grollee auf Oblt. van der Houwen, schloß sich ihm und seinen Männern an und kämpfte eine Gruppe Fallschirmjäger nieder, die sich ihnen schließlich, noch 18 Mann stark, ergaben.

Der deutsche Fallschirmjäger Ober-

Bei Dordrecht verteidigten die Fallschirmjäger mit letzter Kraft.

leutnant Schmidt, der nach dem Tode von von Brandis die Führung übernommen hatte, mußte schließlich gegenüber der Übermacht, die ihn eingeschlossen hatte, die Waffen strecken. Mit ihm ergaben sich 40 Fallschirmjäger. Die Gesamtzahl der Fallschirmjäger, die an dieser Stelle in holländische Gefangenschaft gingen, betrug 82. 50 Fallschirmjäger fielen in diesem erbitterten Ringen oder wurden verwundet. Einigen Männern gelang es, sich zur Brücke und den dort haltenden Jägern durchzuschlagen.

Mehrere holländische Versuche, die Brücke zurückzuerobern, mißlangen. Bei Dordrecht war dennoch eine Krisenlage eingetreten, die sofort bereinigt werden mußte.

Oberst Bräuer, der mit seinem Regimentsstab und dem I. Batl., außer der 3. Kp., als RegtReserve bei Tweede Tol gesprungen war, erhielt sehr schnell über Funk Meldung von dem Dordrechter Desaster und auch davon, daß die 3. Kp. seines Regimentes größtenteils vernichtet sei. Er ließ Major Erich Walther zu sich kommen und befahl ihm, mit allem was er zur Verfügung habe, nach Dordrecht zu marschieren, die Lage dort zu retten und die Reste der 3. Kp. zu entsetzen.

Bruno Bräuer hatte erst kurz vorher Nachricht erhalten, daß die Sanitäts-Kp. 7 unter Oberstabsarzt Dr. Neumann mit seinem Stellvertreter Dr. Langemeyer am frühen Morgen falsch abgesetzt worden war. Die Sanitäts-Kp. war mitten in den niederländischen Artillerie-Stellungen niedergegangen und mußte sich durchkämpfen.

Die Holländer zogen sich auf Dubbeldam zurück. Die Artilleriestellung fiel in die Hände der SanKp. 7. Als dort ein

Holländischer Bunker bei Dordrecht.

holländischer Einsatzverband die Artilleriestellungen zurückgewinnen wollte, hatten sich die Fallschirmjäger unter Dr. Neumann und Dr. Langemeyer bereits in den Abwehrstellungen eingenistet. Sie ließen den anrückenden Feind bis auf 50 Meter herankommen, bevor sie das Feuer aus MG und MPi eröffneten. Unter schweren Verlusten zogen sich die Holländer ein zweitesmal zurück.

Ein weiterer Angriff wurde ebenfalls abgewiesen.

Während diese Kämpfe noch im Gange waren, rollte die Vorausabteilung des I./FJR 1 auf requirierten Fahrzeugen in Richtung Dordrecht dem Gros voran. Bei dem Landgut Amstelwijck wurden sie durch ein sMG der MG-Kp. des I./IR 28 beschossen. Die Fallschirmjäger erwiderten das Feuer.

Major van Hoek, Kdr. des I./IR 28 der Holländer, erbat über Funk von dem Kommandeur der Kil-Gruppe in Hoekse Waard Verstärkung, um diesen Feind zu stoppen.

Diese Verstärkung mit zwei Offizieren und 70 Mann stieß auf die Hauptkolonne der Fallschirmjäger unter Major Walther. Ihr gelang es, die holländischen Angreifer von drei Seiten einzuschließen und sie zur Aufgabe zu zwingen. Das Landgut wurde anschließend von zwei deutschen Kpn. angegriffen und mit Handgranaten und MPi-Salven zur Aufgabe gezwungen.

Nunmehr schien der Weg nach Dordrecht frei. Major Walther ließ weitermarschieren und traf auf ein letztes Hindernis, eine Schule am Admiraal de Ryuterweg, wo die 14. Kp. des IR 28 lag. Der Chef dieser Kp., Hptm. Mantel, hatte Befehl erhalten, diese Stellung bis zum letzten Mann zu halten. Hptm. Gericke, Chef der 2. Kp., schickte einen Parlamentär in die Schule, aber erst nachdem deutsches Werferfeuer einige Häuser in Brand setzte, gab Hptm. Mantel auf.

Nachdem wenig später auch noch der letzte Widerstand einer kleinen Gruppe gebrochen war, erreichte das I./FJR 1 die Südseite der Straßenbrücke von Dordrecht und nahm sie fest in die Hand.

Das II./IR 28 der Holländer unter Major Ravelli, das bei Beginn des Kampfes um Dordrecht westlich von De Kil lag, wurde vom Stabschef der Gruppe De Kil, Oberst J. A. G. van Andel, bei

Hauptmann Fritz Prager, Kdr. des II/FJR 1, nach seinem Einsatz in Holland mit dem Ritterkreuz ausgezeichnet.

Hauptmann Walter Gericke, Chef der 2./FJR 1, bei Dordrecht.

Leutnant Wolfgang Graf von Blücher, Zugführer im I./FJR 1, wird ebenfalls mit dem Ritterkreuz ausgezeichnet. Er fiel am 20. Mai 1941 auf Kreta.

Gravendeel über die Kil geschickt, mit der Weisung, ostwärts der Hauptstraße zwischen der Eisenbahn und dem Wohnviertel Krispijn bis zum Südrand von Dordrecht durchzustoßen.
Das Bataillon trat um 19.00 Uhr des 10. Mai zu diesem Vorstoß an und hätte die Entscheidung im Kampf um Dordrecht herbeiführen können. Aber anstatt ostwärts der Hauptstraße vorzustoßen, ließ Ravelli sein Bataillon westlich davon marschieren. Hier lief das gesamte Bataillon um 2.30 Uhr des 11. Mai in einen deutschen Fallschirmjäger-Sperr-Riegel hinein und erhielt starkes Feuer. Binnen weniger Minuten waren drei Offiziere und 19 Soldaten gefallen und eine noch größere Zahl verwundet. Die Männer liefen panikartig auseinander. Nur der Tatkraft des Majors Ravelli und einiger Offiziere gelang es, den Rest wieder zu sammeln.
Trotz dieser Vorteile war die Lage der Fallschirmjäger bei Dordrecht immer noch kritisch. Immerhin mußte man auch hier damit rechnen, daß motorisierte französische Verbände in Richtung Moerdijk-Brücken vorstoßen würden. Zur gleichen Zeit war auch von Osten her die in Noord Brabant stationierte Leichte Division der Holländer in Marsch gesetzt worden. Diese Konstellation deutete auf weitere schwere Kämpfe um Dordrecht hin.

Bei der 22. Luftlande-Division: Flugplatz Valkenburg

Der Flugplatz Valkenburg war das nördlichste Angriffsziel der deutschen Luftlandetruppen. Nördlich von Den Haag, nahe der Nordsee gelegen, schien er zur Inbesitznahme Den Haags und zur Festnahme der niederländischen Regierung ideal zu sein.
Allerdings war dieser Landeplatz wegen seines weichen Untergrunds, der noch nicht verfestigt war, für Flugzeugstarts und -Landungen auf keinen Fall einsatzbereit. Dieser Umstand war der deutschen Führung unbekannt geblieben, was sich für die Führung der Operationen der 22. LLDiv. negativ bemerkbar machte.
Die Flugplatzsicherung hatte das IR 4 der 1. Division unter Oberstleutnant Buurman übernommen. Im selben Raum lagen seit September 1939 die II. Abteilung des AR 2 in Katwijk und

Noordwijk. In Leiden befand sich ein weiterer Standort mit einer Küstenwach-Kp. und einigen Versorgungseinheiten.

Der Flugplatz selber stand unter dem Kommando der niederländischen Luftverteidigung, GenLt. Best. Diesem unterstanden auch die beiden Flugplätze Ypenburg und Ockenburg.

Durch die Einsätze von Luftlandeverbänden in Norwegen hellhörig geworden, hatte GenLt. Best befohlen, die 1. und 3./IR 4 und einen sMG-Zug auf Valkenburg zu legen. Die 1. Kp. führte Hptm. De Vries, Chef der 3. Kp. war Hptm. Van Zuilen.

Um den Flugplatz waren in ziemlich gleichen Abständen 20 lMG und vier sMG eingesetzt. Sie hatten Auftrag, den Landeplatz gegen hier zur Landung ansetzende Feindflugzeuge zu verteidigen. An der Nordseite des Platzes waren Dämme mit Schützenlöchern angelegt worden.

Bereits am 7. Mai wurde für diesen Flugplatz „Höchste Alarmstufe" gegeben. Dies bedeutete, daß alltäglich von 3.15 Uhr bis 8.00 Uhr ein Drittel der Besatzung die Gefechtsstellungen zu besetzen hatte, während ein weiteres Drittel die Schützenlöcher beziehen mußte, weil um diese Zeit ein deutscher Angriff möglich sein würde.

Für die Inbesitznahme dieses Platzes und dessen Vorbereitungen zur Nachlandung der dafür vorgesehenen Teile der 22. LLDiv. hatte die 6./FJR 2 unter Oblt. Schirmer Befehl erhalten, nicht nur den Platz zu nehmen, sondern ihn auch noch nach allen Seiten zu sichern und die Straße Den Haag — Amsterdam zu sperren. Für so weitreichende Aufgaben war eine Kp. schon rein zahlenmäßig zu schwach.

In zwölf Ju 52 sollte 45 Minuten vor der X-Zeit die Kp. Schirmer von Lippstadt nach Valkenburg transportiert und abgesetzt werden. Ihr folgen sollten auf diesen (unbrauchbaren) Platz 53 Ju 52 mit dem Stab, Nachrichtenzug und dem III./IR 47, unter Führung von Oberst Heyser.

Die nachfolgende dritte Welle sollte das II./IR 47 mit drei Kpn. und einigen unterstellten Spezialeinheiten noch am selben Tage nachlanden. Eine vierte Welle war geplant.

Das IR 47 erhielt Befehl, nach der Landung auf dem Flugplatz Valkenburg den Rijn-Abschnitt zwischen Katwijk/Zee und Leiden freizukämpfen und die Autostraße Den Haag — Amsterdam zu sperren. Das Hauptziel war die wichtige Brücke bei Haagse Schouw. War sie in deutscher Hand, wäre jeder Ausfall holländischer Truppen aus Den Haag verhindert.

Gleichzeitig sollten Teile dieses Regimentes auf einen über Funk von GenLt. von Sponeck gegebenen Befehl hin gemeinsam mit den auf den beiden übrigen Plätzen gelandeten Einheiten der 22. LLDiv. auf Den Haag vorgehen und die niederländische Hauptstadt noch am selben Tage besetzen.

Ausweichplätze waren nicht vorhanden. Die einzige Möglichkeit, anderswo als auf Valkenburg, Ypenburg und Ockenburg zu landen, war die Autobahn Den Haag — Delft — Rotterdam. Diese war allerdings, nach der Meldung von Major Sas vom 6. Mai an die niederländische Führung, durch darauf abgestellte Kraftfahrzeuge gesperrt worden.

Oberleutnant Alfred Schwarzmann (Olympiasieger im Turnen), Zugführer in der 8./FJR 1, erhält in Holland das Ritterkreuz.

Der Angriff auf Valkenburg

Am frühen Morgen des 10. Mai um 3.00 Uhr hörten die auf Wache aufgezogenen Soldaten in den Schützenständen bei Valkenburg Flugmotorengeräusche. Sie kamen zwar aus Norden und Nordwesten, aber es handelte sich nicht um englische Maschinen, sondern um deutsche Kampfflugzeuge, die direkt über dem Platz ihre Bomben warfen. Flugzeughallen wurden getroffen, die Telefonverbindung von Valkenburg zum Stab der Luftverteidigung wurde unterbrochen.

Am Abend zuvor hatte die 6./FJR 2 den Einsatzbefehl erhalten, der durch Oblt. Schirmer den Zugführern bekanntgegeben wurde. Die 6. Kp. trat in folgender Formation an:
1. Zug:
Leutnant von Plessen,
Stellvertreter Fw. Gielow
2. Zug:
Oberleutnant Gunkelmann,
Stellvertreter Ofw. Kempf
3. Zug:
Leutnant Teusen
Stellvertreter Fw. Haberberg
Während der KpTrupp mit dem 1. Zug und der sMG-Gruppe den Flugplatz in Besitz nehmen sollten, wurde der 3. Zug auf die Straße Den Haag — Leiden — Amsterdam angesetzt. Er sollte diese nicht nur sperren, sondern auch die Brücke bei Haagse Schouw besetzen. Der 2. Zug sollte als Reserve zur Verfügung des KpChefs springen. Doch er landete schließlich bei Delft, weil Oblt. Helmuth Gunkelmann am späten Abend noch einen Sonderauftrag erhielt. (Dieser Zug wurde im Verlaufe des 10. Mai aufgerieben. Ein Teil der Männer geriet in Gefangenschaft und wurde nach England geschafft.

Flugplatz von Valkenburg.

FLUGPLATZ VALKENBURG UND UMGEBUNG

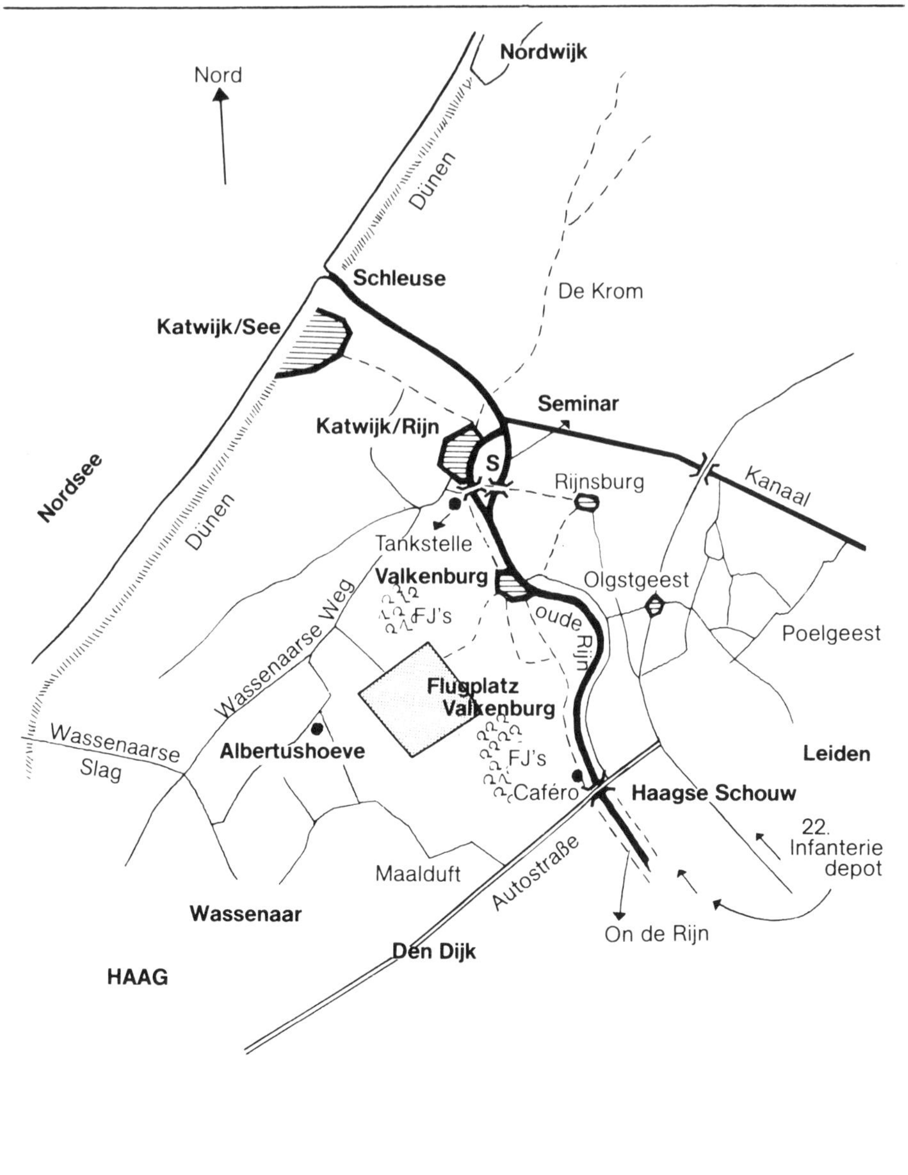

Unter diesen auch Fw. Kempf. Oblt. Gunkelmann blieb beim Absprung nördlich von Delft mit seinem Fallschirm an einem Schornstein hängen und brach sich das Genick.)

„Dieser Zug", erklärte Schirmer später zu Recht, „fehlte mir natürlich sehr."

Die Fallschirmjäger wurden genau abgesetzt. Sie erhielten von den MG-Posten Valkenburgs Feuer.

Gerhard Schirmer hatte durchgesetzt, daß seine Männer die MPi am Körper tragen durften, was das Suchen nach den Waffenbehältern überflüssig machte. So konnten sie sich gegen diesen Feind sofort zur Wehr setzen.

Eine der zwölf Ju 52, welche die KGr. Schirmer ans Ziel bringen sollten, wurde südlich von Katwijk abgeschossen. Dieses Flugzeug stürzte in die See. Die Fallschirmjäger wurden gefangengenommen.

Noch waren die Fallschirmjäger nicht im Kampf gegen die Verteidiger an den Flugplatz herangekommen, als 20 Minuten nach dem Sprung bereits die ersten Ju 52 mit Teilen des IR 47 einschwebten und mitten ins Feuer der Verteidiger hinein landeten.

Es waren insgesamt 52 Maschinen des KG z.b.V. 1 unter Oberstleutnant Erdmann. Von diesen landeten 50 auf Valkenburg. Die zweite fehlende Maschine war bereits bei Venendaal (Provinz Utrecht) abgeschossen worden.

Zwei dieser 50 landenden Maschinen sahen keinen freien Flecken auf dem Platz, auf dem sie hätten niedergehen können. Nachdem sie Valkenburg mehrfach überflogen hatten, drehte eine vor ihnen in Richtung Strand ab und landete dort, während die zweite auf Ockenburg niederging.

Hier der Bericht von Hptm. Buhse, Kdr. des III./IR 47:

„Das III. Batl. und der Regimentsstab waren in Lippstadt bereits um 5.00 Uhr (deutscher Zeit) an Bord der Ju 52. Voraus waren eine Kp. Fallschirmjäger (Schirmers Männer) und ein Zug der 10. Kp. gestartet.

Bei strahlendem Sonnenschein überflogen wir die Reichsgrenze. Kurz vor 7.00 Uhr gingen die Maschinen in den Tiefflug über und huschten über die von Gräben durchzogenen Wiesen und die blühenden Tulpenfelder dem Landeplatz entgegen.

Unter starkem, MG- und Gewehrfeuer erfolgte die Landung. Wir bemerkten, daß die holländische Infanterie sich bereits mit den Fallschirmjägern im Kampf befand.

Aus den Maschinen heraus griffen wir an. Für fast alle von uns war es die erste Feuertaufe.

Gemeinsam mit den Fallschirmjägern gelang es den gelandeten Infanteristen in verlustreichem Gefecht den Flugplatz freizukämpfen. Die Widerstandsnester mußten eines nach dem anderen zum Schweigen gebracht werden, ehe der Flugplatz schließlich in deutscher Hand war."

Zwei der gelandeten Maschinen waren landend in Brand geschossen worden. Für alle übrigen Flugzeugführer, die wieder zurückfliegen mußten, um die zweite Infanterie-Welle einzuladen und hierher zu schaffen, gab es eine böse Überraschung. Die Maschinen blieben im schlammigen Polderboden stecken. Lediglich zwei von ihnen gelang es, wieder zu starten.

Als eine Stunde nach diesen Landungen noch sieben Maschinen mit der 6. und 8./IR 65 landeten, war Valkenburg völlig dicht. Das nachfolgend zu landende II./IR 47 konnte hier nicht mehr niedergehen, es kehrte zum Teil um, während ein anderer Teil in den Dünen landete und eine Maschine bei Maaldrift niederging.

Dadurch war die gesamte Planung ins Wanken geraten. Oberst Heyser, der mit dem ersten Gros auf Valkenburg gelandet war, wurde während der Kämpfe verwundet. Er ließ zur Verteidigung übergehen, nahm mit einer schnell zusammengestellten KGr. den Ort Valkenburg in Besitz und igelte sich darin ein.

Flugplatz Valkenburg nach dem Bombardement durch niederländische Flugzeuge und Artillerie.

Lt. Teusens 3. Zug (der 6./FJR 2), der den Befehl hatte, von Valkenburg aus zur Straßenbrücke von Haagse-Schouw vorzustoßen und diese zu sperren, war zwischen dem Südende des Flugplatzes und der Straße Den Haag — Leiden niedergegangen.

Jeweils eine Gruppe ging rechts und links der Straße in den Gräben in Deckung und sicherte in Richtung Den Haag. Die dritte Gruppe marschierte sofort in Richtung zur Brücke über den Oude Rijn vor, erreichten sie ohne Feindberührung und besetzte sie. Sie ließen jedes niederländische Fahrzeug herankommen, stoppten es und benutzten es als Deckung und zur Sperrung der Brücke.

Diese von Oberjäger Blau geführte Gruppe richtete sich zur Verteidigung auf der Brücke ein. Sie wartete auf Verstärkung, die jedoch nicht herankam. Anstelle der Kameraden stießen aus Leiden an Zahl stark überlegene niederländische Truppen gegen die Brücke vor und eroberten diese zurück.

Ein von Major Mulder geführter Stoßtrupp schaltete dabei nacheinander drei Fallschirmjäger aus, während sich einige Männer in aussichtsloser Lage schließlich ergaben. Es gelang Obj. Blau zurückzukommen und Lt. Teusen Meldung zu machen, daß der Gegner die Brücke zurückerobert und daß er einen Teil der Gruppe verloren habe.

Mit dem Rest seiner Gruppe, nur einige wenige Männer, richtete sich Blau nunmehr zwischen der Straßenbahn und der Brücke in einem Kloster zur Abwehr ein. In den umliegenden Gehöften setzten sich die wenigen Fallschirmjäger des Zuges Teusen fest und hielten die Brücke unter Beschuß.

Ypenburg: Ju 52 im Vernichtungssturm

Unmittelbar nach Bombardierung und Beschießung dieses Platzes tauchten hier die 53 Ju 52 auf, in denen die 1., 2. und 4.Kp. des FJR 2 unter Hptm. Noster saßen, die den Flugplatz Ypenburg in Besitz nehmen und für die Truppen-Nachlandungen freikämpfen sollten.

Bei Nijmegen wurde die Grenze in 3500 Meter Höhe überflogen. Die Rheinbrücke hier war gesprengt und lag mit ihrem Mittelteil im Wasser. Die Luft schien mit Transportverbänden überfüllt zu sein. Wohin die Fallschirmjäger auch blickten, überall sahen sie nach Westen fliegende Flugzeuggruppen. Zwischen den Transportfliegern und zur Rechten wie zur Linken an- und abfliegende Kampfflieger, Stukaverbände, Zerstörermaschinen und Jäger, die für alle Einsatzgruppen die Vorarbeit geleistet hatten.

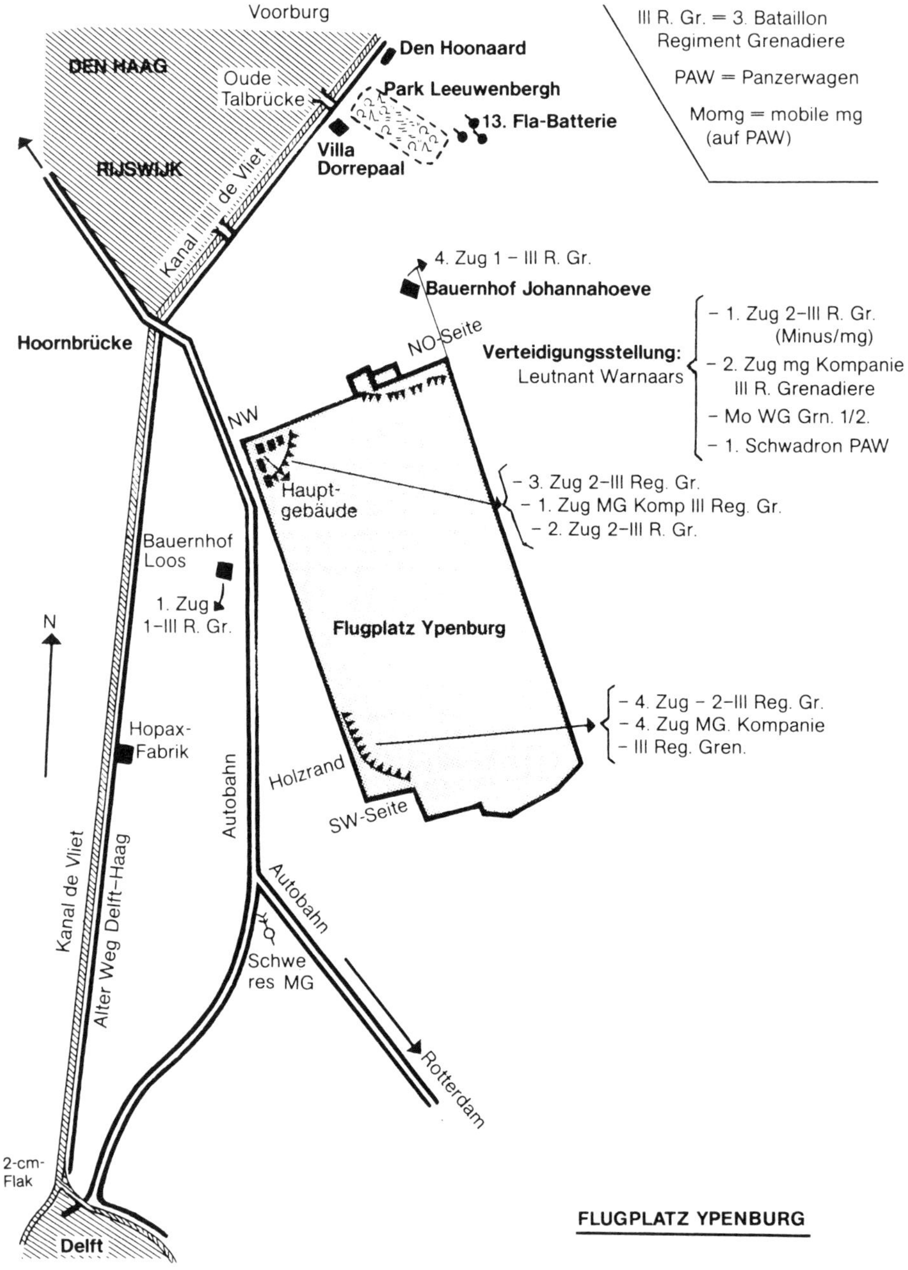

Flugplatz Ypenburg.

Bereits vor Utrecht setzte gegen die Gruppe Ypenburg das Flakfeuer des Gegners ein. Im Gleitflug gingen die Ju 52 auf 1500 Meter herunter, wodurch sie auch in den Feuerbereich der 2 cm-Flak gerieten. Dann ging es allgemein zum Tiefflug über, der letzten Phase des Zielanfluges vor dem Absetzen der Fallschirmjäger.

Hier der Bericht eines Piloten einer der führenden Ju 52-Pulks:

„Im 'Heckenspringen' wurde mit der Kleinorientierung Delft angeflogen. Erst fünf Kilometer vor der Stadt zogen wir wieder auf 150 Meter hoch, langsam wurden die Klappen ausgefahren, um die niedrigstmögliche Geschwindigkeit zu erhalten und damit die Fallschirmjäger sicher und dicht bei dicht herunterzubringen.

Das Absetzmanöver begann. Ein wildes Abwehrfeuer aus den Zwozentimeter-Spritzen der Verteidiger empfing uns und auch die Jäger. Dann meldete die Kommandeursmaschine und der an der Spitze des Verbandes mitfliegende Absetzer: 'Noch zwei Kilometer bis zum Ziel!'

Unser Ziel war der Flugplatz Ypenburg. Während dieser letzten Manöver traf es drei unserer Ju 52. Sie gerieten in Brand und stürzten ab. Alle übrigen Maschinen erhielten zum Teil sehr schwere Einschüsse, und nur dank der Robustheit der 'Tante Ju' konnten sie sich in der Luft halten und ein völliges Debakel noch vor dem Absetzen verhindern."

Dennoch unternahmen einige Maschinen, da das Gros nicht richtig in Absetzposition gekommen war, einen zweiten und sogar einen dritten Anflug, um die Jäger nicht zu weit vom Ziel entfernt abzusetzen. Es brauchte schon viel Mut, sich zwei- oder gar dreimal der Flughafen-Flak voll auszusetzen.

Feldwebel Breitscheidel von der Stabskette, der die so unendlich wichtigen Waffenbehälter abzusetzen hatte, unternahm ebenfalls einen dritten Anflug, als er feststellte, daß diese mindestens 500 Meter zu weit vom Absetzort niedergehen und von den Fallschirmjägern wahrscheinlich nicht zu erreichen sein würden. So gelang es ihm, diese Waffenbehälter sicher bei der Truppe zu plazieren. Seine Maschine wies drei Dutzend Einschüsse auf. Dennoch war das Gros zu weit auseinandergezogen und in großer Distanz zum Ziel heruntergekommen.

Ein schwacher Zug von 50 Fallschirmjägern unter Oblt. von Eckleben landete entlang der Straße Delft — Overschie, und zwar hart westlich und hart ostwärts des Kanals De Schie. Eine weitere Gruppe ging westlich des Kanals De Vliet nieder und stand damit dicht nördlich an Delft herangeschoben. Eine dritte Einheit ging wiederum zwischen Delft und Ypenburg nieder und eroberte die Hopaxfabrik und einen Bauernhof. Hier machten sie die ersten Gefangenen und setzten sich in den Gebäuden fest.

Die weitere ostwärts von Delft landende Gruppe besetzte einige Häuser ostwärts De Vliet und nördlich von Rijswijk.

Der nordostwärts von Ypenburg von 25 Fallschirmjägern besetzte Bauernhof diente in der Folgezeit als Stützpunkt für die Beschießung aller niederländischen Fahrzeuge, die sich auf der Autobahn Hoornbrücke — Ypenburg näherten.

Die nördlich des Platzes Ypenburg gelandeten Fallschirmjäger sahen sich außerstande, den Platz in Besitz zu nehmen. Auf Ypenburg lagen 700 Mann des III. Bataillons eines holländischen Grenadier-Regimentes. Zu den drei Infanterie-Kpn. dieses Verbandes kam noch eine MG-Kp. hinzu. Eine Halb-Schwadron Husaren mit sechs Panzern war dem Bataillon unterstellt.

Auch hier hatte das vorausgegangene Bombardement einigen Schaden angerichtet und die an der Nordostflanke des Platzes liegenden Soldaten dazu veranlaßt, sich in Richtung Rijswijk

Kanal De Vliet bei Ypenburg. Deutsche Fallschirmjäger sind soeben gelandet. Die weißen Punkte sind Fallschirme.

über den Kanal De Vliet zurückzuziehen.

Unmittelbar nach der Bombardierung waren dann die deutschen Fallschirmjäger unter Hptm. Noster aufgetaucht und — wie soeben dargestellt — zum Teil völlig falsch abgesetzt worden. Weitab von der Ausgangsbasis zur Eroberung des Platzes niedergegangen, mußten sie sich also erst an den Platz heranarbeiten.

Genau eine halbe Stunde nach dem Absetzen der Fallschirmjäger und noch während diese sich an den Platz herankämpften, flog eine weitere Transportgruppe mit einem Batl. des IR 65 den Landeplatz Ypenburg an. Von dieser Gruppe wurden ebenfalls schon vor Utrecht drei Maschinen abgeschossen. Die Berichte der mit ihren Fallschirmen abgesprungenen Besatzungen über die Ereignisse und den grausigen Tod der ohne Fallschirm beförderten Infanteristen — in jeder der abgeschossenen Ju 52 saßen 15 voll ausgerüstete Soldaten der 22. LLDiv. — waren erschütternd. (Siehe dazu: Chronik der IV./KG z.b.V. 1.)

Eine weitere Ju 52 wurde abgeschossen, als sie bereits ihre Fallschirmjäger abgesetzt hatte und sich auf dem Rückflug befand. Auf Ypenburg aber bahnte sich eine gewaltige Katastrophe an.

Die Transportgruppe, welche die Infanterie-Einheiten nach Ypenburg zu bringen hatte, stand unter dem Kommando von Hptm. Frh. von Hornstein. Es handelte sich um die KGr. z.b.V. 12, die in Störmede gestartet war.

Kaum hatten die Räder der ersten Staffel den Boden des Flugplatzes Ypenburg erreicht, als die Verteidiger das Feuer eröffneten. Auch die hier stehenden Panzer schossen aus ihren 3,7 cm-Kanonen auf die ausrollenden Ju 52.

Die Ju 52-Transporter in der Hölle von Ypenburg.

Die acht Maschinen dieser ersten Staffel wurden sämtlich zusammengeschossen und standen wenig später alle in Flammen gehüllt.

Die zweite Staffel, ebenfalls acht Maschinen, konnte noch landen, rollte aber auf die brennenden Maschinen der ersten Staffel zu, die mitten auf dem Platz zum Stehen gekommen waren. Auch sie erhielten Feuer. Viele Infanteristen fielen während der Beschießung.

Die 3. Staffel konnte nicht mehr landen. Sie überflog den Platz im Tiefflug, erhielt ebenfalls Feuer und drehte ab. Drei Maschinen waren getroffen worden. Ein Teil von ihnen landete südlich von Delft.

Währenddessen versuchte Hptm. Noster mit seinen zusammengerafften Jägern bis zur Hoornbrücke vorzustoßen. Er wußte, daß kurze Zeit nach der ersten Gruppe der 22. LLDiv., die so verheerende Verluste erlitten hatte, auch die zweite Welle dieses Verbandes mit seinem Kommandeur, GenLt. Graf von Sponeck, und dem DivStab landen wollte. Es war also höchste Zeit, den

Am Platzrand liegen die Trümmer.

Bruchlandung am Kanal bei Ypenburg.

Flugplatz in die eigene Hand zu bekommen und die schweren holländischen Waffen zum Schweigen zu bringen, um ein weiteres Desaster zu verhindern.

Von hier aus wollte GenLt. Graf von Sponeck direkt nach Den Haag vorstoßen, um die niederländische Regierung, die königliche Familie und die militärische Führung des Landes gefangenzunehmen. Damit wäre dieser Teil der Westoffensive mit einem Schlage noch am ersten Tage zu Ende gewesen.

Zuerst aber mußte die große Hoornbrücke über den Kanal De Vliet überwunden werden. Mit zwei erbeuteten Krädern versuchte eine Fallschirmjäger-Stoßgruppe, die Brücke im Handstreich zu nehmen. Beide Kräder wurden abgeschossen. Ein Auto mit sechs Fallschirmjägern, das die Brücke in wilder Fahrt erreicht hatte, wurde von einer sMG-Salve der Verteidiger erfaßt, brach zur Seite aus und stürzte in den Kanal. Schließlich griffen noch zwei Me 109 in diesen Kampf ein. Im Tiefflug jagten sie über die Brücke und versuchten mit ihren Bordwaffen die Feind-MG zum Schweigen zu bringen. Beide Flugzeuge wurden durch einen Panzer mit dessen 3,7 cm-Kanone abgeschossen.

Die Brücke konnte weder von den deutschen Fallschirmjägern nach der einen, noch von den Holländern nach der anderen Seite überschritten werden. Auf sie konzentrierte sich schließlich das Feuer von beiden Seiten.

Im Park Leeuwenbergh mußten sich 70 deutsche Fallschirmjäger nach erbittertem Widerstand ergeben. Bei Johannahoeve und auf dem Bauernhof Loos dauerte der Kampf bis zum späten Abend, ehe die hier liegenden Fallschirmjäger ihre Waffen streckten, weil ihnen die Munition ausgegangen war. Der Flugplatz Ypenburg blieb in holländischer Hand. Unter den über 250 Gefangenen von Ypenburg befanden sich auch Hptm. Frhr. von Hornstein, der Kommandeur der KGr. z.b.V. 12, und Hptm. Noster, Chef der I./FJR 2. Erst am Abend des 10. Mai und in den folgenden Tagen konnten die Holländer die Leichen der bei den Ju 52 niedergemähten Infanteristen und die in den Maschinen verkohlten Toten bergen. Unter den Gefallenen war auch Hptm. Erwin Hingler vom Stab des IR 65 und der Regiments-Adjutant, Oblt. Müller. In einer weiteren halb verbrannten Ju 52 lagen Hptm. Robert Dietz und Lt. Alfred Niemann von der 6./IR 65. Viele Soldaten konnten nicht mehr identifiziert werden, weil auch ihre Erkennungsmarken vernichtet waren.

Ockenburg: „Der Feindwiderstand ist gebrochen!“

Die 3./FJR 2, eine junge Kompanie, die nach dem Polenfeldzug in den Dörfern Ackendorf und Berge bei Gardelegen aufgestellt worden war, verlegte am 9. Mai 1940 nach Münster/Loddenheide. Die Kompanie wurde wie folgt geführt:

Kompaniechef:
Oberleutnant Arnold von Roon
1. Zug:
Oberleutnant Alfred Genz
2. Zug:
Leutnant Hauber
3. Zug:
Feldwebel Neubecker

Vom Anflug und Einsatz berichtete Oblt. von Roon:

„Die Sprengwolken der holländischen Flak lagen zwar weit ab und hatten dementsprechend keine oder nur geringe Wirkung. Dennoch begann die Staffel mit ziemlich wilden Ausweichbewegungen, die ganz offenbar dazu führten, daß der in vier Ketten hintereinander fliegende Verband auseinandergerissen wurde.

Im Gewimmel verloren wir — das stellte sich später heraus — die beiden letzten Ketten unserer Staffel. Während die beiden ersten Ketten nach Hoek van Holland flogen, wo die Masse der Kp. mit dem KpChef abgesetzt wurde, erfolgte das Absetzen des 3. Zuges unter Fw. Neubecker falsch. Der Zug ging nördlich von Wassenaar nieder. Zunächst erreichte nur der 1. Zug unter Lt. Genz Kijkduin (nahe Ockenburg). Die zugeteilten drei Ju 52 beförderten in der 1. Maschine den Zugtrupp mit dem Zugführer, einen Granatwerfertrupp mit 4 Mann und einem 5 cm-Werfer, sowie einen Panzerbüchsentrupp mit zwei Mann und einer Panzerbüchse. In der zweiten und dritten Maschine befanden sich jeweils eine Jägergruppe zu 12 Mann.“

Die erste Jägergruppe wurde von Fw. Liebarth geführt. Oberjäger Czupalla führte die zweite. Ofw. Meier war stellvertretender Zugführer, für den Fall, daß Lt. Genz ausfallen sollte. Jede Gruppe verfügte über zwei lMG. Alle übrigen Soldaten waren mit Karabinern oder MPi ausgerüstet.

Die Gewehrschützen führten je 120 Schuß Munition mit sich. Zusätzlich war jeder Springer mit einer Pistole Nullacht und bis zu zehn Eierhandgranaten ausgerüstet. Alle übrigen Waffen wurden in Waffenbehältern ebenfalls an Fallschirmen abgesetzt. Diese Waffenbehälter wurden aus den Bombenschächten der Ju 52 abgeworfen.

Die Zugführer-Maschine mit Lt. Genz und dem Einweiser ObJäger Tschorn verlor bei der Beschießung die Verbindung mit den anderen Maschinen. Sie erhielt einige Treffer. Als sie zum Absetzen drosselte und der Einweiser ObJäg. Tschorn zum Absprung in die Tür trat, erhielt er einen tödlichen Kopfschuß.

Mit dem Schall des Boschhorns sprang Oblt. Genz als erster. Einmal am Boden, bemerkte der Offizier, daß ihm keiner seiner Männer gefolgt war. Hier der Bericht von Oblt. Genz zu dieser kritischen Situation:

„Der Zug war nicht da, ich stand allein am Boden, mit meiner Pistole und einigen Handgranaten bewaffnet. Sollte ich den Platz allein nehmen?

Plötzlich erscholl der Motorenlärm der drei Ju 52 über mir. Meine Maschine hatte einen neuen Anflug gewagt und war dabei offenbar auf die beiden außer Sicht geratenen Ju 52 gestoßen. Die Männer sprangen, und ich sah sie ganz in meiner Nähe in den Dünen hinter dem Flugplatz niedergehen. Ich hörte sogar den Ruf von Ofw. Meier: 'Wo ist der Oberleutnant?'

'Hier vor den Dünen!' rief ich zurück. Zwei der Jäger, die hier sprangen, wurden über See abgetrieben und ertranken. Es waren ObJäg. Röpke und ObGefr. Philipp."

Oblt. Genz mußte wenig später, als er seinen Zug beisammen hatte, feststellen, daß seine Einheit allein bei Ockenburg niedergegangen war. Er wollte nun im Handstreich den Flugplatz in Besitz nehmen, weil ja kurze Zeit später die Infanterie-Nachlandungen erfolgen sollte.

Einer der vorgeschobenen Stoßtrupps der Holländer unter Fähnrich Gritter wurde nach kurzem Gefecht gefangengenommen. Gritter erlitt dabei tödliche Verwundungen.

Als schließlich die ersten Ju 52 mit dem BatlStab des II./IR 65 und der 5./IR 65 landeten, war der Flugplatz noch nicht in deutscher Hand. Aber der Gegner war in harte Kämpfe mit den 35 Fallschirmjägern unter Genz verwickelt. Kurz darauf landeten neun weitere Ju 52, die aus jener Gruppe von 13 Maschinen abgesplittert waren, die Teile der Radfahr-Schwadron 2 brachte, die hier zu landen hatten. Schwadronschef war Rittmeister Pollay, einer der deutschen Olympiareiter des Jahres 1936. Die Fallschirmjäger konnten im Zusammenwirken mit den gelandeten Kameraden der ersten Welle der 22. LLDiv. bis 7.45 Uhr den letzten Widerstand auf Ockenburg brechen.

Damit schien für eine kurze Zeitspanne trotz des Desasters auf Ypenburg der Vorstoß der 22. LLDiv. auf Den Haag in greifbare Nähe gerückt. Immerhin hatte GenLt. von Sponeck für die Königin der Niederlande, Wilhelmina, einen großen Blumenstrauß mitgebracht. Als aber die Maschine mit dem DivKdr., von der Flak von Ypenburg stark beschossen, abdrehte und auf den Dünen dicht an der Küste landete, mußte Graf Sponeck die Blumen wegwerfen. Ein Teil der übrigen Maschinen, die nicht in Ypenburg hatten landen können, folgten dem Beispiel des ersten Flugzeuges; einige gingen sogar auf der Autobahn Rotterdam — Den Haag nieder.

Graf von Sponeck mußte seine Truppe auf freiem Feld sammeln. Er ließ mit dem einzigen noch intakten Funkgerät Verbindung mit der Luftflotte 2 aufnehmen, um die weiteren geplanten Landungen auf diesem völlig verstopften und noch in Feindeshand befindlichen Platz zu stoppen.

General der Flieger Kesselring befahl — auch von anderer Seite über diese Lage bei Ockenburg gewarnt —, alle übrigen im Großraum Den Haag geplanten Luftlandungen einzustellen. Die bereits in der Luft befindlichen Teile der 22. LLDiv. mußten in Rotterdam-Waalhaven landen. Dadurch wurde zwar ein weiteres heilloses Durcheinander verhindert, aber die gelandete erste Welle war zu schwach, um eine Entscheidung zu erzwingen und die Voraussetzungen zum schnellen Durchstoß nach Den Haag zu schaffen.

Der Handstreich mit dem Ziel, Holland am ersten Tage in die Knie zu zwingen, war gescheitert. Die dritte Welle der 22. LLDiv. wurde von Oberst Fichte auf den Flugplätzen Loddenheide, Lippspringe und Lippstadt angehalten.

Damit blieben über 5000 Soldaten der 22. LLDiv. in der Heimat zurück und fehlten den Fallschirmjägern, die nun oftmals ganz auf sich allein gestellt waren.

Außer den Toten und den direkt nach England transportierten 1200 Gefangenen der Fallschirmjäger und der 22. LLDiv. wog der Ausfall eines Großteiles der Transportverbände am schwersten. Von den insgesamt eingesetzten 430 Ju 52 kehrten zwei Drittel nicht mehr zurück. Das Transportgeschwader KG Z.b.V. 2 verlor bei den Landungsversuchen im Raume Den Haag etwa 90 Prozent seines Bestandes.

Trotz dieser vernichtenden Teil-Mißerfolge war der allgemeine Ansatz der Fallschirmjäger und Luftlandetruppen nicht nur richtig, sondern im Ganzen gesehen schließlich auch erfolgreich. General Student hatte am frühen Morgen des 11. Mai seinen Gefechtsstand nach Rijsoord vorverlegt, um dichter bei seinen Männern zu sein. Um die Krisenlage bei Dordrecht zu meistern, wo die Fallschirmjäger nur eine dünn besetzte Linie entlang der Kil und der Oude Maas besetzen konnten, ließ Kurt Student das III./FJR 1 unter Hptm. Schulz, das in Waalhaven freigeworden war, nach Dordrecht in Marsch setzen. Eine Kp. des Bataillons wurde jedoch als Reserve- und Eingreif-Gruppe nach Hordijk verschoben.

Das III./FJR 1 hatte beträchtliche Verluste hinnehmen müssen. Es hatte auch den Chef der 10. Kp., Oblt. Becker, und Oblt. Specht, den ältesten Zugführer, durch Verwundung verloren.

Am Nachmittag dieses 11. Mai fand sich Oberstleutnant Triebel von der Aufklärungsstaffel der 7. Fliegerdivision auf dem Gefechtsstand Students ein. Triebel war mit einer He 126, von Feindjägern verfolgt, ihnen aber entkommend, nach Waalhaven gejagt worden. Der Auftrag, den er von General der Flieger Kesselring erhalten hatte, lautete: „Erkundung über die allgemeine Lage. Erlangung eines Lageberichtes von Generalleutnant Student und Rückkehr zum GefStand der Luftflotte 2."

Die Lagemeldung, die bereits über Funk zum Verbindungsstab getastet worden war, konnte bei der Luftflotte 2 nicht empfangen werden.

GenLt. Kurt Student gab dem Oberstleutnant eine schriftliche Lagemeldung mit, in der die Kämpfe um Rotterdam und Moerdijk dargestellt wurden. Zum Schluß des Berichtes meldete Kurt Student lapidar:

„Man kann bereits jetzt sagen, daß die Luftlandeoperation mit einem vollen Erfolg enden wird."

Das war angesichts der Lage zwar sehr optimistisch, entsprach aber den Tatsachen, wenn auch die Situation in den nächsten Tagen immer wieder höchst bedrohlich wurde.

Nach Deutschland zurückgekehrt, übergab Triebel diesen Lagebericht General Kesselring persönlich. Dieser las ihn durch, fügte die dazu notwendigen Karten hinzu, auf die er die Lage hatte einzeichnen lassen, und schickte alles noch in der Nacht zum 12. Mai an das vorgeschobene Führerhauptquartier „Felsennest" nach Münstereifel.

Die Kämpfe des 11. Mai

Am Morgen des 11. Mai war der letzte noch zur Verfügung stehende Fallschirmjäger-Verband in Gestalt einer Reserve-Kp. unter Oblt. Moll, die für Notfälle in Deutschland bereitstand, ohne Wissen von GenLt. Student in 12 Ju 52 der 16. Staffel des KG z.b.V. 1 in das Gebiet südlich Dordrecht geschafft worden. Es sollte an die Brücke von Dordrecht gehen. Im Gefechtsbericht dieser Transportstaffel ist nachzulesen, daß drei Flugzeuge wegen der fast auf dem Boden aufliegenden Wolken umkehrten. Drei weitere Maschinen wurden abgeschossen, aus denen sich ein Teil der Fallschirmjäger mit ihren Fallschirmen retten konnte. Eine Maschine setzte bei Sliedrecht zur Notlandung an. Die Fallschirmjäger gelangten hinaus und versuchten, sich nach Dordrecht durchzuschlagen.

Die Kp. Moll teilte sich in verschiedene kleine Gruppen auf. Diese versuchten einige Bauernhöfe zu besetzen, wurden aber vom dichten MG-Feuer des Gegners in volle Deckung gezwungen. Den ganzen Tag über dauerte dieses Gefecht an, und am Abend sahen die Holländer, daß ein deutscher Oberleutnant einen weißen Lappen schwenkte. Es war Oblt. Moll, der seinem Gegner signalisierte, daß er sich ergeben wolle, weil seine Munition zu Ende gegangen sei. Die 33 Überlebenden von Molls Kp. zogen mit den Holländern gemeinsam zum Bauernhof Tongplaat. Dort wurden die Toten, ein Holländer und vier Deutsche, bestattet. Die Verwundeten wurden von dem deutschen Arzt versorgt.

Als sich am nächsten Tage — es war der 12. Mai — ein starker deutscher Kampfverband von Tweede Tol dem Bauernhof näherte, gaben die Holländer, die ebenfalls sehr knapp an Munition waren, auf. Fähnrich Marije, deren Führer, und seine Männer wurden von Moll in voller Bewaffnung zu Oberst Bräuer nach Tweede Tol geführt. Oberst Bräuer war konsterniert, daß man diese Männer nicht entwaffnet hatte. Als ihm Oblt. Moll gemeldet hatte, bat der Oberst die Holländer, die Waffen abzulegen. Seinen Klewang (Säbel) durfte der Fähnrich weiter tragen.

Der Beitrag der Franzosen

In der Kriegsgeschichtsschreibung wurde bis heute noch nicht der französische Einsatz gegen die Moerdijk-Brücken genannt. Nachdem es dem Kommandeur des 6. Grenz-Battaillons, Major Hendriksz, gelungen war, die deutschen Fallschirmjäger aus ihren vorgeschobenen Stellungen südlich der Moerdijk-Brücken zurückzudrängen und ihnen nach Einsatz von Artillerie und Luftstreitkräften auch die Hoekse Waard zu entreißen, stand auch hier alles auf des Messers Schneide.

Sobald die letzten noch im Vorfeld der Brücke befindlichen Fallschirmjäger zurückgedrängt sein würden, konnte jener Panzerverband, der den französischen General Mittelhauser über die Moerdijkbrücke nach Den Haag geleiten sollte, zum Angriff und damit zur Rückeroberung der Brücke antreten.

Am Morgen des 11. Mai fand zwischen dem Kdr. der 6. Grenz-Batl., Major Hendriksz, und Major Michon, dem Kdr. einer französischen gepanzerten Kampfgruppe, ein Gespräch statt. Der französische Verband war mit Panzern und Kradschützen ausgestattet. Major Hendriksz gab eine Lagebeschreibung bei den Brücken und hoffte auf ein baldiges Antreten der Franzosen. Diese jedoch fühlten nur auf Lage Zwaluwe vor. Als sie von dort Feuer erhielten, zogen sie sich zurück, ohne auch nur einen Schuß abgegeben zu haben.

Als schließlich Major Michon zum Angriff bereit war, machte er sich zunächst nur Sorgen über die möglichen Rückzugswege, wenn sie sich vor den Deutschen zurückziehen müßten. Er bat darum, diese sicherzustellen.

Auf diese Weise wurde es 16.30 Uhr des 11. Mai, bevor endlich die gepanzerte KGr. Michon, mit Panzern und Kradschützen zum Angriff auf Zewenbergsche Hoek antrat. Hier gab der niederländische Hptm. Mol, KpChef im 6. Grenz-Batl., dem französischen Kameraden den Wink, weit auseinandergezogen im Gelände vorzugehen, um einem möglicherweise einsetzenden deutschen Luftangriff nicht hilflos ausgesetzt zu sein und ihm mit Gegenfeuer begegnen zu können.

Um 18.30 Uhr dieses 11. Mai, der französische Verband war noch nicht sehr weit gekommen, ging ein deutscher Stuka-Angriff auf ihn herunter. Einer der französischen Panzer wurde vernichtet, Kräder durcheinandergewirbelt. Es gab Tote und Verwundete, einige Häuser gingen in Flammen auf, und die Franzosen zogen sich auf Breda zurück.

Damit sah Major Hendriksz keine Chance mehr für sein Bataillon, das gehaltene Gelände länger zu verteidigen, weil die unentbehrliche französische Hilfe, auf die er gerechnet hatte, so katastrophal ausfiel. Am späten Abend des 11. Mai entschloß er sich zum Rückzug nach Süden.

Das war das einzige französische Eingreifen im Kampfraum Belgien — Holland. Sein Erfolg war gleich Null. Die Moerdijkbrücken waren fest in der Hand der Fallschirmjäger.

Die Dordrechter Gefahr

Die KGr. Schulz — das III./FJR 1 ohne eine Kompanie — rollte derweilen am 11. Mai mit einer Kp. vor nach Tweede Tol. Als die Vorausgruppe die Amstelwijk passierte, erhielt sie plötzlich Artilleriefeuer, das durch zwei holländische Beobachter auf dem Kirchturm von 'sGravendeel geleitet wurde. Die Kompanie lag mitten im Bereich dieses gut geleiteten Feuers.

Als dieser Feuerüberfall zu Ende ging, war die Hälfte der vorgehenden Kp. gefallen oder verwundet. Während sich Sanitäter um die Verwundeten kümmerten, marschierten die Überlebenden weiter, ihrem Ziel entgegen. Sie hatten das Ziel Dordrecht zugewiesen erhalten. General Student mußte die dortigen Brücken und die Stadt selber freikämpfen, um dem Heer den Weg nach Süden freizumachen. Das gleiche galt für Rotterdam, wo sich der Gegner noch immer hielt.

Ähnlich wie bei Dordrecht war die Situation bei Rotterdam, wo es den Männern des IR 16 und den überlebenden Fallschirmjägern Kerfins gelungen war, sich trotz stärkster Belastung zu halten. Oberstleutnant von Choltitz hatte Pak und Granatwerfer nach vorn schaffen lassen, um die Entscheidung in diesem Teil Rotterdams zu erzwingen. Als der Maasbahnhof zu brennen begann, gingen hier zwei Züge holländischer Soldaten von der Fahne, ohne allerdings die Lage zu ändern, denn für einen Angriff war das deutsche Kontingent zu schwach.

An dieser Stelle war es immer wieder Oblt. Kerfin mit seinen überlebenden Jägern, der in den Kampf eingriff und nach allen Seiten sichern ließ, um das gewonnene Gelände auch in der Hand zu behalten.

Die von den Deutschen gehaltene Willemsbrücke wurde am Vormittag des 11. Mai von zwei Fokker T-5 Bombern angegriffen. Diese wurden von drei Jägern des Typs D-21 gesichert.

Die Bomben verfehlten ihr Ziel und schlugen in fünf Häuser auf der Maasinsel ein. Ein zweiter Bombenangriff um 13.20 Uhr verfehlte ebenfalls das Ziel. Die Brücken von Rotterdam blieben stehen. Ein T-5-Bomber wurde abgeschossen.

Während bei Moerdijk bereits die ersten deutschen Panzer eintrafen und über die Brücke rollten, womit die auch hier noch drohende Gefahr endgültig gebannt war, berieten im Gasthaus „Stadtwappen" in Rijsoord, wohin GenLt. Student mit seinem Stab am Morgen des 11. Mai umgezogen war, Kommandeure und Stab über die zu treffenden Maßnahmen.

General Student, dessen Ic, Hptm. Lampertsdörfer, der Offizier für Feindnachrichten, bei einer Erkundung bereits am Mittag des ersten Angriffstages im Gewirr der Hafenbecken von Rotterdam in Gefangenschaft geraten war, fuhr nun selbst zu den neuralgischen Punkten. Er fuhr über Waalhaven nach Ablasserdam, und von dort aus zu den Brücken von Dordrecht. Hier trafen gleichzeitig mit ihm die ersten Teile des III./FJR 1 ein, die von ihm wenige Stunden vorher nach Tweede Tol in Marsch gesetzt worden waren, um Oberst Bräuer eine Eingreiftruppe an die Hand zu geben.

Das bei Dordrecht abgesprungene I./FJR 1 hatte sich dicht an die Autobahnbrücke und die Straßenbrücke herangeschoben und sicherte diese. Beide Brücken wurden aus Dordrecht heraus von holländischen MG beschossen.

GenLt. Student war besorgt über diese kritische Lage, die jederzeit mit einem Durchbruch niederländischer Kräfte zur Brücke und der Sprengung derselben enden konnte.

Diese schwierige Lage konnte nur durch einen eigenen Angriff nach Dordrecht hinein zur Ausschaltung der dort stehenden Kräfte bereinigt werden. Student entschloß sich dazu, einen Angriff vom Südostrand von Dordrecht aus in die Stadt zunächst nach Norden, bis über die Eisenbahnlinie hinweg, und dann — nach Westen abdrehend — gegen den feindbesetzten Hafen zu führen. Oberstleutnant De Boer, Kdr. des AR 22 der 22. LLDiv., sollte den Angriff führen.

Bis zum frühen Morgen des 12. Mai waren in diesem Kampfraum die bereits am 11. Mai erkannten Spitzengruppen der holländischen Leichten Division bis an den Stadtrand von Dordrecht vorgestoßen und griffen in den Kampf ein. Erst als das für diesen Einsatz nachzulandende deutsche I./IR 72 am frühen Nachmittag des 12. Mai in Waalhaven landete, konnte der deutsche Angriff beginnen.

Das I./FJR 1 und Teile des III./FJR 1 griffen geschlossen an. Die holländischen Widerstandsnester und Straßensperren wurden überwunden. Der Einbruch mit zwei parallel zueinander vorgehenden Kampfgruppen in die Stadt hinein gelang rasch. Als die beiden Gruppen den Schwenk nach Westen vollzogen hatten, um zum Hafen zu stürmen, kam der Angriff jedoch vor starken Widerstandsnestern zum Erliegen. Dennoch war der gesamte Südostteil von Dordrecht in deutscher Hand, und damit war der Gegner daran gehindert, die Brücken im Handstreich zurückzugewinnen.

GenLt. Student fuhr am späten Nachmittag noch einmal nach Dordrecht. Er erhielt die Meldung von Major Walther, der gerade seine Kp-Chefs zu einer Besprechung zusammengerufen hatte. Als Walther fortfuhr, hielt ein schweres Kraftfahrzeug mit kreischenden Bremsen vor dem Haus. Ein junger deutscher Panzerleutnant trat in den Besprechungsraum und meldete, daß er zur Aufklärungsspitze der 18. Armee gehöre und den Auftrag habe, die Lage bei Moerdijk zu erkunden. Am frühen Morgen des kommenden Tages würden die deutschen Spitzenverbände der 9. Panzer-Division hier eintreffen.

Diese erste Fühlungnahme des Heeres mit der Luftlandetruppe fand um 17.30 Uhr statt, wie GenLt. Student mit einem Blick auf seine Uhr feststellte.

„Das war mein schönstes Geburtstagsgeschenk“, verriet Generaloberst Student dem Autor, als dieser ihn über die erste Fühlungnahme befragte. „Ich unterrichtete den jungen Panzeroffizier über unsere Lage, und dann brauste dieser wieder zu seinem Verband zurück.“

Mit Oberstleutnant De Boer ging Student nunmehr in Richtung Bahnhof vor, wo noch schwere Kämpfe tobten. Der Angriff war hier zum Erliegen gekommen. Ein Granatsplitter streifte den Kommandierenden General an der Hüfte. Student fuhr zum Gefechtsstand nach Rijsoord zurück.

Als GenLt. Student am anderen Vormittag erneut nach Dordrecht fuhr, machten ihm der KGrFhr. Oberstleutnant De Boer Meldung. Er stellte dem General auch Major Krüger, den Kommandeur des I./IR 72, vor, der die Weiterführung des Einsatzes positiv beurteilte. Mit seinem OrdOffz., Oblt. Herrmann, und der Gefechts-Ordonnanz erkundete Kurt Student persönlich die Lage.

Panzerkampfwagen vor Straßensperre.

Auf dem Rückweg zum GefStand in Rijsoord stieß der General am Südostausgang von Dordrecht auf eine Gruppe Heeresoffiziere. Es waren die Kommandeure der an der Spitze der 18. Armee vorstoßenden 9. PD. Die Panzer-Kp. hatte die Brücke von Moerdijk bereits nach Norden überschritten. Das Kradschützen-Batl. und die Art-Abt. standen noch südlich der Moerdijker Brücke und waren im Begriff hinüberzurollen.

Das Kradschützen-Batl. sollte der 7. Flieger-Division unterstellt werden, sobald es die Moerdijker Brücke überschritten hatte. Die Panzer-Kp. wurde Oberstleutnant De Boer zum weiteren Angriff nach Dordrecht hinein zugeführt.

Mit Unterstützung dieser Panzer gelang es, in günstige Ausgangspositionen zur Erstürmung des Hafens zu gelangen. Dieser wurde schließlich ohne Panzer in Besitz genommen, die ihre Munition verschossen hatten und zum Aufmunitionieren zurückrollten. Sie hatten erhebliche Verluste erlitten.

Am Morgen des 14. Mai wurde auf dem Turm der Kathedrale von Dordrecht die weiße Fahne aufgezogen. Der gefährlichste Widerstandsherd in der Festung Holland war beseitigt. Nun hielt sich der Gegner nur noch in Rotterdam. Aber mit den ersten Verbänden der 9. PD hatte GenLt. Student nun jene Truppen zur Verfügung, mit denen er an den Rotterdamer Brücken die Initiative ergreifen konnte und wollte. Dies war die letzte Aufgabe für die 7. Fliegerdivision: den jenseits der Brücke stehenden starken Brückenkopf des Gegners zu beseitigen und der 18. Armee den Weg zu öffnen. Dann waren alle Aufträge erfüllt.

Das Drama von Rotterdam

Bei Rotterdam hatte in der Zwischenzeit Oberstleutnant von Choltitz den Stadtkommandanten, Oberst Scharroo, mehrfach zur Übergabe aufgefordert, um die Gefahr für die Stadt, in der es an einigen Stellen infolge der Beschießungen durch niederländische Batterien bereits brannte, abzuwenden. Es widerstrebte GenLt. Student, Rotterdam durch Kampfflugzeuge angreifen zu lassen, obgleich dies durch die Situation völkerrechtlich vertreten wer-

Generalleutnant Kurt Student bei Rotterdam.

den konnte, weil Rotterdam verteidigt wurde. Das gleiche galt auch für Dordrecht. Auch dort hatten sich holländische Truppen in der Stadt verschanzt und den Kampf aufgenommen. Aber wie Kurt Student es in Dordrecht verneint hatte, die Hilfe der Kampffliegerverbände des VIII. Fliegerkorps in Anspruch zu nehmen, so wollte er dies auch in Rotterdam verhindern, um der Zivilbevölkerung, die ohnehin unter den am Südrand stattfindenden Kämpfen zu leiden hatte, noch mehr Leid zu ersparen.

Da das handstreichartige Unternehmen der Inbesitznahme von Den Haag der 22. LLDiv. unter GenLt. von Sponeck gescheitert war und sich diese Kräfte seit ihrer Landung im Kampf mit niederländischen Verbänden befanden und immer wieder kurz vor der Vernichtung standen, mußte der letzte Teil des Auftrages, der dem Luftlandekorps gegeben war, von der 7. Fliegerdivision allein ausgeführt werden. Immerhin kämpften nördlich von Rotterdam Teile der 22. LLDiv. und Einheiten des FJR 2 um ihr Überleben. Auch ihnen galt es, schnellstens Hilfe zu bringen. Diese Situation gebot schnelles und entschlossenes Handeln.

GenLt. Student entschloß sich demzufolge am Abend des 13. Mai zu einem Luftangriff auf den feindlichen Brückenkopf. Der Zeitpunkt des Angriffsbeginns wurde nach einer Verschiebung auf den 14. Mai, 12.00 Uhr angesetzt.

Rotterdam, seit vier Tagen Schauplatz verbissener Kämpfe, in die die niederländische Führung insgesamt neun Bataillone zustätzlich hineingeworfen und damit die Stadt zum Kampfplatz gemacht hatte, war zum verteidigten Festen Platz geworden.

Damit schien den Deutschen der Einsatz sämtlicher Kampfmittel erlaubt. Dazu hatte die niederländische Führung beigetragen, denn sie hatte —verständlicherweise— mit allen Mitteln in Rotterdam Widerstand geleistet und es verabsäumt, die Zivilbevölkerung aus diesem Kampfgebiet zu evakuieren. Damit traf auch sie die Last der Verantwortung.

Angesichts der schweren Panzerverluste in Dordrecht wurde GenLt. Student davon überzeugt, daß er einen solchen Luftangriff auf die kriegsbedingten Ziele in Rotterdam anfordern müsse,

Deutsche Fallschirmjäger bei Rotterdam. Wann kommen die Kampfflugzeuge?

wenn nicht die holländische Führung in letzter Stunde den Übergabeaufforderungen Folge leistete.
GenLt. Student ließ sich überzeugen und legte mit seinem Stab die zu bombardierenden Ziele genau fest. Das war einmal der Maasbahnhof und zum anderen der kleine Raum hart nördlich der Brücke, wo sich der Gegner geballt versammelt hatte. Der Bombenangriff sollte dieses Widerstandsnest beseitigen und den Panzern und Kradschützen der 9. PD den Durchbruch sichern helfen.
GenMaj. Dr. Alfred Hubicki, Kdr. der 9. PD, erhielt Weisung, seine Division zum Durchbruch durch Rotterdam auf Utrecht in der Nacht zum 14. Mai bereitzustellen. Hierzu wurden ihm Teile des Regimentes der Waffen-SS „Leibstandarte Adolf Hitler“ und der 7. Fliegerdivision unterstellt.
GenMaj. Hubicki traf am frühen Morgen des 14. Mai auf dem GefStand Students in Rijsoord ein. Wenig später erschien auch GenLt. Rudolf Schmidt, der Kommandierende General des in diesem Raume führenden XXXIX. PzKorps, der die Leitung der weiteren Operationen aus den Händen von GenLt. Student übernahm.
Sofern sich der Gegner nicht rechtzeitig ergab, war mit einem Bombenangriff deutscher Kampfflieger zu rechnen. GenLt. Schmidt stellte Oberst Scharroo noch ein weiteres Ultimatum bis zum Mittag. Als die in diesem Ultimatum gestellte Frist fast abgelaufen war, erschien ein niederländischer Hauptmann als Parlamentär an der

Erste Panzer der 9. PD in Rotterdam.

Rotterdamer Straßenbrücke und erklärte, daß das Ultimatum keine Unterschrift trage und daß der Stadtkommandant aufgrund eines anonymen Schreibens nichts unternehmen werde. GenLt. Schmidt gewährte noch einen weiteren Aufschub bis 16.20 Uhr niederländischer Zeit und unterschrieb das Ultimatum.

Gleichzeitig ließ er einen FT-Spruch absetzen, der die deutschen Kampfflugzeuge auf ihren Flugfeldern im Westen des Reiches festhalten sollte.

Dieser wichtige Funkspruch kam nicht zur Luftflotte 2 durch. General der Flieger Kesselring, der noch vor dem Bombardement ein Telefongespräch mit Reichsmarschall Göring führte, beharrte in diesem Gespräch darauf, daß er *nur* militärische Ziele bombardieren lassen würde.

Reichsmarschall Göring hatte der HGr.

B befohlen, ohne Rücksicht auf die Kapitulationsverhandlungen einen Durchbruch zur nördlich Rotterdam eingesetzten Gruppe von Sponeck und den Fallschirmjägern des Regimentes 2 zu erzwingen. Er setzte in diesem Funkspruch den Angriff eines Kampfgeschwaders auf Rotterdam auf die Zeit zwischen 19.00 und 20.00 Uhr an. (Siehe dazu Seite 42 des KTB der HGr. B.)

Aufgrund dieser Forderung Görings hatte GenLt. Schmidt von seiner vorgesetzten Führung, der 18. Armee, folgenden Befehl erhalten:

„Widerstand in Rotterdam ist mit allen Mitteln zu brechen. Nötigenfalls ist die Vernichtung der Stadt anzudrohen und — bei Weigerung zur Übergabe — durchzuführen." (Siehe KTB der 18. Armee.)

Am frühen Nachmittag des 14. Mai standen die Generalleutnante Student und Schmidt auf dem runden Platz südlich der Brücken. Sie warteten auf eine Entscheidung des Stadtkommandanten von Rotterdam, Oberst Scharroo. Dahinter lagen die für den Angriff vorgesehenen Kräfte in den Deckungen der Häuser und Mauern. Plötzlich vernahmen sie Motorengeräusche, obgleich die Zeit des Waffenstillstandes noch nicht abgelaufen war.

Auf den Fliegerhorsten Delmenhorst und Gütersloh waren unter der Führung von Oberst Lackner 100 Flugzeuge des KG 54 in zwei Angriffsgruppen

Rotterdam: Deutsche Panzer rollen durch die Stadt.

gestartet. Kurz vor dem Ziel teilte sich das in der Luft zusammengeschlossene Geschwader wieder. Die linke Angriffsgruppe wurde von Oberstleutnant Höhne, die rechte von Oberst Lackner geführt. Als Angriffszeit der Flieger war 15.00 Uhr vereinbart worden.

Die beiden deutschen Generale versuchten mit allen Mitteln, die anfliegenden Bomber zu stoppen. Leuchtkugeln wurden geschossen. Um 15.05 Uhr überquerten die Bomber die Maas. Die rechte Angriffsgruppe warf bereits, als die Leuchtkugeln in den Himmel stiegen.

Sekunden darauf erreichte auch die linke KGr. das Abwurfgebiet. Oberstleutnant Höhne hatte bereits den Befehl zum Bombenwurf gegeben, als er rote Leuchtkugeln sah. „Abdrehen — Nicht werfen!“ befahl er. Doch seine He 111 und die beiden übrigen Flugzeuge der ersten Kette hatten die Bomben bereits ausgelöst. Alle übrigen Maschinen aber warfen nicht. So kam es, daß von 100 eingesetzten He 111 nur 57 ihre Bomben direkt in die Ziele hineinwarfen.

Die von den 57 Flugzeugen geworfenen Sprengbomben (es war keine einzige Brandbombe darunter) ließen Brände aufflackern, die sich binnen kurzer Zeit durch die Altstadt von Rotterdam fraßen.

Nach niederländischen Angaben betrug die Zahl der Toten 850. Dies zu einer Zeit, da der Widerstand der Verteidiger von Rotterdam aussichtslos geworden war.

Im Jahre 1947 ließ die holländi-

Die Altstadt von Rotterdam liegt in Trümmern.

Blick vom Flugplatz Waalhaven auf das brennende Rotterdam.

Deutsche und holländische Offiziere nach dem Kampf in Rotterdam.

Der Kampf bei Rotterdam ist zu Ende.

sche Regierung eine Untersuchung über den Luftangriff gegen Rotterdam, der während der Kapitulationsverhandlungen stattfand, durchführen.
Die mit der Untersuchung betrauten Stellen konnten keinen Anhaltspunkt dafür finden, daß dieser Angriff ein Terrorangriff gewesen sei.
GenOberst Student und General Schmidt wurden nicht als Kriegsverbrecher gerichtlich belangt.
Insgesamt wurden von den 57 Kampfflugzeugen 158 Bomben von jeweils 250 kg und 1150 Bomben von jeweils 50 kg geworfen.
Nach diesem sinnlosen Angriff kapitulierte Rotterdam.

GenLt. Schmidt beauftragte nun GenLt. Student, mit den Holländern alle Bedingungen der Kapitulation zu vereinbaren.

Ein General wird verwundet

In einem holländischen Kraftwagen fuhren GenLt. Student und Hptm. Hübner, Stabsoffizier der 7. Fliegerdivision, zum Gefechtsstand von Oberst Scharroo, der einige Kilometer weiter nördlich lag.
Den Wagen fuhr der holländische Hauptmann, der als Parlamentär gekommen war.

Das Miethaus an der breiten Ausfallstraße aus Rotterdam, in dem sich der Stab der Verteidiger eingerichtet hatte, wurde nach einer Fahrt durch die brennende Altstadt von Rotterdam heil erreicht. Die Verhandlungen sollten im dritten Stockwerk dieses Hauses stattfinden.
Vor dem Hause hatte ein holländisches Infanterie-Bataillon seinen Rastplatz eingerichtet und die Gewehre zu Pyramiden zusammengestellt.
Vor Beginn der Besprechung kam noch Oberstleutnant von Choltitz hinzu, der die Durchführung der zu vereinbarenden Entwaffnung überwachen sollte.
An einem großen Tisch nahmen die deutschen und niederländischen Offiziere Platz. GenLt. Student saß am Kopfende dieser Tafel. Unmittelbar hinter ihm befand sich ein sehr hohes und breites Fenster, das zur Straßenfront zeigte.
GenLt. Student ergriff als erster das Wort und führte aus:
„In jedem Kampf muß es Sieger und Besiegte geben. In diesem Falle sind Sie, meine Herren, unterlegen. Die holländischen Truppen haben tapfer und opfermutig gekämpft. Die Waffenehre der holländischen Armee ist unbefleckt!"
Nunmehr begann die Besprechung über die Einzelheiten der Durchführung. Alles schien sich ab jetzt in geregelten Bahnen zu vollziehen, wobei auf die Ehre der Holländer besondere Rücksicht genommen wurde.
Als plötzlich draußen, von der Straße her, Gewehrschüsse heraufschallten, erhob sich Generalleutnant Student und trat an das fast bis zur Erde reichende Fenster, um hinauszublicken. Da es sehr kühl war, hatte er seinen Generalsmantel mit den breiten weißen Brust-Aufschlägen anbehalten und war solcherart als Zielscheibe deutlich zu erkennen.
Lassen wir an dieser Stelle Generaloberst a. D. Student über die folgenden Sekunden persönlich berichten:
„Plötzlich erhielt ich einen ungeheuren Schlag gegen die Stirn. Es war so, als sei ich von einem schweren Vorschlaghammer getroffen worden. Dann spürte ich in meinem Schädel ein seltsames widerwärtiges Geräusch. Es war wie ein Reiben, Knirschen und Splittern von Knochen, das dann in ein Vibrieren des ganzen Kopfes überging.

Generalleutnant Student nach seiner Verwundung im Lazarett mit seinen Fallschirmjägern.

Ich hatte einen Tangentialschuß erhalten, der mir die obere Schädeldecke handtellerweit aufspaltete.
Wenn ich dies nicht persönlich erlebt hätte, würde ich es niemals für möglich gehalten haben, daß man einen Kopfschuß bei vollem Bewußtsein und in dieser Weise — beinahe zeitlupenartig — empfinden kann.
Ich fühlte, daß ich lebensgefährlich verwundet war. Aber nun bäumten sich alle vorhandenen Lebensenergien in mir auf. Mit der letzten Kraft versuchte ich, mich an der Tischkante festzuhalten. Aber meine Knie wurden weich und ich sank unter dem Tisch zusammen. Dann umfing mich tiefe Nacht." (Siehe Franz Kurowski: Interviews mit Generaloberst Student, und Karl Alman: Sprung in die Hölle.)
Noch am selben Abend wurde GenLt. Student in einem Rotterdamer Krankenhaus von einem holländischen Chirurgen in vorbildlicher Weise operiert. Diese schnelle Operation rettete ihm wahrscheinlich das Leben. Er wurde auch der Sprache wieder mächtig, die er zeitweise verloren hatte.
Wenige Tage darauf traf der herangerufene berühmte deutsche Gehirnchirurg, Professor Wilhelm Tönnis, aus Berlin kommend, in Rotterdam ein. Der Kunst dieses berühmten Neurochirurgen war es zu verdanken, daß General Student nach mehrmonatiger Krankheit wieder völlig hergestellt wurde.
„Wenn Sie erlebt hätten, mit welcher Energie sich dieser Patient nicht nur ans Leben klammerte, sondern darüber hinaus daran arbeitete, sich selbst wieder in die Gewalt zu bekommen und völlig zu genesen, dann hätten Sie, wie ich, vor dem Mut und der eisernen Entschlossenheit dieses Mannes, den Hut gezogen." (Siehe Kurowski: Professor Tönnis im Gespräch in Dortmund.)
Am 12. Mai, dem Tage seines 50. Geburtstages, war GenLt. Kurt Student mit dem Ritterkreuz des Eisernen Kreuzes ausgezeichnet worden. Am 29. Mai 1940 wurde er bevorzugt zum General der Flieger befördert.

Rotterdam am 15.05.1940: General Winkelman, der Oberbefehlshaber der niederländischen Streitkräfte, trifft z[u] Übergabeverhandlungen ein.

Die Niederlande kapitulieren

Dreieinhalb Stunden nach dem Bombenangriff auf Rotterdam bot der Oberbefehlshaber der niederländischen Streitkräfte, General Winkelman, die Kapitulation aller niederländischen Truppen an. In einer Rundfunkansprache an das niederländische Volk begründete er diesen Entschluß mit folgenden Worten:

„Wir haben die Waffen strecken müssen, weil nichts anderes mehr möglich war. Alle waren fest entschlossen, unser Vaterland auf das äußerste zu verteidigen.

Als ich heute als Oberbefehlshaber der Land- und Luftstreitkräfte alle Meldungen erhielt, wußte ich mit absoluter Gewißheit, daß nunmehr das äußerste erreicht war. Unsere Soldaten haben mit einem Mut gekämpft, der unvergessen bleiben wird.

Rotterdam, das heute Nachmittag von der deutschen Luftwaffe bombardiert wurde, hat das traurige Schicksal eines totalen Krieges erfahren.

Nahezu ganz auf eigene Kraft angewiesen, waren wir nicht im Stande, unsere Zivilbevölkerung vor dieser Gewalt zu bewahren. Es waren diese harten Tatsachen, die mich zwangen, einen höchst ernsten Beschluß zu fassen:

Wir haben den Kampf eingestellt.

Wer meine Verantwortlichkeit einschätzen kann, der wird verstehen, wie schwer mir diese Entscheidung gefallen ist. Sie konnte jedoch nicht anders lauten."

Den Haag am 15.05.1940: General der Artillerie von Küchler und Generaloberst von Bock treffen in Den Haag ein.

Den Haag am 14.05.1940: Vor dem niederländischen Hauptquartier.

General von Küchler während der Übergabeverhandlungen.

Die Beute aus der Festung Kornwerderzand.

Weitere Beute aus dieser Festung.

In seinem Armeebefehl an die 18. Armee verkündete General von Küchler wenig später: „Damit ist der Krieg gegen die Niederlande zu Ende. Nur gegen die Wehrmacht Hollands haben wir gekämpft, niemals gegen die Bevölkerung. Ich erwarte daher strengste Disziplin eines jeden Einzelnen. Mit allen mir zu Gebote stehenden Mitteln werde ich Plünderungen und Übergriffe ahnden.
Jeder Soldat meiner Armee bezeugt durch sein Auftreten und Handeln, daß er würdig ist, Angehöriger der ruhmreichen deutschen Wehrmacht zu sein. — Von Küchler, General der Artillerie."

Adolf Hitler bei den Fallschirmjägern, die im Raume Rotterdam eingesetzt waren.

Die Verluste der Luftwaffe und des Luftlandekorps in Holland

Die Gesamtverluste an Flugzeugen während der fünftägigen Kämpfe in Holland waren unverhältnismäßig hoch. Davon kam ein Großteil auf das Konto der niederländischen Flak.
Von den insgesamt 930 Flugzeugen der Luftwaffe, die über Holland zum Einsatz kamen, wurden 328 — also mehr als ein Drittel der Gesamtstärke — ausgeschaltet. Der größte Teil davon am ersten Tage. Dies entsprach allein 12 Prozent der Gesamtverluste der deutschen Luftwaffe in dem dreimonatigen Ringen um Dänemark, Norwegen, die Niederlande, Belgien, Frankreich und Großbritannien.

Von den 123 am 10. Mai 1940 einsatzbereiten niederländischen Flugzeugen gingen 88 verloren.

Laut Planung des Luftlandekorps Student in einer Stärke von 4.000 Fallschirmjägern und 14.500 Soldaten der 22. Luftlande-Division, deren Einsatz vorgesehen war, sollten binnen zweier Tage 17.500 Mann in drei großen Wellen eingesetzt werden.

Von dieser Zahl kamen jedoch nur 10.500 Soldaten zum Einsatz. Dies war auf die Tatsache zurückzuführen, daß von den für den Lufttransport zur Verfügung stehenden 430 Ju 52-Transportern etwa 280 abgeschossen oder am Boden zerstört wurden. Von einer Gruppe von 53 Maschinen kamen beispielsweise nur zwei (!) nach Deutschland zurück.

Von den 10.500 zum Einsatz gebrachten Männern verlor das Luftlandekorps durch Tod, Verwundung oder Gefangennahme 4.000 Mann. Das waren 38 Prozent der Gesamtstärke.

Die Verluste im Raum Den Haag waren mit 66 Prozent der eingesetzten Männer am höchsten. Diese Bilanz bedeutete denn auch das „Aus“ für den geplanten Handstreich auf die niederländische Residenz Den Haag. GenLt. Graf von Sponeck konnte von Glück sagen, daß nicht seine gesamte Streitmacht vernichtet oder gefangengenommen worden war.

General Student und die Luftwaffenführung

Am 2. September 1940, dreieinhalb Monate nach seiner schweren Verwundung, kam General der Flieger Student das erstemal nach Karinhall, wo ihn Göring mit den Worten empfing:

„Nun werden Sie wohl endlich die Nase voll haben!“

Nach einer Teestunde, an der auch Frau Emmi Göring teilnahm, die sich angelegentlich nach der Gesundheit Students und seiner Frau erkundigte, und von der Kurt Student einen außerordentlich günstigen Eindruck erhielt, kam Göring zur Sache. Seine Frau hatte sich diskret zurückgezogen, als sich der Reichsmarschall die berüchtigte Zigarre anzündete. Es ging in dem folgenden Gespräch um das Unternehmen „Seelöwe“, die Landung deutscher Truppen in England.

Als General Student seine Bedenken gegen die Art des beabsichtigten Luftlandeeinsatzes geltend machen und seine Absichten vortragen wollte, wurde er von Göring unterbrochen.

„Mein lieber Student, der Führer will gar nicht nach England!“

„Und warum nicht?“ fragte Student ungläubig.

Göring zuckte nur die Achseln. Er wußte zwar warum, aber er sprach diese Bedenken nicht aus, die Hitler ihm gegenüber geäußert hatte. (Siehe Franz Kurowski: Interviews mit Generaloberst Student.)

Wenn es der kleinen niederländischen Luftwaffe und den wenigen Flak-Batterien dieses Landes gelungen war, weit über die Hälfte der Transportflugzeuge des Luftlandekorps abzuschießen oder am Boden zu vernichten, dann würde ein Luftlandeunternehmen gegen England mit der massierten Flak-Abwehr an der Küste und der vollintakten britischen Jagdwaffe mit einem Desaster enden.

Es bestand die Gefahr, daß bei diesem Unternehmen alle deutschen Transporter abgeschossen wurden. Es mußten also vorher zumindest die britischen Luftstreitkräfte ausgeschaltet werden.

Hermann Göring überreichte Kurt Student das Goldene Fliegerabzeichen mit Brillanten und verabschiedete ihn mit den Worten:

„Sie sollten sich lieber nicht so viele Gedanken machen, sondern mehr Ihrer Gesundheit leben.“

Das war etwas, was General Student zu keiner Sekunde außer acht ließ. Dennoch wollte er weiter Verantwortung

tragen und versuchen, den Krieg so rasch wie möglich zu beenden.
Ende September 1940 stand er Reichsmarschall Göring abermals gegenüber. Dieser deutete ihm an, daß Hitler immer noch hoffe, mit England ins Gespräch zu kommen. Und er wiederholte das, was er General Student bereits bei dessen erstem Besuch am 2. September gesagt hatte:
„Wenn wir den Krieg verlieren, Student, dann gnade uns Gott!“

Invasion aus der Luft

General der Fallschirmtruppe Richard Heidrich, Fallschirmjäger der ersten Stunde, führte auf Kreta als Oberst das FJR 3 im Einsatzraum Mitte — Galatas — Chania — in erbitterten Kämpfen. In Rußland und bei Monte Cassino war er Kommandeur der 1. FJD, um zum Kriegsschluß das I. Fallschirmkorps aus Italien zurückzuführen.

Die Zwischenzeit

Die Truppen der 7. Flieger-Division waren nach dem Ende des Kampfes um die Festung Holland rasch wieder in ihre Heimatstandorte zurückgeführt worden. Die Fallschirmschule, inzwischen von Stendal nach Wittstock verlegt, wurde auf das Dreifache vergrößert. Stendal wurde damit erneut Fallschirmschule, und Braunschweig kam als dritte Ausbildungsstätte hinzu. Aus den drei vorhandenen Fallschirmjäger-Bataillonen wurden drei Regimenter zusammengestellt. Die „Sturmabteilung Koch" sollte zum Fallschirmjäger-Sturmregiment aufgestockt werden. Ein PiBatl., ein MGBatl., eine Nachr-Abt., eine SanAbt. mit einem Luftwaffenfeld-Lazarett wurden aus dem Boden gestampft.

Als besonders wichtige Entscheidung der damaligen Führung ist die Tatsache zu bewerten, die Kampferfahrungen in Belgien und Holland ebenso wie in Norwegen auszuwerten.

Zusätzlich zu den Seglern des Typs DFS 230 wurden die neuen Segler des Typs Go 242 entwickelt, mit denen auch Artillerie gelandet werden konnte. So auch das Gebirgsgeschütz 36.

Im Zuge dieser Erweiterung der 7. Fliegerdivision zum XI. Fallschirmkorps, das General Student nach seiner Wiedergenesung übernehmen sollte, mußten auch die Transportverbände aufgestockt werden. Zu den beiden Kampfgeschwadern z.b.V. 1 und 2 kam jenes mit der Nummer 3 hinzu. Sie wurden einem Fliegerführer unterstellt. Ein Luftlandegeschwader mit den Baumustern DFS 230 und Go 242 wurde aufgestellt. Die Stammgruppe war jene Lastenseglergruppe von Hptm. Kiess. Dieses neue Luftlandegeschwader sollte vor allem für Einsätze des Fallschirmjäger-Sturmregimentes vorgesehen bleiben.

Bis September 1940 dauerten diese Aufstellungsarbeiten. Noch während seines Aufenthaltes in der Hansaklinik in Berlin nahm General Student starken Anteil an dieser Arbeit und ließ sich — sehr zum Mißfallen von Prof. Tönnis — allzu oft von seinen Offizieren berichten.

Die Unterredungen mit Göring zeigten Student dann, daß die mit großem Aufwand betriebenen Vorbereitungen zur Luftlandung in England nicht mit dem Ernstfall enden würden. Die Luftschlacht über England, mit der Hitler die Luftherrschaft über der Insel erzwingen wollte, um dann die Luftlandeeinsätze ungestört durchführen zu können, brachte keinen entscheidenden Sieg. Nach dem Desaster des 15. September, an dem die deutsche Luftwaffe über London und auf dem Rückflug 56 Flugzeuge verlor, brachte das Ende der Luftoffensive, die von Reichsmarschall Göring aus eigenem Ermessen abgebrochen wurde. Die Luftschlacht über England wurde denn auch als britischer Erfolg gebucht.

Neue Planungen der Fallschirmtruppe

Für den 25. Januar 1941 war auf dem Berchtesgadener Berghof, dem Ausweich-Führerhauptquartier, eine Aussprache zwischen Reichsmarschall Göring und Hitler anberaumt worden, auf der neben allgemeinen Fragen auch der mögliche fernere Einsatz der Fallschirmtruppe besprochen werden würde. Dazu bat Reichsmarschall Göring General Student, ihn zu begleiten.

Im Sonderzug fuhren der Reichsmarschall und der General der Flieger mit ihrer Begleitung nach Berchtesgaden. Göring nahm Student auch „zu einer Tasse Tee" zu Hitler mit, damit er sich beim Führer wieder gesundmelden konnte. Hitler erklärte, daß „Seelöwe" nun nicht mehr stattfinden werde und daß es sich um ein großes Täuschungsmanöver gehandelt habe. Ob dies so war, das wagte Student nicht zu entscheiden. Dennoch kam auch dieses

Projekt wieder zur Sprache, und Student führte aus, daß man nicht an der Südküste Englands, sondern in Nordirland landen müsse. Doch Hitler fehlte offensichtlich die Entschlossenheit, England niederzuringen.

Auf der Rückfahrt im Sonderzug des Reichsmarschalls äußerte sich Göring gegenüber General Student sehr offen und entwickelte seine Gedanken über eine Aktivierung des Kampfes gegen England nicht über dessen Mutterland, sondern im Mittelmeerraum. Nach Students Worten sagte Göring:

„Irgend etwas läßt den Führer immer wieder vor der direkten Landung in England zurückschrecken; der Zeitpunkt dazu ist auch wohl schon verpaßt. Jetzt kommt es darauf an, das britische Weltreich von außen her zum Einsturz zu bringen. Dafür sind das Mittelmeer und der Mittlere Osten geeignet, weil diese für das britische Empire lebenswichtig sind. Italien allein kann die Aufgabe, die Engländer aus dem Mittelmeer zu vertreiben, nicht lösen. Es braucht jetzt schon Hilfe, um sich halten zu können."

In diesem Zusammenhang beauftragte Göring den Fallschirmjägergeneral sich mit der Frage einer Eroberung von Gibraltar, mit Luftlandemöglichkeiten gegen den Suezkanal, Kreta, Cypern und Malta zu befassen und die Chancen eines erfolgreichen Unternehmens gegen diese Ziele zu prüfen und auszuarbeiten.

„Wir kamen übereinstimmend zu der Auffassung, daß die Eroberung der vier letztgenannten Ziele durchaus im Bereich des Möglichen lägen." (Siehe Karl Alman: Sprung in die Hölle.)

In den ersten Monaten des Jahres 1941 übernahm General Student die Aufstellung und Führung des XI. Luftlandekorps. Sein Nachfolger in der Führung der 7. Fliegerdivision wurde GenLt. Wilhelm Süßmann. In seiner Dienststelle in Berlin-Tempelhof verfolgte Student alle Ereignisse des Krieges ebenso wie er die Weiterbewaffnung seiner Truppe mit schweren Waffen förderte. Er erfuhr von der Führerweisung Nr. 20 mit dem Decknamen „Marita", die bereits am 13. Dezember 1940 ergangen war und den Angriff auf Griechenland beinhaltete.

Am 2. März 1941 erfolgte der Einmarsch der 12. Armee unter GFM List nach Bulgarien, um sich dort zum geplanten Angriff auf Griechenland bereitzustellen. Das VIII. Fliegerkorps unter GenLt. von Richthofen folgte sehr bald nach, um der 12. Armee die notwendige Luftunterstützung zu geben.

Dabei kam auch ein neuer Angriff der Fallschirmtruppe in Frage. Und zwar sollte diese die Insel Lemnos in Besitz nehmen, die den Briten bereits einmal im Jahre 1915 als Basis für das Dardanellenunternehmen gedient hatte und auch für britische Aktionen zur See und in der Luft in Griechenland in Frage kam. Dies war jedenfalls die Ansicht der deutschen Seekriegsleitung.

General Student befahl die Zusammenstellung eines gemischten Verbandes zur Wegnahme dieser Insel. Diesem Verband gehörten neben dem Gros des FJR 2 unter Oberst Sturm, eine Reihe weiterer Fallschirm-Einheiten, Teile des Luftlandegeschwaders und eine Kette der Korps-Aufklärungsstaffel an. Die Führung des gesamten Verbandes lag in den Händen von GenLt. Süßmann, dem Kommandeur der 7. Fliegerdivision.

Hitler hatte sich die Führung dieses Unternehmens selber vorbehalten. Am 19. März erhielt das XI. FlK. den Befehl, das Detachement Süßmann nach Bulgarien zu verlegen.

So starteten von Berlin-Staaken aus GenMaj. Schlemm und der Ia der 7. FlDiv., Major i. G. Graf von Üxküll, mit einem Vorkommando nach Bulgarien.

Dieser Fallschirmjäger-Verband wurde Generalleutnant von Richthofen unterstellt. Von Richthofen erwirkte bei einem Gespräch mit König Boris von

Bulgarien, daß die neuen Flugplätze des Landes, Plovdiv und Graf Ignatiew, der deutschen Luftwaffe zur Verfügung gestellt wurden. Auf diesen Großplätzen und den Feldflugplätzen Malo Konare und Golemo Konare stellten sich die Einheiten bereit. Der Angriff sollte nicht unmittelbar vor dem Griechenlandfeldzug, sondern später erfolgen.
Als jedoch die Engländer im Verlaufe ihres raschen Rückzuges in Griechenland den Kanal von Korinth erreichten und über die Funkhorchabteilung Südost in Belgrad festgestellt wurde, daß die Sprengung von mit Dynamit gefüllten Prähmen im Kanal geplant war, um die Kanalböschungen zum Einsturz zu bringen, faßte Generaloberst Löhr — der Oberbefehlshaber der Luftflotte 4 — den Entschluß, diese Absicht durch einen Fallschirmjäger- und Luftlandeeinsatz zu vereiteln.

Sprung- und Lastensegler-Einsatz am Kanal von Korinth

Der Initiator des Fallschirmjäger-Einsatzes gegen den Kanal von Korinth war Generalmajor Korten, der Chef des Stabes der Luftflotte 4, die den Balkan-Einsatz führte. Als er seinem Vorgesetzten, Generaloberst Löhr, diesen Plan vortrug, stimmte dieser zu. Was von seiten der Luftflotte 4 verabsäumt wurde, war die Anforderung an das OKL, General Student mit der Vorbereitung und Durchführung desselben zu beauftragen. Dieser hätte dann die zusätzlich zur Verfügung stehenden Fallschirmjäger-Verbände auf dem schnellsten Wege überführt. Mit der geballten Kraft aller Verbände, und rechtzeitig eingesetzt, wäre es möglich gewesen, die auf den Peloponnes zurückweichenden britischen Kräfte an ihrer Einschiffung und damit ihrem Entkommen nach Kreta und Alexandria zu hindern.
Dieser wesentliche Punkt wurde bei der Luftflotte 4 nicht in Erwägung gezogen, denn sie hatte eine so weitgehende Planung nicht ins Auge gefaßt, sondern beabsichtigte mit diesem Sprung gegen den Kanal von Korinth lediglich, den Übergang über die Landenge zu erzwingen.
Erschwerend für die Durchführung dieses Einsatzes kam noch hinzu, daß General von Richthofen, der mit dem VIII. Fliegerkorps die Deckung und Unterstützung des Detachements Süßmann durchzuführen hatte, dies erst nach der Eroberung von Theben durch die 12. Armee, der er derzeit zu helfen hatte, angehen konnte.
Drei Tage vor der Luftlandeunternehmung wurden schließlich noch zwei Gruppen Transportflugzeuge abgezogen, die man dringend für Afrika-Transporte benötigte.
Dieses alles stellte einen durchschlagenden Erfolg sehr in Frage.
Während General Student, der Kommandierende General des XI. Fliegerkorps, in Berlin mit den Vorbereitungen zum Unternehmen „Merkur" beschäftigt war, wie die Eroberung der Insel Kreta im Codetext genannt wurde, kletterten die Soldaten des „Detachements Süßmann" in ihre Maschinen, um ohne Wissen ihres Kommandierenden Generals einen Fallschirm- und Luftlandeeinsatz gegen Korinth und die Brücke über den dortigen Kanal durchzuführen.

Sprung- und Luftlande-Einsatz

Am späten Nachmittag des 25. April 1941 gingen die Fallschirmjäger des FJR 2 auf dem bulgarischen Flugplatz Plovdiv zu ihren Maschinen, stiegen ein und wurden in einem unbehinderten Flug nach Larissa übergeflogen. Von dort aus starteten sie nach dem Auftanken der Maschinen am Morgen

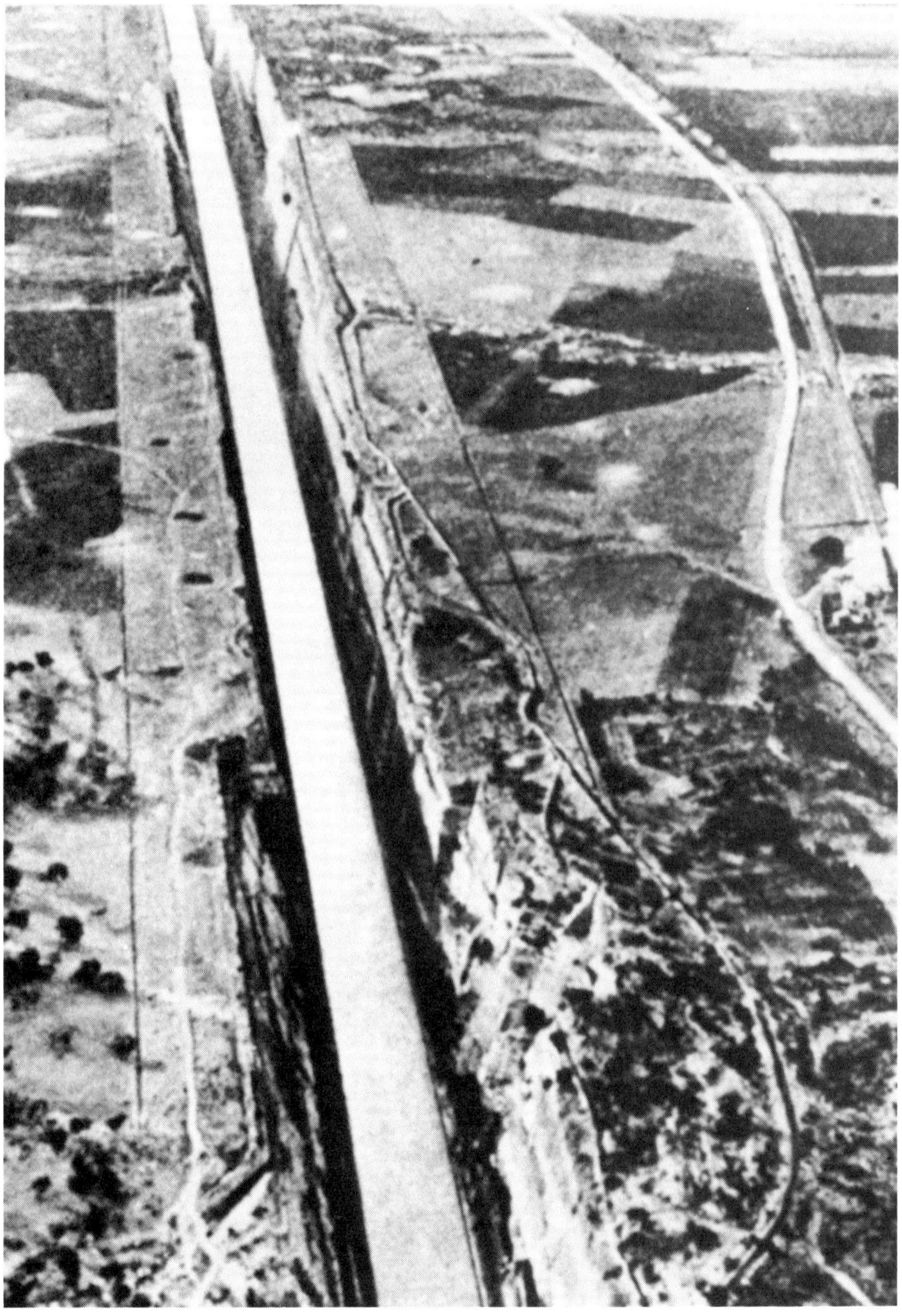

Der Kanal, von einem Fernaufklärer aufgenommen

des 26. April zum Sprungeinsatz am Kanal von Korinth.

Die 200 Kilometer bis zum Ziel wurden einschließlich des Starts in knapp 90 Minuten durchgeführt. Gruppen des Kampfgeschwaders z.b.V. 2 flogen über das 2000 Meter hohe Pindosgebirge ihr Ziel an. Als der Golf von Korinth erreicht wurde, gingen die Gruppen auf Südkurs und flogen — sich dicht über der See haltend — das Ziel im Tiefflug an. Erst unmittelbar vor Erreichen des Kanals zogen die Flugzeugführer ihre Ju 52 auf die Absetzhöhe von 120 Metern hoch. Auch die Lastensegler der Pioniere wurden zeitgleich ausgeklinkt und glitten, wie immer wieder geübt und verbessert, auf die Ziele herunter. Oberst Sturm, der Kommandeur des FJR 2, sprang mit zwei seiner Bataillone südlich des Kanals. Das dritte Bataillon wurde nördlich davon abgesetzt.

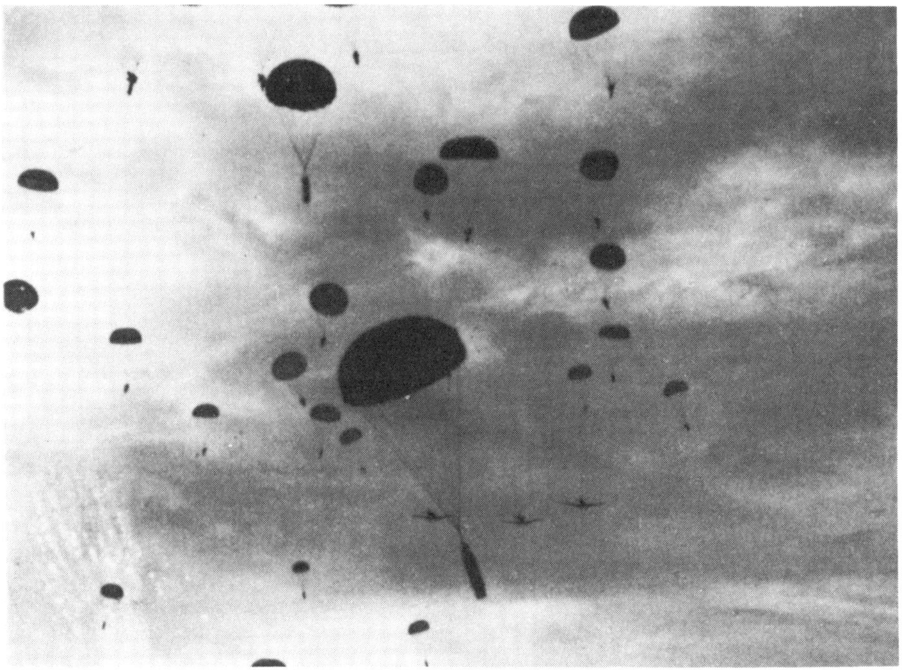

Fallschirme über dem Kanal von Korinth.

An der Spitze des Regimentes aber landeten die Lastensegler mit den Fallschirm-Pionieren und dem Fallschirmjäger-Zug unter Lt. Teusen. Als die erste Fallschirm-Kompanie sprang, flog bereits die Brücke mit Donnergetöse in die Luft. Hier die Darstellung des ersten Geschehens am Kampfplatz, die Major Hans Teusen dem Autor nach dem Kriege gab:
„Als wir landeten, feuerten die beiden Flak-Batterien am Südende der Brücke über den Kanal hinweg. Mit den ersten Männern meines Zuges ging ich gegen die Brücke vor. Mit den am Körper mitgeführten Maschinenpistolen wurde der Feind niedergehalten. Handgranaten brachten die MG-Stellungen des Gegners zum Schweigen. Weitere Tommies tauchten schemenhaft aus Pulverdunst und waberndem Staub auf. Sie wurden außer Gefecht gesetzt. Meine

Die Brücke über den Kanal von Korinth.

erste Gruppe rannte bereits über die Brücke. Die ersten mittels der Segler genau abgesetzten Pioniere enterten das Brückengestänge und rissen die Zündkabel heraus. Wir hatten es schon geschafft, so schien es wenigstens."
Daß dem nicht so war, zeigte das starke Abwehrfeuer, das den Zug Teusen schließlich dazu zwang, hinter Steinblöcken nahe dem Südhang in volle Deckung zu gehen. Vom jenseitigen Brückenende eröffnete eine britische Flak das Feuer.
„Als ich gerade eine Meldung schrieb, um diese dem Kommandeur überbringen zu lassen, erkannte ich plötzlich auf der Brücke einen PK-Mann, der mit seiner Kamera mitten in dem Heulen der Granaten, Fotos zu schießen schien. Es war der Kriegsberichter E. von der Heyden. Sowie ich den Zettel vom Meldeblock abriß, vernahm ich einen weiteren Flakabschuß von der nördlichen Brückenseite. Sekunden darauf erscholl mitten auf der Brücke eine gewaltige, dumpfgrollende Detonation, der ein donnerähnliches Krachen folgte.
Ich sah, wie die Brücke über den Kanal von Korinth in der Mitte durchbrach, nach unten stürzte und die wenigen Männer meines Zuges, die sich darauf befanden, einschließlich des PK-Mannes, mit sich in den Tod riß."
Eine Flak-Granate der Engländer war mitten in die auf der Brücke aufgetürmten Sprengladungen eingeschlagen, die von den Pionieren aus den Sprengstellen entfernt und in der Mitte der Brücke aufgeschichtet worden waren, und hatte diese zur Detonation gebracht.
Kurz darauf stieß Lt. Teusen auf seinen Kompaniechef, Hptm. Gerhart Schirmer. Dieser hatte seine Kompanie gesammelt, zwei Feind-Pak erbeutet und besetzen lassen, und nun stürmte die Kompanie in Richtung Korinth vor, nachdem es ihr gelungen war, den Gegner weiter nach Süden zurückzuschlagen.
Die Kompanie Schirmer erreichte den Flugplatz von Korinth und kämpften ihn binnen weniger Minuten von den letzten Feindstellungen frei. Damit war ein Landeplatz für eventuell nachzulandende Truppen bereits eine Stunde nach Beginn des Einsatzes zur Verfügung.
„Hauptmann Schirmer zum Kommandeur!"
Gerhart Schirmer, der nach der Verwundung des Kommandeurs des II. Batl. die Führung desselben übernom-

Deutsche Fallschirmjäger gehen im feindlichen Artilleriefeuer über die Brücke.

Die Brücke fliegt in die Luft.

Oberst Sturm liest eine Meldung, die ihm Hauptmann Schirmer überreicht hat. (Im Hintergrund Schirmer)

men hatte, eilte zu Oberst Sturm, dem Senior der Fallschirmtruppe, hinüber und erhielt seine Weisung:
„Schirmer, Sie verfolgen den Gegner in Richtung Argos und Nauplia."
Damit stürmte auch die Kompanie, der Teusen als Zugführer angehörte, hinter dem weichenden Gegner her. Es begann das, was in die Geschichte des Regimentes 2 der 1. Fallschirmjäger-Division als der „Argonautenzug" einging. Der Zug Teusen bildete die Vorausabteilung. Stoßrichtung war Nauplia. Dorthin wollte sich der Gegner — offenbar zur Einschiffung — zurückziehen.
Über Chiliomodion und Argos rollte die Vorausabteilung auf Nauplia vor. Durch schnelle Spähtrupps, die seinem Zuge vorauseilten, stellte Teusen fest, daß Nauplia feindfrei war, und rollte dann — nachdem er einen Melder zu Hauptmann Schirmer geschickt hatte — auf eigene Faust nach Tolon, dem nächsten möglichen Ausschiffungshafen vor.
Unmittelbar vor Tolon stieß der Zug auf die Nachhut des Gegners, die über 100 Mann stark war. Teusen griff sofort an. Die beiden mitgeführten leichten Flakwaffen des Gegners hämmerten los, der Feind wurde auseinandergesprengt. 40 britische Soldaten ergaben sich der Voraustruppe und blieben ohne Bewachung zurück, weil Teusen jeden Mann brauchte, wenn er auf die Hauptstreitmacht des Gegners stieß.
„Weiter, Männer! — Stoßrichtung ist Tolon!" schärfte er den Fallschirmjägern ein. „Wir dürfen den Gegner nicht zum Sichsetzen kommen lassen!"
Von massiertem Feindfeuer aus den links und rechts des Weges nach Tolon aufsteigenden Felswällen empfangen, wurde der Zug schließlich unmittelbar vor Tolon gestoppt.
Während die Hälfte der Jäger hier das Feindfeuer erwiderte, umging Alfred Teusen mit den übrigen den Gegner auf der rechten Höhe und stürmte aus dem Rücken weiter. Auf der Hälfte des Weges wurden sie von dem dichten Abwehrfeuer gestoppt. An der Spitze seines Zuges wurde Lt. Teusen verwundet, aber er blieb bei seinen Männern und schickt einen englisch sprechenden Feldwebel als Parlamentär zu den Engländern, um diesen mitzuteilen, daß sie nur die Vorausgruppe einer ganzen Division seien, die sich im Anmarsch be-

Oberst Alfred Sturm, Kdr. des FJR 2: Sieger am Kanal von Korinth.

Leutnant Hans Teusen, Zugführer in der 6./FJR 2, führte die Sturmfahrt nach Süden: Ritterkreuz am 14.06.1941.

finde und daß bereits Stukas und Kampfflieger angefordert wären, diesen Widerstandsriegel der Engländer zu knacken.

Die Engländer fielen auf die Kriegslist des Leutnants herein und ergaben sich. Einige Minuten nach der Waffenstreckung sah sich der bereits zusammengeschmolzene Zug Teusen etwa 1.400 Gefangenen gegenüber. Als schließlich das Gros des II. Bataillons nachrückte, konnte Lt. Teusen Hptm. Schirmer die Gefangennahme der 1.400 Männer melden, die sich bereits zu einer geschlossenen Kolonne formiert hatten. Damit hatte Alfred Teusen einen der kühnsten Husarenstreiche der Fallschirmjägereinsätze durchgeführt und erhielt dafür am 14. Juni 1941 das Ritterkreuz des Eisernen Kreuzes.

Das Bataillon Schirmer hatte, dem durchstoßenden Vortrupp folgend, Argos und Nauplia besetzt und rollte, versehen mit Beute-Kraftwagen, hinter dem Gegner und der eigenen Vorausabteilung her, nicht ohne immer wieder in

Der Kanal von Korinth.

Kämpfen mit zur Seite ausgebrochenen Gegnern den Weg freizuschlagen. So gelang es der Kampfgruppe Schirmer den gesamten Peloponnes freizukämpfen, der nun nicht mehr das sichere Refugium der Engländer war. Auch Hptm. Schirmer wurde mit dem Ritterkreuz ausgezeichnet.
Am Kanal von Korinth war es einer Handvoll Fallschirmjägern gelungen, einen Teil jener Gegner gefangenzunehmen, die sonst nach Kreta geschafft worden wären und die Inselbesatzung verstärkt hätten.
Die für den Nachmittags-Einsatz in Reserve stehende zweite Welle in Gestalt des III./FJR 2 brauchte nicht mehr eingesetzt zu werden.

Hauptmann Gerhard Schirmer, Chef der 6./FJR 2, erhält für Korinth das Ritterkreuz.

Italienisches Torpedoboot im Kanal von Korinth.

Bei diesem gelungenen Handstreich verlor die Fallschirmtruppe 75 Männer. Von den eingesetzten 200 Ju 52 ging eine einzige verloren. Zwei Lastensegler gingen bei der Landung zu Bruch.

General Student war erfreut über die Leistungen seiner Truppe. Was ihm nicht gefiel, war die Tatsache, daß man diesen Einsatz so spät durchgeführt hatte, was in der Zwischenzeit großen englischen Truppenkontingenten Gelegenheit gegeben hatte, nach Kreta zu flüchten und die dortige Besatzung zu verstärken. Dies würde den Angriff gegen Kreta nicht leichter machen, zumal der Gegner nun eindringlich gewarnt war und man den Joker für „Merkur“ vorzeitig gezeigt hatte.

Das Unternehmen „Merkur“: Vorphase

Mit dem Unternehmen „Merkur“, wie die Schlacht um Kreta in den Annalen der Kriegsgeschichte verzeichnet steht, wurde eine völlig selbständige Operation der Fallschirm- und Luftlandetruppe durchgeführt. Es war, wie Brigadegeneral Fuller betonte, das erste „Emporheben einer Armee in die Luft. Dieser Angriff bedeutete eine Revolution in der Taktik. Von allen Operationen des Krieges steht der Angriff aus der Luft auf Kreta, was Kühnheit anbetrifft, an der Spitze. Weder zuvor, noch

Offiziere der Fallschirmtruppe, die nach Holland mit dem Ritterkreuz ausgezeichnet werden. 2. von links Hauptmann Karl-Lothar Schulz.

danach wurde ähnliches versucht. Es war kein Luftangriff, sondern eine Invasion aus der Luft."

Der Balkanfeldzug hatte am 6. April 1941 begonnen. Das vorgeschobene Führer-Hauptquartier war auf den Semmering verlegt worden. Der Kampf in Griechenland war so gut wie entschieden. Nunmehr sollte mit einem noch nie zuvor dagewesenen Fallschirmjägereinsatz zur Sache gegangen werden.

Als die Zeit verstrichen war und General Student nichts von den bevorstehenden Einsätzen hörte, entschloß er sich zum Flug ins vorgeschobene FHQ am Semmering. In seiner Begleitung sein erster Generalstabsoffizier und Mitkämpfer in Holland, Oberstleutnant Trettner. Sie trafen am 20. April am Semmering ein und meldeten sich im Hotel Panhans, dem HQ des ObdL, bei Reichsmarschall Göring. Der Sonderzug des Führers mit der Führungsgruppe des OKW stand 20 Kilometer entfernt dicht vor einem Tunnel, in dem er bei jedem Luftangriff untertauchen konnte.

Das erste Gespräch führte Kurt Student mit dem Generalstabschef der Luftwaffe, General Jeschonnek. Hierbei erfuhr er, daß der Balkanfeldzug mit der Eroberung des Peloponnes abgeschlossen werden sollte. General Student vertrat die Überzeugung, daß ein so starker Stützpunkt wie die Insel Kreta nicht in der Hand des Gegners belassen werden dürfe, weil dieser von dort aus zu jeder Zeit zu einem neuen Angriff auf das griechische Festland oder die griechischen Inseln antreten konnte.

Als dann auch General Jeschonnek im Auftrag von Hermann Göring dasselbe bekundete, galt es nur noch, Hitlers Widerstand gegen „einen Sprung über das Wasser" zu überwinden.

Als General Student einige Stunden später dem Reichsmarschall gegenüberstand, war dieser durch Jeschonnek bereits über die Lage ins Bild gesetzt worden. So fand Student auch bei Göring volle Zustimmung zu seinem Plan, und Göring fuhr zum Führer und brachte diesen dazu, den General der Fallschirmtruppe Student am nächsten Morgen zu empfangen.

Am Vormittag des 21. April fuhren Student und sein Ia, Oberstleutnant Trettner, mit General Jeschonnek zum Führerzug. Hier hatten sie zunächst eine Vorbesprechung im Vortragswagen mit GFM Keitel und General Jodl. Hitler hatte erklärt, daß er erst gerufen werden wolle, wenn alle Vorfragen abgeklärt seien.

Sowohl Keitel als auch Jodl hielten die Eroberung von Malta zunächst für zweckmäßiger, weil von dort aus eine große Bedrohung für die Transportschiffe mit Soldaten und Material des deutschen Afrika-Korps aus Süditalien nach Nordafrika erwachsen könnte. (Womit beide Generäle nur zu recht haben sollten.)

General Student hielt aber die Möglichkeit seiner Fallschirmjäger, an der langen Küste Kreta Fuß zu fassen für größer, als auf der kleineren Insel Malta. Student hielt noch mit den im Gespräch mit dem Reichsmarschall sich eröffnenden weiteren Operationen nach Eroberung der Insel Kreta zurück. Es ging dabei um die Möglichkeiten, von Kreta aus neue Fallschirmlandungen gegen den Suezkanal und Cypern zu starten.

Nach Beendigung der Vorbesprechung wurde Hitler gerufen, und General Student trug dem Führer vor, daß es ihm möglich sein werde, mit den Luftlandetruppen die Insel Kreta zu erobern. Er trug auch vor, daß neben Kreta, Malta im Gespräch sei. Hitler entschied sich sofort für Kreta, stellte eine Reihe Fragen und erklärte schließlich:

„Ich denke mir den Angriff so, daß die Insel gleichzeitig an mehreren Stellen mit vielen 'Päckchen' von Fallschirmjägern überraschend angegriffen wird. Sie sollten jedoch dieses Unternehmen nicht ausschließlich als reines Luftlandeunternehmen vorbereiten und durch-

führen. Das erscheint mir zu abenteuerlich. Es sollte dafür gesorgt werden, daß gleichzeitig mit den Luftlandungen Truppen auf dem Wasserwege die Insel erreichen und in den Kampf eingreifen." (Siehe Franz Kurowski: Gespräche mit Generaloberst Kurt Student.)
Zum Angriffsbeginn erklärte Hitler: „Im Interesse anderer Operationen (gemeint war der Rußlandfeldzug) sollte der Angriff so bald als möglich erfolgen. Jeder Tag früher ist ein Gewinn, jeder Tag später ein Verlust." (Siehe Hermann Götzel: Generaloberst Student.)
Als Angriffsdatum wurde „etwa der 15. Mai" festgehalten.
General Student, der für diese Luftlandeoperationen wieder die 22. ID Luftlande- Division haben wollte, mußte feststellen, daß diese bereits als 22. Infanterie-Division im März 1941 zur Sicherung der rumänischen Erdölfelder nach Ploesti verlegt worden war.

Max Schmeling meldete sich freiwillig zur Fallschirmtruppe.

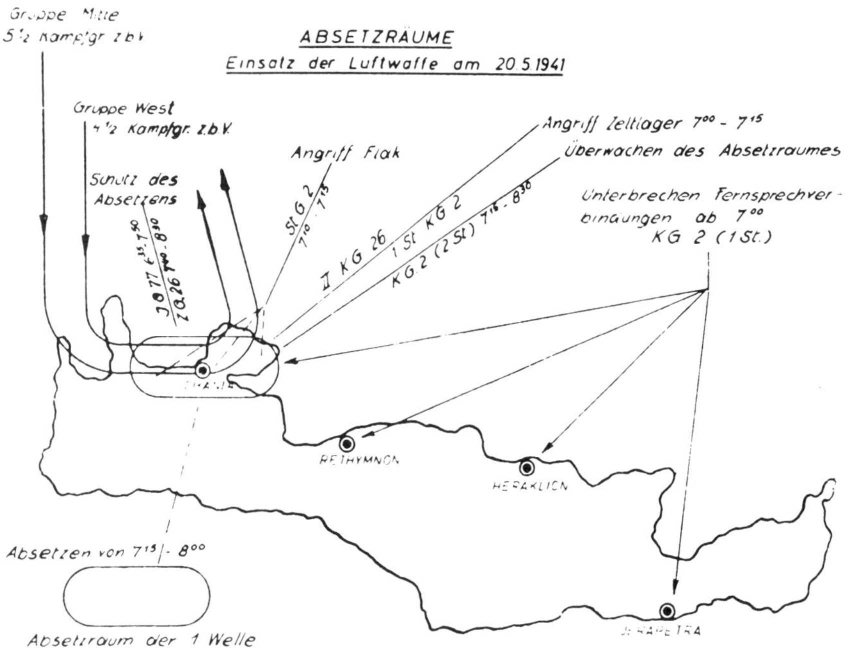

Die Planung für Kreta: Absetz- und Angriffsoperationen.

Die 5. Gebirgs-Division, die am gesamten Griechenland-Feldzug teilgenommen hatte und von dem hervorragenden General Ringel geführt wurde, stand für diesen Einsatz zur Verfügung.

Während in den folgenden Tagen und Wochen die Truppen und das Generalkommando des XI. FlK. nach Griechenland verlegt wurden, blieb General Student mit einer kleinen Arbeitsgruppe in Berlin zurück und arbeitete den Angriffsplan aus. Er entschloß sich zum Direktangriff auf die Flugplätze Malemes und Heraklion im Westen und Osten der Nordküste. Ein weiteres FJR wurde auf die kretische Hauptstadt Chania angesetzt, um die Hauptkräfte des Gegners dort zu binden. Eine vierte Kampfgruppe erhielt den Auftrag, Flugplatz und Ortschaft Rethymnon zu nehmen und damit die Ver-

Englische Schiffe in der Sudabucht nach einem deutschen Luftangriff.

bindung von der West- zur Ostgruppe sicherzustellen.
Der Angriffsplan wurde allen Regimentskommandeuren so rasch wie möglich zugestellt, und am 16. Mai trugen diese in Athen dem inzwischen dort eingetroffenen Kommandierenden General ihre Angriffskonzeption vor. Alles war zum Angriff bereit.

Die Aktionen vorher

Bereits am 24. April 1941 begann die Einschiffung der britischen Expeditionsarmee zum Abtransport aus Griechenland. Vizeadmiral Pridham-Whippell von der Royal Navy übernahm die Leitung der Evakuierungsoperation. Die Verladehäfen waren: Ra-

Britische Truppen für Kreta.

fina, Porto Rafti, Megara, Theodoro und Nauplia. Während der Verladung griffen deutsche Bomberverbände unablässig die britische Transportflotte an. Am 25. April versenkten sie drei Schiffe, darunter die beiden Großtransporter „Pennland“ (16.381 BRT) und „Slamat“ (11.636 BRT). Am 26. April versenkte die Luftwaffe 11 Schiffe. Ein Kreuzer und 19 weitere Schiffe erhielten Treffer. Die beiden Zerstörer „Diamond“ und „Wryneck“ fielen ebenfalls Bombenangriffen zum Opfer.

In der Nacht zum 28. April wurde offiziell von britischer Seite die Evakuierungs-Operation abgebrochen. Dennoch konnten britische Schiffseinheiten in der Nacht zum 28. April bei Porto Rafti (schon im Rücken der deutschen Truppen) noch 4.200 Mann evakuieren. Bei Monemvasia und Kalamata wurden in der folgenden Nacht nochmals 3.750 Mann eingeschifft. Es gelang 740 Angehörigen der Royal Air Force von der Insel Kythera zu entkommen.

Mit der Einschiffung von 250 Soldaten in der Nacht zum 1. Mai 1941 fand die Operation „Demon“ ihren Abschluß. Damit war es Vizeadmiral Pridham-Whippell gelungen, 50.672 Mann dem deutschen Zugriff zu entziehen. Der größte Teil dieser britischen Expeditionsarmee wurde nach Kreta, ein Teil nach Ägypten gebracht. Mit dieser Verstärkung war die griechische Insel Kreta zu einem festen Bollwerk geworden.

Der Angriffsplan gegen Kreta

Das Oberkommando der Luftwaffe entschied sich zur Eroberung der Insel durch Inbesitznahme der vier wichtigsten Punkte derselben, zeitlich gestaffelt, um den vollen Schutz durch das VIII. Fliegerkorps zu ermöglichen. Vormittags sollten der Westteil (Malemes und Chania), nachmittags der Ostteil (Rethymnon und Heraklion) in Besitz genommen werden.

Um ausreichende Informationen über den Gegner zu erhalten, wurden sofort nach Beendigung der Operation auf dem griechischen Festland folgende Einheiten angesetzt:

a) Die Luftaufklärung

2 Aufklärungsstaffeln des VIII. Fliegerkorps zur laufenden Überwachung der Schiffsbewegungen im Seeraum um Kreta, der Belegung der Häfen auf Kreta und Feststellung der gegnerischen Luftwaffe auf Kreta.

1 Aufklärungsstaffel des XI. Fliegerkorps zur Erkundung von Landeplätzen, Feldbefestigungen, Artilleriestellungen, Truppenlagern usw. auf Kreta.

b) Die Abwehrorganisation

Unter Admiral Canaris versuchte sie, durch Entsendung von Vertrauensleuten und Vernehmung von Agenten ein Bild von der Stärke der Besatzung Kretas und den Verteidigungsabsichten der Engländer zu gewinnen.

c) Die 12. Armee

Ständige und systematische Vernehmung der von der 12. Armee eingebrachten Gefangenen.

Das so gewonnene Bild stellte sich folgendermaßen dar:

Bedeutungsvollster Hafen auf Kreta mit schwacher Belegung an Kriegsschiffen und stärkerer, oft wechselnder Belegung mit Handelsschiffen ist die Suda-Bucht. Im übrigen nur beschränkte Landungsmöglichkeiten in Rethymnon, Heraklion, Golf von Mirabella, Ierpetra und Bucht von Mesara.

Brauchbare Flugplätze mit Startbahnen bei Malemes und Heraklion; ein beschränkt brauchbarer Flugplatz bei Rethymnon. Durchschnittliche Belegung der Flugplätze mit 25 bis 40 Maschinen; in der Mehrzahl Jagdflugzeuge, einige wenige Kampfflugzeuge.

Starke Flak-Abwehr im Raum Chania, sowohl in der Suda-Bucht wie beim Flugplatz Malemes, bei Rethymnon und Heraklion. Geschätzte Stärke der Inselbesatzung nach Aussagen der Agenten und Gefangenen ungefähr eine Division und Teile der aus Griechenland entkommenen Truppen.

Die laufende Überwachung des Schiffsverkehrs nach und von Kreta ergab kein klares Bild, ob es sich um Ab- oder Antransporte, oder um reine Versorgungstransporte handelte. Eine unmittelbare Beobachtung des Geleitzugverkehrs in den Gewässern um Kreta war unmöglich, da Ein- und Auslaufen der Schiffe in die Suda-Bucht, wie der gesamte Schiffsverkehr um Kreta, bei Nacht erfolgte.

Wegen der Geländeverhältnisse mußte das Fallschirm- und Luftlandeunternehmen auf die drei Räume an der Nordküste beschränkt werden, in denen Flugplätze vorhanden waren. Hier mußte mit starker Abwehr gerechnet werden.

England hatte den festen Willen, Kreta zu verteidigen und zu halten, und hat hierzu, wie der Ablauf der Angriffe zeigte, besonders zähe Gegenwehr geleistet und den Einsatz seiner Flotte nicht gescheut. Da bekannt war, daß ein Angriff auf Kreta nur als Luftlandeunternehmen durchgeführt werden konnte, hatte der Gegner die Abwehr entsprechend vorbereitet. Um die Flugplätze und alle für die Landung in Frage kommenden Plätze waren nach allen Seiten verteidigungsfähige Stützpunkte ausgebaut.

Da nach den erhaltenen Informationen nur mit schwacher Abwehr zu rechnen war, beschloß der Operationsstab des XI. Fliegerkorps den Angriff folgendermaßen:

Die Flugplätze Malemes und Heraklion sollten im Direktangriff genommen und für spätere Luftlandungen offengehalten werden. Ein weiteres Fallschirmjägerregiment sollte auf Chania angesetzt werden, um die dort vermuteten Hauptkräfte des Gegners zu fesseln und das Hauptquartier von General Freyberg auszuschalten. Zur Rückendeckung dieses Regiments sollte das Fallschirm-Pionier-Bataillon bei Alikianou springen.

Die vierte Kampfgruppe hingegen sollte Flugplatz und Ortschaft Rethymnon nehmen und im weiteren Verlauf ihres Einsatzes die Verbindung zwischen der West- und der Ostgruppe herstellen.

Dieser Angriffsplan wurde allen Regimentskommandeuren ausgehändigt. Es war ihnen freigestellt *wie* sie ihren Auftrag ausführten. Diese Freizügigkeit und Selbständigkeit war eines der Erfolgsgeheimnisse der deutschen Fallschirmtruppe, deren Kommandeure völlige Handlungsfreiheit hatten. Sie erhielten lediglich die Weisung, einen Angriff durchzuführen. Über das *Wie* mußten sie selbst entscheiden.

Am 16. Mai trugen die Regimentskommandeure in Athen, im Hotel Grande Bretagne, dem Kommandierenden General ihre Absicht vor. Als die Besprechung am Nachmittag des 16. Mai beendet war, fuhren die Kommandeure wieder zu ihren Einheiten zurück. Sie waren davon überzeugt, daß ihnen ein durchschlagender Erfolg beschieden sein würde.

Abwehrmaßnahmen auf Kreta

Bereits am 30. April 1941 hatte General Freyberg den Oberbefehl über alle auf der Insel Kreta stehenden alliierten Streitkräfte übernommen. Mit dem Oberbefehlshaber Nahost in Kairo, General Wavell — der am 30. April Kreta besuchte —, kam auch General Freyberg zu der Überzeugung, daß bei einem bevorstehenden deutschen Luftlande- und See-Angriff auf Kreta vier Landungszonen in Frage kämen. Diesen vier Zonen wurde in den folgenden Wochen die größte Aufmerksamkeit gewidmet. Alles richtete sich hier auf die Abwehr eines solchen deutschen Angriffs ein.

Die erste Angriffszone war der Westteil der Insel mit dem Flugplatz Malemes. Auf der Ebene östlich von Malemes konnten Fallschirmlandungen vorgenommen werden.

Der zweite Landeabschnitt wurde im Raum der Suda-Bucht in der Nähe der Hauptstadt Chania vermutet. Dritter Angriffspunkt schien unzweifelhaft der Flugplatz Rethymnon, und im Ostteil der Insel würde der erste Angriff vor allem dem Flugplatz Heraklion gelten.

Demzufolge erließ der Operationsstab für Kreta, „Creforce“, am 3. Mai 1941 seinen Operationsbefehl Nr. 10. Dieser Befehl hatte folgenden Wortlaut:

„Abschnitt Heraklion:

Einsatz der 14. britischen Infanterie-Brigade mit dem 7. Mittelmeer-Regiment. Dazu das australische Bataillon 24, die britische 156. und die australische 7. leichte Flakbatterie. Für Küstenschutz wird die B-Batterie des 15. Küstenartillerie-Regimentes eingesetzt. Zwei griechische Infanterie-Bataillone werden als Verstärkung unterstellt. Führung der Abschnittskräfte: Brigadier Chappel.

Abschnitt Rethymnon:

Einsatz der australischen 19. Brigade mit dem Bataillon 2/2, 2/7, 2/22 sowie eine MG-Kompanie. Zwei griechische Infanteriebataillone werden als Verstärkung unterstellt. Führung der Abschnittskräfte: Brigadier Vasey.

Abschnitt Suda-Bucht:

Kräfte zum Schutz des Versorgungszentrums der Insel und der Halbinsel Akrotiri, mit der britischen 151. und 234. schweren und der 129. leichten Flakbatterie. Hinzu kommt die 7. australische le. Flakbatterie. An Infanterieschutz werden das australische Bataillon 2/8, die Nordhunberlands Hussars, eine Panzerjägerabteilung und der größte Teil des 15. Küstenartillerieregiments eingesetzt. Verstärkung durch ein griechisches Infanteriebataillon. Führung der Abschnittskräfte: Generalmajor Western.

Abschnitt Malemes, Raum westlich von Chania:

Einsatz der gesamten 2. neuseeländischen Division mit der 4. und 5. Brigade und der Kampfgruppe Major Oakes, ferner einer Kampfgruppe der britischen 156. und eines Kampftrupps der 7. australischen leichten Flakbatterie. Als Verstärkung 3 griechische Infanterie-Bataillone. Führung der Abschnittskräfte: Generalmajor Puttick.“

Die Gesamtstärke der Inselbesatzung betrug 30.000 Mann Empiretruppen und 11.000 griechische Soldaten. Um diese Abschnittsgruppen zu verstärken, wurden von Kairo alle Register der Überführungstechnik gezogen. In der Suda-Bucht trafen im Verlauf der Maitage bis unmittelbar vor dem Angriff neue Kampfeinheiten ein.

Aus dem Nahen Osten wurden die 2. Leicesters und die 1. Argyll and Sutherland Highlanders übergeführt. Am 13. Mai befahl General Freyberg die Aufstellung der 10. neuseeländischen Brigade. Ihre Führung übernahm Colonel Kippenberger. Kommandeur der neuseel. 4. Brigade war Brigadier Inglis. Die 5. Brigade führte Brigadier Hargest.

Dem englischen Oberbefehlshaber Mittelmeer, Admiral Cunningham, dem bereits das Unternehmen „Demon“ — Rückführung von 50.000 Soldaten aus Griechenland — gelungen war, wurden alle Marine-Operationen zur Verteidigung von Kreta übertragen. Zweck dieser Operationen war die Verhinderung gegnerischer Marinelandungen an den kretischen Küsten. Er selbst sagte darüber:

„Es war bekannt, daß für die Insel eine Luftlande-Invasion bevorstand; es erschien aber beinahe unfaßbar, daß eine bloße Luftlandeoperation Erfolg gegenüber alarmbereiten Truppen haben könnte, daß eine Unterstützung von See her unvermeidbar war und daß die Vernichtung der Truppengeleitzüge der Deutschen durch die Mittelmeerflotte den Sieg sichern würde.“ (In: Bericht an die englische Admiralität vom 4.8. 1941.)

In zwei Phasen führte die britische Mittelmeerflotte bis zum 20. Mai 1941 die ihr zufallenden Aufgaben durch. In der er-

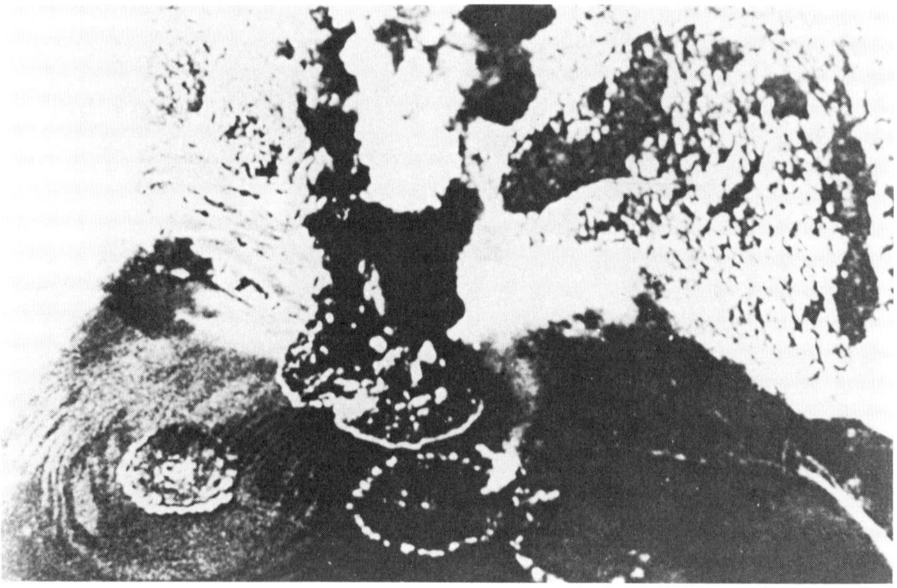

Bombeneinschläge im Hafenbecken.

sten Phase wurde der Ausbau des Hafens Suda für die Heeresversorgung durchgeführt, während die zweite Phase in den Marinemaßnahmen für den erweiterten deutschen Angriff bestand. Die Einrichtungen zur Entladung von Versorgungsschiffen in der Suda-Bucht waren dürftig. Der Hafen erlebte häufig deutsche Luftangriffe, die unter den Schiffen schwere Schäden anrichteten. Das Problem, den Nachschub in Gang zu halten, war beunruhigend; doch die

Treffer auf zwei Handelsschiffen in der Sudabucht.

Am Strand zerschellte Ju 52.

rastlosen Bemühungen durch den verantwortlichen Marineoffizier für Suda — Kapitän Morse —, der die Organisation im Hafen leitete, trugen zur Lösung der Schwierigkeiten bei. Insgesamt wurden vom 29. April bis zum 20. Mai 1941 in Suda aus 15 Schiffen 15.000 Tonnen Heeresversorgungsgüter entladen, während acht Schiffe im Hafen durch deutsche Luftangriffe versenkt oder beschädigt wurden. Unter den versenkten Schiffen befanden sich auch der britische Motortanker „Eleonora Maersk" mit 10.694 BRT und der britische Marinetanker „Olna" mit 12. 667 BRT. Der britische Minensucher ML 1011 ging am 10.5. nach einem Bombenvolltreffer unter, der griechische Zerstörer „Leon" sank am 15.5.

Englischerseits war geplant, die gesamte MNBDO (Mobile Naval Base Defence Organisation; Bewegliche Organisation zur Verteidigung von Flottenstützpunkten), deren Personal aus englischer Marine-Infanterie bestand, auf Kreta einzurichten. Aber es wurden nur die Flakeinheiten nach Suda übergeführt und dort eingerichtet. Weitere Versorgungsschiffe folgten nicht, da die Gefahr des Verlustes durch deutsche Bombenangriffe zu groß war.

In der Nacht zum 16. Mai verluden die „Gloucester" und die „Fiji" das zweite Bataillon des Leicester-Regimentes mit voller Ausrüstung in Alexandria und landeten es bei Heraklion. Die „Glengyle", eskortiert durch „Coventry", „Waterhen", „Voyager" und „Auckland" brachte in der Nacht zum 19. Mai 700 Mann der Argyle- und Sutherland Highlanders von Alexandria nach Timbaki.

Die Engländer nahmen an, daß der 17. Mai der wahrscheinliche Angriffstermin der Deutschen sein werde. Da die Verwendung der Suda-Bucht als Ankerplatz für die Mittelmeerflotte bei Tag wegen der schweren deutschen Luftangriffe begrenzt war, wurde es notwendig, die Flotte aus Alexandrien einzusetzen. Alexandrien lag jedoch 420 Meilen von Suda entfernt. Bereits vom 14. Mai an hielt Admiral Cunningham Marineverbände auf See bereit, um einer Landung der Deutschen auf Kreta von See her begegnen zu können. Das Großziel der englischen Mittelmeerflotte war die Verhinderung eines solchen Angriffes.

Das erste Absuchen des Seegebietes um Kreta in der Nacht zum 17. Mai nach deutschen Schiffen war erfolglos. Die beteiligten britischen Verbände zogen sich befehlsgemäß auf die Südseite von Kreta zurück. Am 18. Mai traf Admiral Cunningham die Vorbereitungen zur

Ablösung der auf See befindlichen Verbände. Der Geschwaderchef des 7. Kreuzergeschwaders, Konteradmiral Rawlings, nahm als neues Flaggschiff die „Warspite" und verließ am 18. Mai um 20.00 Uhr Alexandria mit dem Verband A-1: die Schiffe „Valiant", „Ajax", „Napir", „Kimberley", „Janus", „Isis", „Hereward", „Decoy", „Hero" und „Griffin".

Nach der Ablösung durch den Verband A-1 sollte der Verband A nach Alexandrien zurückkehren. Nur die „Hotspur" und die „Imperial" sollten vom Verband A zum Verband A-1 verlegt werden. Die übrigen Einheiten des Verbandes A sollten in Alexandrien tanken und am 19. Mai wieder auslaufen.

In der Nacht zum 20. Mai landete das Panzerlandungsschiff Nr. A-2, eskortiert von dem bewaffneten norwegischen Fischdampfer KOS-19, drei Panzer vom Typ I in Timbaki. Diese Panzer fuhren nach Heraklion, wo sie zum Schutz des dortigen Flugplatzes eingesetzt werden sollten.

Am 20. Mai bei Tagesanbruch hatten die englischen Marineverbände auf See folgende Positionen:

a) Verband A-1 stand etwa 100 Seemeilen westlich von Kreta; ihm sollte sich bald darauf der Verband des Konteradmirals D anschließen.
b) Der Verband mit dem Geschwaderchef 15 (Konteradmiral King) hatte in der Nacht zuvor die Enge von Kaso erreicht und zog sich jetzt nach Südwesten zurück.
c) Der Verband mit Konteradmiral D (Konteradmiral Glennie) hatte in der Nacht die Meerenge von Anti-Kithera erreicht und fuhr jetzt weiter zur Vereinigung mit Verband A-1.
d) Verband B (die „Gloucester" und „Fiji", die in Alexandria aufgetankt hatten) war unterwegs zur Vereinigung mit Verband A-1.

Damit hat Admiral Cunningham alle nötigen Schritte getan und stand mit Beginn des deutschen Angriffs in Bereitschaftspositionen.

Noch am 19. Mai wurde auch das griechische 1. Regiment, das einen Sicherungsauftrag bei Kastelli erhalten hatte, der 5. neuseeländischen Brigade (Brigadier Hargest) unterstellt. Damit hatte General Freyberg alles für eine Verteidigung der Insel getan. Er vertraute auf die Royal Navy, die das Mittelmeer beherrschte. Sie würde die zu erwartenden deutschen Landungstruppen auf dem Weg vom griechischen Festland hinüber nach Kreta angreifen und — versenken.

Am 17. Mai erwartete „Creforce" den Einsatz von 25.000 bis 35.000 deutschen Soldaten, die aus der Luft gelandet werden würden. Mit 10.000 Mann auf dem Seeweg unter dem Schutz der italienischen Marine gelandeten Soldaten wurde außerdem noch gerechnet.

Der Ansatz — Die Absetzräume

Der deutscherseits für Mitte Mai vorgesehene Angriff auf Kreta mußte wegen Betriebsstoffmangels auf den 18. Mai und schließlich auf den 20. Mai verschoben werden. Am 19. Mai abends waren alle Vorbereitungen für den Angriff auf Kreta abgeschlossen. Das Generalkommando rechnete mit einem durchschlagenden Erfolg.

Mit dem VIII. Fliegerkorps war die Unterstützung des Angriffs nach einem detaillierten Zeitplan bis in alle Einzelheiten genau festgelegt worden. Jäger-, Zerstörer- und Sturzkampfverbände warteten auf das Signal zum Angriff.

Da der vorhandene Lufttransportraum für einen gleichzeitigen Einsatz aller drei Gruppen (von denen die Gruppe Mitte zwei Aufträge erhielt) nicht ausreichte, mußte der geplante Angriff in zwei Wellen durchgeführt werden. Während die erste Welle in den frühen Morgenstunden des 20. gegen den Flugplatz Malemes, Chania und die Suda-Bucht gerichtet war, sollten in der 2. Welle (geplanter Abmarsch um 13.00

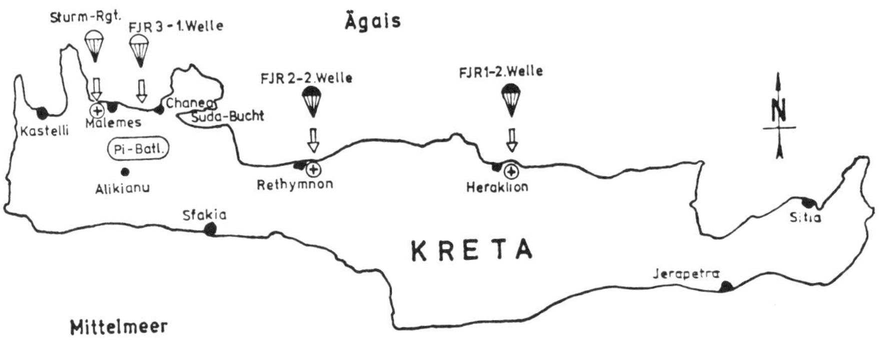

Die Absetzräume beider Wellen.

Uhr mit den Transportmaschinen der ersten Welle) die Flugplätze Rethymnon und Heraklion angegriffen und genommen werden.

Die drei Einsatzgruppen setzten sich wie folgt zusammen:

1. Welle

Fallschirmjäger-Sturmregiment
(Generalmajor Meindl):

I. Bataillon (Major Koch): Landung mit Lastenseglern gegen Flakstellungen bei Chania, Suda-Bucht und Flugplatz Malemes. Inbesitznahme der Höhe 107 nahe Flugplatz Malemes.

II. Bataillon (Major Stenzler): Sprungeinsatz östlich vom Flugplatz Malemes, westlich Spilia.

III. Bataillon (Major Scherber): Sprungeinsatz östlich vom Flugplatz Malemes.

IV. Bataillon (Hauptmann Gericke): Sprungeinsatz westlich der Straßenbrücke über den Tavronitis.

Fallschirmjäger-Regiment 3
(Oberst Heidrich):

I. Bataillon (Hauptmann Frhr. von der Heydte): Sprungeinsatz auf der Ebene am Zuchthaus Agya. Raum Straße Chania-Suda.

II. Bataillon (Major Derpa): Sprungeinsatz östlich des Zuchthauses Agya. Besetzung der Höhen von Galatas.

III. Bataillon (Major Heilmann): Sprungeinsatz als Vorhut des Regimentes im Raum Galatas-Daratsos-Straße Alikianou-Chania. Fallschirm-Pionier-Bataillon 1 (Major Liebach) ohne 3. Kp.: Sprungeinsatz nördlich Raum Alikianou.

2. Welle

Fallschirmjäger-Regiment 2
(Oberst Sturm):

I. verstärktes Bataillon (Major Kroh): Sprungeinsatz Flugplatz Rethymnon.

II. Bataillon (hier nicht eingesetzt).

III. verstärktes Bataillon (Hauptmann Wiedemann): Sprungeinsatz zwischen Flugplatz und Stadt Rethymnon.

Fallschirmjäger-Regiment 1
(Oberst Bräuer):

I. Bataillon (Major Walther): Sprungeinsatz bei Gournes, östlich von Stadt und Flugplatz Heraklion.

II. Bataillon (Hauptmann Burckhardt): Sprungeinsatz östlich von Stadt Heraklion.

III. Bataillon (Major Schulz): Sprungeinsatz Stadt Heraklion.

II. Batl/FJR 2 (Major Schirmer): Sprungeinsatz Heraklion, als Eingreifreserve.

Die 22. Luftlande-Division, die schon in Holland Schulter an Schulter mit den Fallschirmjägern gefochten hatte, stand für das Unternehmen „Merkur“, wie das Kreta-Unternehmen genannt wurde, nicht zur Verfügung. Statt dessen wurde die 5. Gebirgs-Division (Generalmajor Ringel) dem XI. Fliegerkorps (General Student) zum Einsatz auf der Insel unterstellt.

Der Antrag des Kommandierenden Generals des XI. Fliegerkorps, auch das VIII. Fliegerkorps ihm unmittelbar zu unterstellen, wurde nicht akzeptiert. Mit dem Einmarsch in Athen war für die Angehörigen der 5. Gebirgs-Division der Griechenland-Feldzug zu Ende. Sechs Wochen standen die Gebirgsjäger auf dem Balkan. Sie hatten die gesamte Halbinsel nach einem Fußmarsch von 1.500 Kilometern durchmessen. Tag für Tag, Nacht für Nacht waren sie weitermarschiert und hatten schließlich Athen erreicht. Hier erhielt Generalmajor Ringel, der DivKom., eine Gkdos-Sache, der eine Karte von Kreta beigegeben war. Darüber stand: „Unternehmen Merkur".

Mit seinem Divisionsstab übersiedelte Generalmajor Ringel von Chalkis nach Athen. Hier begann er, diesen Plan mit seinen Mitarbeitern, dem Ia, Major Haidlen, und dem Ib, Hauptmann Ferchl, auszuarbeiten. Ihr Arbeitsplatz war das oberste Stockwerk des Hochhauses am Ommoniaplatz. Es war Anfang Mai 1941.

„Afrika, Rhodos?" Das war die große Frage, die alle Gebirgsjäger bewegte. Ihr Kommandeur hätte es ihnen besser sagen können. Er wußte Bescheid. Die übrigen ahnten nichts davon, daß sie denselben Weg nehmen würden, den auch König Georg II. von Griechenland genommen hatte, als er aus Athen nach Kreta floh, wo er zusammen mit seinem Ministerpräsidenten Tsoudersos in einem Landhaus bei Chania residierte.

Kreta war zum Zufluchtsort der britischen Festlandtruppen geworden. Hierher hatten sich Engländer, Australier und Neuseeländer unter Aufopferung ihrer griechischen Verbündeten zurückgezogen. Diese Insel war als Flankendeckung der Wüstenfront, als Schild für Ägypten und den Suezkanal, und als Stützpunkt des Alexandria-Geschwaders der Briten wichtig. Es war von britischer Seite sogar geplant, von hier aus — als Sprungbrett — eine Invasion auf dem Balkan zu starten.

Die 5. Gebirgs-Division wurde auf die südgriechischen Flughäfen verteilt. Sie lag auf Euböa, in Attika und Böotien. Als am 14. Mai der Angriff des VIII. Fliegerkorps auf Kreta begann, war auch dem letzten Gebirgsjäger klargeworden, wohin der Flug gehen würde: übers Meer nach Kreta.

Neben den Einheiten des VIII. Fliegerkorps waren dem XI. Fliegerkorps noch folgende Verbände zugeteilt worden:

Stab Kampfgeschwader zbV 1
I./Kampfgeschwader zbV 1
II./Kampfgeschwader zbV 1
I./Luftlandegeschwader 1
Stab Kampfgruppe zbV 2
Kampfgruppe zbV 101
Kampfgruppe zbV 102
Kampfgruppe zbV 105
Stab Kampfgruppe zbV 3
Kampfgruppe zbV 40
Kampfgruppe zbV 60
Kampfgruppe zbV 106
1./Kampfgruppe zbV 172.

Zur Durchführung des Angriffs auf Kreta trafen im Aufmarschraum um Athen bis zum 14. Mai 10 Ju-Gruppen mit 502 startklaren Flugzeugen (Soll war 539) ein.

Damit war das XI. Fliegerkorps mit allen fliegenden Verbänden am 14. Mai im Raum Athen versammelt und einsatzbereit. Die Truppenteile lagen in der Nähe der Flugplätze, von denen aus sie starten sollten. Nicht einsatzbereit waren die Bodenorganisation und die Nachschubeinheiten. Im Aufmarschraum wurde keine Bodenorganisation vorgefunden. Es gab weder ein Luftgaukommando noch Horstkommandanturen noch Nachschubdienststellen. Die wenigen vorhandenen Flugplätze mußten mit dem VIII. Fliegerkorps geteilt werden. Am 15. Mai befahl die Luftflotte 4 die Abgabe des dem XI. Fliegerkorps zugesprochenen Flugplatzes Mykene an das VIII. Fliegerkorps. Auf den im Norden von Attika gelegenen Flugplatz Almyros mußte verzichtet werden, da die Verkehrsverhältnisse seine Versorgung unmöglich machten. Unter dem Zwang dieser Ver-

Lastensegler vor dem Start.

hältnisse blieben für das XI. Fliegerkorps nur folgende Plätze übrig:

Korinth für eine Ju-Gruppe
Megara für zwei Ju-Gruppen
Tanagra für zwei Ju-Gruppen und eine halbe Ju-Gruppe mit LS
Topolia für drei Ju-Gruppen
Dadion für eine Ju-Gruppe
Eleusis für eine Aufklärungsstaffel und eine halbe Ju-Gruppe mit LS
Phaleron für eine Transportstaffel.

Ähnlich war das Nachschubproblem. Der gesamte Nachschub wurde auf dem Seeweg nach den Häfen Piräus und Korinth zugeführt. Die Schiffe trafen infolge feindlicher U-Boot- und Minentätigkeit mit großer Verspätung erst ab dem 17. Mai ein. Die Löschung an den weitgehend zerstörten Hafenanlagen mit Hilfe deutscher Gebirgstruppen und griechischer Arbeitskräfte, und der Abtransport der Ladungen mit behelfsmäßig aus Truppenfahrzeugen zusammengestellten Kraftfahrzeugkolonnen auf wenigen, stark beanspruchten Straßen konnten nur unter Überwindung vieler Reibungen bewältigt werden.

Den empfindlichsten Engpaß bildete die Versorgung der Flugplätze mit Flugbetriebsstoff. Da mittlere Betriebsstoffkolonnen nicht zur Verfügung standen, mußte die gesamte Betankung aus Fässern erfolgen. Die Anzahl der mit Mühe beschafften Fässer reichte schließlich nur knapp für zwei Einsätze aus. Da bei Beginn des Angriffs für drei Einsätze Benzin bereitliegen mußte, waren fortlaufend schnelle Rückführung der leeren Fässer nach Piräus und ihre rasche Wiederauffüllung sicherzustellen. Eine völlig unzulängliche Füllanlage in Piräus erschwerte die Durchführung dieser Versorgung auf das äußerste. Insgesamt mußten in der Zeit vom 17. bis 20. Mai 3,6 Millionen Liter Betriebsstoff, drei Einsätze für zehn Ju-Gruppen, auf diese primitive Weise den Flugplätzen zugeführt werden.

Diese Zwischenfälle — das verspätete Eintreffen der Nachschubschiffe und die Schwierigkeit der Versorgung der Flugplätze mit Flugbetriebsstoff — waren es, die eine Verschiebung des Angriffsbeginns zunächst auf den 18., dann auf den 20. Mai notwendig machten.

Tag für Tag wurde es heißer. Am 18. Mai wurden die Boote der beiden „Leichten Schiffsstaffeln“ beladen. Auf diesen Nußschalen sollten Fallschirmjäger und Gebirgsjäger mit schweren Waffen über See nach Male-

Eine Ju 52 der zweiten Welle wird beladen.

mes und Heraklion transportiert und dort ausgeladen werden.
Vom Motorsegler bis zum kleinen Frachter war alles vorhanden, was schwimmfähig war. Leichte Geschütze und Flak, Munition, Geräte und Fahrzeuge wurden eingeladen; Motorräder und Treibstoff. Schließlich gingen auch die Flaksoldaten und Gebirgsjäger an Bord.
Jeder dieser Schiffsstaffeln wurde ein (!) italienisches Torpedoboot als „Geleitschutz“ mitgegeben. Sie stießen auf See zu den Konvois. Die 1. Schiffsstaffel erhielt das Torpedoboot „Lupo“, die 2. Schiffsstaffel das Torpedoboot „Sagittario“.
In den frühen Morgenstunden des 20. Mai 1941 sollten beide Staffeln in See gehen. Ihr erstes Ziel war die Insel Milos. Von dort aus sollten beide Staffeln nach Kreta weiterlaufen.
An Bord der ersten Schiffsstaffel befand sich das verstärkte II. Bataillon des Gebirgsjägerregiments 100 (Führung Oberstleutnant Ehal). Die Staffel wartete bis Piräus auf den Start ins Ungewisse.
An Bord der zweiten Schiffsstaffel schiffte sich das verstärkte III. Bataillon des GJR 85 (Führung Major Dr. Treck) ein. Diese Staffel sollte von Chalkis auf Euböa in See gehen.
Die Gebirgsjäger waren bereit.
Der Auftakt zur ersten Invasion einer Insel aus der Luft konnte beginnen.

Hölle von Malemes — Auf des Messers Schneide

Das 1./Fallschirmjäger-Sturmregiment unter Oberleutnant Alfred Genz erhielt den Auftrag, mit einer Kampfgruppe

Eines der Boote der vernichteten 1. Leichten Schiffsstaffel mit Gebirgsjägern an Bord.

von 90 Mann in 9 Lastenseglern eine hart südlich der kretischen Hauptstadt in Stellung gegangene Flakbatterie auszuschalten. Oberleutnant Genz sollte sich nach Erfüllung des Auftrages entweder so lange halten, bis das auf Chania angesetzte FJR 3 eingetroffen war, oder versuchen, sich zur 2. Kp. des

„An die Maschinen!"

Unterwegs nach Kreta.

Sturmregiments durchzuschlagen, die im Raum Akrotiri eingesetzt war.
Der Morgen des 20. Mai 1941 zog herauf. Auf dem Flugplatz Tanagra, dem Startplatz der 1./LL-Sturmregiments, liefen die Motoren der neun Ju 52 warm, die durch Schleppseile schon mit den Lastenseglern DFS 230 verbunden waren.
Aus ihren Zelten kamen die Fallschirmjäger und gingen in Reihe zu den Lastenseglern hinüber. Kurze Befehle schallten durch den Morgen. Alles ging mit der Exaktheit des Vielgeübten vor sich. Zwei Minuten später dröhnten die Motoren der Maschinen lauter. Sie donnerten mit Vollgas. Die ersten Ju 52 hoben ab und zogen die Lastensegler mit empor.
Die Vorausabteilung befand sich in der Luft. Sie würde eine Stunde vor allen anderen Einheiten des XI. Fliegerkorps den Fuß auf kretischen Boden setzen; unmittelbar nach dem massierten Stuka-Angriff, der soeben geflogen wurde. Hart am Peloponnes vorbei, westlich an Kithera vorüber, flogen die Maschinen nach Süden.
Noch waren die Schleppzüge nicht an die Küste Kretas herangekommen, als die britische Flak bereits zu feuern begann. Es war geplant, nach dem Anflug über den Westteil der Insel das Ziel aus Südosten, überraschend aus der Sonne niederstoßend, anzufliegen. Doch stattdessen flogen die Schleppmaschinen das hart westlich von Chania gelegene Kap Spatha an.
Oberleutnant Genz bemerkte, daß die Schleppmaschinen nun unruhiger flogen. Einmal explodierte eine Granate nahe bei seinem Segler. Alfred Genz schaute zur Seite, sah, wie plötzlich die linke Nachbarmaschine abriß. Dann riß sich auch der rechte Lastensegler von der schleppenden Ju 52 los.
Der Oberleutnant hielt nach dem 1. und 2. Zug Ausschau, aber diese beiden Gruppen waren plötzlich verschwunden, und ihre Schlepp-Ju's drehten bereits ab. Sie hatten also schon ausgeklinkt. Nun drehte auch die Ju 52 des Kompaniezuges und klinkte die Segler aus.
In 2200 Meter Höhe segelte der Kompaniezug über die Insel. Jetzt begann auch die leichte Flak zu feuern. Dazwischen klackerten die Feuerstöße von Maschinengewehren.
Oberleutnant Werner, der den Lastensegler steuerte, in dem sich Oberleutnant Genz befand, sah sich fragend zum Kompanieführer um. Voraus, schräg unter ihnen, brüllten harte De-

Unter den Maschinen liegt Kreta. Eine Ju 52 ist getroffen worden.

tonationen. Das mußten die Stukas sein, die die Insel sturmreif bombten. Der Oberleutnant drückte den Segler, der, Olivenhaine und Weinfelder überspringend und dicht über die Hindernisse hinwegfliegend, das Ziel ansteuerte. Mit unheimlicher Geschwindigkeit tauchte der Olivenhain vor ihnen auf,

Ein bruchgelandeter LS auf der Insel.

der ihr Ziel war. Ein Baum kam rasend schnell näher. Werner riß den Segler noch etwas herum. Mit ohrenbetäubendem Knirschen schmetterte die rechte Tragfläche des Seglers gegen den Baum und wurde weggerissen. Hart setzte der Segler auf. Staub wirbelte empor.

Oberleutnant Genz griff nach der MPi, er warf die Haube des Seglers ab und sprang ins Freie. Der erste deutsche Soldat hatte den Fuß auf kretischen Boden gesetzt. Zwei Tommies tauchten auf. Ihre Gewehre flogen empor. Der Feuerstoß aus der MPi des Kompanieführers setzte sie außer Gefecht.

Vor ihnen tauchten Gesichter unter flachen Stahlhelmen scheinbar aus dem Boden gewachsen auf. Im Laufen schossen die gelandeten Fallschirmjäger, schleuderten Handgranaten. Dann erscholl auch huntert Meter seitlich dieser Gruppe MPi-Feuer.

„Das ist Dr. Stehfen mit der Werfergruppe, Herr Oberleutnant!“ brüllte einer der Männer.

„Los, weiter! Angreifen!“

Sie stürmten vor. Nun waren sie schon zwei Gruppen.

Die Maschine mit Oberjäger Hahn als Gruppenführer erhielt in der Luft von den Flakgeschützen, die wild feuerten, einen Treffer. Im Steilflug lenkte der Pilot sie auf die Batterie zu. Mitten durch den Feuervorhang stieß die Maschine herunter und krachte gegen das Rohr des nordwestlichen Geschützes der Batterie.

„Raus, raus!“ brüllte Oberjäger Hahn. Er sprang aus der Maschine. Gewehrschüsse krachten, zwei Pistolen bellten, und mitten im Sprung wurde der Oberjäger tödlich getroffen.

Obergefreiter Holzmann, der seinen Gruppenführer fallen sah, rannte zu einer Deckung. Er hörte den Todesschrei eines Kameraden, tauchte hinter einer Sandsackumwallung unter und warf die ersten Handgranaten in die Geschützstellung hinein. Schrittweise arbeitete er sich bis in den englischen Graben vor und kämpfte die gesamte Bedienung dieses Geschützes nieder.

Der Zug Lt. Toschka flog über das vorgesehene Ziel hinaus. Er landete in Chania mitten unter den Engländern. Der Gegner versuchte, den Zug aufzuhalten, aber es gelang ihm nicht, und Lt. Toschka schlug sich mit seinem Zug zur Feindstellung durch, um in den Kampf einzugreifen und die Batterie endgültig auszuschalten. An der Spitze seiner Männer erreichte er die Batterie, drang in das Grabensystem ein und rang den Gegner im Nahkampf nieder. Hierbei erhielt Lt. Toschka eine schwere Verwundung.

Inzwischen war es auch Oblt. Genz mit seinen beiden zusammengerafften Gruppen gelungen, die Batteriestellung zu erreichen.

„Rundumverteidigung!“ befahl Oberleutnant Genz.

In diesem Augenblick tauchten Teile des Zuges Mahrenbach auf. Aber es waren nur wenige Männer. Was war beim Absprungplatz des Zuges Mahrenbach geschehen?

„Da vorn ist die Kreuzung! Landen, landen!“ schrie Lt. Mahrenbach, als er den Zielpunkt erkannte.

In diesem Augenblick schlugen die Granaten rings um den Lastensegler ein. Ein Splitterregen prasselte in den Segler hinein. Einer dieser Splitter tötete den Zugführer. Der stellvertretende Zugführer, Fahnenjunker-Feldwebel Bühl, wurde am Kopf schwer verwundet. Er erblindete, noch ehe der Segler aufgesetzt hatte. Dann krachte der Segler zu Boden. Fast alle verwundet, waren die Männer dennoch zu der befohlenen Kreuzung hinübergeeilt. Einander schleppend und stützend, versuchten sie, ihren Auftrag auszuführen. In einem Haus an der Kreuzung brachten sich die Schwerverwundeten in Sicherheit. Ein einziger Mann aber, der unverwundet geblieben war, legte sich an der Kreuzung auf die Lauer, um den Auftrag des Zuges durchzuführen: der Gefreite Adolf Pfriemberger.

Gefreiter Pfriemberger sah die vier

dicht mit Gegnern besetzten Lastwagen in schnellem Tempo aus der Stadt zum Entsatz der Batterie herauspreschen und auf die Kreuzung zuhalten. Sein erster Impuls war: fliehen! So schnell davonzurennen, wie er konnte. Doch er blieb auf dem Platz, auf den er gestellt war. Er nahm den Kampf auf.

Mit seiner MPi schoß Pfriemberger in das Führerhaus des vorn fahrenden Wagens hinein und stoppte ihn. Die übrigen Wagen kamen nun nicht mehr an dem stehenden LKw vorbei und hielten ebenfalls an. Beiderseits der Straße griffen nun die Engländer das Haus an. Pfriemberger jagte Feuerstoß nach Feuerstoß hinaus.

Der Gefreite umrundete das Haus, tauchte auf der anderen Seite eben in dem Augenblick auf, als eine Gruppe Engländer hier erschien. Auch sie fiel im Feuer dieser einen Maschinenpistole. Dann zog sich der Gegner, der in Kompaniestärke angegriffen und schwere Verluste erlitten hatte, zurück. Pfriemberger hatte den Auftrag seines Zuges erfüllt.

„Da, Herr Oberleutnant!" rief einer der Fallschirmjäger Oberleutnant Genz zu und deutete nach oben.

Eine knappe Stunde war seit der Landung der ersten Kompanie vergangen, als abermals Lastensegler im Schlepp von Ju 52 einschwebten und auf der Halbinsel Akrotiri landeten.

„Das ist Hauptmann Altmann mit der 2. Kp., Männer; alles läuft planmäßig!"

Wenige Minuten vorher waren schon die im Sprungeinsatz niedergehenden Einheiten des FJR 3 zu sehen gewesen. Die Männer um Oblt. Genz waren trotz der hohen Verluste zuversichtlich. Sie hatten ihren Auftrag erfüllt, und so wie sie würden alle anderen Einheiten ihre Aufträge erfüllen.

Nun besetzten die Fallschirmjäger der Kp. Genz die britischen Geschütze und versuchten sie wieder einsatzfertig zu machen. Als die Männer gerade an den Geschützen standen, flitzten plötzlich im Tiefflug zwei Me 110 heran und begannen aus ihren Bordwaffen auf die Batterie zu feuern. Als sie eben abgedreht hatten, meldeten die in Richtung zur Stadt eingesetzten Sicherungen den Anmarsch britischer Panzer.

Oblt. Genz hatte noch 34 einsatzfähige Männer zur Verfügung. Ein Blick auf die Uhr zeigte ihm, daß es 9.00 Uhr war. Sollte er sich zur 2. Kp. durch-

Landungen an allen Absetzplätzen.

schlagen? Das würde bedeuten, daß sie durch offenes Berggelände gehen mußten. In diesem Augenblick meldete der Oberjäger hinter dem Funkgerät:
„Herr Oberleutnant, Funkspruch vom Regiment 3: 'Wir kommen nicht durch nach Chania. — Schlagt euch zu uns durch!'"
Dies war der einzige Funkspruch, der aufgefangen werden konnte, denn Sekunden danach wurde das Gerät von einer Gewehrkugel zerschlagen. Noch immer feuerte der Gegner aus seinen Stellungen auf die Batterie.
„Panzer kommen direkt auf uns zu, Herr Oberleutnant!"
„Wir schlagen uns durch den Olivenhain in südwestlicher Richtung durch."
Die Überlebenden bemühten sich um die Verwundeten. Und während das sMG Feuerschutz gab, liefen die übrigen in die angegebene Richtung. Sie erreichten einen Weinberg und waren vorerst in Sicherheit.
„Kompanietrupp zu mir", befahl Oblt. Genz.
Er sah vor sich eine Straße, die in die Stadt hineinführte. Der Trupp kam heran, und eben wollte der KpChef den Spähtrupp einweisen, als ein Lastwagen aus der Stadt angebraust kam. Genz erkannte das MG auf dem Führerhaus und sah die in Khaki gekleideten Engländer, die dicht an dicht auf der Ladefläche standen.
„Feuer!" befahl er.
Das MG begann in langen Feuerstößen zu schießen. MPi, Pistolen und Karabiner fielen in das Feuer ein. Kein einziger Mann dieser englischen Kampfgruppe konnte entkommen.
„Wir müssen weiter! Immer nach Südwesten, dann werden wir das Regiment 3 erreichen!"
Als die Männer um Oblt. Genz einen lichten Olivenhain erreichten, der knapp 150 Meter hinter der Straße lag, empfing sie heftiges Gewehr- und MG-Feuer.
„Stellung! Seitenabstand 40 Meter!"
Die Fallschirmjäger verschwanden in den Bewässerungsgräben, welche die Pflanzung markierten.
Gegnerische Spähtrupps, die versuchten, in den Hain einzudringen, wurden verlustreich abgewiesen. Die Sonne brannte erbarmungslos. Nun stellte sich heraus, daß niemand mehr Tee oder Wasser hatte, auch die Brotbeutel waren zum größten Teil verlorengegangen.
„Wir müssen Wasser haben, Herr Oberleutnant", mahnte Oberarzt Dr. Stehfen am späten Nachmittag. „Wir brauchen es vor allem für die Verwundeten."

Eine Kampfpause nach erbittertem Gefecht.

Der Angriff geht weiter.

Im Westteil der Insel verteidigte die neuseeländische 2. Div. am 20.5.1941 ihre Stellungen. Bei Malemes waren es die Bataillone 21, 22, 23 und 28 der 5. Brigade und ein Composite-Batl. Hinzu kam die neuseeländische 10. Brigade mit dem 20. Bataillon, einem griechischen und einem Composite-Batl. und den Flakeinheiten, mit insgesamt 16 Geschützen von Kaliber 3,7 bis 7,5 cm. Ferner noch zwei Infanterietanks und sieben leichte Tanks. Von der 4. neuseeländischen Brigade waren im Malemes-Sektor noch das 18. und 19. Bataillon und die I. Welch eingesetzt.

Im Sektor Suda-Bucht befand sich neben den Truppen des MNBDO noch ein Bataillon Rangers. Das 102. australische Tankregiment, die 106. RHA und 2/2 des australischen Feldregiments waren als Infanterie eingesetzt. Hinzu kamen zwei Composite-Bataillone und ein griechisches Bataillon. Daneben lagen im nahegelegenen Georgioupolis noch Teile der 19. australischen Infanteriebrigade. Andere Teile der 19. australischen Brig. lagen im Raume Rethymnon. Sie wurden durch zwei griechische Bataillone und zwei Tanks unterstützt.

Der Platz von Malemes, „Handtuch" genannt, ist mit Flugzeugen übersät.

Generalmajor Eugen Meindl, Kdr. des FschJägSturmRgt., wurde hier schwer verwundet.

Beim Flugplatz und in der Stadt Heraklion befanden sich die erst unmittelbar vor dem Angriffsbeginn übergeführten Teile britischer Eliteregimenter. So zwei Batl. der berühmten Black Watch, zwei York and Lancaster-Batl., das 7. Med.Regiment (als Infanterie eingesetzt); drei griechische Bataillone und sechs leichte Tanks vervollständigten die Verteidigungsbereitschaft.

Das Fallschirmjäger-Sturmregiment: Kampfgruppe West

Das Fallschirmjäger-Sturmregiment (Generalmajor Eugen Meindl) erhielt den Auftrag, im Rahmen des XI. Fliegerkorps als Kampfgruppe West im Unternehmen „Merkur" den Nordwestteil der Insel Kreta in Besitz zu nehmen. Insbesondere sollte der Flugplatz Malemes erobert und für die Landung nachfolgender Luftlandetruppen der 5. Gebirgs-Division offengehalten werden. Nach Erfüllung dieser Aufgabe sollte mit der Gruppe Mitte, im Raume Chania, Verbindung aufgenommen werden.

Zur Erfüllung dieses Auftrages wurde das FJ-Sturmregiment verstärkt durch:

3./FlaMG-Bataillon (fünf Geschütze 2 cm; Oblt. Theuerling)

Eine Batterie FschArtAbt. 7 (Hauptmann Schram)

Ein Zug SanAbt. 7 (Oberarzt Dietzel)

Für den Nachmittag des ersten Tages sollten dem Regiment zwei Bataillone des Gebirgsjägerregiments 100 durch Schiffstransport, und zur Sicherung des Flugplatzes eine Flakabteilung — ebenfalls durch Schiffstransport — zugeführt werden.

Die 1. und 2. Kp. des FJ-Sturmregiments wurde mit Sonderauftrag an die Gruppe Mitte abgegeben.

In seinem Einsatzbefehl legte Generalmajor Meindl den Einsatz der Gruppe West wie folgt fest:

I. Bataillon (Stab, 3. und 4. Kp. mit jeweils 108 Mann) Major Koch: Angriff mit LS um Y-Uhr gegen Flakstellung hart südlich des Flugplatzes Malemes; Besetzung der Stellungen und Lager, Freikämpfen des Flugplatzes.

II. Bataillon (verstärkt durch 1/2 14. Kp. und 1/2 3./FlaMGBatl.) Major Stentzler: Sprungeinsatz um Y-Uhr plus 15 Minuten mit einer Kompanie (9. Kp., Hauptmann Witzig) hart östlich des Flugplatzes zwischen Dorf Malemes und Kirchhof am Ostrand des Flugplatzes mit dem Auftrag: Unterstützung des I. Batl. von Osten her.

III. Bataillon Major Scherber: Mit Masse absetzen nördlich und östlich von Malemes. Auftrag: Säuberung von Malemes und Sicherung des Kampfes um den Flugplatz am Flußbett östlich von Malemes. Späterer Auftrag: Auf Befehl des RgtKdr. weiterer Vorstoß nach Osten zur Verbindungsaufnahme mit Gruppe Mitte.

Kampfgruppe des Regimentsstabes mit Teilen des III. Bataillons unter Führung von Major Braun mit Oblt. Schächter und Oblt. Trebes: Angriff mit 9 LS um Y-Uhr plus 15 Minuten an der großen Brücke hart westlich des Flugplatzes mit dem Auftrag: Besetzung der Brücke über den Tavronitis, Verhinderung der Sprengung und Unterstützung des I. Batl. im Angriff gegen die Flakstellung hart westlich des Flugplatzes.

Regimentsstab und IV. Bataillon (ohne 2/3 14. und 16. Kp.) Hptm. Gericke (verstärkt durch SanZug und 1/2 3./FlaMGBatl.): Absprung im Raum westlich der Brücke um Y-Uhr plus 15 Minuten. RgtGefstand im Nordzipfel des Olivenhains. Angriff des IV. Batl. zur Unterstützung des I. Batl. und der Gruppe Braun.

16. Kompanie (Oblt. Hoefeld): Abspringen im Flußbett, 600 Meter südwestlich des Flugplatzes, mit dem Auftrag: Unterstützung des I. Batl. im Angriff gegen die Zeltlager; nach Erfüllung dieses Auftrages Sicherung an der

Ju 52 setzten ihre Fallschirmjäger ab.

Straße nach Süden gegen Feind aus Richtung Kandanos.

Der Einsatz

Am frühen Morgen des 20. Mai 1941 starteten die Einheiten der Kampfgruppe West, so daß sie mit dem I. Batl. um 7.15 Uhr bei Malemes einfielen. Die übrigen Einheiten sprangen zeitgerecht wie befohlen; nur beim Abflug des II. Batl. kam es beim Start wegen des staubigen Platzes zu Verzögerungen, so daß das Batl. erst gegen 8.00 Uhr abgesetzt werden konnte.

Das I. Batl. landete mit der 3. Kp. sehr gut an den befohlenen Flakstellungen westlich des Flugplatzes. Der BatlStab mit der 4. Kp. landete jedoch unter großen Verlusten an den Hängen der Höhe 107, mitten in Stellungen, die auf den Luftbildern nicht erkannt worden waren.

Der Gegner auf dem Flugplatz Malemes war stärker, als aus den Nachrichten entnommen werden konnte. Er lag nicht in den auf den Luftbildern er-

Bei Malemes.

Fallschirmjäger gehen vor.

kannten Stellungen und im Zeltlager, sondern in außerordentlich gut getarnten und mit schweren Drahthindernissen ausgebauten Stellungen, die bei dem überaus schwierigen Gelände nicht zu erkennen waren.
Teile der 3. Kp. konnten am Westrand des Platzes einige Stellungen und Zeltlager freikämpfen.
Der Auftrag, Start, Landung und erster Einsatztag der 3./LL-Sturmregiment sei hier aus dem Kriegstagebuch im Detail wiedergegeben:

„Die Einsatzstärke des 3./LLSturm-Rgt. betrug 107 Mann: 3 Offiziere, 27 Unteroffiziere und 77 Mannschaften. Der Rest der Kp. wurde der FJKp. (Oblt. Osius) zur Verfügung gestellt.
Für den Einsatz standen 12 Lastensegler zur Verfügung. Für jeden Zug also drei LS. Der Auftrag lautete:
Mit 3 LS setzt der 2. Zug (Ofw. Arpke) die leichte Flak am Nordwest- und Nordrand des Flugplatzes Malemes außer Gefecht.
Mit 3 LS setzt der 1. Zug (Lt. Musyal)

Die ersten Gegner ergeben sich.

Umgehungs-Vorstoß.

die schwere Flak etwa 800 Meter westlich vom Westrand des Flugplatzes außer Gefecht.
Mit 3 LS kämpft der Kompaniezug (Oblt. von Plessen) den Gegner am Westrand in dem dort befindlichen Wäldchen nieder.
Mit 3 LS setzt der 3. Zug (Ofw. Scheel) den Gegner hart südlich der Südwestecke des Flugplatzes außer Gefecht."
Am 20.5.1941 um 5.30 Uhr begann der Start der 3. Kompanie in Eleusis. Innerhalb des Bataillonsverbandes flog die Kompanie als dritte bis siebte Kette. Der Start ging glatt vonstatten. Während des Anflugs hatten die Maschinen keinen Beschuß. Bei der Maschine von Ofw. Scheel riß um 6.55 Uhr das Schleppseil mitsamt der Kupplung heraus. Die Maschine verlor den Anschluß an die Kette, landete auf der Insel Antikreta und ging bei der Landung im bergigen Gelände zu Bruch. Die Besatzung erlitt leichte Prellungen, blieb aber kampffähig. Sie schlug sich teils über Land, teils über See durch und erreichte geschlossen am 24.5. die Kompanie.
Die übrigen elf LS erreichten mit geringem Abstand den Kampfraum. Kurz vor und bei der Landung feuerten die Maschinenbesatzungen mit Bord-MG auf die befohlenen Erdziele.

Kompaniezug: 2 Maschinen Bruchlandung. Besatzung leichte Prellungen.
1. Zug: Alle Maschinen gut gelandet. Führermaschine landete 300 Meter westlich der befohlenen Flakstellung. Durch MG-Beschuß erhielt Lt. Musyal einen schweren Unterschenkelschuß. Die Führung der Gruppe übernahm Oberjäger Schulz.
2. Zug: Die Maschinen landeten geschlossen, fast gleichzeitig, an den befohlenen Plätzen. Die Führermaschine ging vollständig zu Bruch. Ofw. Arpke erlitt eine schwere Prellung des rechten Knies mit Erguß, ferner eine Gehirnerschütterung und war einige Minuten bewußtlos. Oberjäger Schuster übernahm die Führung der Gruppe.
3. Zug: Die Maschine von Oberjäger Ehm landete 1000 Meter westlich des befohlenen Objekts. Die Maschine von Objg. Dudda 400 Meter westlich des befohlenen Einsatzortes. Maschine Ehm machte Bruchlandung, die Besatzung blieb jedoch voll kampffähig. Während der Landung wurden die beiden letzten Maschinen durch feindliches MG-Feuer von der Höhe südlich des Flugplatzes beschossen.
Als erster erreichte der 2. Zug (Ofw. Arpke) den Flugplatzrand. Er griff die dort befindlichen Flakstellungen und Splittergräben an, die vom Gegner voll

Feldwebel Erich Schuster, Zugführer in der 3./FJSturmRgt. erringt auf Kreta das Ritterkreuz.

Die Brücke über den Tavronitis bei Malemes.

besetzt waren. Die Gruppen erhielten sehr starkes, gezieltes Feuer von Süden und Osten. Schon beim ersten Angriff fielen einige Fallschirmjäger, und da der Feindbeschuß sich noch verstärkte, befahl Ofw. Arpke das Zurückgehen bis zum Flußbett und dort das Bilden einer Verteidigungsstellung. Unter Feuerschutz der MG und des leichten Granatwerfers nahmen Stoßtrupps des Zuges Flakstellungen und befestigte Feldstellungen des Gegners.

Der zweite Zug erhielt von Oblt. von Plessen Befehl, sich mit dem ersten und dem Kompanie-Zug nach Süden auf die Brücke zurückzuziehen.

Da jedoch dann die Kompanie keine Flankendeckung mehr hatte und vom Nordrand des Flugplatzes vom Gegner erfaßt werden konnte, blieb der 2. Zug in der befohlenen Stellung. Oberjäger Schuster erhielt Befehl, in südlicher Richtung mit dem 1. und 2. Kompanie-Zug Verbindung aufzunehmen. Die Maschine von Oblt. von Plessen ging in Nähe der Küste zu Bruch. Von dort aus unternahm ein Stoßtrupp unter Führung von Fw. Galla einen Angriff auf eine Flakstellung am Westrand des Platzes. Dieser Stoßtrupp wurde völlig aufgerieben. Beim Vorstoß nach Süden und Angriff auf eine andere Flakstellung fiel Oblt. von Plessen.

Beim Angriff auf den Olivenhain nördlich der Straße und östlich der Brücke, zu dessen Unterstützung die schweren Waffen der Kompanie unter Fw. Gleitsmann eingesetzt waren, fielen die Bedienungen größtenteils durch das schwere Abwehrfeuer aus. Dennoch gelang es, die am Westrand des Flugplatzes am weitesten nach Süden vorgeschobene Flakstellung zu nehmen. Die schweren Waffen der 4. Kp., die diesen

Die erste Kampfpause.

Angriff ebenfalls unterstützen sollten, konnten nicht in den Kampf eingreifen. Der Olivenhain wurde unter Feuer genommen.

Der 1. Zug (Lt. Musyal) griff geschlossen die Flakstellung an. Feldwebel Ellersiek hatte nach dem Ausfall des Zugführers die Führung übernommen. Oberjäger Schulz übernahm die 1. Gruppe. Die Flakstellung erwies sich als unbesetzte Scheinstellung. Der Zug säuberte daraufhin die umliegenden Häuser. Dann zog er sich zur Kompanie am Westrand des Flugplatzes zurück.

Der 3. Zug fiel mit zwei Maschinen beim Dorf Tavronitis ein und säuberte es. Er machte 30 Gefangene, stieß anschließend zum Westrand des Flugplatzes vor und fand Anschluß an die Kompanie. Einigen Männern gelang es, ein Flakgeschütz wieder feuerbereit zu machen und damit die Flakstellungen auf dem Nordrand des Flugplatzes un-

ter Feuer zu nehmen, vor denen Fw. Galla mit seinem Stoßtrupp gefallen war.
Während dieser Kampfhandlungen versorgte der Kompaniearzt, Oberarzt Dr. Weizel, die bei der Landung und im Gefecht verwundeten Fallschirmjäger. Zusammen mit dem ObGefr. Müller holte er 3 Mann, die mit Bauch-, Brust- und Rückenschuß schwerverwundet auf der freien Fläche des Flugplatzes lagen, heraus und brachte sie an einem gedeckten Hang in einem erbeuteten Zelt unter.
Um 9.30 Uhr übernahm der Oberarzt die Führung der 3. Kp., nachdem neben Lt. Musyal auch Oblt. von Plessen ausgefallen war. Er ließ die gesamte Kompanie am Westrand des Flugplatzes sammeln und dort Stellung beziehen. Durch Stoßtrupps versuchte er dann, diese Stellung nach Norden und Süden zu erweitern. Der befohlene Anschluß an die Ost-West-Straße wurde wenig später erreicht.
Gegen 10.00 Uhr hielt die 3. Kp. den Streifen vom Südrand des Flugplatzes an der Brücke bis zum Westrand des Flugplatzes und nach Norden bis zur Küste besetzt.
Es war genau 11.00 Uhr, als Oblt. Trebes mit Teilen der 13. Kp. und dem Rest des 1. Zuges der 3. Kp. das Zeltlager südlich der Straße im Olivenhain angriff, um den dort eingeschlossenen Zug Kahleyß zu entsetzen. Das Lager wurde genommen und 30 Gefangene gemacht.
Die Höhe 107 jedoch, das Ziel dieses Vorstoßes, konnte nicht erreicht werden. Der Zug wurde wieder zur Brücke zurückgezogen und übernahm in seinem alten Abschnitt die Sicherung.
Um 12.15 Uhr stieß dann Oblt. Dobke vom IV. Bataillon mit 15 Mann Verstärkung zur 3. Kompanie durch und übernahm den Nordabschnitt des westlichen Flugplatzrandes.
Als er gegen 13.00 Uhr mit 8 Gefangenen und einem Teil seiner Männer am Nordrand des Flugplatzes vorging, wurde er durch die Gefangenen in einen Hinterhalt gelockt und fand dabei den Tod. Bis 14.00 Uhr waren die letzten Verwundeten geborgen. Zwei Stunden später hatte sich die gesamte 3. Kompanie eingegraben.
Als Oberarzt Dr. Weizel sich um 15.00 Uhr bei Hauptmann Gericke meldete, erhielt er Weisung, die befohlene Stellung am Westrand des Flugplatzes zu halten und zu sichern. Da für die

Bei Malemes ergibt sich der Gegner.

Nacht ein feindlicher Gegenstoß erwartet wurde, sollte die Kompanie durch 50 Mann der Kp. Osius verstärkt werden. Um 15.00 Uhr setzte auch starkes britisches Artilleriefeuer auf die 3. Kompanie ein. Sie erlitt jedoch keine weiteren Verluste.
Der um 16.45 Uhr erfolgte Angriff des Gegners von Osten her, durch einen mittleren Panzer mit nachfolgender Infanterie, stellte größte Anforderungen an die Kompanie, die durch Werfer- und MG-Feuer diesen Angriff zu halten versuchte. Der im Flußbett vorgehende Panzer wurde durch eine 3,7-cm-Pak zum Stehen gebracht und die begleitenden Infanteristen durch Werferbeschuß getötet. Die Besatzung wurde gefangengenommen.
Von 20.00 bis 24.00 Uhr wurden 21 Verwundete, darunter 15 Schwerverwundete, zum HVPl. nach Tavronitis zurückgebracht. Die Kompanie richtete sich zur Nachtverteidigung ein. Sie hatte am 20. Mai verloren:
17 Tote, darunter Oberleutnant von Plessen;
27 Verwundete, darunter 19 Schwerverwundete.
Während der Nacht erfolgte kein Feindangriff. Die 50 Mann versprochene Verstärkung waren *nicht* eingetroffen."
Soweit der Bericht des KTB.

Das III. Bataillon wurde mit allen Teilen verzettelt und weit auseinandergezogen im Raum Malemes-Pyrgos, westlich von Platanias bis nach Marina (südlich Malemes), abgesetzt. Durch dieses falsche Absetzen fiel der Bataillonskommandeur mit seinem Stab, Chef der 10. und 12. Kp., mit der Masse aller Kompanien sofort aus.
Lediglich der 9. Kompanie gelang es nach der schweren Verwundung ihres Chefs, Hptm. Witzig, sich mit einigen

Die Brücke über den Tavronitis. Hier landeten die ersten Lastensegler.

Bruchlandung an der Brücke.

Teilen im Laufe des Tages zum Regiment durchzuschlagen. Einzelne Gruppen des Bataillons wurden an späteren Tagen beim weiteren Vorgehen des Regimentes aufgenommen.
Durch das falsche Absetzen des Bataillons waren so große Verluste entstanden, daß es seinen Auftrag nicht erfüllen konnte.
Die Kampfgruppe Braun erreichte zeitgerecht mit allen neun LS die Brücke westlich des Flugplatzes, kämpfte sie von MG-Nestern frei, nahm mit Teilen der 3. Kp. Verbindung auf und mußte dann wegen zu starken Beschusses von der Höhe 107 am Flußbett und dem dort befindlichen Olivenhain liegenbleiben. Durch dieses gutgezielte Infanterie- und vereinzelt auch Flakfeuer von der Höhe 107 entstanden schon bei der Landung Verluste, wobei Major Braun durch Kopfschuß sofort fiel und Oblt. Schächter durch Bruchlandung seines LS schwer verletzt wurde, so daß Oblt. Trebes die Führung der Reste dieser Kampfgruppe übernahm.

Diese Einheiten des Regimentsstabs und des IV. Bataillons wurden richtig abgesetzt. Sie gingen sofort nach Errichtung des Regimentsgefechtsstandes am befohlenen Platz gegen die Brücke und den Westteil des Flugplatzes vor. Auch ihr Vorgehen litt stark unter dem Feuer von der Höhe 107.
Beim Vorgehen wurde der Regimentskommandeur, GenMaj. Meindl, schwer verwundet, als er mit zusammengefaßten Teilen des Stabes und des IV. Bataillons rasch die Verbindung zur Kampfgruppe Braun und zum I. Bataillon herstellen wollte.
Hauptmann Gericke übernahm daraufhin auf Befehl des Regimentskommandeurs die Kampfführung in diesem Abschnitt.

Die 16. Kompanie wurde richtig abgesetzt. Sie übernahm die Sicherung nach Süden, etwa zwei Kilometer südwestlich des Flugplatzes, und versuchte mit einzelnen Teilen Verbindung mit dem I. Batl. an der vom Gegner stark besetzten Höhe 107 aufzunehmen.
Die Lage beim Regiment nach der Landung stellte sich folgendermaßen dar: Hauptmann Gericke leitete den Angriff gegen den Nordteil des Flugplatzes mit Teilen seines stark durcheinandergewürfelten IV. Bataillons und der 3. Kompanie vom I. Bataillon.
Zur Inbesitznahme der Höhe 107 wurde vom Regimentskommandeur Major Stentzler mit Teilen seines II. Batl. von Spilia herangezogen. In den Mittagsstunden wurden Major Stentzler und

Die 3,7 cm-Pak wurde von den Fallschirmjägern im Sechs-Mann-Mannschaftszug bewegt.

Hptm. Gericke von GenMaj. Meindl persönlich eingewiesen:
„Bataillon Stentzler greift rechts vom Bataillon Gericke weit ausholend an.
IV. Bataillon greift weiterhin beiderseits der Asphaltstraße von Westen her den Flugplatz in Richtung Malemes an."
Die schweren Waffen des II. Bataillons, die im Verlauf des Nachmittags westlich des Flugplatzes eintrafen, wurden dem Bataillon Gericke zur Unterstützung des Angriffs gegen den Nordhang der Höhe 107 unterstellt.
Teilen des II. Bataillons gelang es in den Nachmittagsstunden durch eine großzügige Umfassung — von Süden mit der 7. Kp. und von Westen mit der 5. Kp. — gegen die Höhe 107 vorzustoßen und sich in den Abendstunden unter Gefangennahme von vier Offizieren und 100 Mann in den Besitz des Südteils der Höhe 107 zu setzen.
Reste des I. Bataillons, nach Verwundung von Major Koch unter Führung von Oberstabsarzt Dr. Neumann, gelangten gegen Abend an den Nordhang der Höhe 107, wo die dort befindliche feindliche Flakbatterie durch zusammengefaßtes Feuer der schweren Waffen des Bataillons Gericke zum Schweigen gebracht worden war.
Doch die Höhe selbst konnte an diesem ersten Tag noch nicht voll in Besitz genommen werden. Hier verteidigte sich der Gegner erbittert.
Die 6. Kompanie wurde von ihrem Sicherungsauftrag im Westen als Reserve für die erste kritische Nacht herangezogen. Doch sie wurde nicht benötigt, da der Gegner nicht angriff. Im Frühlicht des 21. Mai ging sie wieder zum Paß bei Spilia zurück.
In den späten Abendstunden des 20. Mai übernahm Major Stentzler auf Befehl des Regimentskommandeurs die

Dr. Heinrich Neumann erstürmte die Höhe 107.

Regimentsführung in vorderster Linie. Die Leitung der Gesamtoperation blieb jedoch weiter in den Händen von GenMaj. Meindl.
Während dieses ersten heiß umkämpften Tages flog die Luftwaffe im Westteil der Insel mit Zerstörer- und Stukaverbänden mehrere Einsätze gegen wichtige Ziele und unterstützte das Fallschirmjäger-Sturmregiment erheblich.

Das I./Fallschirmjäger-Sturmregiment

Um 4.30 Uhr des 20. Mai 1941 startete auf dem Flugplatz Eleusis das I. Bataillon des Fallschirmjäger-Sturmregimentes mit dem Bataillonsstab, der 3. und 4. Kp. unter Führung von Major Koch. Es landete zeitgerecht gegen 7.00 Uhr auf Kreta; wie befohlen neben den Flakbatterien westlich des Flugplatzes Malemes und an den Hängen der Höhe 107 neben dem Zeltlager der Engländer. Zur gleichen Zeit erfolgte hier der Angriff der deutschen Sturzkampfbomber, die die Flakstellungen und das Zeltlager bombardierten. Mitten in die Bombenexplosionen hinein landeten die Lastensegler.

Fünf Lastensegler der Gruppe West rissen beim Anflug von ihren Schleppmaschinen ab. Von diesen fünf gehörten vier zur Gruppe Koch (Bataillonsstab und 4. Kp.). Dadurch wurden diese beiden Einheiten entscheidend im Einsatz geschwächt, denn drei weitere Lastensegler explodierten beim Aufsetzen. Dennoch gelang es dem I. Bataillon, die Flakbatterien westlich des Flugplatzes niederzukämpfen. Der Versuch, im feindlichen Zeltlager und auf den Hängen der Höhe 107 Fuß zu fassen, mißlang. Das feindliche Abwehrfeuer war zu stark. Das I. Bataillon setzte sich am Westrand des Flugplatzes und der Höhe 107 fest. Der Bataillonsstab und die 4. Kompanie hatten hohe Verluste. Major Koch wurde durch Kopfsteckschuß schwer verwundet. Die Überlebenden gruben sich ein.

Das IV./Fallschirmjäger-Sturmregiment

Am Isthmus bei Megara hatten die Männer des IV. Bataillons seit Tagen auf ihren Einsatz gewartet. Als Hauptmann Gericke aus einem der großen gelben englischen Beutezelte ins Freie

Der Flugplatz von Malemes.

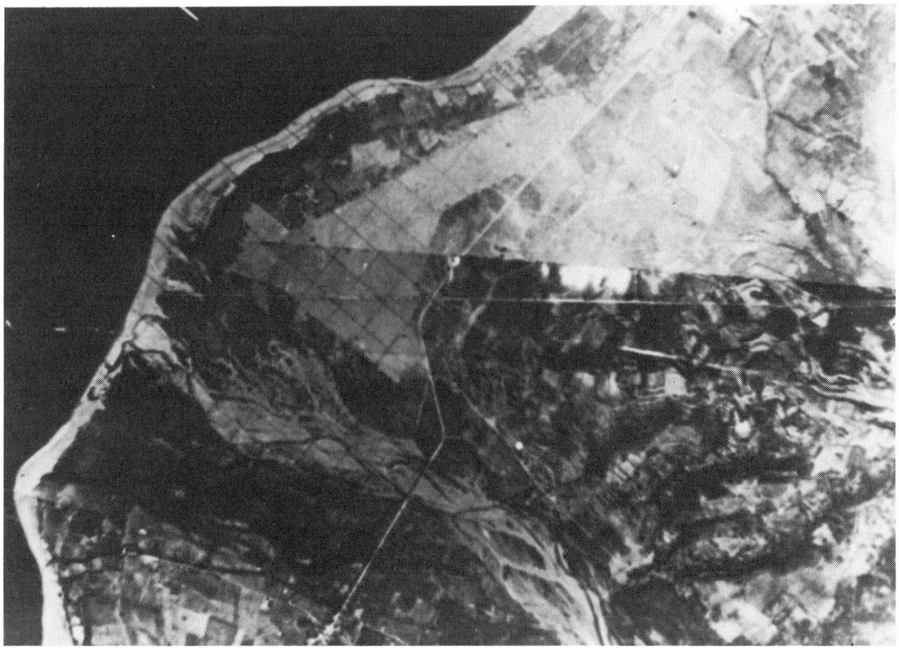

Griechische Kinder im Zeltlager der Fallschirmspringer.

trat, sah er schon Generalmajor Meindl auf sich zukommen.

„Ich fliege mit Ihrer Maschine, Gericke! Sie springen als erster, und ich hupfe hinterher und mache in der Luft alles so, wie Sie es machen."

„Sie hätten einen Springerkurs absolvieren sollen, Herr General."

„Ach was, Unsinn! In Narvik bin ich auch ohne Kurs runtergekommen, und das will ich diesmal auch."

„Runter kommen Sie bestimmt. Es fragt sich nur *wie*."

Die beiden Offiziere — der Regimentskommandeur und der Kommandeur des IV. Bataillons — sahen sich lächelnd an.

„An die Maschinen!"

Hauptmann Gericke stieg in die Maschine ein, die den Stab nach Kreta bringen sollte. Generalmajor Meindl war zweiter, dichtauf gefolgt von Oberstabsarzt Dr. Neumann, dem Chef der FschSanAbt. 7, der den Truppenverbandsplatz in Tavronitis einrichten sollte.

Donnernd zogen die Maschinen über die Startbahnen. Die Kampfgruppe war in der Luft. Teil eines fliegenden Heeres, erreichte das IV. Bataillon den Absprungraum zum genau vorausberechneten Zeitpunkt. Die Stimme des Absetzers ertönte:

„Fertigmachen! — Fertig zum Absprung!"

Dann kam das langgezogene Signal des Boschhorns.

Hunderte von Männern des Sturmregimentes schwebten der Erde entgegen. Flak-, Fla-MG- und MG-Salven zischten zu ihnen empor.

Hauptmann Gericke schwebte einem Gerstenfeld entgegen. Über ihm schlug ein Flakvolltreffer in eine erst zur Hälfte entladene Ju 52 und ließ sie als brennende Fackel in die Tiefe stürzen. Wer befand sich noch in der Maschine? Neben sich sah Walter Gericke einen seiner Zugführer der Erde entgegenpendeln und ihm zuwinken. Dann schlug etwas knatternd in seinen Schirm und zerfetzte ihn. Schneller wurde der Fall. Der Hauptmann spürte Blut, das ihm von der Nase über die Oberlippe lief. Dann setzte er auf. Glühender Schmerz jagte durch seinen Arm, den er sich beim schnellen Aufprall geprellt hatte. Der Schirm sackte über ihm zusammen. Durch die Ähren pfiffen Kugeln. Dann hörte er, daß jemand auf ihn zukroch. Er hob die Maschinenpistole, die seine Linke umklammert hielt.

Aber es war sein Regimentskommandeur, der sicher gelandet war.
„Was ist mit Ihnen los, Gericke?“ rief GenMaj. Meindl.
„Nur eine Armprellung, sonst alles in Ordnung.“
Mit ein paar Handgriffen befreite der General den Hauptmann vom Schirm. Als abermals MG-Feuer durch das Feld peitschte, horchten beide gleichzeitig auf. Waren das nicht deutsche MG?
Sie gingen vor und stießen auf zwei Fallschirmjäger. Einer von ihnen trug eine Leuchtpistole.
„Geben Sie her!“ befahl der General und schoß das vereinbarte Erkennungssignal. Das MG-Feuer jedoch verstummte nicht.
„Die Tommies haben unsere Waffenbehälter erwischt und schießen mit unseren eigenen Waffen auf uns.“
Von der Höhe 107 hämmerten schwere und leichte Flakbatterien auf die gelandeten Fallschirmjäger herunter. Dort oben saßen noch immer die Gegner in ihren gut ausgebauten Stellungen. Sie hatten schon den mit Lastenseglern gelandeten Teilen des I. Batl. schwerste Verluste zugefügt. Von dort oben beherrschte der Gegner auch die Straße und das Flußbett des Tavronitis mit der Brücke.
„Wir müssen unter der Brücke hindurch, dort haben wir wenigstens notdürftigen Schutz.“
Die ersten Fallschirmjäger, die dies versuchten, blieben mit Kopfschüssen liegen. Neuseeländische Scharfschützen hatten ihr Feuer auf die Brücke konzentriert. Aber General Meindl mußte durch, wenn er mit seinem Regiment Erfolg haben wollte. Darum sprang er nun selbst auf. Er lief unter der Brücke her. Auf einmal ratterte jenseits der Brücke, schräg auf der Höhe, ein MG los. Von einem Brustquerschuß getroffen, stürzte GenMaj. Meindl zu Boden.
„Sanitätstrupp nach vorn!“ schrie einer der Fallschirmjäger.
„Der General ist verwundet.“
Sie brachten Generalmajor Meindl nach Tavronitis, wo eben die 3. Sanitätskompanie einen notdürftigen Verbandsplatz eingerichtet hatte. Weitere Verwundete trafen ein. Die Ärzte gingen an die Arbeit. Wenn General Meindl durchkommen sollte, dann mußte er schnellstens zum Festland hinübergebracht werden.
Aber noch war der Flugplatz nicht in deutscher Hand. Noch konnte keine einzige Maschine landen.
Das IV. Bataillon stellte sich zum Angriff auf die Höhe 107 und den Flugplatz bereit.

Das III./Fallschirmjäger-Sturmregiment

Durch den Start der vorhergehenden Gruppe auf dem Flugplatz Megara konnte das III. Bataillon erst um 7.15 Uhr starten, als sich die dicken Staubwolken gelegt hatten. Die einzelnen Ju 52-Ketten, die in Abständen von einer Minute hintereinander starten sollten, brauchten bis zu fünf Minuten, weil sie sonst keine Sicht hatten. Vergebens war das Bemühen der Platzfeuerwehr, durch Spritzen den Staub niederzuhalten.
Mit zwei Stunden Verspätung erreichte diese Kampfgruppe Kreta, wurde jedoch falsch abgesetzt: in den Raum vom Ostrand des Flugplatzes aus nach Süden bis Mariana, nach Osten bis östlich Pyrgos, mitten in ein stark ausgebautes feindliches Stellungssystem, in dem sich der Gegner offensichtlich zum Gegenstoß bereitstellte.
Das III. Bataillon wurde sofort in heftige Kämpfe verwickelt. Oblt. Horst Trebes entschied die im Augenblick hoffnungslose Lage für die wenigen Überlebenden, indem er sich mit ihnen kämpfend zum IV. Bataillon durchschlug. Durch seinen persönlichen Einsatz gelang der Durchbruch. Das Gros des III. Bataillons war aufgerieben. Fast alle Offiziere waren gefallen. Auch der Bataillonskommandeur.

Die beiden Freunde, Feldwebel Erich Schuster (rechts) und Feldwebel Wilhelm Kempke, waren auf Kreta Felsen in der Brandung.

Mit den Männern seiner Gruppe kletterte Oberjäger Erich Schuster von der 3./Fallschirmjäger-Sturmregiment in den Lastensegler. Die Maschinen hoben vom Boden ab. Die Männer dösten vor sich hin. Jeder von ihnen wußte, worum es ging und daß sie einer ungewissen Zukunft entgegenflogen. Es war 6.40 Uhr, als Land auftauchte. Die Schlepp-Ju sackte einmal schwer durch. Der Lastensegler machte diese Bewegung mit, so daß den Männern sich der Magen hob.

In diesem Augenblick drehte die Schlepp-Ju-52 scharf nach links. Ein harter Ruck ging durch den Segler. Der LS segelte frei durch die Luft. Sie sahen Rauchwolken. Der Lastensegler stellte sich steil nach vorn.

„Da ist die Brücke von Tavronitis. Daneben muß gleich der Flugplatz sein!"

Haarscharf flitzten die drei Segler über die Brücke hinweg. Bäume kamen rasend schnell näher. Schon wurden Tür und Kanzel abgeworfen. Dann setzten die Kufen des Seglers auf und raspelten mit ihren Stacheldrahtbremsen über Geröll und Stein. Die dünnen Sperrholzkisten krachten und barsten. Eine der drei Maschinen machte eine Bruchlandung. Oberjäger Schuster riß den Haltegurt auf und sprang ins Freie.

Schon tauchten die ersten Gegner auf. Ein Blick im Laufen zeigte dem Oberjäger, daß sie am Hang der Höhe 107 niedergegangen waren. Voraus sahen sie das Rollfeld des Flugplatzes Malcmes. Schon stürmten die ersten Fallschirmjäger auf das Rollfeld. In diesem Augenblick eröffneten die Tommies ein verheerendes Feuer. Die ersten Männer brachen zusammen. Die übrigen zogen sich vom Rollfeld zurück.

Die Männer der Gruppe Schuster gingen vor. Sie pirschten sich durch das Flußbett an ein Geschütz heran, erreichten die Feindstellung. Handgranaten flogen in die Unterstände hinein. Mit der MPi schoß Schuster auf alles, was sich zeigte. Die Flak schwieg. Die Gefahr für die Kameraden war beseitigt.

Wenig später erreichten Sie eine weitere Flak. Sie war vom Gegner verlassen. Als einer der Fallschirmjäger eines der Fliegertücher — eine Fahne — herausholte und am Rohr anbringen wollte, begann wieder ein Feind-MG zu feuern. Sie verschwanden schnell in Deckung, aber ein dumpfes, brausen-

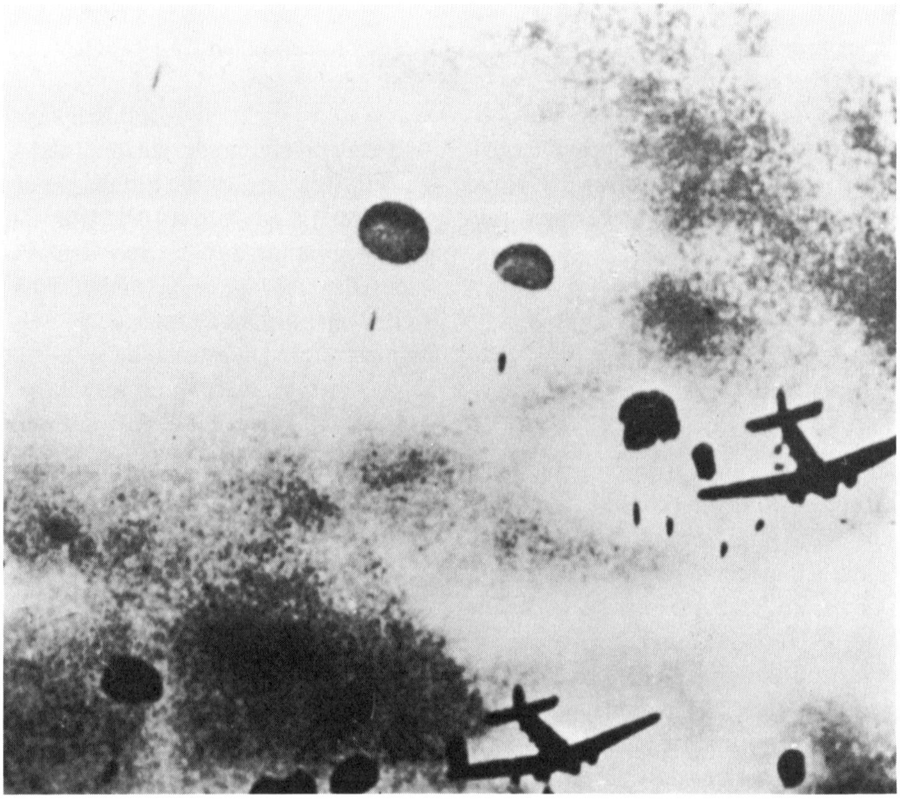

Im Abwehrfeuer britischer Flak.

des Brummen ließ sie nach oben schauen.

Da tauchten sie schon über ihren Köpfen auf. Kette nach Kette Ju 52.

„Geschafft, Oberjäger!“ rief einer der Männer erleichtert aus.

„Das ist unser Regiment!“ fiel ein anderer ein. „Gleich sind sie hier, und dann werden wir dem Tommy Beine machen!“

So weit sie sehen konnten, fielen Fallschirme wie weiße Watteflocken aus den Maschinen.

„Wir gehen zur Kompanie hinunter!“

Als sie den Hang überquerten, sahen sie Gefallene, Verwundete und Verstümmelte. Dichtes Werferfeuer verlegte ihnen den Rückweg. Saßen sie in der Falle? Doch endlich erreichten sie ein Haus, und in diesem Haus fanden sie den gefallenen Kompanieführer. In diesem Haus fanden sie noch mehr: tote und verstümmelte Fallschirmjäger. Ein grausiges Bild.

Der Boden um den Flugplatz Malemes war aufgewühlt von Stukabomben. Er war übersät mit Waffen, Lastenseglern und Gerät und vielen Toten.

Oberjäger Schuster führte seine Männer weiter. Sie trafen auf ein paar Männer der 15. Kp. des Sturmregimentes mit ihrem Chef, Oberleutnant Doppke. Gemeinsam griffen sie eine Sandsackstellung des Gegners an, die als Schutzstellung für das dahinterstehende Flakgeschütz diente. Noch immer hallten von der Höhe 107 die peitschenden Gewehrschüsse und das Brüllen der Flakgeschütze herunter.

Hier an dieser Sandsackstellung sollte sich das Schicksal von Oblt. Doppke erfüllen. Sie warfen Handgranaten in die Stellung und stürmten hinein. Das Flakgeschütz, das den Flugplatz Malemes bestreichen konnte, wurde ausgeschaltet.

Dann aber schossen die Gegner wie wild auf diese Stelle. Granatwerfer schleuderten ihre Geschosse auf die Männer um Oblt. Doppke und Obj. Schuster. In diesem Feuer fand Oberleutnant Doppke den Tod.

„Ich übernehme das Kommando!" rief Oberjäger Schuster.
Der Oberjäger richtete sich mit wenigen Männern in dieser Sandsackstellung ein, behielt sie gegen jeden Gegenangriff des Gegners fest in der Hand und bildete so ein vorgeschobenes Bollwerk.

Das VIII. Fliegerkorps greift ein

Im Lande- und Absprungraum der Gruppen Malemes, Chania, Rethymnon und Heraklion griffen alle verfügbaren Einheiten des VIII. Fliegerkorps bereits im vorbereiteten Bombenwurf und als Zerstörer- und Jagdschutz an. Während die erste Welle des XI. Fliegerkorps das Ziel planmäßig anflog, wurden zur unmittelbaren Unterstützung des Absetzens die an den Absetzstellen bekannten Flakstellungen und Truppenlager angegriffen, um die Abwehr während des Absetzens weitgehend auszuschalten und die Widerstandskraft des Feindes gleich zu Beginn des Kampfes entscheidend zu schwächen. Im einzelnen wurden aufgrund der eingehenden Vereinbarungen zwischen VIII. und XI. Fliegerkorps folgende Einsätze geflogen und durchgeführt:

a) Angriffe auf die Flakstellungen bei den Absetzstellen bei Malemes und Chania mit Stuka (Stukageschwader 2).
b) Angriffe auf die drei Zeltlager im Raume südlich von Malemes-Chania durch Kampfverbände (Zerstörergeschwader 26 und Jagdgeschwader 77).
c) Unterbrechung der Fernsprechleitungen, um die Führung auszuschalten, an den Ortsausgängen von Ierapetra, Heraklion, Rethymnon und Chania durch Kampfverbände.
d) Angriffe auf die Kasernen Heraklion und Rethymnon, um deren Besatzungen gleich zu Beginn des Kampfes zu schwächen, durch Kräfte des italienischen Luftwaffenkommandos Ägäis.

Das Absetzen selbst wurde durch Jagd- und Zerstörerverbände, die unmittelbar an den Absatzstellen die Erdabwehr bekämpften, und durch Angriffe der Kampfverbände auf die von den Absatzstellen entfernter liegenden Flakstellungen, wirksam unterstützt.
Wie gut diese Unterstützung war, geht daraus hervor, daß trotz sorgfältiger Vorbereitung der feindlichen Abwehr nur 7 von den 502 eingesetzten Ju 52 in Verlust gerieten.

Einsatzraum Mitte — Verluste bei Galatas

Als Vorhut des Fallschirmjäger-Regiments 3 erhielt das III. Batl. unter Major Heilmann Befehl, um 7.00 Uhr des 20. Mai 1941 zu springen, den vorgesehenen Absprungplatz freizukämpfen und daraufhin mit den übrigen Bataillonen des Regiments den Angriff gegen Galatas, Chania und die Suda-Bucht vorzutragen.
Schon vor Morgengrauen startete das Bataillon. An der Spitze flog die 9. Kompanie mit dem Bataillonskommandeur über das Mittelmeer.
Aus dem Absprungraum quollen dicke Qualmpilze der Bombentreffer in die Höhe. Dort hatten die Stukas bereits ihre Bomben geworfen. Vom Westen überflog die Kampfgruppe die Insel. Trotz des Motorengeräusches hörten die schon in der Tür stehenden vordersten Springer MG- und Gewehrfeuer. Dieses Feuer verstärkte sich noch, als die Maschinen auf Absprunghöhe heruntergingen. Besonders nördlich der Straße nach Chania flammte das Feuer zu einem wilden Orkan an.
Das Signal zum Absprung erscholl. Die Höhen von Galatas kamen bereits in Sicht.
Mit den ersten Männern sprang Major Heilmann. Auch an dieser Stelle pen-

delten weiße Fallschirme in die Tiefe. Auch hier blieben leblose Gestalten zwischen Telefonleitungen, an Bäumen und auf den Spitzen der Agaven hängen. Andere Fallschirmjäger sprangen direkt vor die Gewehrmündungen der Verteidiger.

Mit gutgezielten Schüssen feuerten die Neuseeländer auf den Absprungplatz. Eine griechische Kompanie ergab sich. Einzeln nur mit Pistolen, Handgranaten oder Maschinenpistolen bewaffnet, erstürmten die Fallschirmjäger die Höhen. Im Nahkampf schalteten sie die Widerstandsnester des Gegners aus.

Sprungweise arbeitete sich Major Heilmann an der Spitze der 9. Kompanie über das Gefechtsfeld vor.

Plötzlich entdeckte Heilmann eine Gruppe Neuseeländer, die an einem sanft ansteigenden Hang hinter Bäumen in Deckung gegangen war. Mit einem Oberjäger ging der Bataillonskommandeur aufrecht durch die neuseeländischen Linien hindurch. Es erschien ihm, als wollte sich der Gegner hier ergeben. Als der Gegner aber sah, daß die deutsche Kampfgruppe nur aus zwei Männern bestand, eröffnete er das Feuer.

Mit Riesenschritten lief Heilmann den Hang empor. In dem Augenblick, als er die Höhe erreichte, hörte er hinter sich einen Schrei. Getroffen stürzte der nachfolgende Oberjäger zu Boden. Schüsse peitschten an dem Offizier vorbei, der in Deckung ging. Von Galatas her sah Major Heilmann schon eine Gruppe von 20 Neuseeländern durch einen Hohlweg auf die Höhe zukommen. Rechterhand stürmte sein Adjudant eine Höhe und vernichtete eine feindliche MG-Stellung im Handgranatenduell. Linkerhand rannte der Chef der 9. Kompanie an der Spitze seiner Männer vor. Schwerverwundet blieb er unter einem Olivenbaum liegen.

Keine 200 Meter hinter dieser Stellung errichtete ein Oberarzt der Sanitätskompanie 7 das erste Verwundetennest. Als die 9. Kompanie versuchte, sich weiter nach Norden auf Galatas vorzuschieben, erhielt sie plötzlich auch von hinten Feuer und erlitt schwere Verluste.

Nach zwei Stunden erbitterten Kampfes, während die Sonne höher und höher stieg, hatte das Bataillon Heilmann mit dem Bataillonsstab und der 9. Kompanie die Höhe südlich Galatas genommen. Wo aber steckten die übrigen Kompanien?

Major Heilmann nahm Verbindung mit dem Regiment auf. Oberst Heidrich befahl, die Höhe zu halten und alles zum Angriff auf Galatas vorzubereiten. Am Nachmittag begannen die Gegenstöße des Gegners. Das bei Karatsos liegende 19. neuseeländische Bataillon griff pausenlos an. Noch immer hatte Major Heilmann keine Verbindung zu seinen Kompanien 10, 11 und 12. Nur mit den Resten der 9. Kompanie verteidigte er. Die wenigen Fallschirmjäger gaben keinen Meter des mit Blut getränkten Bodens wieder auf.

Als die Sonne des ersten Angriffstages sank, wurden starke Motorengeräusche gemeldet. Schon ging die Munition zur Neige. Der am Nachmittag mit Verpflegungsbomben abgeworfene Nachschub war in die feindlichen Stellungen gefallen. In vorderster Linie starb am Abend der schwerverwundete Chef der 9. Kompanie .

Während die 9. Kp. mit dem Bataillonskommandeur am späten Abend des 20. Mai aus einem erbeuteten Feldgeschütz auf die Feindstellungen feuerte, trafen die ersten Nachrichten über die übrigen Kompanien ein. Die 11. Kp. war mitten im Gebirge abgesetzt worden und hatte sich durch einen Ring von Gegnern zum I. Bataillon durchgeschlagen. Nur der Chef der 11. Kp., der mit seinem Kompanietrupp als einziger richtig an der Straße nach Galatas abgesetzt worden war, kam nicht zum I. Bataillon. Er ging mit seinen wenigen Jägern befehlsgemäß auf der Straße nach Galatas vor.

Die 12. Kompanie erlitt ein schreckli-

Ausgeschaltetes englisches Geschütz.

ches Schicksal. Sie wurde zum Großteil über einem Stausee abgesetzt. Eine Anzahl von Fallschirmjägern konnte sich nicht rechtzeitig aus den Gurten befreien und ertrank.
Die 10. Kp. wurde bei Daratsos mitten in die feindlichen Stellungen und in ein Truppenlager hinein abgesetzt. Sie kämpften einen aussichtslosen Kampf gegen die Übermacht. Einem Zug gelang es, in ein umzäuntes Lager einzudringen und dort 400 Gefangene zu machen. Als er aber diese Gefangenen in Richtung Straße Galatas abtransportieren wollte, erhielt der Zug starkes MG- und Granatfeuer von den feindbesetzten Höhen. Die dort liegenden Neuseeländer vernichteten fast die gesamte Kompanie.
Bei diesem Kampf wurde auch der Chef der 10. Kp. schwer verwundet. Als er sich wieder erheben wollte, um die Kompanie in Deckung zu führen, traf ihn ein zweiter, tödlicher Schuß. Das Schicksal dieser Kompanie war besiegelt.

Major Derpa bei Chania — Das Zuchthaus Agya

Mit dem II. Bataillon unter Major Derpa sprang auch Oberst Heidrich bei Chania und landete sicher. Das Bataillon hatte Auftrag, Galatas zu nehmen. Sofort setzte Oberst Heidrich einen Angriff auf die Kastellhöhe von Galatas an. Beim Sturm auf die Höhe fiel neben ihm der Bataillonskommandeur, Major Derpa.
Das Fallschirm-Pionierbataillon unter Major Liebach sprang wie vorgesehen bei Alikianou im Rücken des Regiments 3 und löste seinen Auftrag — Rückendeckung für das Regiment 3 zu geben — erfolgreich.
Das I. Bataillon des Fallschirmjäger-Regiments 3 unter Hptm. Freiherr von

Stabsoffiziere der 5. Gebirgsdivision schauen nach landenden Ju 52 aus.

der Heydte hatte Auftrag, als zweite Kampfgruppe hinter dem Bataillon Heilmann zu starten. Es sollte nahe dem Zuchthaus Agya springen. Die Straße Alikianou — Chania war von diesem Bataillon zu sperren und die Höhen südlich davon in Besitz zu nehmen. Nördlich des Zuchthauses würde das II. Bataillon stehen, und nach der Sicherung des Absprungplatzes würden alle Kampfgruppen des Regiments direkt auf Chania vorgehen und die kretische Hauptstadt erstürmen.

In dem zweiten Pulk des Ju-52-Geschwaders Heyking flogen die Fallschirmjäger des Bataillons von der Heydte ihrem Ziel entgegen. Sie erreichten die freie See. Rechterhand tauchte die von der Frühsonne überstrahlte Akropolis auf. Blau leuchtete die See unter den Maschinen.

„Kreta in Sicht!“ rief der Flugzeugführer.

Schräg unter Hptm. von der Heydte tauchten die kretischen Berge auf. Er sah Bäume und dichtes Buschgrün. Gleich gigantischen Vögeln zogen die Ju 52 über dem Meer der Küste entgegen, und in diesem Augenblick kam der Ruf des Flugzeugführers:

„Fertigmachen zum Sprung!“

Der Bataillonskommandeur schaute auf die Uhr. Es war 7.10 Uhr. Mit zwei Schritten stand er in der Tür. Die Luftströmung packte ihn. Unter sich erkannte er das Dorf Alikianou. Die Maschinen waren schon auf Sprungtiefe heruntergegangen, so daß der Bataillonskommandeur die Menschen auf der Straße erkennen konnte. Die Schatten der Maschinen schwebten wie Geisterhände über die Häuser hinweg.

Im Tal voraus erglomm ein riesiger, blitzender Spiegel. Das war das Wasserreservoir. Schon verlangsamten die Maschinen ihren Flug. „Absetzgeschwindigkeit“, ging es dem Hauptmann durch den Kopf.

Dann erklang dröhnend und drohend zugleich das Boschhorn.

„Springen!“

Mit Händen und Füßen stieß sich Hptm. von der Heydte ab. Wie ein Schwimmer beim Startsprung warf er die Arme nach vorn.

Vom Wind wurde sein Fallschirm genau auf das Wasserreservoir zugetrieben.

Wild rudernd und lufttretend versuchte er, den Flug des Fallschirms aufzuhalten. Er landete unmittelbar am Rand des Wasserbeckens in einem Feigenbaum und befreite sich aus seiner Lage. So viele Fallschirme er vorhin auch in der Luft gesehen hatte, hier — auf der Erde — sah er auf einmal keinen einzigen Soldaten. Wo war sein Bataillon geblieben?

Er sah nur die Ju 52, die gedreht hatten und wieder zum Festland zurückflogen.

Der Wasserspeicher lag in einem Olivenhain. Die Straße von Alikianou nach Chania, das hatte der Bataillonskommandeur aus der Luft gesehen, lag rechter Hand. An dieser Straße, nahe einer Gruppe weißer Häuser, sollte sich der Bataillonsstab sammeln.

Als er allein entlang des Straßenrandes zu dem weißen Gebäudekomplex vorging, vernahm er schon das Feuern aus MG und Karabinern, das aus der Gegend von Galatas herüberpeitschte. Dort mußte das II. Bataillon bereits im Kampf stehen. Und er hatte noch nicht einen Mann zu seiner Verfügung.

Kurz darauf erreichte er das Zuchthaus. Das riesige Eisentor war geöffnet. Ein schweres MG war im Eingang aufgebaut. Die Männer der schweren Kp. waren an der Straße in Deckung gegangen. Unter Feldwebel Gabbay und Feldwebel Ackermann waren sie gesammelt worden.

Mittlerweile hielt der Bataillonsstab alle Meldungen für den Kommandeur bereit. Bataillonsadjutant, Ordonnanzoffizier, Nachrichtenoffizier und die Funkstelle waren hier schon eingetroffen, Melder aller vier Kompanien zur Stelle. Schon war auch die Funkverbindung zu allen Kompanien hergestellt, und Hptm. von der Heydte schrieb den Angriffsbefehl nieder.

Aus der Richtung der Galatas-Höhen und auch aus Richtung Chania hörte man Feuer. Bren-MG hackten irgendwo. Dazwischen detonierten Handgranaten.

Das I. Bataillon ging vor. Aber nach knapp hundert Metern wurde es durch MG-Feuer aufgehalten. Durch einen Olivenhain gedeckt ging es weiter. Den Cladiso kreuzend, stürmte das Bataillon mit der 2. Kp. an der Spitze in Zickzacksprüngen durch das Tal. Oberleutnant Knoche kämpfte mit seiner Kp. den Landeraum frei. Dicht daneben die 3. Kp. unter Oblt. Straehler-Pohl. Ein Gebäude tauchte voraus auf.

„Angriff. — Sprung auf — Maaarsch!"

Sie erreichten das Haus. Es war genau 10.30 Uhr, drei Stunden nach der Landung auf Kreta. Die 2. Kp. schaltete zwei britische MG aus. Die ersten Gefangenen wurden gebracht. Es waren Griechen. Die 1. Kompanie hatte in der Zwischenzeit in schlechtem Gelände Feuer erhalten und lag fest. Hptm. von der Heydte übergab das Kommando seinem Adjutanten, um selbst zur 1. Kp. zu gehen. Er fand sie eine Stunde später. Das Feuer von zwei Maschinengewehren hielt sie zwischen der linkerhand entlangführenden Straße und dem tiefen Einschnitt des Cladiso fest. Die Verluste mehrten sich. Beide Werfer begannen zu feuern. Als Antwort schoß die englische Artillerie auf die Stellungen der Fallschirmjäger. Das Feuer war so dicht, daß das Bataillon keinen Schritt vorankommen konnte.

Als Hptm. von der Heydte in einer Feuerpause abermals nach vorn kroch, sah er den Gegner an einem Abhang halblinks vor dem Bataillon in der Nähe eines Hauses. Er wies die Werfergruppe persönlich ein. Beide Werfer eröffneten das Feuer.

In dieser Phase des Kampfes wurde eine Meldung von Mann zu Mann weitergegeben. Sie erreichte den Bataillonskommandeur:

„Der Chef der 4. Kompanie ist schwer verwundet."

Wenig später kam die Meldung durch, daß auch der Chef der 2. Kp. verwundet sei. Unmittelbar darauf setzte auch das Artilleriefeuer des Gegners wieder ein.

„Volltreffer auf das Haus, Herr Hauptmann!" meldete der Oberjäger der Werfergruppe.

„Wir müssen Fühlung zum III. Bataillon aufnehmen, Herr Hauptmann", sagte der Ordonnanzoffizier.

Hptm. von der Heydte überlegte schon seit langem, wie er dies bewerkstelligen sollte. Ein dichtes Waldgelände trennte sie von Galatas und dem III. Bataillon. Wenn er die I. Kp. ansetzte, würde sie unter Umständen in diesem Waldgelände vernichtet werden.

Die Spannung löste sich auf einmal, als ein Röhren und Rasseln vor ihnen erklang.

„Panzer von vorn!" rief einer.
Der Ruf ging von Mann zu Mann weiter und brach die unerträgliche Spannung. Auf einmal kam ein kleiner Panzer um eine Biegung 140 Meter voraus, aus dem Buschwerk heraus. Alles Feuer konzentrierte sich auf ihn. Kugeln knallten gegen seine Panzerung. Bis auf 50 Meter kam er an die vordersten Linien heran. Schon war der Gestank verbrannten Öls bemerkbar, als ein Panzerbüchsenschuß ihn erwischte. Eine Explosion! Der Panzer ruckte hart zur Seite, rammte einen Telefonmast und blieb bewegungslos liegen.

In der Zwischenzeit war Oblt. Hagl mit einem Zug der 2. Kp. beim Bataillonskommandeur eingetroffen. Hagl hatte sich mit seinem Zug mit Bravour zum Bataillon durchgeschlagen. Der wuchtige Bayer übernahm diesen Verteidigungsabschnitt des Batl.

Hundert Meter hinter dem Bataillonsgefechtsstand hatte Oberarzt Dr. Petrisch den Verbandsplatz eingerichtet. Der zweite Arzt war mit einer Kompanie nach vorn gegangen, um auf dem Gefechtsfeld Erste Hilfe zu leisten. Unter einem aus Zweigen errichteten schrägen Dach operierte der Oberarzt schon, als der Bataillonskommandeur gegen Mittag dort eintraf. 12 Schwerverwundete lagen oder saßen hier herum. Die leichten Fälle wurden sofort in das Feldlazarett zurückgebracht, das vom Regiment beim Zuchthaus eingerichtet worden war.

Am Nachmittag gegen 15.00 Uhr stiegen plötzlich bei der 2. und 3. Kp. Leuchtkugeln in die Höhe. Der Gegner griff dort an. Die Engländer versuchten, an der 1. Kompanie vorbei über den Hang vorzugehen, an dem die 2. und 3. Kp. sich eingegraben hatten. Der Gegner gelangte nahe heran. Immer wieder kam es zu Kämpfen Mann gegen Mann. Die Verluste des Bataillons wurden größer. Schon wurde die Munition knapp. Am späten Nachmittag gelang es, Funkverbindung mit dem II. Bataillon aufzunehmen.

Der Regimentsbefehl für den weiteren Angriff sah vor, daß das III. Bataillon beide Seiten des Weges Chania — Alikianou decken sollte. Das II. Bataillon blieb als bewegliche Reserve beim Regimentsgefechtsstand, der in der Nähe des Zuchthauses eingerichtet worden war. Die Pioniere sollten die nördlichen und westlichen Flanken im Bereich des Stausees schützen, und dem I. Bataillon wurde befohlen, auf der Höhe, rechts des Cladiso, Verteidigungsstellungen vorzubereiten.
Mit Einfall der Dunkelheit hörte im Abschnitt des I. Batl. das Feindfeuer auf. Der Bataillonsgefechtsstand wurde in eine andere, von Weingärten flankierte Seitenschlucht des Cladiso verlegt. Der erste Tag auf Kreta war auch für das I./FschJägReg. 3 zu Ende.

Tod eines Divisionskommandeurs

Generalleutnant Süßmann, Kommandeur der 7. Fliegerdivision, startete am 20. Mai um 6.00 Uhr mit seinem Gefechtsstab in fünf Lastenseglern in Eleusis. Seine beiden Adjutanten und die zwei Ordonnanzoffiziere befanden sich mit ihm in einem LS. Nach etwa 20 Minuten Flug — der Verband hatte eben die Insel Ägina erreicht — wurde dieser kleine Verband von einer einzeln fliegenden He 111 überholt. In dem Augenblick, in dem die He 111 vor der Kettenführermaschine war, brachen plötzlich, anscheinend infolge des entstandenen Luftwirbels, die Flächen des von der Kettenführermaschine geschleppten Lastenseglers ab. Der Rumpf des Seglers stürzte auf einen Felsen der Insel Ägina. Sämtliche Insassen dieses LS fanden den Tod. Mit Generalleutnant Süßmann fiel auch der Ordonnanzoffizier, Leutnant Freiherr von Liliencron.

Die übrigen Flugzeuge des Divisionsstabes landeten planmäßig etwa 600 Meter östlich des Stausees. Die Führung der Division übernahm — unter Beibehaltung der Führung seines Regiments — Oberst Heidrich.

Kreta — Kurzfassung

Auf dem Korpsgefechtsstand des XI. FlK. warteten gegen Mittag des 20. Mai alle Soldaten auf die Meldungen von der Insel. General Student hatte bereits am Vormittag Oberstleutnant Snowadzki mit einer Ju 52 nach Kreta geschickt. Er sollte auf dem Flugplatz Malemes das Flugplatzkommando bilden.

GenMaj. Schlemm, Chef des Stabes, und Oberstleutnant Trettner, der Ia, waren, wie sie später erklärten, „völlig schimmerlos“, wie die Lage auf der Insel sein könne, und auch Major Mors, als Ic, hatte nichts über den Gegner erfahren können.

Schließlich kehrte Oberstleutnant Snowadzki mit der Meldung zurück, daß der Flugplatz Malemes nach wie vor in der Hand des Gegners sei.

Obgleich von den 502 eingesetzten Ju 52 der ersten Welle nur sieben verlorengegangen waren, konnte die zweite Welle nicht rechtzeitig starten. Die zurückgekehrten Maschinen konnten auf den Plätzen nur notdürftig von Hand betankt werden. Der Treibstoff mußte aus Fässern in die Maschinentanks gepumpt werden.

Die auf 13.00 Uhr festgesetzte Startzeit der zweiten Welle war nicht einzuhalten. Und unmittelbar vorher hatte General Student einen FT-Spruch von Oberst Heidrich erhalten, daß er zwar die Kastellhöhe erobert habe, zum Sturm auf Chania jedoch nicht mehr in der Lage sei. Heidrich forderte das FJR 2 als Verstärkungsgruppe an. Oberst Sturm hatte aber keinerlei Unterlagen über den neuen Einsatzort, und die Flugzeugführer verfügten nur über Karten des ursprünglichen Einsatzortes, wohin denn auch das FJR 2 ab 13.30 Uhr startete. Und das war Rethymnon. Das Rgt. hatte für diesen Einsatz nur zwei Bataillone zur Verfügung, da sein II. Batl. unter Hptm. Schirmer der Gruppe Ost (Oberst Bräuer) unterstellt worden war.

Kampfgruppe Kroh nach Rethymnon

Als erste Gruppe startete um 13.30 Uhr die KGr. Kroh vom Flugplatz Megara und sprang nur eine Viertelstunde nach dem Bombenabwurf der eigenen Stukas. Die letzten Gruppen aber starteten erst zwei Stunden darauf.

Die 4./FJR 2 mit dem BatlStab wurde genau über dem Zielgebiet abgesetzt. Die ihr folgende 3. Kp. jedoch landete sieben Kilometer westlich der Höhe 217 im Felsgebiet und hatte eine Reihe Sprungverletzter.

Die 1. Kp. wiederum sprang dicht bei der vierten in der Nähe des Flugplatzes von Rethymnon. Beide Kpn. wurden aus Richtung Flugplatz heftig beschossen und blieben im Angriff auf dem Flugplatz vor einem Weinberg liegen. Damit waren sie nur 600 Meter vor dem ersehnten Ziel gestoppt worden.

Mit der 3. Kp. waren auch der Stab und Major Kroh gesprungen. Kroh sammelte diese Kpn. unter Oblt. von Roon und die 2./FschMGBatl. 7 und ging damit zum Flugplatz vor. Bis 17.15 Uhr wurde die Straße 400 Meter ostwärts des Weinberges erreicht. Es gelang der Dritten, den Nordhang des Weinberges zu erstürmen. Sie wurde aber wieder geworfen.

Geborgene Waffen- und Nachschubbehälter werden entladen.

Im zweiten Anlauf gelang die Erstürmung dank der Hilfe der Reste der 1. und 4./FJR 2. Um 19.50 Uhr war die Weinberghöhe in deutscher Hand.
Im Vorgehen auf den Flugplatz wurde die KGr. unter Oblt. von Roon aus gutgetarnten Höhenstellungen dicht vor dem Platz abgewiesen und erlitt herbe Verluste. Am Abend war Major Kroh klar, daß er von seiner KGr. 400 Mann an Toten, Verwundeten und Vermißten verloren hatte.
Bei der zweiten Angriffsgruppe, dem III./FJR 2 unter Hptm. Wiedemann, dem Einheiten der ArtAbt., des MG-Batl. und der FlakAbt. unterstellt worden waren, und die erst um 14.00 Uhr von Megara aus gestartet waren, kam es zu ähnlich schweren Verlusten. Bereits in der Luft erhielten die Fall-

Karl-Lothar Schulz (links) mit seinen Offizieren.

schirmjäger starkes Feuer. Bis 16.30 Uhr waren die letzten Fallschirmjäger beiderseits der Plataniasbrücke gelandet. Nur ein Teil der Waffenbehälter wurde in dem schwierigen Gelände gefunden. Hptm. Wiedemann stieß direkt nach dem Sammeln auf Rethymnon vor, konnte die Verteidigungsstellungen ostwärts der Stadt durchstoßen und bis zum Stadtrand vordringen. Dort blieben die Fallschirmjäger im starken Abwehrfeuer liegen.
Um 18.00 Uhr trat der Gegner zum Gegenangriff an. Nach einer Stunde mußte Hptm. Wiedemann den Befehl zum Absetzen geben. Diese KGr. zog sich bis Peribolia zurück. Hier hielt sie allen weiteren Feindangriffen stand.
Die Gruppe unter Major Schulz, die sich aus dem RgtNachrZug, der 2./FJR 2 und Resten der 13. und 14. Kp. sowie dem Stab des FschMG-Batl. 7 zusammensetzte und westlich des Flugplatzes springen sollte, um sich dort als Regimentsreserve bereitzustellen, erhielt ebenfalls noch in der Luft starkes MG-Feuer. Eine Ju mit Jägern der 13. Kp. stürzte brennend ab. Die 2. Kp. war allem Anschein nach durch zu starkes Feindfeuer am Absprung gehindert worden.
Major Schulz erreichte um 22.20 Uhr den vorgeschobenen RgtGefStand. Hier stieß er auf den RgAdj., der ihm meldete, daß das Rgt. falsch abgesetzt worden sei. Oberst Sturm, der RgtKdr., wurde vermißt. Er war mit zehn Soldaten seines Stabes in englische Stellungen gesprungen und nach mehrstündigem Feuergefecht gefangengenommen worden. Major Schulz übernahm das FJR 2. Er erreichte, nach Westen vorrückend, in der kommenden Nacht die Gruppe Wiedemann, die an der Plataniasbrücke im Abwehrkampf stand.

Kampf um Heraklion

Das FJR 1 unter Oberst Bräuer sollte, von einigen anderen Einheiten unterstützt, mit der zweiten Welle um 15.15 Uhr absetzend, Stadt und Flugplatz Heraklion in Besitz nehmen und den Flugplatz für nachfolgende Landungen offenhalten.
Die Verbände starteten in falscher taktischer Reihenfolge und trafen nicht ge-

Karl-Lothar Schulz nach der Meldung an Oberst Bräuer.

Diese Männer hielten in der Hölle von Rethymnon durch.

Bruno Bräuer (Mitte) bespricht mit Major Schulz die Lage.

schlossen, sondern in Ketten- und höchstens Staffelverbänden zwischen 15.00 und 18.00 Uhr über ihren Zielräumen ein. Da die Jagdbomber wegen der begrenzten Reichweite nur bis 16.15 Uhr über den Zielräumen sein konnten, mußte die Masse der Kräfte ohne Luftsicherung absetzen. Die Bombenangriffe des VIII. Fliegerkorps kurz vor 15.00 Uhr hatten den Gegner nicht vernichtet, sondern nur vorübergehend in Deckung gehalten. Infolge des Ausfalles von Maschinen beim 1. Einsatz war die Gesamteinsatzstärke des verstärkten FschJägRgt. 1 um rund 600 Mann schwächer als vorgesehen.

Das II./FschJägRgt. 1, das den Flugplatz im gleichzeitigen Angriff von zwei Seiten nehmen sollte, geriet beim Anflug und Absetzen in stärkstes Flak- und MG-Feuer. Mehrere Maschinen stürzten brennend ab. Bei der notwendigen Absetzhöhe von 200 Meter wurden viele Fallschirmjäger in der Luft verwundet.

Die Ostgruppe dieses Bataillons, geführt von dem Bataillonskommandeur Hptm. Burckhardt, kam zu keinem einheitlichen Angriff. Die Kompanieführer der 5. und 8. Kp., Oberleutnant Herrmann und Oberleutnant Platow, und die übrigen Offiziere, rafften alle Leute zusammen und stürmten, nur mit Pistolen und Handgranaten bewaffnet, gegen die zum Flugplatz hin ansteigende Höhe. Oblt. Platow und mehrere andere Offiziere wurden später auf der Höhe selbst tot aufgefunden.

Oblt. Herrmann hatte — noch im Schirm hängend — einen Kopfschuß erhalten, der ihn zeitweise erblinden ließ. Auf seinen Hauptfeldwebel gestützt und von einem Gefreiten auf der anderen Seite gehalten, versuchte er eine Deckung zu erreichen.

Hptm. Burckhardt gelang es bei Einbruch der Dunkelheit, 60 bis 70 Mann seiner Kampfgruppe am Fuß der Höhe 182 zu sammeln.

Die unter Führung von Hptm. Dunz stehende westliche KGr. des II. Batl., bestehend aus der 6. und 7. Kp. und der 1./FlaMGBatl. 7 sprang am Westrand des Flugplatzes ab und wurde binnen 20 Minuten aufgerieben.

Von diesem Bataillon sind zwölf Offiziere und 300 Mann gefallen. Acht Offiziere und 100 Mann wurden verwundet.

Vom I./FschJägRgt. 1 wurde nur die 3. Kompanie im Raum Gournes zeitge-

recht abgesetzt. Bataillonsstab, 1. und 2. Kp. folgten mit dreistündiger Verspätung. Die 4. Kompanie erhielt auf dem Festland wegen der vorgeschrittenen Tageszeit keine Starterlaubnis mehr und wurde später an anderer Stelle eingesetzt.
Die 2. Kompanie, die zwei Kilometer westlich von Gournes absetzen und die Funkstation in Besitz nehmen sollte, wurde fünf Kilometer zu weit östlich abgesetzt und traf erst verspätet beim Bataillon ein. Das Batl. sicherte nach Süden und Osten und besetzte die Funkstelle.
Oberst Bräuer, der mit dem Regimentsstab um 18.40 Uhr im Raum östlich von Gournes eintraf, entschloß sich sofort, mit einer Sicherung des I. Batl. unter Oblt. Graf Blücher auf den Flugplatz vorzugehen, den er schon im Besitz seines II. Bataillons glaubte. Er erreichte mit der Spitze gegen 23.40 Uhr den Osthang der Flugplatzhöhe und stieß hier zu seiner Überraschung auf einen starken Gegner.
Oberleutnant Graf Blücher erreichte in der Nacht mit einem Zug der 2. Kp. kämpfend die Höhe am Ostrand des Flugplatzes. Der Regimentsgefechtsstand wurde auf der Höhe nördlich der Straße, zwei Kilometer östlich des Flugplatzes errichtet.
Das II./FschJägRgt. 2 ohne seine 5. und 6. Kp., die wegen Ausfalls von Ju 52 zurückgelassen werden mußten, sollte erst nach dem III./FschJägRgt. 1 abspringen, kam aber bereits vor diesem Bataillon über dem Absprungplatz an, setzte ohne Gegenwehr ab und übernahm die Sicherung nach Westen und Süden.
Das III./FschJägRgt. 1 mit zugeteilten schweren Waffen, erreichte seine Absetzräume zwei Kilometer westlich und südlich der Stadt Heraklion ebenfalls verspätet und weit auseinandergezogen. Bereits beim Absetzen wurde es unter Feuer genommen. Dieses Feuer peitschte von den Höhen, von der Stadtmauer und aus den Häusern zu den zur Erde niederschwebenden Fallschirmjägern empor. Bis 18.00 Uhr gelang es, die Absetzräume freizukämpfen. Hierbei erlitt die 9. Kompanie sehr schwere Verluste. Der Kompanieführer, Oblt. Singer, fiel. Unter Führung von Karl-Lothar Schulz gingen sie bis zur Stadtmauer vor. Dort angekommen, versammelte Major Schulz seine Männer um sich und erklärte:
„Wir werden durch das Westtor in die Stadt eindringen. Über diese Mauer kommen wir nicht hinweg. Aber hier, auf der linken Flanke, könnten wir über die Felsen bis oberhalb des Stadttores kommen. Von dort haben wir Möglichkeiten, die in den Wachttürmen steckenden Gegner auszuschalten. Schulenburg! Sie übernehmen mit Oblt. Becker zusammen die Strandgruppe, umgehen die Stadt und dringen von der Seeseite aus ein. Die Westtorgruppe übernehme ich mit Oblt. Kerfin. Die Strandgruppe tritt um 2.30 Uhr an. Die Gruppe am Westtor um

Ein Grab für die Gefallenen.

2.45 Uhr. Lassen Sie alles fertigmachen. Es kommt darauf an, daß wir schnell und entschlossen vorgehen."

Entscheidung im Stab

Es war Nacht geworden. Nacht nach einem blutigen verzweifelten Ringen auf Kreta. Die Lage der Angreifer war mehr als kritisch. Die Schlacht um Kreta stand auf des Messers Schneide. General der Flieger Student erwog ernstlich, die Operation aufzugeben. Doch das hätte den Verlust der schon auf Kreta im Einsatz stehenden 7000 Fallschirmjäger nach sich gezogen.

Seit dem Nachmittag gingen auf dem Korpsgefechtsstand in Athen die Funkmeldungen ein, die fast alle Hilferufe waren. Es war — entgegen den Vorausberechnungen — noch an keiner Stelle gelungen, einen der drei Flugplätze fest in die Hand zu bekommen.

„Wir müssen", rang sich General Student zu einem Entschluß durch, „alle noch vorhandenen Reserven zum Angriff auf den Flugplatz Malemes zusammenfassen, um wenigstens einen Platz für die Landung der Gebirgsjäger in die Hand zu bekommen."

Der Stab des XI. Fliegerkorps wußte, daß dies die letzte Möglichkeit war, sonst hätte der Kommandierende General nicht diese Möglichkeit erwogen. Generaloberst Student sagte später zu dieser Entscheidung:

„Dieser Entschluß ist mir wahrhaftig nicht leicht geworden. Der wie ein Tennisplatz rotschimmernde Flugplatz von Malemes war klein und von den Engländern nur als Jäger-Flugplatz benutzt worden. Das war bekannt. Auf diesem Platz allein ein Luftlande-Unternehmen mit 500 schweren Transportmaschinen zu basieren, mit allen nicht voraussehbaren Zwischenfällen, bedeutete nun alles auf eine Karte setzen. Aber es blieb kein anderer Ausweg. Der eindeutige Schwerpunkt wurde auf Malemes gelegt."

Die erste Nacht auf kretischem Boden zerrte an den Nerven aller Beteiligten. Den 7000 gelandeten Fallschirmjägern stand eine Übermacht von 43.000 Gegnern gegenüber. Wenn nun der Gegner seine Gegenangriffe startete; wenn er mit allen verfügbaren, weit überlegenen Kräften zuschlug, dann waren die verstreuten Fallschirmjäger-Kampftruppen verloren. Der Gegner griff aber nur mit schwachen Kräften an und wurde abgewiesen.

In den späten Abendstunden des 20. Mai hatte das Generalkommando des XI. Fliegerkorps den Eindruck gewonnen, daß der Widerstand des Feindes erheblich stärker als erwartet war. Entscheidend für den Fortgang der Operation war die rasche Inbesitznahme eines Flugplatzes, so daß Landungen durchgeführt werden konnten. Nach Lage der Dinge konnte dies nur der Flugplatz Malemes sein.

Die Funkverbindungen von den Gruppen Malemes, Chania und Heraklion nach Athen waren von Anfang bis zum Abschluß der Kämpfe auf Kreta gut. Nur zwischen Rethymnon und Athen bestand keine Funkverbindung, weil die Funkstation dieser Gruppe schon beim Abwurf schwer beschädigt worden war.

Allein diese gute Funkverbindung zu den anderen Gruppen gestattete General Student durch die ausreichende Lagebeurteilung, den Schwerpunkt ganz auf Malemes zu verlegen. Noch in der Nacht ließ er Hptm. Kleye zu sich kommen, einen berühmten Draufgänger seines Stabes. Er beauftragte ihn, in der Morgendämmerung des 21. Mai bei Malemes zu landen und dort persönlich zu erkunden und mit dem Fallschirmjäger-Sturmregiment Fühlung aufzunehmen.

Im Morgengrauen des 21. Mai wagte es Hptm. Kleye vom Stab des XI. Fliegerkorps, am flachen Strand von Spilia auf Kreta zu landen. Drei Kilometer westlich Malemes ging die Maschine nieder. Die Lage war unverändert, und

Ju 52 landen auf dem Strand.

das war schon viel. Der Gegner hatte seine große Chance in der Nacht verstreichen lassen.
Wenig später starteten sechs weitere Ju 52, um die gleiche Landung und damit das Herüberschaffen der knapp gewordenen Munition zu schaffen. Auch ihnen gelang es zu landen, zu entladen, wieder aufzusteigen und zum Festland zurückzukehren.

Die Höhe 107

In den frühen Morgenstunden des 21. Mai griff das I. Bataillon des FJ-Sturmregiments unter Oberstabsarzt Dr. Neumann aus seiner Stellung am Nordhang die Höhe 107 am Flugplatz Malemes an. Das Bataillon stieß mitten in die Absetzbewegungen des Gegners hinein, und besetzte die Höhe. Nur am Rand der Höhe hielt sich der Gegner noch.
Etwa zur gleichen Zeit erhielt Hauptmann Gericke folgenden Korpsbefehl zum Angriff auf den Flugplatz:
„Am 21. Mai muß der Flugplatz Malemes unter allen Umständen genommen werden. Angriffsbeginn 13.00 Uhr. Zur Unterstützung dieses Angriffs werden erneut Fallschirmjäger im Rücken des Gegners bei Malemes und Pyrgos abspringen und in den Kampf um den Flugplatz eingreifen. Dem Sturmregiment werden außerdem noch zwei Kompanien Fallschirmjäger im Sprung zugeführt. Starke Kampffliegerverbände werden ab 14.00 Uhr den Angriff vorbereiten."
Zwei der englischen Flakgeschütze auf der Höhe 107 waren noch intakt. Sie

auptmann Walter Gericke, dr. des IV./FJSturmRgt., erält für Kreta das Ritterkreuz.

wurden nun von den Fallschirmjägern auf eine der umliegenden Höhen gerichtet, von denen der Gegner noch immer auf den Flugplatz herunterfeuerte, an dessen Rand sich schon die Männer des IV. Bataillons festgesetzt und einen schmalen Streifen in ihre Hand gebracht hatten. Einzelne Bunker am Platzrand wurden im Nahkampf genommen. Das Dröhnen eines Flugzeuges war zu hören. Wenig später tauchte die Maschine auf.

„Eine Ju 52, Herr Hauptmann!" brüllte einer der Männer.

„Dann kommen auch noch mehr."

Aber es war nur eine einzige Maschine, die über die Kronen der Olivenbäume hinweg den Platz anflog. Erkennungssignale wurden geschossen. Noch war der Flugplatzrand nicht feindfrei. Schon begann MG der Briten zu hämmern. Mit einer Kurskorrektur schwenkte die Ju 52 weg, setzte auf den kochend heißen Sand auf und rollte aus. Fallschirmjäger rannten auf die Maschine zu, deren Luken eben geöffnet wurden. Kisten mit Munition wurden ausgeladen.

„Holt die Schwerverwundeten!"

Der Flugzeugführer verließ die Kanzel und kam auf Hauptmann Gericke zu. Es war Leutnant von Koenitz, der es als einzelner versucht und — geschafft hatte.

Die Verwundeten wurden eingeladen. Unter ihnen auch GenMaj. Meindl. Die Maschine startete, kam hoch und verschwand nach Norden, wo irgendwo das griechische Festland lag.

In den frühen Nachmittagsstunden des 21. Mai wurden zwei 4 cm-Flak des Gegners klargemacht und damit die Batterie beschossen, die den Flugplatz dauernd unter Feuer hielt. Die Batterie wurde zum Schweigen gebracht.

Als gegen 16.00 Uhr die ersten Gebirgsjäger landeten, wurde die Beschießung der feindlichen Batterie eingestellt. Sofort setzte deren Feuer wieder ein und richtete auf dem Westrand des Platzes Schaden an. Die 3. Kompanie des FJ-Sturmregimentes wurde zur Einweisung der landenden Gebirgsjäger eingesetzt. Sie barg verwundete Gebirgsjäger und deren Gerät.

Um 20.00 Uhr meldete sich Oberarzt Dr. Weitzel wieder bei Hptm. Gericke. Der Kommandeur des IV. Bataillons erteilte ihm Weisung, mit einem Zug Gebirgsjäger den Küstenschutz zu übernehmen und feindliche Landungsversuche zu verhindern.

Gegen 21.00 Uhr gingen Fallschirmjäger und Gebirgsjäger zum Küstenschutz vor. Die Leichten Schiffsstaffeln wurden erwartet. Doch keine Einheit unternahm einen Versuch zu landen. Nur ein heftiges Seegefecht wurde später beobachtet.

Im Sprungbereich des Fallschirmjäger-Bataillons III des Fallschirmjäger-Sturmregiments aber sah es im Licht des zweiten Tages auf Kreta trostlos aus. Dort, wo dieses Bataillon niedergegangen war, breitete sich die weiße Seide der Fallschirme über den Olivenbäumen aus.

Die Fangleinen hingen wie Spinnennetze durcheinander verwoben. Tote Fallschirmjäger hingen noch im Geäst, und überall wohin man schaute, lagen Tote, Tote, Tote.

Hier waren kretische Freischärler im Einsatz gewesen.

An dieser Stelle des Absprungplatzes waren die Fallschirmjäger zu Hunderten in den Tod gegangen.

Mit 580 Männern war das III./Fallschirmjäger-Sturmregiment hier abgesprungen. 250 waren sofort gefallen, 115 wurden verwundet, 135 blieben vermißt, nur 80 konnten sich zu den anderen Bataillonen durchschlagen.

Genau um 14.00 Uhr flogen die ersten Stukas Malemes an. Abermals wurde die Erde umgewühlt. Gelbe Richtungspfeile und Fliegertücher zeigten den Maschinen den Weg. Das Dorf Malemes, noch immer vom Gegner besetzt, wurde zerstört.

Und dann griffen die Fallschirmjäger

Nach vorn sammeln zum neuen Vorstoß.

an. Sie stürmten in das Dorf hinein, erreichten die ersten Häuser von Malemes und kämpften sie frei. Doch der Gegner hielt sich auch hier. Die eine Hälfte der Häuser blieb in seiner Hand. Um 15.00 Uhr kam ein ganzer Pulk von Ju 52, erreichte den Absprungplatz und entließ einen Schub Fallschirmjäger zum Sprung in die Hölle. Es war Hptm. Schmitz mit fast zwei Kompanien der Fallschirm-Panzerjägerabteilung. Sie griffen sofort nach der Landung in den Kampf ein. Aber noch war höchste Gefahr. Wann endlich sprangen die zugesagten Reserven?

Oberst Ramcke kommt

Am 19. Mai war Oberst Bernhard Hermann Ramcke mit seinem Adjutanten, Hptm. Vogel, auf dem Flugplatz Topolia, 40 Kilometer südlich von Athen, eingetroffen, um den springenden Verbänden zu helfen, und vor allem, um die 5. Gebirgsdivision zu unterstützen und ihr bei den Vorbereitungen zu den Luftlandungen zur Hand zu gehen.
In der Nacht zum 21. Mai überwachte Oberst Ramcke das Verladen der schweren Waffen für die Gebirgsjäger, die am Morgen zum Flug nach Kreta starten sollten.
Aber noch immer war kein Flugplatz für diese Landungen frei. Der Startbefehl für die wartenden Gebirgsjäger konnte erst gegeben werden, wenn der erste Flugplatz freigekämpft war.
Von allen Seiten des riesigen Rollfeldes meldeten sich seit den späten Abendstunden des 20. Mai Fallschirmjäger bei Oberst Ramcke, die zurückgeblieben waren, weil ihre Maschinen beim Start ausgefallen waren. Darunter auch zwei Kompanien der Oberleutnante Kiebitz und Voßhage. Insgesamt sammelte Oberst Ramcke auf diese Weise 550 Fallschirmjäger, von denen jeder einzelne dringend auf Kreta gebraucht wurde. Oberst Ramcke meldete dem Generalkommando die damit stehende Reserve. Er erhielt wenig später Befehl, mit diesem Reservebataillon am Nachmittag des 21. Mai westlich Malemes zu springen, um den wichtigen Landeplatz freikämpfen zu helfen. Die schon eingestiegenen Gebirgsjäger mußten ihre Maschinen wieder verlassen. Ihre schweren Waffen wurden ebenfalls entladen. Oberst Ramcke kam nicht mehr dazu, an sich selbst zu denken.

)berst Bernhard Hermann Ramcke führte die KGr. West rfolgreich und erhielt das Ritterkreuz.

Als er in die Führermaschine stieg, mußte ihm ein fremder Fallschirm gereicht werden. Aber auch dieser Fallschirm trug am Verpackungssack ein rotes Bändchen, das Zeichen dafür, daß er vorschriftsmäßig gepackt war. In Reitstiefeln, ohne Knieschützer, stieg Oberst Ramcke in die Maschine. Es war schon Nachmittag geworden. Genau zwei Stunden nach dem Start der Kampfgruppe Hauptmann Schmitz startete nun auch die Kampfgruppe Ramcke zum Flug nach Kreta, zur Verstärkung der bei Malemes kämpfenden Fallschirmjäger.

Der Sprungeinsatz klappte. In einem Olivenhain wurde der Kampfgruppengefechtsstand sofort nach der Landung eingerichtet. Oberst Ramcke übernahm die Führung des Fallschirmjäger-Sturmregiments und der gesamten KGr. West. Oberst Ramcke erließ die ersten Befehle:

„Kompanie Kiebitz mit Pak nach vorn zu Hptm. Gericke. Der Angriff ist rücksichtslos auch im Dunkeln beiderseits der Uferstraße so weit vorzutragen, daß die feindlichen schweren Infanteriewaffen den Flugplatz nicht mehr bestreichen können. — Kompanie Klein zur KGr. Stentzler. Hptm. Schmitz bleibt ohne die bereits eingesetzten Geschütze zu meiner Verfügung."

Als die Dunkelheit einbrach, waren alle Abschnittskommandeure im Gefechtsstand von Oberst Ramcke versammelt. Dieser gab Major Stentzler, Hauptmann Gericke und Hauptmann Schmitz den Befehl für den im Morgengrauen des 22. Mai zu startenden Angriff mit dem Ziel: „Schneller Vorstoß nach Osten mit allen zur Verfügung stehenden Kräften, bis die Verbindung mit der KGr. Heidrich bei Chania hergestellt ist."

Oberst Ramcke ließ auch Strandposten aufstellen, um das Eintreffen der für Malemes bestimmten Leichten Schiffsstaffeln abzuwarten und sie einzuweisen. Bei diesem Posten befand sich KapitänLt. Bartels, der als einer der ersten mit einer Ju 52 gelandet war, um die Staffel zu erwarten.

Gebirgsjäger greifen ein — Malemes

Auf dem südgriechischen Flugplatz Tanagra herrschte am 21. Mai um 15.00 Uhr Hochspannung. Die Männer des Gebirgsjägerregiments 100 saßen seit dem Morgengrauen in dumpfer Ungewißheit herum. Dann aber kam der Befehl:

„Bataillon fertigmachen!"

Die Gebirgsjäger stiegen in die hitzeflirrenden Maschinen. Je sechs in zwei Reihen gegenüber. Die Hitze in den Ju 52 betrug bis zu 60 Grad.

Als die Maschinen aus dem Tiefflug emporzogen, weil südlich ein dunkler langgezogener Wall aus Felsen auftauchte, da wußten die Gebirgsjäger: das ist Kreta.

Unter den Gebirgsjägern war wieder Land. Eine Halbinsel, die sich weit nach Norden erstreckte: Kap Spatha. Dann tauchte linkerhand unter ihnen eine rötliche Fläche auf, wie ein Tennisplatz anzusehen: Malemes. Dort sollten sie landen.

„Fertigmachen!"

Mit einer Steilkurve stieß die Maschine hinunter.

„Festhalten!" brüllte einer, dann setzten die Motoren aus. Der Boden kam näher, ein paar hüpfende Sprünge, dann ein harter Ruck.

Die Schiebetür rollte zurück, eine dichte Staubwolke empfing die herausspringenden Gebirgsjäger. Auf einmal prasselte es in den Flugzeugrumpf hinein. MG-Salven krachten, Seitenleitwerk und Rumpf wurden von Löchern durchsteppt. Granaten krachten in den Platz hinein. Jaulend zogen andere über die Köpfe der Männer hinweg, die im Laufschritt über das Feld stürmten. Sie liefen beinahe in eine andere landende Ju 52 hinein, die eben rechts von

Brennende Maschinen am Platzrand von Malemes.

ihnen aufsetzte, und eine dunkelrote Schleppe aus Flammen hinter sich herzog. Und während das rotlodernde Phantom vorbeirollte, sprangen schon Männer aus den offenen Türen heraus, überschlugen sich, kamen wieder hoch, und dann knallten die Ju 52 am Platzrande aufeinander.

Weiter landeten Maschinen. Pak wurde ausgeladen und Gebirgsgeschütze und immer mehr Flugzeugwracks säumten das Rollfeld, wurden mit letzter Kraft aus der ohnehin engen Landebahn herausgerollt. Das Höllentor nach Kreta mußte von jeder der an diesem Tage landenden Maschine durchflogen werden. Einige schafften es, andere nicht. Die nachlandenden Maschinen mußten sich einen Weg durch Flugzeugwracks und Bombentrichter suchen. Mitten im Feuer des Gegners, das auf den Platz niederhagelte, war schon das Platzpersonal dabei, die Trümmer zur Seite zur schaffen. Mit einem erbeuteten

Der Platzrand voller abgeschossener Ju 52.

englischen Schlepper wurden die Überreste der brennenden Ju 52 zur Seite gezogen. Mehr und mehr Flugzeugwracks sammelten sich am Flugplatzrand. Ein einziger Flugzeugfriedhof. Als die Nacht einfiel, lagen zwanzig zerschmetterte, ausgebrannte und beschädigte Ju 52 am Flugfeldrand von Malemes.

Oberst Utz sammelte seine Gebirgsjäger. Als der Abend einfiel, hatte er vier Kompanien zur Verfügung. Eine dieser Kompanien half den stark angeschlagenen Fallschirmjägern der KGr. Gericke, den Süd- und Ostrand des Flugplatzes Malemes zwischen der Höhe 107 und dem Dorf Malemes zu halten. Die zweite Kompanie wurde von Oberst Utz sofort nach Nordwesten, zur Säuberung der Halbinsel Spatha in Marsch gesetzt, weil dort, in der Bucht von Kolimwari, in der heraufziehenden Nacht die beiden Leichten Schiffsstaffeln landen sollten. Oberst Utz selbst standen nur noch zwei Kompanien zur Verfügung, um mit ihnen die auf der Straße von Paläochora anrückenden Gegner aufzuhalten.
In den zurückfliegenden Maschinen wurden sofort die dringendsten Fälle verwundeter Soldaten zurückgeschafft.

Oberarzt Dr. Hartmann

Am Abend des 20. Mai war vom Regimentsarzt des Fallschirmjäger-Sturmregiments, Oberstabsarzt Dr. Neumann, über Funk beim Korpsgefechtsstand in Athen Nachschub an Sanitätsgerät und Sanitätspersonal angefordert worden.
General Student ließ sofort Teile einer Sanitätskompanie, die noch auf dem Festland stand, alarmieren und zum Sprung am folgenden Tage bereithalten. Diese Gruppe stand unter dem Befehl von Oberarzt Dr. Hartmann.
Am 21. Mai 1941, um 13.00 Uhr, startete diese Gruppe zum Flug nach Kreta. Sie sollte zwischen Malemes und Platanias landen und zum Fallschirmjäger-Sturmregiment vorstoßen.
Die Gruppe erreichte um 14.35 Uhr den Absprungplatz der 5. und 6. Kp. des FJ-Sturmregiments. Doch sie wurde weit auseinandergezogen abgesetzt; zum größten Teil schwebten die Männer mitten in die Feldbefestigungen des Gegners nieder und gingen so durch die Hölle des Abwehrfeuers. Der Zug wurde fast vollständig aufgerieben, verlor sein gesamtes Gerät und war nicht mehr einsatzfähig.
Mit den beiden Gruppen der Sanitäts-

Sanitätszelte dicht hinter der Front.

Uffz. Sieber und Geisberger sprang auch Oberarzt Dr. Hartmann. Beide Gruppen wurden mitten in die englischen Feldbefestigungen bei Platanias abgesetzt, ca. 1400 Meter vom Sprungplatz der 5. und 6. Kp. entfernt.

Starkes MG-Feuer traf die Männer schon in den Schirmen hängend. Ein großer Teil beider Gruppen wurde in der Luft getötet oder verwundet. Dicht bei Dr. Hartmann und Uffz. Schrumpf landete Uffz. Sieber. Er war bereits in der Luft am Oberarm verwundet worden. Sieber sollte der einzige sein, der diesem vernichtenden Feuer und dem Angriff des Gegners entkommen würde. Lassen wir ihn hier über die Stunden des Kampfes berichten:

„Mit Oberarzt Dr. Hartmann und Uffz. Schrumpf versuchte ich, in dem starken Feuer an die Waffenbehälter heranzukommen, die etwa 400 Meter von uns entfernt niedergegangen waren.

Als wir diesen Waffenbehältern zustrebten, wurden wir schon von den Engländern in Zugstärke von drei Seiten angegriffen. Unteroffizier Geisberger, der ungefähr 40 Meter von uns entfernt niedergegangen war, versuchte, dem Gegner zu entkommen. Er wurde durch Brust- und Kopfschuß getötet.

Mit sieben Männern erreichten wir schließlich einen Wassergraben, in dem wir uns verteidigten. Wir hatten nur Pistolen und Handgranaten. Zweieinhalb Stunden kämpften wir um unser Leben. Immer wieder wurde der angreifende Gegner abgewiesen. Doch wir wurden zusehends weniger. Immer mehr Kameraden fielen verwundet oder tot aus. Dann wurde unsere Munition knapp. Oberarzt Dr. Hartmann und ich waren schließlich noch allein übriggeblieben. Dann hatte der Oberarzt nur noch zwei Schuß in seiner 08. Er sagte zu mir:

‘Sieber, das sind die letzten zwei Schuß. Dann ist es aus mit uns.’

Dr. Hartmann wandte sich wieder dem angreifenden Gegner zu und feuerte die letzten beiden Schüsse hinaus, bevor er selbst einen Kopfschuß erhielt und neben mir tot zusammenbrach.

Ich hatte noch zwei Handgranaten und warf sie. Die Engländer erwiderten die Würfe mit Handgranatenwürfen, und dann stürmten sie von drei Seiten auf mich ein. Ich geriet in Gefangenschaft und wurde nach Chania geschafft. Meine Verwundungen wurden verbunden.“

Bei Galatas

In aller Frühe des 21. Mai erwartete Major Heilmann mit seinem III./FschJägRgt. 3 den Gegenangriff des Gegners von der Kastellhöhe von Galatas herunter. Dieser Gegenangriff hätte die geringen deutschen Kräfte entscheidend schwächen oder gar vernichten können. Doch er erfolgte nicht. Als dann gegen 10.00 Uhr deutsche Schlachtflugzeuge die Kastellhöhe angriffen, atmete Ludwig Heilmann erleichtert auf. Wenig später nahten auch Transportmaschinen.

„Fliegertücher auslegen! Erkennungssignale schießen!“ befahl Major Heilmann.

Die Ju 52 erkannten die Stellungen des Fallschirmjäger-Regiments 3. Sie warfen Nachschub an Munition und Verbandsmaterial ab.

Das Regiment bereitete sich zum Sturm auf Galatas vor. Ein erbeutetes Feldgeschütz wurde umgedreht, und nun verließ Schuß auf Schuß das Geschütz. Granaten flogen Galatas entgegen.

Noch immer war das Bataillon Heilmann zersplittert. Einzelne Nachrichten sickerten durch. Major Heilmann atmete erleichtert auf, als er hörte, daß seine vermißte 11. Kp. sich zum I. Bataillon durchgeschlagen hatte und dort im Einsatz stand. Aber die Schreckensnachricht vom Schicksal der 12. Kp. fiel schwer auf alle Fallschirmjäger nieder. Diese Kompanie war falsch abgesetzt worden. Mit Teilen fiel sie direkt in einen Stausee hinein. Eine Anzahl Fallschirmjäger ertrank. Die bei Daratsos mitten in die Stellungen der Engländer abgesetzte 10. Kp. war nach anfänglichen Erfolgen der Übermacht erlegen.

Bei Rethymnon

In den frühen Morgenstunden des 21. Mai stellte sich die KGr. Kroh des FJR. 2 zum Angriff und Sturm auf den Flugplatz Rethymnon bereit. Noch bevor dieser Angriff begonnen werden konnte, griff der Gegner gegen 4.00 Uhr die deutschen Stellungen am Flugplatzrand aus Westen an. Dieser erste Angriff konnte abgeschlagen werden, vereitelte aber die Durchführung des eigenen Angriffs. Um 9.00 Uhr stürmte der Gegner zum zweitenmal gegen die deutschen Stellungen an. Er umging

Die Sanitätsgruppe unter Dr. Langemeyer bei Heraklion.

den Südflügel der KGr. Kroh und war nicht mehr zu halten. Die am Vorabend nach hartem Kampf gewonnene Weinberghöhe mußte geräumt werden. Die dezimierte KGr. zog sich unter starkem gegnerischen Druck auf die Ölfabrik zurück, die ungefähr 1800 Meter östlich des Flugplatzes, hart östlich des Dorfes Stavromanos, direkt am Meer lag.

Als ein Fallschirmjäger mit der Meldung eintraf, daß 56 weitere Fallschirmjäger am Strand liegengeblieben und vom Gegner gefangengenommen worden seien, ließ Major Kroh einen starken Stoßtrupp vorgehen. Der Stoßtrupp drang im Handstreich in die feindlichen Stellungen ein, befreite die 56 Fallschirmjäger und kam mit ihnen zurück.

Um 7.30 Uhr erschienen über diesem Frontabschnitt in rollenden Angriffen Kampfflugzeuge des Typs Do 17. Bis 14.00 Uhr warfen sie Bomben auf die Feindstellungen. Ungefähr die Hälfte der geworfenen Bomben fielen in die eigenen Linien und forderten Verluste. Am Nachmittag des 21. Mai erschienen sechs Ju 52 und warfen Nachschubbehälter ab. Die Behälter gingen zum größten Teil im Bereich der eigenen Stellungen nieder. Ein Teil landete im Niemandsland. Freiwillige gingen vor und bargen sie.

Gegen 16.00 Uhr griffen die Australier im Süden und Südosten den deutschen Igel an. Vierhundert Meter vor den deutschen Linien blieben sie im Abwehrfeuer der 9. und 11. Kp. liegen. Kurz vor Mitternacht versuchten sie, die Kapellenhöhe in Besitz zu nehmen. Aber auch hier wurden sie abgewiesen. Der zweite Tag des Einsatzes war für das FJR 2 zu Ende gegangen.

Das III./FJR 1 unter Major Karl-Lothar Schulz in Heraklion.

Sturm nach Heraklion

Vor dem Westtor von Heraklion bereitete sich das III./FJR. 1, geführt von Major Karl-Lothar Schulz, in den frühen Morgenstunden des 21. Mai zum Sturm auf die Stadt vor. Um 2.30 Uhr, als eben die Strandgruppe unter Oberleutnant von der Schulenburg und Oberleutnant Becker verschwunden war, eröffneten die beiden Werfer des Bataillons das Feuer. Die Werfergranaten schmetterten in das Westtor von Heraklion hinein. Major Schulz hatte das Tor unter Feuer nehmen lassen, weil er sichergehen wollte, daß es nicht vermint war.

„Westtorgruppe greift an!"

An der Spitze seiner Männer stürmte Major Schulz vor. Meter um Meter kämpften sich die Fallschirmjäger an das Tor heran. Die Barrikaden des Gegners wurden im Handgranatenkampf genommmen.

Während einer kleinen Kampfpause hallte vom Hafen her das Gehämmer von Maschinengewehren. Auch dort stand also die KGr. im Gefecht.

Neun Stunden dauerte der Kampf Mann gegen Mann. Längst schon brannte die Sonne mit sengender Glut auf die Männer herunter, die noch in ihren dicken wollenen Springerkombinationen steckten. Dann reichten sich die beiden Kampfgruppen in der Stadt die Hand. Sie hatten es geschafft! Sie saßen mitten in Heraklion.

Wenig später wurden der griechische Stadtkommandant und der Bürgermeister der Stadt zu Major Schulz geführt.

Verhandlungen zwischen Major Schulz und dem Bürgermeister der Stadt (neben dem Bürgermeister Oberleutnant Horst Kerfin).

Kampfpause in Heraklion mit Grammophonmusik.

Sie übergaben Heraklion an die deutschen Truppen. Das Übergabedokument wurde von beiden Seiten unterzeichnet. In vier Kampfgruppen schwärmten die Fallschirmjäger durch die Stadt, um die letzten Widerstandsnester auszuschalten.

Mit dem inzwischen aufgefundenen Funkgerät ließ Major Schulz sofort Munitionsnachschub anfordern. Gleichzeitig meldete er die vollzogene Übergabe der Stadt.

Plötzlich flackerte erneut Kampftätigkeit auf. Mit einem Zug stürmte Major Schulz in die Richtung, aus der das Feindfeuer herüberschallte. Er erreichte die KGr. Becker, die sich vor dem nachrückenden Gegner Schritt für Schritt zurückzog.

„Was ist los, Becker?" fragte der Major den Kompaniechef.

„Wir sind von starken Kräften angegriffen worden, Herr Major. Die Engländer erkennen die Verbindlichkeit der

Major Schulz im Gespräch mit dem Bürgermeister.

vollzogenen Übergabe der Stadt durch den griechischen Stadtkommandanten für sich nicht an:"
„Zur Zitadelle!"
Sie liefen in die Richtung der Zitadelle, von woher nun das Feuer mehr und mehr anschwoll. Noch eben rechtzeitig stießen sie in die Flanke des Gegners hinein, der die KGr. von der Schulenburg angegriffen und eingeschlossen hatte.
Der Nahkampf begann. Haus um Haus mußte dem Gegner entrissen werden. Dann lösten sich die zäh kämpfenden Engländer vom Batl. Schulz, durchstießen die KGr. von der Schulenburg und stürmten zur Zitadelle zurück.
Auf dem Bataillonsgefechtsstand wurde bald genug klar, daß die Stunden des Bataillons Schulz in Heraklion gezählt waren. Die Munitionslage war verzweifelt. Es gab nur einen Ausweg aus dieser Lage: Rückzug, Preisgabe der Stadt, die unter Opfern erobert worden war.
Major Schulz gab den schwersten Befehl seiner bisherigen Laufbahn. Unter Zurücklassung von Nachhuten hinter den Barrikaden am Westtor, räumte das Bataillon Heraklion.
Am späten Nachmittag des 21. Mai 1941 flogen Stukaverbände Heraklion an. Zehn Minuten lang war die Luft vom Geheul der „Jerichosirenen" erfüllt. Zehn Minuten lang krachten Einschläge, die Stukabomben zerstörten die Stellungen des Gegners. Zwei Maschinen wurden abgeschossen. Die Zitadelle wankte unter einem Bombenhagel.
So endete der zweite Tag auf Kreta für das Bataillon Schulz.

Tragödie der Leichten Schiffsstaffeln

Die Erste Leichte Schiffsstaffel war in den frühen Morgenstunden des 20. Mai 1941 aus dem Hafen Piräus ausgelaufen. Sie bestand aus 30 Fahrzeugen, in der Mehrzahl Fischkutter und Motorsegler.
Das III./Gebirgsjägerregiment 100 war auf diesen Nußschalen an Bord gegangen. Hinzu kamen einige Fallschirmjäger. Diese Schiffsstaffel fuhr durch die See dem Ziel entgegen.
Die Zweite Leichte Schiffsstaffel, mit dem II./Gebirgsjägerregiment 85 an Bord, lief zur gleichen Zeit von Euböa aus. Ihr Weg würde — so hatte man ausgerechnet — sechs Stunden länger

sein. Ein dritter Schiffsverband, die Schwere Schiffsstaffel, lag im Piräus als Reserve auslaufbereit. In ihr waren größere Schiffe, meistenteils Küstenmotorschiffe, vereinigt.

Die Reichenhaller Jäger aus der Ersten Leichten Schiffsstaffel sahen die Stukas, die Ju 52 und die Jagdbomber über sich hinwegfliegen. Weiter und weiter zogen sich die Einheiten auseinander.

Als Kap Sunion passiert war, näherte sich der Geleitschutz dem Verband. Es war das italienische Torpedoboot „Lupo". Sie umkreiste von nun an Stunde um Stunde den Pulk der Schiffe, bis kurz nach Mitternacht die Insel Milos passiert wurde. Als der Morgen des 21. Mai heraufzog, war die Erste Leichte Staffel schon weit nach Süden vorgestoßen. Auf einmal aber setzte die „Lupo" ein Flaggensignal:

„Zurück nach Milos!"

Um 7.00 Uhr des 21. Mai hatte die Leichte Schiffsstaffel vollzählig im Hafen von Milos festgemacht. Oberstleutnant Ehal versammelte die Offiziere auf seinem „Flaggschiff".

Was war passiert? War auf Kreta etwas schiefgelaufen?

Gegen Mittag tauchte aus Norden die Zweite Leichte Schiffsstaffel auf. Als sie im Hafen anlegte, löste sich die Erste Leichte Schiffsstaffel aus dem Hafen und ging mit Kurs auf Kreta wieder in See.

Gegen 22.50 Uhr wurde plötzlich Alarm gegeben. Die Gebirgsjäger des Regiments 100 eilten an Deck und starrten in die Finsternis. Ein Scheinwerfer flammte voraus auf. Dann noch einer. Beide Lichtbündel strichen über die See hinweg und fanden schließlich das erste deutsche Schiff.

Nur Sekunden später wurde die Finsternis vom Mündungsfeuer eines englischen Zerstörers durchbrannt. Die zweite Salve brüllte auf, als die Scheinwerfer jäh erloschen. Das getroffene Schiff flog mit einer einzigen wuchtigen Explosionsflamme in die Luft. Feuer durchpeitschte die Nacht. Flammen loderten empor, und dazwischen flitzte die „Lupo" umher, schoß aus allen Rohren, wurde angegriffen, flitzte hakenschlagend durch das rasende Feuer der Briten und kämpfte.

Das Torpedoboot erhielt nicht weniger als 18 schwere Treffer, ehe es den Kampf aufgeben mußte, weil nichts mehr schwamm, was man schützen konnte.

Zur gleichen Zeit stand Kapitänleutnant Bartels mit seinem Stab auf Kap Spatha, der Halbinsel, die sich westlich von Malemes 20 Kilometer weit in die See erstreckt.

Kurz vor 23.00 Uhr sah er, sahen alle Männer auf dem Kap, wie weit im Norden auf See die Nacht von Scheinwerfern und Leuchtgranaten erhellt wurde. Sie sahen die brennenden Schiffe. Sie erlebten die Tragödie, die sich dort in der Nacht abspielte.

Auf einmal war Stille. Wenige Minuten später feuerten die englischen Schiffe auf die deutschen Stellungen bei Malemes.

Auch die Zweite Schiffsstaffel wurde in den frühen Morgenstunden des 22. Mai von den Engländern aufgespürt. Das italienische Torpedoboot „Sagittario" nebelte den Verband ein. Nur wenige Schiffe gingen verloren, denn nun entdeckten deutsche Sturzkampfbomber im ersten Frühlicht den Gegner. Männer auf ihren Nußschalen sahen die Ju 87 abkippen, hörten sie der See entgegenröhren. Sie sahen die haushohen Sprengdetonationen, die die See aufrissen. Sie sahen auch das geballte Feuer der Schiffsflak, durch die diese „Schwere Artillerie der Luft" hindurch mußte. Riesige Wasserkaskaden wurden emporgeschleudert.

Der erste britische Zerstörer wurde vom Volltreffer einer 500-Kilo-Bombe und den anschließenden Munitions-Detonationen auseinandergerissen. Dann traf es einen der Kreuzer.

Das VIII. Fliegerkorps war im Einsatz. Es war den Engländern gelungen, die Erste Leichte Schiffsstaffel zu vernichten. Aber sie bezahlte diesen Sieg mit dem Verlust von drei schweren Einheiten ihrer Mittelmeerflotte.

Eine Gruppe Gebirgsjäger, die fünf Kilometer vor Kap Spatha ihre brennenden Schiffe verlassen konnte, versuchte, das Kap schwimmend zu erreichen. Ein Schlauchboot mit 15 Geretteten pullte ihnen voraus; die Schwimmer folgten. Einige waren verwundet. Sie wurden von den anderen geschleppt. Die im Schlauchboot waren alle schwer verwundet und dazu noch Nichtschwimmer.

Schließlich erreichten sie die Küste. Als es Tag wurde, standen 100 Reichenhaller Jäger auf Kreta.

300 Offiziere, Unteroffiziere und Mannschaften aber, darunter auch Oberstleutnant Ehal, behielt die See. Das III./GJR 100 hatte seine gesamte Gefechtsstärke eingebüßt.

Wie der Kampf der deutschen Luftwaffe gegen die englische Flotte am 21. und 22. Mai im einzelnen vor sich ging, sei hier anhand des Gefechtsberichtes „Kreta" der Luftflotte 4 dargestellt:

„Die noch vor Beginn der Morgendämmerung des 22. 5. gestartete Luftaufklärung erbrachte, daß große Teile der englischen Flotte in dem Seegebiet nördlich Kreta waren und eine besondere Gefährdung der Ersten und Zweiten Schiffsstaffel darstellten. Im ganzen wurden drei feindliche Kräftegruppen mit insgesamt 33 schweren und mittleren Einheiten festgestellt.

Die in rollendem Angriff angesetzten Kampf- und Stukaverbände hatten vollen Erfolg.

3 Kreuzer oder Zerstörer wurden versenkt, 3 weitere schwere Einheiten wurden beschädigt, und auf 6 weiteren Einheiten Treffer erzielt, so daß mit deren Beschädigung zu rechnen war."

Im Lauf des Nachmittags war das Seegebiet nördlich Kreta frei von Gegnern. Die englische Flotte war schwer angeschlagen den Angriffen der deutschen Luftwaffe ausgewichen.

Der dritte Tag: Beim Fallschirmjäger-Sturmregiment

Unmittelbar nachdem die Abschüsse, die Brände und Explosionen vor der Küste von Kap Spatha erloschen waren und es feststand, daß die Erste Leichte Schiffsstaffel vernichtet worden war, griff der Gegner im Raum Malemes die Stellungen des IV. Batl. (Hptm. Gericke) an.

Besonders zwischen Straße und Küste versuchte er, mit Lastwagen und Panzern durchzubrechen. Im Abschnitt der Kompanie Kiebitz rollten diese Panzer vor. Oblt. Kiebitz war am Abend von Oberst Ramcke mit unterstellter Pak als Verstärkung zum Bataillon Gericke geschickt worden. Diese Maßnahme erwies sich nun als richtig. Zwei Panzer wurden vernichtet. Dieser britische Angriff wurde abgewiesen.

In den ersten Morgenstunden des 22. Mai erschien Oberst Ramcke auf dem Gefechtsstand von Hptm. Gericke. Das Bataillon hatte Verstärkung, dazu Waffen und Munition erhalten. Major Stentzler und Hptm. Schmitz wurden eingewiesen. Alle Kommandeure beurteilten die Lage zuversichtlich.

Oberst Ramcke befahl dem Bataillon Stentzler, anzuhalten und die erreichten Stellungen zu sichern. Erst wenn die weitausholende Umfassung der Gebirgsjäger (unter Oberst Utz) wirksam geworden sei, sollte der Angriff wieder aufgenommen werden.

Zur Verstärkung der Stoßkraft ließ Oberst Ramcke die Kampfgruppe Hptm. Schmitz zwischen dem Batl. Stentzler und Gericke einschieben. Die bis dahin dem IV. Bataillon unterstellten Teile des II. Batl. wurden Major Stentzler wieder zugeführt.

Die zur südlichen Umfassung angesetzten Teile der Gebirgsjäger bestanden aus Teilen des GebJägRgt. 100 und des I./GebJägRgt. 85. Am Mittag des 22. Mai traf der Chef des Stabes des XI. Fliegerkorps, General Schlemm, bei

Sonnenschutz aus Fallschirmseide.

Malemes ein. Der General leitete von diesem Zeitpunkt an die Zuführung und Einweisung der Verstärkungen und nahm die Verbindung mit Athen auf. Die am 21. Mai bei Pyrgos eingesetzte Kompanie Hagele des FJR 2, die auf Befehl des Korps dort trotz der völlig ungeklärten Lage in starke gegnerische Stellungen absprang, traf nach erbitterten Durchbruchskämpfen, die mitten durch die Stellungen führten, nach schweren Verlusten, mit geringen Überresten am Nachmittag des 22. Mai beim Bataillon Gericke ein.

In der fruchtbaren Niederung von Galatas und Chania saßen noch immer — innerhalb der britischen Verteidigung — die Fallschirmjäger des Regimentes 3. Oberst Heidrich versuchte unermüdlich, den englischen Umklammerungsring zu durchbrechen und mit der Westgruppe eine gemeinsame Front herzustellen. Gelang ihm dies, dann war die Wegnahme von Chania und Suda nur noch eine Frage der Zeit.

Aber an dieser Stelle hatten Teile seines Regimentes hohe Verluste erlitten. Und noch immer waren die beherrschenden Höhen von Galatas in feindlicher Hand.

Als der dritte Tag in diesem Kampfabschnitt heraufdämmerte, ging Hptm. von der Heydte im Abschnitt seines I. Bataillons die Frontlinie ab. Nichts hatte sich in den vergangenen Nachtstunden geändert.

Gegen Mittag tauchten wieder Stukaverbände auf, die die Suda-Bucht bombardierten. Explosionen zerrissen die Luft, graue Rauchwolken erhoben sich über der Bucht. Dort wurden die britischen Kriegsschiffe bombardiert.

Die Neuseeländer aber hielten ihre Höhenstellungen bei Galatas. Sie konnten von den Höhen auf das Zuchthaus Agya heruntersehen, wo der Regimentsgefechtsstand eingerichtet war. Solange sie sich dort auf der Höhe hielten, war eine Verbindungsaufnahme mit der Westgruppe unmöglich.

Oberst Heidrich befahl dem II. Bataillon, Galatas anzugreifen und die Höhen und Dörfer in Besitz zu nehmen. Die Werfer- und Panzerjäger-Kompanien des Regiments wurden zur Unterstützung des II. Bataillons abgestellt. Der Angriff wurde für den 23. Mai befohlen.

Kampfraum Rethymnon

Beim verstärkten I./FJR 2 (Majo[r] Kroh) setzte am Morgen des 22. Ma[i] das Infanteriefeuer des Gegners wiede[r] ein. Dieses Vorbereitungsfeuer des 1[.] australischen Bataillons deutete auf einen bevorstehenden Angriff hin. Ma jor Kroh ließ alle Kräfte zur Verteidigung der Ölfabrik in Stellung gehen. Der um 7.00 Uhr vorgetragene Angriff zweier australischer Kompanien auf die Ölfabrik wurde von einem Bataillon der 4. griechischen Brigade mit 2 Panzern des 7. Tank-Regiments unterstützt. Bis auf wenige Meter kamen die vordersten Angreifer an die deutschen Verteidigungsstellungen heran. Der Angriff kam zum Erliegen. Um die noch im Niemandsland zwischen beiden Linien liegenden Schwerverwundeten bergen zu können, überbrachte der Gegner um 10.11 Uhr ein Waffenstillstandsangebot. Die Waffen schwiegen, und auch deutscherseits wurden 50 Verwundete, von denen 35 schwere Verletzungen erlitten hatten, zum Verbandsplatz zurückgeschafft. 70 verwundete deutsche Fallschirmjäger wurden durch englische Sanitätsmannschaften in dem aufgegebenen Gelände geborgen und versorgt.

Im Abschnitt der KGr. Wiedemann, wo sich das verstärkte III. Batl. in den Stellungen um Peribolia zur Verteidigung festgesetzt und am Nachmittag des 21. Mai durch sechs Ju 52 Nachschub an Munition erhalten hatte, begann der Morgen des 22. Mai ebenfalls mit schwerem Artilleriefeuer. In die Angriffsvorbereitungen des Gegners hinein fiel ein deutscher Stuka-Angriff, der von der Gruppe Wiedemann durch Sichtzeichen und Richtungspfeile dirigiert wurde und durchschlagende Wirkung erzielte. Ein feindlicher Angriff gegen die Kapellenhöhe, südlich Peribolia, wurde von der 11. Kp. blutig abgewiesen. Eine Stunde später griff der Gegner in Bataillonsstärke von Südosten her an. Der Kampf tobte bis 18.42 Uhr, ehe er mit einer blutigen Niederlage für die Angreifer endete.

Während dieser Kämpfe entwickelte sich die Lage bei der 9. Kp. auf der Kapellenhöhe äußerst ungünstig. Unter schwerem Beschuß liegend, erlitt sie durch das Feuer von Westen und Osten Verluste. Im Schutz dieser Feuerglocke griffen die Engländer die Höhe an. Sie arbeiteten sich geschickt bis in Einbruchshöhe vor und brachen in dem Augenblick, als die Front um Peribolia zurückgenommen wurde, in die Stellungen der nunmehr isoliert liegenden 9. Kompanie ein.

Die Kompanie mußte sich aus ihren Außenbastionen auf den zentral gelegenen Friedhof zurückziehen. Hier richtete sie sich zur Rundumverteidigung ein.

Nun griffen die Briten mit allen Kräften den Friedhof an. Sie gelangten bis auf Handgranaten-Wurfweite an die Mauern heran. In dem folgenden Handgranatenduell erlitten auch die Verteidiger hohe Verluste. Schließlich raffte Lt. Kühl eine Handvoll Fallschirmjäger zusammen und ging zum Gegenstoß vor.

Diese wenigen Männer schafften es. So unerbittlich hart war ihr Gegenstoß, daß der Gegner sich zurückziehen mußte. Die Kirchhofshöhe war noch einmal gerettet.

Kampfraum Heraklion

Auch für das FJR 1 im Raum Heraklion war der 22. Mai 1941 ein Tag bitterer Entschlüsse und ebenso bitteren Einsatzes. Am Vormittag dieses Tages kam ein britischer Parlamentär zur KGr. Schulz. Er überbrachte eine Botschaft des britischen Kommandanten von Heraklion. Major Schulz las seinen Männern die Botschaft vor. Sie lautete:

„Deutsche Fallschirmjäger!

Sie haben tapfer gekämpft. Aber jetzt ist jeder weitere Kampf sinnlos geworden. Sie sind die einzige kleine Gruppe auf der ganzen Insel, die noch nicht vernichtet wurde. Ihr weiterer Widerstand ist sinnlos. So sehr ich Ihren Mut anerkenne, fordere ich Sie jetzt auf, sich ehrenvoll zu ergeben. Sie werden gut behandelt werden."

Mit ein paar Worten schickte Major

Schulz den Parlamentär wieder fort. Seine Antwort lautete:
„Die deutsche Wehrmacht hat den Auftrag, Kreta in Besitz zu nehmen. Sie wird diesen Auftrag ausführen!"
Wenig später gelang es dem Nachrichtenoffizier des III./FJR 1 Verbindung mit dem Regiment zu erhalten. Oberst Bräuer erteilte dem Bataillon Weisung, mit einem Teil an der Stelle, wo es sich befand, die Straße nach Westen zu sperren. Die Eroberung von Heraklion wurde zurückgestellt.

In dem Bergdorf Tselikakä richtete Oberarzt Dr. Langemeyer den Verbandsplatz für das Bataillon Schulz und das Bataillon Schirmer ein, das sich den ganzen 22.5. hindurch mit griechischen Freischärlern herumschoß. Hierher wurde auch Oberarzt Dr. Kirsch gebracht, der am 20. Mai westlich Heraklion gesprungen und durch Brustschuß verwundet worden war.
Als die ersten Ruhr-Erkrankungen auftraten und weitere Kranke an Papadatschifieber litten, das mit durchfallähnlichen Krankheitserscheinungen auftrat, wurde ein Artikel knapp, an den niemand in der vorbereitenden Phase gedacht hatte.
Sofort ließ Oberarzt Dr. Langemeyer einen offenen Funkspruch an den Korpsgefechtsstand in Athen tasten, in dem er um „Klosettpapier" bat. Stundenlang wurde auf der Funkstelle des XI. Fliegerkorps gesucht, was für eine Bewandnis es mit dem „Schlüsselwort" Klosettpapier habe. Das Problem beschäftigte — angefangen bei Oberstleutnant Dr. Weyland, dem Nachrichtenführer, bis zum Funker zwo, der den Spruch aufgefangen hatte — jeden Mann. Bis man schließlich darauf kam, daß *das* gemeint sein könnte, was da ausgesprochen worden war.
Mit den nächsten Verpflegungsbomben kam dann eine mit dem ersehnten Inhalt.

Kampfgruppe Gericke geht vor

In den frühen Morgenstunden des 23. Mai bemerkte Hptm. Gericke von seinem Gefechtsstand aus Rückzugsbewegungen des Gegners. Er stieß deshalb aus eigenem Entschluß beiderseits der Straße nach starker Feuervorbereitung zum Angriff vor.
Die KGr. Schmitz und Stentzler schlossen sich — nach rechts an das IV. Bataillon angelehnt — diesem Angriff sofort an. Von Schlucht zu Schlucht, von Höhe zu Höhe, stießen die Fallschirmjäger vor. Das gesamte Höhengelände

Engländer geben sich gefangen.

General der Gebirgstruppen Julius Ringel führte auf Kreta die 5. Gebirgsdivision.

bis westlich Platanias fiel in diesem Sturmlauf den Angreifern zu. Damit waren hier die letzten Batterien der Engländer ausgeschaltet.

Auch am 23. Mai unterstützte die Fallschirm-Artillerieabteilung das Vorgehen der KGr. Gericke. Mitten im Vorwärtsstürmen erhielt die KGr. Weisung, nicht über die Höhe, ca. 1 Kilometer westlich Platanias, hinaus vorzustoßen. Doch die Spitzengruppe, in der Pak und Fla-MG unter der Führung von Oberleutnant Trebes vereinigt waren, stürmte noch über dieses Ziel hinaus. Sie erreichte den Bachgrund westlich Platanias und blieb hier an der Straße liegen.

Die Reste des I. Bataillons wurden, mit Versprengten anderer Einheiten zusammen, zu zwei Kompanien von jeweils 80 Mann neu zusammengefaßt. Oblt. Stoltz übernahm diese zwei Kompanien und führte sie als Kampfgruppen-Reserve hinter das II. Bataillon (Stentzler). Die KGr. Schmitz wurde ebenfalls herausgezogen und hinter den rechten Flügel der KGr. Gericke geführt. Sie erhielt den Auftrag, den Küstenschutz bis hinunter zum Flugplatz Malemes zu übernehmen.

Die FschArtAbt., die am Vortag dem Artilleriekommandeur der Gebirgsjäger unterstellt worden war, schloß mit einer Batterie im Abschnitt der Gruppe Ramcke auf. Sie errichtete beim derzeitigen Regimentsgefechtsstand, 500 Meter nördlich der Kirche von Modion, eine neue B-Stelle.

Die Gruppe West

Offiziell übernahm am Morgen des 23. Mai 1941 Generalmajor Ringel die Führung der Gruppe West. Alle östlich Malemes stehenden Fallschirmtruppen wurden mit Tagesbeginn zur Gruppe Ramcke zusammengeschlossen. Am Abend dieses Tages kämpfte die Gebirgsartillerie der Gebirgsjäger gemeinsam mit der Fallschirmartillerie die bei Platanias stehenden Geschütze des Gegners im zusammengefaßten Feuer nieder. Als die Dunkelheit einfiel, waren diese Geschütze zum Schweigen gebracht.

Das II. Bataillon erhielt Weisung, erst anzutreten, wenn die Gebirgsjäger den Höhenkamm 259 in nördlicher Richtung überschritten hätten und eine Lockerung des Gegners sich bemerkbar machte. Das Angriffsziel wurde dem Bataillonskommandeur im Gelände gezeigt.

Das Bataillon Gericke, das die Ebene beiderseits der Straße zu überwinden hatte, sollte erst auf den Befehl des Kampfgruppenführers antreten.

Noch am späten Nachmittag und Abend wurden unter Ausnutzung des im Rücken stehenden Sonnenlichtes durch direktes Feuer mit erbeuteten 4,7-cm-Flak, der eigenen 3,7-cm-Pak und der 2-cm-Fla-MW, mit Panzerbüchsen und einer Batterie der FschArtAbt. die einzelnen, nun gut erkennbaren MG-Nester und Schützennester der Engländer wirksam herausgeschossen. Die Nacht verlief nach abflauendem gegnerischen MG- und Gewehrfeuer, das sich bis in die Dunkelheit hineinzog, ruhig.

Als am Morgen die Gruppe Ramcke vorging, fand das II. Batl. unter Maj. Stentzler keinen größeren feindlichen Widerstand. Das Bataillon gewann die vorgesehene Höhe südwestlich von Platanias. Der für den Spätnachmittag vorgesehene Angriff auf die östlichen, gegenüberliegenden Höhen wurde auf den nächsten Morgen verschoben. Das Bataillon hatte einen Toten, neun Verwundete, vier Vermißte.

Die am Nachmittag des 22. Mai aufgefüllte 3./FJR 1, die sich in Tavronitis auf Befehl von Oberst Ramcke in Stärke von 1 Offz., 9 Uffz. und 43 Mannschaften bereithielt, wurde am Abend des 22. Mai dem II. Batl. unterstellt. Oberarzt Weizel, der Kompanieführer, führte sie am 22.5. um 18.00 Uhr zum neuen Regimentsgefechtsstand auf der

Nachschubkolonne der Gebirgsjäger rollt durch schwerpassierbares Gelände.

Höhe 107, wo sie um 22.35 Uhr eintraf. Sie erhielt Weisung, am folgenden Tag die Höhen von Pyrgos südlich Malemes anzugreifen. Angriffsbeginn war 10.00 Uhr.
Bei Angriffsbeginn gelang es der Kompanie nicht, mit dem linken Flügel Verbindung aufzunehmen, der von der Kp. Scheifele besetzt war, weil das IV. Batl. selbständig vorgestoßen war. Nach Überschreiten mehrerer Höhenrücken erreichte die 3. Kp. gegen 13.00 Uhr das Dorf Isichtos. In diesem Dorf befanden sich acht deutsche Verwundete und zahlreiche verwundete Engländer. Im weiteren Verlauf des Tages marschierte die 3. Kp. nach Modea zum Regimentsgefechtsstand. Oberarzt Weizel meldete sich bei Oberst Ramcke. Der Oberst gab ihm bekannt, daß die Kompanie Regimentsreserve bilden sollte.

Das Luftlandelazarett

Das am 22. Mai 1941 gelandete und bei Tavronitis eingesetzte Luftlandelazarett hatte am 23.5. ab 6.00 Uhr laufend Verwundete zu versorgen. Insgesamt wurden am 23. Mai 200 Verwundete versorgt. Gleichzeitig wurde der Abtransport mit den abfliegenden Ju 52 eingeleitet. Es war möglich, durch eigene Kräder mit Beiwagen und Anhänger, und durch vorbeikommende Lkw, die Verwundeten auf aufgesetzten Tragen zu dem etwa einen Kilometer entfernten Flugplatz zu fahren.
In Tavronitis befand sich, nur drei Häuser vom Luftlandelazarett entfernt, ein englischer Verbandsplatz mit vier Ärzten und 24 Mann Personal, darunter Dolmetscher, Geistliche und ein Inspektor, welche die dort liegenden Verwundeten versorgten. Auf die

Bitte der englischen Ärzte hin wurden ihnen mehrfach Arzneimittel und Verbandsmaterial überlassen. Grundsätzlich wurden auch die verwundeten Griechen oder Engländer nach der ersten Versorgung zu den Engländern übergeführt.

Während das Luftlande-Feldlazarett den HVP in Tavronitis übernommen hatte, richtete die Sanitätskompanie Dietzel in Malemes einen neuen HVP ein. Um 14.00 Uhr war die Einrichtung durchgeführt, und der Rest der Kp. räumte den alten HVP bei Camissiana. Im Verlauf dieses Tages trafen noch einige Versprengte der Sanitätsgruppe Hartmann ein, so daß insgesamt 17 Mann der 2./FschSanAbt. zur Kompanie Dietzel gestoßen waren. Die Verluste der Gruppe Hartmann beliefen sich nunmehr auf 51 Mann. Die Kp. Dietzel erhielt fünf Nachschubkörbe Verbandsmaterial, die mit Ju 52 auf dem Flugplatz ausgeladen worden waren.

Erst am 23. Mai konnten auch die Verwundeten des III. Batl. geborgen werden, als mit Fortschreiten des Angriffs in Richtung Pyrgos gegen 11.00 Uhr der Absprungplatz des III. Batl. freigekämpft wurde. Die Mehrzahl der befreiten Gefangenen — es waren 35 — war in britischer Gefangenschaft ärztlich versorgt worden. Nach ihren Berichten war die Behandlung durch die neuseeländischen Truppen einwandfrei.

Die sofort vorgenommenen Wundrevisionen ergaben jedoch, daß die Art der Versorgung keineswegs deutschen Ansprüchen genügte. Man hatte sich in der Hauptsache auf das Anlegen der an sich vorzüglichen Verbandspäckchen beschränkt. Jedoch wurde keine Wundtoilette vorgenommen. In einigen Fällen gelangte entfettete und wohl auch sterile Watte direkt auf die Wunde. Wundstarrkrampfserum wurde überhaupt nicht gespritzt.

Nach Aussagen eines wenig später in Gefangenschaft geratenen neuseeländischen Sanitätsoffiziers ermangelte es diesen Teilen der britischen Armee an größeren Beständen dieses Serums und anderen Seren.

Nach ausgiebiger konservativer Behandlung und chirurgischer Versorgung wurden diese Verwundeten sofort zum Flugplatz abtransportiert.

24. Mai: Tag der Entscheidung

In den frühen Morgenstunden des 24. Mai stieß ein Spähtrupp von Oblt. Göttsche (Nachrichtenoffizier des FJ-SturmRgt.) auf der Straße in Richtung Platanias vor. Das Feuer zeigte ihm, daß Platanias und die Hänge westlich der Stadt noch vom Gegner besetzt waren. Als dann vom RegGefStand das umfassende Vorgehen der Gebirgsjäger rittlings des Höhenzuges 259 südlich Platanias beobachtet wurde, schloß sich gegen 10.00 Uhr das II./FJSturm Rgt. diesem Vorgehen an.

Die KGr. Gericke stieß nach und gewann noch in den Vormittagsstunden das Dorf und das Höhengelände beiderseits Platanias. In scharfem Nachdrängen stießen die Fallschirmjäger hier über Agya-Marina bis an die Höhen östlich und südöstlich Stahana-Chania vor. Auf diesen Höhen konnte der rechte Flügel der Gruppe Gericke die Verbindung mit der Fallschirm-Pionierkp. (Oblt. Griesinger) aufnehmen, die mit dem Bataillon Heilmann und dem FJR 3 der Gruppe Chania angehörte, welche sich am Stausee, sechs Kilometer südwestlich Chania befand. Damit war im Verein mit den Gebirgsjägern der Gruppe Utz (GebJägRgt. 100) die Verbindung mit der Kampfgruppe Mitte bei Chania hergestellt. Auf der erreichten Linie richtete sich die KGr. Gericke für die Nacht zur Verteidigung ein. Der Gefechtsstand befand sich nun 500 Meter östlich Agya-Marina.

Das II. Batl. war nicht so schnell vor-

Es steht auf des Messers Schneide. General Student am Morgen des 24. Mai auf dem Wege nach Kreta.

angekommen. Das schwierige Gelände südlich Platanias und die vielen Einzelkämpfe mit dem zäh ringenden Gegner, der sich auf jeder Höhe verbissen verteidigte, ließen ein schnelles Vorstoßen nicht zu. Am Nachmittag erreichte das Batl. dennoch die Höhen hart östlich der Straße, die von Agya-Marina nach Süden führt.

Am späten Nachmittag und in den Abendstunden begann der Gegner mit starkem Trommelfeuer.

Major Bode, der Kommandeur der FschArtAbt. ließ das Feuer mit allen verfügbaren Waffen erwidern. Als er auf den Stand des vorgeschobenen Beobachters eilte, um selbst das Feuer zu leiten, wurde er durch einen Volltreffer getötet. Oblt. von Bültzingslöwen, Batterieführer in der FschArtAbt., wurde schwer verwundet. Am späten Abend verstummte das Feuer.

Am selben Tage trafen die Reste der Sanitätskompanie Dietzel in Malemes

Јeneral Student besucht Јeneralmajor Ringel auf lessen GefStand. Von links: Ringel, Student, Generalmajor Schlemm, Chef des Stabes des XI. FlK.

ein. Die gesamte Kp. und Versprengte der 1. und 2. Kp. der FschSanAbt. wurden unter Führung von Oberarzt Malli-son zu einer „Sanitätskompanie West" zusammengefaßt. Sie erhielt den Befehl des Regimentsarztes, den HVP in

Kurt Student (mit Karten-asche) übernimmt die Gesamtführung, (neben ihm Generalmajor Ringel und Oberst Ramcke).

Jeranion zu räumen und bis zum 25.5. in Agya-Marina einen neuen HVP einzurichten.

Der Truppenverbandsplatz war bereits seit Beginn des Vorstoßes über Platanias und Agya-Marina mit vorgezogen; man hatte ihn um 15.00 Uhr in einem Gebäude einer kleinen Ortschaft an der Ostweststraße wieder eingerichtet.

Die 15 Schwerverwundeten, die das britische Artilleriefeuer des Nachmittags forderte, konnten so schnellstens versorgt werden und, soweit sie transportfähig waren, zum HVP gebracht werden. Der Sanitätssoldat Zeller wurde durch Armdurchschuß verwundet und fiel aus.

Am gleichen Abend übernahm Oberstabsarzt Dr. Neumann wieder die Geschäfte des Regimentsarztes. Oberarzt Dr. Weizel, der bis dahin die 3. Kp. des FJSturmRgt. geführt hatte, wurde zum BatlArzt ernannt, während Oblt. Stoltz die Führung über das verwaiste I./FJSturmRgt. übernahm und eine der beiden Kpn. führte, auf die dieses Batl. zusammengeschrumpft war. Die zweite Kp. übernahm, auf Befehl von Oberst Ramcke, Oblt. Mathis, der als LS-Flugzeugführer den Einsatz mitgemacht hatte. Stabsarzt Dr. Jäger trat als zbV-Offz. zum Regimentsarzt.

Von nun an übernahm das Feldlazarett die gesamte Sanitäts-Nachschubversorgung der Gruppe West. Sämtliches Nachschubmaterial wurde vom Feldlazarett aufgefangen und auf Anforderung ausgegeben. Eine entsprechende Regelung erfolgte mit der Nachschubstelle, die von Major Käthler geführt wurde.

Durch die Stabsärzte Dr. Böhmig und Bauer wurde auf Anweisung von General Ringel die Verbindung mit der Gruppe Heidrich aufgenommen. Auf dem Funkweg forderte der RegArzt vom Gefechtsstand in Athen Nachschub an. Dann erfolgte noch eine Besprechung mit dem DivArzt der 5. GebDiv.

Rethymnon: 24. und 25. Mai

Für die KGr. Kroh und Wiedemann im Raum Rethymnon war die Lage am 24. Mai äußerst kritisch. Die Gruppe Kroh war nach den andauernden fünftägigen Kämpfen dezimiert und befand sich am Rande der totalen Erschöpfung. Weder mit dem Regimentsstab noch mit anderen Teilen des Rgt. 2 konnte sie Verbindung aufnehmen. Aus der Luft war bisher nur geringer Nachschub eingetroffen.

Der Gegner begann hier um 8.00 Uhr mit dem Artilleriefeuer. Der darauf folgende Angriff mit schwächeren Kräften wurde abgewehrt. Um 10.00 Uhr griffen die Australier mit stärkeren Kräften an. Ihnen voraus rollte ein Panzer. Dieser Panzer fuhr schnell vor, feuerte pausenlos auf die deutsche Pakstellung am Südostrand der Ölfabrik und setzte sie außer Gefecht. Dann aber brach der Angriff im MG- und Werferfeuer zusammen.

Am frühen Nachmittag wiederholten die Australier diesen Angriff mit Panzerunterstützung. Auch er blieb stekken, und Maj. Kroh befahl einen Gegenstoß.

Unter Oblt. von Roon stürmte die 3. Kp. am Nachmittag aus der Ölfabrik nach Südosten vor; Stoßrichtung waren die australisch-griechischen Stellungen in der Ortschaft Kimari. Die Fallschirmjäger stürmten, jede Dekkung ausnützend, vor. Sie erreichten die ersten Häuser der Ortschaft und warfen den Gegner aus seinen Stellungen. Nach einem erbitterten Nahkampf zog sich der Gegner in das Höhengelände südlich Kimari zurück.

Gegen 10.00 Uhr am 25. Mai stieß der Gegner mit Artillerieunterstützung von den Höhen auf Kimari vor. Oblt. von Roon mußte mit seiner Kp. auf das Hochplateau nordöstlich von Kimari zurückgehen, wo er sich in dem Felsengewirr zur Verteidigung einrichtete.

Der größte Teil des I. Batl., im Raum des Igels um die Ölfabrik eingesetzt, hatte am 25. Mai eine Kampfstärke von sechs Offizieren und 250 Mann. Im Keller der Ölfabrik lagen 30 Schwerverwundete. Der Truppenarzt befand sich auf dem östlich von Prinos an der Küste gelegenen Verbandsplatz. Die Verpflegungslage wurde am 25.5. bedenklich. Nachdem die in der Ölfabrik gefundene Kuh und die Hühner geschlachtet und ein Verpflegungsbehälter gefunden worden war, erhielt am 25. Mai jeder Fallschirmjäger eine Schnitte Brot, zwei Kartoffeln und eine halbe Tasse Fleischbrühe.
Im Lauf des Nachmittags wurde auf dem Hochplateau im Bereich der 3. Kp. (Oblt. von Roon) Verpflegung und Munition aus Ju 52 abgeworfen. Gleichzeitig wurde ein Korpsbefehl abgeworfen. Um 21.00 Uhr hielt Maj. Kroh diesen Befehl in den Händen. Er lautete:
„Durchschlagen nach Heraklion und Vereinigung mit der Gruppe Ost."
Major Kroh ließ alles für dieses Durchschlagen vorbereiten.

Der 24. Mai 1941 brachte bei der Gruppe Wiedemann in der Igelstellung Peribolia wieder harte Kämpfe. Als der Gegner hier von Westen, aus Richtung Rethymnon, angriff, kam er bis auf 200 Meter an die Westverteidigungsstelle heran. Gutliegendes Feuer der hier verteidigenden 9. Kp. hielt ihn auf. Gleichzeitig trat Lt. Molsen mit einem starken Stoßtrupp zum Gegenstoß an — mitten in den Angriff der Australier hinein. Der Leutnant warf sich auf den Gegner. Die bereits in Stellung gegangenen Australier wurden geworfen, der Rest in die Flucht geschlagen. 25 Australier blieben tot zurück. Der Stoßtrupp hatte drei Tote zu beklagen.
Von diesem Zeitpunkt an griff der Gegner nicht mehr aus Westen an.

Der erste deutsche Wehrmachtsbericht

Am 25. Mai 1941 horchte die Bevölkerung in Deutschland beim Wehrmachtsbericht auf. Aus den Radios schallte es heraus:
„Das Oberkommando der Wehrmacht gibt bekannt:
Deutsche Fallschirmjäger- und Luftlandetruppen stehen seit den frühen Morgenstunden des 20. Mai auf der Insel Kreta im Kampf gegen Teile des britischen Heeres.
In kühnem Angriff aus der Luft eroberten sie, unterstützt durch Jagd-, Kampf- und Sturzkampfverbände, taktisch wichtige Punkte der Insel. Nach weiterer Verstärkung durch Verbände des Heeres sind die deutschen Truppen zum Angriff übergegangen. Der Westteil der Insel ist bereits fest in deutscher Hand.
Die deutsche Luftwaffe zerschlug den Versuch der britischen Flotte, in die Entscheidung um Kreta einzugreifen, vertrieb sie aus dem Seegebiet nördlich Kreta, versenkte und beschädigte eine große Anzahl feindlicher Kriegsschiffe und errang die Luftherrschaft über dem gesamten Kampfraum. Die Gesamtoperationen verlaufen weiter planmäßig."
Diesem Wehrmachtsbericht war am späten Nachmittag des 24. Mai eine kurze Sondermeldung vorausgegangen, in der der Sprung auf Kreta bekannt gegeben wurde.
Am selben Tage teilte das Hauptquartier der britischen Mittelmeerstreitkräfte aus Kairo mit:
„Während des Freitags entwickelten die Deutschen große Anstrengungen zur Verstärkung ihrer Streitkräfte auf der Insel Kreta. In Heraklion und Rethymnon haben wir die Abteilungen, die auf dem Luftweg an Land gesetzt wurden, völlig in unserer Gewalt. Die anderen aus der Luft an Land gesetzten Abteilungen, in den anderen Gegenden der Insel, werden von den Empire-Truppen,

Gebirgsjäger bei Galatas auf Posten.

die von den griechischen Truppen unterstützt werden, aufgestöbert und bekämpft. In Malemes und Umgebung sind heftige Kämpfe im Gange. Die Deutschen haben ihre Hauptanstrengungen auf diese Gegend konzentriert, um das Terrain, in dem es ihnen gelungen ist, Fuß zu fassen, zu erweitern. Unsere Truppen, die während des ganzen Freitags unaufhörlichen Angriffen von deutschen Sturzkampffliegern ausgesetzt waren, fügten dem Feind beträchtliche Verluste zu. Der Feind hat z. B. eine große Zahl seiner Truppen-Transportflugzeuge verloren."

Endkampf um Galatas

In den frühen Morgenstunden des 25. Mai wurde der RgtGefStand des FJ-SturmReg. von Agya-Marina nach Stalos vorgezogen. Oberst Ramcke stellte das II. Batl. rechts und das IV. Batl. links an der befohlenen Linie zum Angriff auf das Höhengelände nördlich Galatas bereit. Das I. Batl. (jetzt unter Führung von Oblt. Stoltz) blieb als Reserve der KGr. Ramcke hinter dem rechten Flügel stehen. Zwischen den beiden vorderen Bataillonen stellte der Oberst die KGr. Hptm. Schmitz bereit. Nach rechts hatte Maj. Stentzler mit seinem II. Batl. Anschluß an die Gebirgsjäger.

Mit dem vollen Tageslicht erschienen die ersten deutschen Sturzkampfflieger. Sie schwenkten über der weiten Suda-Bucht nach Westen ein und flogen Galatas an. Die ersten Staffeln warfen. Sie stürzten sich im Tiefflug auf die erkannten feindlichen MG-Stellungen und Pak-Stände. Ihnen folgten abermals Bomber. Den ganzen Vormittag über dauerte das Bombardement der englischen Stellungen in und um Galatas an. Um 12.00 Uhr sollte der Infanterieangriff auf ein Leuchtzeichen der letzten Maschine hin beginnen. Doch kurz zuvor wurde der Angriffsbeginn auf 16.50 Uhr verlegt.

General Student zur Erkundungsfahrt bereit.

Um 16.30 Uhr und 16.45 Uhr waren wieder Stuka-Angriffe vorgesehen.
Es war genau 16.35 Uhr, als die Stukas abermals niederheulten. Nun sollte der letzte Stuka-Angriff erfolgen. Obgleich er nicht einsetzte, erhielten Gebirgsjäger und Fallschirmjäger gleichzeitig den Befehl zum Angriff. Zuerst verließen die drei Kpn. des I./GebJägRgt. 100 ihre Bereitstellungen und stürmten vor. Dann folgten auch die Fallschirmjäger. Der Entscheidungskampf um den Besitz von Galatas hatte begonnen. Es war genau 17.00 Uhr.
Kurz vor dem Angriff war der Kommandierende General des XI. Fallschirmkorps, General Student, bei den Fallschirmjägern des IV. Batl. gewesen. Anschließend war er zum II. Batl. gegangen und hatte befohlen, daß dieses Batl. als erstes im Anschluß an die Gebirgsjäger angreifen sollte.
Unter persönlicher Führung von Maj. Stentzler trat das II. Batl. an. Im ungestümen Vorwärtsdrängen nahm es die stark besetzten Höhen und die mit Baumschützen besetzten Olivenhaine nordwestlich und nördlich von Galatas. Aus ihren Löchern tauchten Neuseeländer und Maoris auf, um sich zu ergeben.
Als Maj. Stentzler erkannte, daß die rechts von ihm auf die Höhen von Galatas vorgehenden Gebirgsjäger nicht weiter vorwärts kamen, ließ er seine rechte Flügelkp. unter Führung von Oblt. Barmetler, der ebenfalls diese Lage beim Nachbarn erkannte und von sich aus schon mit Teilen darauf eingeschwenkt war, mit Unterstützung schwerer Waffen ganz nach Süden in den Rücken des Gegners eindrehen.
Diese Maßnahme brachte den Gegner, der sich auf den Höhen von Galatas

Unterwegs stößt der General auf Gebirgsjäger, die ihn freudig begrüßen.

hielt, zum Weichen und ermöglichte das weitere Vordringen der Gebirgsjäger.

Nachdem der Angriff des II. Bataillons so weit vorangeschritten war, trat auch die durch Teile der Panzerjägerabt. verstärkte KGr. Gericke zum Angriff an und nahm — zum Teil in hartem Handgranatenkampf — die hintereinander liegenden Höhenzüge bei Koljenvithra. Der umsichtigen und geschickten Führung von Maj. Stentzler war es zu verdanken, daß die stark befestigten und für den Feind so wichtigen Höhen bei Galatas genommen werden konnten.

Sturmlauf nach Chania

Am 26. Mai gliederte sich die Kampfgruppe Ramcke in folgender Aufstellung zum Angriff:

Das II. Batl. schob sich rechts heraus in den Abschnitt des linken Flügels der Gebirgsjäger, da von dort eine bessere Angriffsmöglichkeit bestand.

Die Gruppe Gericke nahm an diesem Tag die Halbinsel Apostoloi mit dem großen Lazarettlager, wo viele englische Gefangene gemacht und deutsche Gefangene, zum Teil verwundet, befreit wurden.

Die schweren Waffen wurden noch am späten Nachmittag auf der Ostseite der vorspringenden Halbinsel in Stellung gebracht. Von hier erzielten sie ausgezeichnete Feuerwirkung im Rücken und in der Flanke des Gegners, der in gut ausgebauten und verdrahteten Stellungen saß.

Die Fallschirm-Artillerieabteilung (mit

General Student und Generalmajor Ringel beraten über die Fortführung der Kämpfe.

2 Batterien) wurde vorgezogen. Sie hatte aus der Feuerstellung westlich Mauroutrixas und mit B-Stelle am vorgeschobenen Gefechtsstand des Oberst Ramcke gute Wirkung.

RegGefStand war am 26. Mai im Olivenhain 500 Meter nördlich Galatas. Der Angriff auf die letzte Höhenstellung westlich Chania war von der Div. für den 27. Mai mit Angriffsbeginn gegen 10.00 Uhr wie folgt befohlen:

Gruppe Oberst Heidrich von Süden gegen Chania

Gruppe Oberst Utz von Südwesten

Gruppe Oberst Ramcke von Westen

Zunächst sollte der Stadtrand von Chania nicht überschritten werden, um unnötige Verluste zu vermeiden.

Die Unterstützung des Angriffs durch Sturzkampfbomber war vorgesehen.

Chania selbst war seit dem 25. Mai aus der Luft ununterbrochen angegriffen worden.

Zum Angriff am 27. Mai wurde die Kampfgruppe Ramcke wie folgt angesetzt:

Gruppe Stentzler

Rechts außerhalb des zugewiesenen Abschnitts aus dem Raum des rechts angehängten GebJägBatl., das im unmittelbaren Einvernehmen zwischen beiden Kommandeuren an das II./LL.-SturmRgt. gekoppelt wurde. Angriffsrichtung gegen Charania-Chania-Parigoria (am Westrand von Chania).

Gruppe Gericke

Angriff beiderseits der Straße gegen die letzten Höhen westlich Chania.

Gruppe Schmitz
Mit den noch vorhandenen Pak übernimmt sie den Panzerschutz im Angriffsstreifen der Gruppe Gericke und wird mit der zusammengestellten JägKp. zur Verstärkung des rechten Flügels der Gruppe Gericke angesetzt.
FschArtAbt. Schram
Hat so in Stellung zu gehen, daß sie Feuerwirkung auf die erkannten Stützpunkte an den Kuppen westlich Chania hat.

I. Bataillon (Oblt. Stoltz)
Geht als Reserve der Kampfgruppe Ramcke hinter dem rechten Flügel beim II. Batl. vor.
Je ein kampfkräftiger Spähtrupp sollte am frühen Morgen des 27. Mai vor der Front des II. und IV. Bataillons vorfühlen.

In den frühen Morgenstunden des 26. Mai erhielt Generalmajor Ringel die

Kradmelder der Gebirgstruppe unterwegs.

Meldung von Oberst Utz, daß Galatas ganz in der Hand der Gebirgsjäger sei. „Weiter vorgehen“, befahl er. „Wir folgen dem Gegner in breiter Front nach Osten. Jetzt ist er weich geworden. Nun darf er sich nicht wieder setzen. Vor dem Sperriegel vor Chania bleiben wir stehen, denn es erscheint ratsam, den Angriff auf diese Stellung durch den Flankenstoß des Reg. 85 von Süden her zu unterstützen. Dazu muß abgewartet werden, bis die Umgebung von Süden her vollzogen ist.“

Generalmajor Ringel arbeitete diesen Angriffsplan unter größtmöglicher Schonung seiner Gebirgsjäger und der ihm unterstellten Gruppe Ramcke aus. Die schweren Waffen des Rgt. Utz und der Gruppen Ramcke und Heidrich wurden am 26. Mai nachgezogen und dort in Stellung gebracht, von wo aus sie die Ziele des Sperriegels Chania und Ziele in der Stadt selbst unter Feuer nehmen konnten.

Um Suda — den wichtigsten englischen Kriegshafen auf der Insel — so schnell wie möglich in die Hand zu bekommen, schob GenMaj. Ringel die neu hinzugekommene Gruppe Jais (Geb.JägRegt. 141) zwischen die Gruppen Utz und Heidrich ein und verstärkte so den rechten Flügel des Angriffskeils auf Chania sehr. Wichtig erschien auch die schnellstmögliche Hilfeleistung für die bei Rethymnon eingeschlossenen und seit einer Woche auf Biegen und Brechen kämpfenden zwei Gruppen des FJR 2. Diese beiden Gruppen waren noch 50 Kilometer von der Gruppe West entfernt.

Doch im Lauf des Vormittags des 26.5. wurde klar, daß der für 16.30 Uhr vorgesehene Angriff auf Chania nicht durchgeführt werden konnte. Vom Rgt. 85 eintreffende Meldungen sagten dem Stab der 5. GebDiv., daß diese Gruppe mit großen Geländeschwierigkeiten kämpfte und daß sie erst am 27. Mai an Ort und Stelle sein konnte. Den ganzen Tag über wurden die Vorbereitungen getroffen. Dann war alles für den entscheidenden Angriff auf Chania bereit.

Bei Rethymnon am 26. und 27. Mai

In der Nacht zum 26. Mai 1941 ließ Major Kroh in der Verteidigungsstellung seiner Kampfgruppe — der Ölfabrik — alles zum befohlenen Durchbruch nach Heraklion bereitmachen. Zwei leichte Flak, die nicht mitgenommen werden konnten, wurden in der Nacht ins Meer geworfen. Eine leichte Flak wurde zerlegt und mit aller Munition mitgenommen.

Die 17 Schwerverwundeten, die in der Ölfabrik lagen, mußten unter der Obhut einiger deutscher Sanitäter und der elf britischen Gefangenen zurückgelassen werden.

Um 2.00 Uhr begann der Abmarsch. Es ging zunächst zum Abwurfplatz entlang der Küste nach Ostnordosten. Nach zweidreiviertel Stunden erreichten die Überlebenden 250 Männer diese Stelle. Hier wurde die Verpflegung ausgeteilt. Die Fallschirmjäger hatten das unmöglich Erscheinende geschafft und sich unerkannt vom Gegner abgesetzt. Nun waren sie nach dem dreistündigen schweren Marsch erschöpft.

Major Kroh gliederte hier die eingetroffenen Fallschirmjäger verschiedenster Einheiten zu neuen Kampfgruppen:

1. Kompanie, Oblt. Schindler. Gebildet aus Resten der 1. und 4. Kompanie.
2. Kompanie, Oblt. Rosenberg. Gebildet aus dem Regt.Nachrichtenzug und 2./MG-Bataillon.
3. Kompanie, Oblt. von Roon. Gebildet aus 3. und 13. Kp.

Kompanie Hinz, gebildet aus den Resten der 10., 11. und 12. Kp.

Schwere Kompanie, Oblt. Marr. Gebildet aus 2./FlaMG-Batl. 7 mit 1 leichten Flak, 1 leichten Pak, 1 sMG, 3 sGranatwerfer.

Jede der neu gebildeten Kompanien verfügte nach Verteilung aller vorhan-

Major Hans Kroh, KGrFhr. bei Rethymnon, meldet General Student.

denen Waffen über jeweils 2 lMG, 1 Granatwerfer und 30 Gewehre.
Am Abend des 26. Mai wurde durch einen neuen Korpsbefehl der Befehl zum Durchbruch widerrufen. Der Befehl lautete:
„FJR 2 hält in den alten Stellungen aus und fesselt den Gegner."
Major Kroh beschloß, die Stellungen am Fluß durch Vorstöße weiter auszudehnen. Am Abend des 27. Mai stürmte die 3. Kp. unter Oblt. von Roon — nach Feuerunterstützung durch Pak und Flak — die Höhe 156. Wenig später nahm die 1. Kp. die Höhe 217 östlich des Abwurfplatzes, die die Umgebung beherrschte. Der BatlGefStand wurde auf der Höhe 217 eingerichtet. Die zweite Kompanie stieß weiter nach Süden vor und nahm die Ortschaft Prinos in Besitz.

Bei der KGr. Wiedemann im Raum Peribolia griff der Gegner am Morgen des

27. Mai mit starken Kräften den Ostteil des deutschen Verteidigungsriegels an. Von 5.00 Uhr bis 6.40 Uhr lag starkes Artilleriefeuer auf den deutschen Stellungen. Dann rollten vier Panzer gegen den rechten deutschen Flügel vor. In zwei Wellen folgte ihnen britische Infanterie nach. Die Panzer rollten direkt auf die Batterie Thorbecke (2./FschArt Abt. 7) zu, die zwischen Wegegabel und Strohschoberhöhe in Stellung gegangen war. Ein Zug der 14. Kp., die ebenfalls hier lag, sollte die Batterie vor Infanterie-Angriffen schützen.

Es kam zu einem erbitterten Kampf. Die Batterie feuerte, was aus den Rohren ihrer Geschütze hinausging. Der erste Panzer blieb brennend liegen. Kurz darauf wurde der zweite lahmgeschossen. Der Feindangriff blieb liegen.

Die Kapellenhöhe war am Nachmittag das Ziel eines neuen Angriffs, der mit frischen Kräften vorgetrieben wurde. Aber auf der Höhe saßen die Männer von der 9. Kp., die diese Höhe bereits am 21. Mai in Zugstärke besetzt hatten und sie trotz mehrfacher Angriffe nicht mehr freigaben.

Die vorgehenden Australier gelangten nur bis auf ca. 350 Meter an die Höhe heran. Dann blieben sie im flankierenden MG-Feuer liegen. Die KGr. Wiedemann, seit dem Durchbruch des überlebenden Regimentsstabes nach Peribolia von Maj. Schulz geführt, hielt ihre Stellung.

Chania in deutscher Hand

In den frühen Morgenstunden des 27. Mai 1941 gingen die Stoßtrupps des IV. Bataillons vor dem Abschnitt ihrer KGr. vor und stellten fest, daß die gegnerischen Stellungen noch besetzt waren.

Ein Spähtrupp des II. Batl. unter Hfw. Barnabas brach unter geschickter Ausnutzung des unübersichtlichen versteckreichen Geländes durch die vordersten Linien des Gegners durch und hob in überraschendem Ansprung mehrere feindliche Widerstandsnester aus.

Um 6.34 Uhr und wenig später noch einmal zeigte der Spähtruppführer auf einer der eigenen Linien zugewandten Kuppe die Fahne.

Durch dieses Spähtruppunternehmen, mitten durch die feindlichen Linien hindurch, wurde der verbissen kämpfende Gegner weich.

Als dann nach starker Artillerie-Unterstützung um 10.00 Uhr der Angriff in Richtung Chania begann, konnten die Gebirgsjäger durchstoßen. Auch das II./FJ-SturmRegt. erreichte unter geringen Verlusten das Ziel dieses ersten Angriffes: die letzten Höhen südwestlich von Chania.

Nachdem das Artilleriefeuer schlagartig vorverlegt wurde, ging die Gruppe Gericke zum Angriff vor und nahm, unterstützt durch das flankierende Feuer von der Halbinsel, die Höhen bis zum Westrand der Stadt in Besitz. Hptm. Gericke ließ seinen Gefechtsstand sofort in den Olivenhain am Westrand von Chania vorverlegen. In seinem Erinnerungsbuch „Da gibt es kein zurück" hat Hptm. Gericke diesen letzten Sturm des 26. und 27. Mai 1941 auf Chania in knapper eindringlicher Sprache dargestellt.

Geben wir ihm an dieser Stelle das Wort:

„Lange vor Sonnenaufgang, bevor der Kampf wieder auflebte, hatte sich der Kommandeur zum Gefechtsstand des anschließenden Gebirgsjäger-Bataillons begeben, hatte die gemeinsame Trennungslinie, die Feuerunterstützung und die Zusammenarbeit für den Angriff festgelegt, der um 10.00 Uhr beginnen sollte, und war auf seinen eigenen Gefechtsstand zurückgekehrt, um mit seinem Adjutanten die Befehle fertigzumachen. Melder bringen sie jetzt zu den einzelnen Kompanien. Rechtzeitig erfährt jeder von dem Vorhaben und von seiner Durchführung. Ein konzentrierter Stukaangriff soll den Angriff einleiten. Der Kommandeur

blickt auf die Uhr. Es ist 9.30 Uhr geworden. Viel zu langsam rückt der Zeiger vor. Es wird 9.45 Uhr. Kein Motorengebrumm.
9.50 Uhr — 10.00 Uhr!
Nichts zu sehen, nichts zu hören von den Stukas! Verdammte Schweinerei! Schimpfend fährt der Kommandeur auf den vorgeschobenen Beobachtungsstand der Artillerie. Von dort will er den Angriff leiten, der nun ohne Bombardierung der Stadt vorgetragen werden muß. Beschleunigt will er das Südufer der Suda-Bucht erreichen, um dem Gegner die Heranführung von Verstärkungen und Nachschub zu verwehren.
Außerdem erfordert die Lage der Fallschirmspringer bei Rethymnon baldige Hilfe. Eine starke KGr. der Gebirgsjäger soll ferner von Alikianou her in Richtung auf die Suda-Bucht vorstoßen. Sie nehmen Alikianou schnell, aber ihr weiteres Vordringen wird durch dauernde Gegenangriffe verzögert. Der Angriff gegen Chania selbst aber gewinnt rasch an Boden. Ein großes Zeltlager vor den Toren der Stadt ist bereits erobert, als die ersten Kampffliegerverbände und Stukas am Himmel erscheinen und in den Kampf eingreifen.
In einem kastellartigen Dorf auf einem unübersichtlichen Höhenzug haben sich die Engländer noch einmal zum Widerstand aufgerafft. Riesentrichter, von Stukabomben gerissen, haben das Gelände aufgewühlt.
Immer lebhafter wird es auf der Höhe. Erst fallen einzelne Schüsse, dann ganze Salven. Dazwischen krachen Granatwerfer, und schließlich zwingen

Immer noch dabei: die Ju 87.

langanhaltende Feuerstöße der MG die Männer des angreifenden IV. Bataillons zu Boden. Jenseits der Straße humpelt ein Leutnant, gestützt auf einen Stock, nach hinten — verwundet! Sein Rock ist zerrissen, aus dem Verband tropft Blut. Er humpelt weiter zum Gefechtsstand.
Zu beherrschend ist die Höhenstellung der Engländer. Der Angriff stockt am rechten Flügel. Am Strand geht es besser vorwärts. Bis auf eine Landzunge, die sich weit hinaus ins blaue Meer erstreckt, sind sie schon gekommen.
Der Kommandeur forderte über das Regiment Stukas an. Für 16.00 Uhr werden sie zugesagt. Aber bis dahin ist eine lange Zeit. Schließlich wird es 16.00 Uhr. Ja, es wird sogar 16.10 Uhr. Alle warten auf die zugesagte Waffenhilfe. Sie wissen nicht, warum keine Maschine kommt. Aber die Führung hat keine einzige Maschine frei.
Die Meldungen von vorn überschlagen sich. Die Kompanie am linken Flügel meldet: 'Von hier aus gute Waffenmöglichkeit für schwere Waffen in Flanke und Rücken des Gegners und auf den Westrand der Stadt!'
'Das kann unsere Rettung sein', sagte der Kommandeur. 'So können wir unseren steckengebliebenen Angriff wieder in Gang bringen.'
Ein sMG-Zug erhält Befehl, sich auf einen größeren Stellungswechsel vorzubereiten. Kaum ist es dämmrig, da setzt sich der sMG-Zug schwerbepackt in Bewegung und zieht unbemerkt von den Engländern in die vorbereiteten Stellungen ein. Am frühen Morgen bricht der Sturm noch einmal los. Die Engländer fluten zurück, verlassen die Höhen. Pak- und Fla-MG-Bedienungen ziehen ihre Geschütze vor.
'Jetzt mit Schwung nachstoßen, dem Tommy keine Zeit gönnen, sich irgend-

Auch die Ju 88 unterstützt nach wie vor die Fallschirmjäger-Einsätze.

wo wieder festzusetzen. Chania muß heute fallen!'
Bomberverbände überfliegen die Stadt und öffnen ihre Schächte. In langer Kette nacheinander kann man die Bomben fallen sehen. Mächtige Explosionen erschüttern die Luft. Riesige Rauchfontänen schlagen gen Himmel, fallen wieder in sich zusammen und werden von neuem emporgehoben. In Chania brennt das Haupt-Munitionslager. Granaten detonieren. Mit unaufhörlichem Geknatter geht Gewehrmunition in die Luft. Auf den Gebirgspfaden erkennt man die ersten Gebirgsjäger, die von den Bergen heruntersteigen. Der Ring um Chania schließt sich mehr und mehr."
Soweit der Bericht von Hptm. Gericke. Das II. Batl. (Maj. Stentzler) wurde als KGr.-Reserve am Westrand von Chania angehalten, um Überraschungen beim Durchkämmen der Stadt entgegentreten zu können. Fallschirmjäger und Gebirgsjäger stießen nun Schulter an Schulter in die Stadt Chania hinein. Die motorisierten Teile der KGr. Schmitz, die die Spitze hielten, hißten um 16.15 Uhr die Kriegsflagge auf dem roten Kirchturm im Mittelpunkt der Stadt Chania. Von Süden stieß die Gruppe Heidrich auf Chania vor. Hauptmann von der Heydte schickte Leutnant Krüger mit einem Stoßtrupp vor. Dieser Stoßtrupp nahm eine Funkstelle in Besitz, drang zum Hafen vor und hißte auf der dort stehenden Moschee die Reichskriegsflagge.
Die Gruppe Gericke erreichte gegen 17.00 Uhr den Nordostrand der Stadt. Die schweren Waffen wurden unmittelbar darauf dorthin nachgezogen.
In der Stadt selbst fand die motorisierte Vorausabteilung der Gruppe Schmitz

Chania bietet ein Bild der Verwüstung.

nur wenig Widerstand. Chania war durch die vorausgegangenen Bombenangriffe stark zerstört. Der Feind war auf Suda und die Halbinsel Akrotiri ausgewichen.
Hauptmann Gericke berichtete:
„Am Weg brannte eine große Tankstelle. Dicker Qualm quillt aus den Ölbehältern und bildet riesenhafte Rauchpilze. Mitleidlos brennt die Sonne herab. Vereinzelt klingt ein Schuß aus der Ferne herüber. Die Straßen von Chania füllen sich mit Fallschirmjägern. Sie sind glücklich, daß sie zu den Überlebenden gehören. Mitten auf dem Marktplatz steht der Kommandeur, umgeben von seinem Stab. Truppweise ziehen die einzelnen Kompanien

Chania ist am 26. Mai gefallen.

an ihm vorbei. Einer ruft ihm zu: 'Herr Major, sehen Sie dort unsere Flagge!'
Er weist mit der Hand auf den Kirchturm. Kaum hat er es ausgesprochen, da fangen die Glocken an zu läuten. Panzerjäger (der Gruppe Schmitz) sind auf ihren Krädern zur Kirche vorgedrungen, sie läuten den Sieg ein, denn die Niederlage der Engländer ist vollständig.
Das Gewimmel auf dem Marktplatz wird größer. Aus einer schmalen Seitengasse wälzt sich ein Strom von Menschen heraus; barfuß, ohne Kopfbedeckung, in grünen zerschlissenen Uniformen. Es sind Italiener, die damals in Griechenland in englische Gefangenschaft gerieten und jetzt von den Gebirgsjägern befreit wurden."
Die Nacht zum 28. Mai verlief ruhig. Am Morgen des 28.5. übernahm Oberst Ramcke auf Befehl des XI. Fliegerkorps die Führung über den gesamten Kampfabschnitt West, von der Suda-Bucht bis zum äußersten Westen der Insel. Die Gebirgsjäger wurden aus dem Abschnitt herausgezogen — nur das PiGebBatl. 95 blieb zurück — und zum Vormarsch auf Rethymnon angesetzt.
Das gesamte Sturmregiment wurde der neuen Gruppe West unterstellt. Der Gefechtsstand der Gruppe West wurde am Stadtrand, einen Kilometer nordöstlich Chania, eingerichtet. Das II. Batl. (Maj. Stentzler) übernahm die Stadtkommandantur Chania. Das IV. Batl. und die Gruppe Schmitz übernahmen den Küstenschutz vom Ostrand von Chania bis zum Ostrand von Malemes. Das Gefangenenlager wurde vom dezimierten I. Bataillon übernommen und bewacht.
Hier der Lagebericht des Kommandeurs der Kampfgruppe West, Oberst Ramcke, vom 28. Mai 1941:
„Während der Zeit vom 20. bis 27. Mai

Ein Fallschirmjäger-Posten bei Chania, Herbst 1941.

Oberst Ramcke in Chania.

wurden vom FJ-SturmRegt. weit über 800 Engländer gefangengenommen. Die Verluste des Sturmregiments beliefen sich bis zum Abend des 27. Mai wie folgt:

Offiziere
Gefallen: 34
Verwundet: 31
Gefangen: 3
Vermißt: 4
Uffz. und Mannschaften
Gefallen: 272
Verwundet: 499
Gefangen: —
Vermißt: 395
(Die vermißt gemeldeten Fallschirmjäger sind zum größten Teil ebenfalls gefallen.)

Das Fallschirmjäger-Sturmregiment mit seinen unterstellten Teilen hatte die ihm gestellte Aufgabe: Freikämpfen des Flugplatzes Malemes, nach harten und verlustreichen Kämpfen am 21.Mai gelöst

Ramcke zeichnet Fallschirmjäger aus.

Die KGr. Ramcke ist angetreten.

und in weiteren schweren Kämpfen nach Osten bis Dorf Malemes Gelände gewonnen.
Vom 21. abends bis zum 23. Mai morgens wurden mehrere stärkere Gegenangriffe aus östlicher Richtung abgeschlagen.
Dann hatte das Regiment Schulter an Schulter mit den Gebirgsjägern — den Schwerpunkt des Angriffs beiderseits der Küstenstraße — von Angriff zu Angriff bis zum 27. Mai abends 19.00 Uhr Chania und damit die Hauptstadt des Landes eingenommen."

Gebirgsjäger nach Rethymnon

Generalmajor Ringel ließ am Abend des Sieges von Chania über Funk folgenden Befehl an Oberstleutnant Wittmann, einem bewährten und schneidigen Offizier seines Stabes, ergehen:
„Im Laufe der Nacht werden Ihnen auf der Straße zur Suda-Bucht bis dicht an unsere vordersten Postierungen folgende Verbände zugeführt und unterstellt: Die Divisions-Aufklärungsabtl. unter Rittmeister Fürst zu Castell.
1 Kompanie Panzerjäger, 1 Kradschützenkompanie, 1 behelfsmäßig motorisierter Zug Pioniere und 3 ebenfalls behelfsmäßig motorisierte Gebirgsgeschütze.
Treten Sie mit dieser Kampfgruppe möglichst bald an und kämpfen Sie als erstes die Suda-Bucht frei. Dann in der Verfolgung den Feind nicht zur Ruhe kommen lassen. Stoßrichtung: Hauptstr. und Rethymnon, um dort die wo möglich noch eingeschlossenen Fallschirmjäger zu befreien. Suchen Sie baldmöglichst auch mit der dort auf Stylos vorgehenden Umgehungsgruppe Krakau Verbindung zu bekommen. Hinter der Vorausabteilung werden Gruppe Utz und Gruppe Jais auf Wamos und Wrises folgen. Die Fallschirmjägerverbände werden herausgezogen und zur Räumung der Halbinsel Akrotiri angesetzt."
Mit diesem Auftrag leitete General Ringel die Bewegung ein, die den Feldzug auf Kreta in weiteren fünf Tagen siegreich beenden sollte.
Bereits um 3.00 Uhr des 28. Mai stand die Kampfgruppe Wittmann auf der Küstenstraße zwischen Chania und der Suda-Bucht bereit. Sie umfaßte nur 400 Mann.
Inzwischen war der Tag angebrochen. Die Aufklärungsabteilung erreichte die Bucht, sah das Meer und die Stadt Suda. Linker Hand lag die Felsküste

Generaloberst Löhr beglückwünscht Generalmajor Ringel zum Erfolg seiner „Buam" und überreicht ihm das Ritterkreuz.

von Akrotiri. Dann tauchte der Kriegshafen auf. Aus dem Wasser ragten halb versenkte Schiffsrümpfe heraus. Mitten unter den vernichteten Zerstörern und Handelsschiffen der schwere Kreuzer „York", dem eine Stukabombe das Vorschiff aufgerissen hatte.

Die Fahrzeuge zogen nach. Sie erreichten die ersten Sperren; auch diese waren unbesetzt. Suda war vom Gegner frei. Die Fahrzeuge rollten der Bucht entlang weiter.

Mega Chorafia wurde erreicht. Hier war die gefährliche Küstenfahrt zu Ende. Von hier aus teilte sich die Straße und führte in zwei Einzelstraßen nach Georgiupolis und nach Stylos.

Die Vorausabteilung jagte mit Vollgas über die Bergstraße in Richtung Stylos. Als die an der Spitze rollenden Kradschützen sich dem Dorf näherten, vernahmen sie Kampflärm. Dort stand die Umgehungs-KGr. Krakau im Gefecht mit dem Gegner. Doch das Gros des

Auch Generalmajor Ringel ist unterwegs.

Gegners schien schon nach Wrises weitergezogen zu sein, denn als die Kradschützen in den Kampf eingriffen, zog sich auch die Nachhut in diese Richtung zurück.
Weiter ging es hinter dem zurückweichenden Gegner her, bis vor dem Dorf Kaina eine Straßensperre mit zwei Panzern die Vorhut abermals aufhielt.
Hier waren es die Männer der KGr. Krakau, die nach dreitägigem zermürbendem Marsch noch einmal die Hänge

Eine He 111-Besatzung startet gegen die kretische Südküste.

emporkletterten und den Gegner warfen.
GenMaj. Ringel ließ die KGr. Krakau am nächsten Tag weiter durch das Gebirge bis nach Wamos vorziehen. Von dort aus sollte sie mit den nachfolgenden Teilen der Gruppe Jais hinter der Vorausabteilung auf der Küstenstraße nach Rethymnon vorstoßen.
Die KGr. Utz aber, die die Hauptlast in den Kämpfen um Galatas und Chania getragen hatte, sollte von der Straßengabel von Wrises aus nach Süden marschieren und den Raum um den Südhafen Sfakia und die Küste vom Feind säubern.
Das II./GebJägRgt. 85 war in den frühen Morgenstunden des 28. Mai in Richtung Stylos aufgebrochen. In beschwerlichem Marsch arbeitete es sich an den Rand der zerklüfteten Hochfläche heran, an deren Fuß die Straße von Mega Chorafia über Stylos, Wrises und Alikampos an die Südküste nach Sfakia führte.
Als die 8. Kp. als Batl.-Spitze gegen 5.30 Uhr über der Straße bei Stylos auftauchte, lag die Ortschaft völlig friedlich vor ihr. So stiegen die Gebirgsjäger entlang einem tief eingeschnittenen Bachbett den steilen Hang hinunter, der den Ausläufer der Weißen Berge — der Levka gori — bildete. Sie kamen bis dicht an die Straße von Stylos und Neo Chorian heran. Dann aber schlug ihnen Artilleriefeuer und Panzerfeuer entgegen.
Die Gebirgsjäger krallten sich in den felsigen Boden. Sie suchten Deckung. Die anderen Kompanien zogen nach. Der Kommandeur kam mit dem Bataillonsstab.
Der Kampf tobte sechs Stunden. Zuerst gelang es der 6. Kp. mit einem Zug der 7. das Dorf zu umklammern und den Gegner im Häuserkampf niederzuringen. Einem Panzerbüchsentrupp gelang es, einen der vier Panzer lahmzuschießen. Die Besatzung stieg aus. Die 8. Kp. jedoch lag festgenagelt auf dem letzten Steilhang. So oft auch nur einer versuchte, höher emporzukriechen, bellten MG-Salven.
Die Infanteriegeschütze des schweren Zuges trafen nacheinander ein und wurden in Stellung gebracht. Mit drei Granaten wurde das schwere feindliche Doppellauf-MG am Burgberg zerstört. Erbittert wurde von beiden Seiten weitergekämpft. Nach sechsstündigem Kampf ergaben sich die Engländer.

Auf Kreta gefangengenommene [Englä]nder.

General Ringel zeichnet verdiente Gebirgsjäger aus.

Die Wehrmachtsberichte beider Seiten

Am 28. Mai 1941 gab das deutsche Oberkommando der Wehrmacht bekannt:
„Auf der Insel Kreta gehen die Operationen im engen Zusammenwirken zwischen Gebirgsjägern, Fallschirmjägern und Luftlandetruppen gut vorwärts. Gestern brachen deutsche Gebirgstruppen trotz schwieriger Geländeverhältnisse den zähen Widerstand britischer Kräfte und Insurgentenbanden. Sie warfen im kühnen Angriff den Feind aus seinen Stellungen, nahmen die Hauptstadt Chania und verfolgten die geschlagenen feindlichen Kräfte südlich der Suda-Bucht. Unter den zahlreichen Gefangenen befindet sich auch der griechische Marinebefehlshaber von Kreta.
Verbände von Kampf- und Zerstörerflugzeugen griffen in rollenden Einsätzen in den Erdkampf ein, zersprengten feindliche Truppenansammlungen, brachten Batterien zum Schweigen und fügten dem zurückweichenden Feind schwere Verluste zu. Sturzkampfflugzeuge verhinderten den Versuch der Briten, sich über See zurückzuziehen. Sie versenkten in der Suda-Bucht vier Handelsschiffe mit zusammen 5400 BRT und beschädigten zwei weitere Handelsschiffe schwer. Lufttransportverbände unterstützten den Kampf auf der Insel, indem sie fortlaufend neue Kräfte heranführten.
Südlich Kreta stellten deutsche Kampfflugzeuge einen britischen Flottenverband zum Kampf, erzielten Bombentreffer auf einem Zerstörer und warfen einen Tanker in Brand."

Das Oberkommando von General Wavell in Kairo meldete am gleichen Tage:
„Kreta: Die deutschen Streitkräfte erhielten auf dem Luftwege neue Verstärkungen und werden durch die ständig sich steigernden Bombardierungen unterstützt. Die Deutschen gingen wieder zu schweren Angriffen auf unsere Streitkräfte in Chania über. Diese schlagen sich zwar mit größter Entschlossenheit, mußten aber trotzdem einen neuen Rückzug auf günstigere Stellungen durchführen."

Am 29. Mai lautete der deutsche Wehrmachtsbericht:
„Auf der Insel Kreta verfolgen deutsche Gebirgstruppen nach erfolgreichen Kämpfen den geschlagenen Feind. Sie erreichten die Bucht von Armini

und brachten wiederum eine größere Anzahl Gefangener ein. Die bisher von den Briten als Flottenstützpunkt benutzte Suda-Bucht ist vom Feind frei. Die deutsche Luftwaffe griff gestern mit stärkeren Verbänden von Kampf- und Sturzkampfflugzeugen britische Stellungen an der Nordküste wirksam an und versenkte im Seegebiet der Insel ein Handelsschiff und ein Vorpostenboot. Flakartillerie schoß zwei britische Kampfflugzeuge ab. Italienische Truppen landeten auf der Insel Kreta."

Hingegen meldete das Hauptquartier von General Wavell:
„Auf Kreta mußten sich unsere Truppen vor neuen feindlichen Angriffen der neuerdings verstärkten deutschen Streitkräfte auf Stellungen im Osten der Suda-Bucht zurückziehen. Die Bombardierung durch Sturzkampfflieger wurde in großem Umfang weitergeführt. In Nahkämpfen haben sowohl die feindlichen wie auch unsere Truppen am Mittwoch schwere Verluste erlitten."

Letzte Kämpfe bei Rethymnon

Am 28. Mai 1941 faßte Major Kroh den Entschluß, mit seiner KGr. wieder nach Westen, in den am 26. Mai geräumten Einsatzraum und damit in Richtung auf den Flugplatz Rethymnon vorzustoßen.
Gegen 4.30 Uhr unternahm die am weitesten nach Süden vorgezogene 2. Kp. einen Vorstoß auf Prinos. Die hier mit leichten und schweren Granatwerfern verteidigenden Griechen hielten den Vorstoß auf.
Am 29. Mai wurde endlich wieder von Ju 52 Verpflegung und Munition abgeworfen. In Richtung Osten wurde ein Spähtrupp gegen Panormon vorgetrieben. Ein weiterer Vorstoß ging neun Kilometer weit nach Süden in die Berge vor, und ein dritter versuchte, unter Umgehung von Prinos, auf Kimari vorzustoßen.
Um 19.30 Uhr begann der Angriff auf Kimari. Der Gegner wurde hier im überraschenden Ansturm geworfen und setzte sich in einem Olivenhain nördlich von Kimari fest.
Die 2. Kompanie gelangte diesmal nach Prinos hinein und kämpfte die Häuser frei. Major Kroh ließ das gesamte Bataillon bei Prinos zusammenziehen, um am 30. Mai mit geballter Kraft aller Waffen den Angriff nach Westen vorzutragen.

Die Hälfte der Fallschirmjäger kehrte nicht zurück.

Noch einmal davongekommen.

Um 6.30 Uhr am 30. Mai ließ Major Kroh zum Angriff auf die Ölfabrik antreten. Als die Kampfgruppe vorging, stieß sie plötzlich an einem Straßenknie auf Kräder, Pak und Lastwagen. Feldgraue Gestalten waren auf diesen Fahrzeugen aufgesessen. Es waren die ersten Teile des Kradschützen-Bataillons 55 der Gebirgsjäger, die wenig vorher im Raum um die Ölfabrik schon 1200 Australier gefangengenommen hatten und nun zum Entsatz der Gruppe Kroh angebraust kamen.

Nach zehn Tagen heftiger Kämpfe und vieler Krisen war nun auch für die KGr. Kroh die Stunde der Befreiung von der ungewissen Zukunft herangekommen. Die Gruppe, die schwere Verluste erlitten hatte, zählte noch neun Offiziere und 448 Mann. Hinzu kamen die auf dem Verbandsplatz verbliebenen 34 Verwundeten.

Im Morgengrauen des 29. Mai brachen die am Vortag bei der Gruppe Wiedemann in Peribolia eingedrungenen Australier aus. Sie stießen durch die dünne Front der Fallschirmjäger und gelangten unter geringen Verlusten zu ihren eigenen Linien zurück.

Im Einsatzraum der nun von Major Schulz geführten Gruppe Wiedemann um Peribolia und die Kapellenhöhe versuchte der Gegner am Morgen des 29. Mai erneut mit starkem Artillerie- und Werferfeuer, die Verteidiger zu erschüttern. Nach dem Feuerüberfall griffen die Australier den Südabschnitt der Abwehrfront an. Dieser Angriff konnte nur mit Einsatz der letzten Kräfte abgewehrt werden. Die Fallschirmjäger um Major Schulz fürchteten das Schlimmste, denn lange konnten sie nicht mehr gegen eine solche Übermacht bestehen. Doch um 12.00 Uhr erklang plötzlich aus Westen Gewehr- und MG-Feuer.

„Das sind deutsche MG!“ sagte ein Waffen-Unteroffizier.

Er hatte sich nicht getäuscht, denn wenig später wurden auch deutsche Leuchtkugeln geschossen. Ein Zug des Kradschützen-Bataillons der Gebirgsjäger stieß eine Stunde später bis Peribolia durch. Kurz darauf folgten Gebirgs- und Fallschirm-Artillerie.

Sofort wurde auch hier das Feuer auf die Stellungen des Gegners eröffnet. Den ganzen Tag dauerte das Artillerieduell an. Jetzt aber stand den Australiern eine genügend große deutsche Streitmacht mit schweren Waffen gegenüber. Noch am Morgen des 30. Mai erwiderten die Geschütze und Werfer des Gegners das deutsche Feuer. Um 7.00 Uhr traten die Kradschützen — unterstützt von zwei deutschen Pan-

Fallschirmjäger mit dem MG 34.

Weitere Auszeichnungen werden verliehen.

zern, die auf besonderen Fähren nach Kreta geschafft worden waren — im Feuerschutz der eigenen Artillerie zum Angriff an. Der Gegner wurde geworfen. Nur einen Tag lang hatte er im Feuer der deutschen Geschütze gestanden. Nun endlich zog er sich schnell zurück.

Bis um 11.00 Uhr ergaben sich 1100 Australier den deutschen Truppen. Der Kampf war auch im Abschnitt der Gruppe Wiedemann bei Peribolia zu Ende.

Bei Rethymnon verlor das FJR 2 (ohne das bei Heraklion eingesetzte II. Batl.) 550 Mann an Gefallenen. Insgesamt gerieten 500 Männer in Gefangenschaft, die aber wenig später wieder befreit werden konnten.

Die schnellen Kampfgruppen rückten sofort weiter auf Heraklion vor, um auch die Gruppe Bräuer zu entsetzen.

Oberst Bräuer meldet Generaloberst Löhr das Ende des Kampfes bei Heraklion.

Doch bei Heraklion hatten die Engländer ihre Stellungen verlassen.
Am 29. Mai ließ Oberst Bräuer alle Einheiten seiner KGr. zum zweiten Sturm auf Heraklion antreten. Die vorgehenden Männer erhielten nur wenig Feuer. Der Gegner zog sich nun auch hier zurück. Dieser Rückzug artete in wilde, überstürzte Flucht aus. Damit war Heraklion fest in deutscher Hand.

Am 30. Mai 1941 gab das Oberkommando der Wehrmacht bekannt:
„Die am 20. Mai durch eine gewaltige Luftlandung begonnenen Operationen zur Besitznahme des britischen Bollwerks Kreta nähern sich ihrem Abschluß. Der feindliche Widerstand ist überall zusammengebrochen. Die im Westteil der Insel aus Gebirgs- und Fallschirmjägern gebildete Angriffsgruppe hat nach überaus harten Kämpfen, bei glühender Hitze und unter größten Bewegungsschwierigkeiten, den Feind geschlagen und zersprengt. Die Entsetzung der eingeschlossenen Fallschirmjäger bei Rethymnon, die sich über acht Tage lang einer starken feindlichen Übermacht gegenüber tapfer behauptet haben, ist vollzogen.
Die Reste der zersprengten britischen Einheiten flüchten, von unseren Truppen verfolgt, gegen die Südküste, um sich dem weiteren Kampf durch Einschiffung zu entziehen."

Am gleichen Tag teilte das Oberkommando General Wavells mit:
„Kreta: Am Donnerstag sind neue deutsche Verstärkungen auf dem Luftweg nach Kreta transportiert worden. Die Operationen der Sturzkampfflieger hielten den ganzen Tag über an. Unsere Truppen besetzten wiederum neue Stellungen. Sie haben den deutschen Truppen schwere Verluste beigebracht."
Der deutsche Wehrmachtsbericht des 31. Mai lautete:

Sfakia an der Südküste, die letzte Zuflucht der Briten.

Heraklion einige Monate danach.

„Auf der Insel Kreta setzten deutsche Gebirgstruppen die Verfolgung des geschlagenen Feindes nach Osten fort und nahmen Verbindung mit den bei Heraklion stehenden Fallschirmtruppen auf:“

Der Wehrmachtsbericht des 1. Juni stellte auf beiden Seiten die Entscheidung heraus. Er lautete deutscherseits: „Auf Kreta schreitet die Säuberung des Südteiles der Insel von den Resten britischer und griechischer Truppen gut vorwärts. Bei Ierapetra ist die Verbindung mit den am 29. Mai im Ostteil der Insel gelandeten italienischen Truppen hergestellt worden. Bei den Kämpfen auf Kreta zeichnete sich eine Gebirgsjägerkp. unter Führung von Oblt. Walther besonders aus.“

Am gleichen Tag gab das britische Kriegsministerium bekannt: „Nach zwölf Tagen einer Schlacht, die unzweifelhaft die erbittertste dieses Krieges war, ist beschlossen worden, unsere Streitkräfte aus Kreta zurückzuziehen. Obwohl dem Gegner an Mannschaften und Flugzeugen riesige Verluste beigebracht wurden, ergab sich deutlich, daß wir nicht hoffen konnten, mit unseren Land- und Seestreitkräften unbeschränkte Zeit in Kreta oder in dessen Gewässern ohne größere Unterstützung durch die Luftstreitkräfte zu operieren, die von unseren afrikanischen Stützpunkten aus eingesetzt werden konnten. Bereits 15.000 Mann sind in Ägypten eingetroffen, doch muß zugegeben werden, daß wir schwere Verluste erlitten haben.“

Ruhe in der Sudabucht.

Den rund 20.000 Mann deutscher Truppen hat auf Kreta ein in festen, gut ausgebauten Stellungen und mit schweren Waffen und Panzern ausgerüsteter Gegner gegenübergestanden, der sich aus 28.000 britischen, 10.000 griechischen und 4000 Arbeitsdienst-Soldaten zusammensetzte. Dieser doppelt so starke Gegner wurde durch eine große Flottenstreitmacht geschützt.

In dem zusammenfassenden Bericht des OKW über den Balkanfeldzug hieß es über die Verluste auf Kreta:

Die Verluste betragen beim Heer

an Toten:	20 Offiziere
an Vermißten:	18 Offiziere
an Verwundeten:	13 Offiziere
Insgesamt:	51 Offiziere
an Toten:	301 Uffz. und Mannschaften
an Vermißten:	596 Uffz. und Mannschaften

an Verwundeten:	274 Uffz. und Mannschaften
Insgesamt:	1171 Uffz. und Mannschaften

Die Verluste betragen bei der Luftwaffe (Flieger- und Fallschirmtruppe)

an Toten:	105 Offiziere
an Vermißten:	88 Offiziere
an Verwundeten:	104 Offiziere
Insgesamt:	297 Offiziere
an Toten:	927 Uffz. und Mannschaften
an Vermißten:	2009 Uffz. und Mannschaften
an Verwundeten:	1528 Uffz. und Mannschaften
Insgesamt:	4464 Uffz. und Mannschaften

Die britischen Verluste wurden in diesem zusammenfassenden Bericht wie folgt angegeben:

An Gefangenen:
10.700 britische Offiziere und Mannschaften
5.000 griechische Offiziere und Mannschaften
An Gefallenen:
5.000 britische und griechische Offiziere und Mannschaften (ohne die auf See zugrunde gegangenen)

Neuseeländische Historiker beziffern die Verluste der britischen Landstreitkräfte an Toten, Verwundeten und Gefangenen auf 15.743 Mann.
Die Verluste innerhalb der britischen Marine wurden von ihnen mit 2.110 Mann angegeben.
Daß deutscherseits nicht so viele Menschen auf See blieben, lag einmal darin begründet, daß nur die beiden Leichten Schiffsstaffeln mit dem Gegner in Kampfberührung kamen. Zum ande-

Sie blieben zurück. Ganz rechts ruht Major Derpa, Kdr. III./FJR 3.

Freund und Feind im Tode vereint.

ren hat der deutsche Seenotdienst — in keiner Publikation über Kreta erwähnt, aber dennoch mit vorbildlichem Einsatz kämpfend — immer wieder heroische Anstrengungen unternommen, um deutsche Schiffsbrüchige zu retten. Im Verlauf der Operationen um Kreta wurden durch den Seenotdienst gerettet:

Mit Flugzeugen:	178 Mann
Mit Bootsgruppen:	84 Mann

Dieser Erfolg der Seenotdienste verdient besondere Erwähnung, da die Rettung zum größten Teil dicht an der kretischen Küste bei schwerem Seegang erfolgte und oft nur durch Überbeladen der Flugzeuge möglich war. Eine große Anzahl weiterer Schiffsbrüchiger wurde durch die nach der Versenkung der Ersten Leichten Schiffsstaffel sofort ausgelaufenen italienischen Schnellboote sowie durch die italienischen Torpedoboote „Lupo“ und „Lyra“ ge-

Nach dem Ende des Kampfes auf Kreta ein Blick auf die Sudabucht.

rettet, die in ihrem Einsatz vorbildlich waren.
Durch den Abwurf von Schlauchbooten konnte eine Reihe weiterer im Wasser treibender Soldaten gerettet werden.

Tagesbefehle und Hitlers Schlußwort zu Kreta

Am 2. Juni 1941 erließ Reichsmarschall Hermann Göring seinen Tagesbefehl:
„Kreta-Kämpfer — Kameraden!
Eine große Ruhmestat in der Geschichte unserer jungen Waffe ist vollendet. Auf Kreta wehen unsere Siegesfahnen. Ihr, meine Fallschirmjäger und Luftlandetruppen, Ihr meine Flieger, habt gemeinsam mit den Kameraden des Heeres unter Euren bewährten Führern aller Dienstgrade einmalige Leistungen vollbracht.
In alter Waffenkameradschaft aus Narviks großen Tagen haben Flieger, Fallschirmjäger und Gebirgsjäger die Insel Kreta bezwungen und damit England aus wichtigen Stellungen des östlichen Mittelmeeres geworfen.
Vorwärts im Geiste der Sieger von Kreta. — Es lebe der Führer!"

Drei Tage darauf erließ auch GFM von Brauchitsch, als Oberbefehlshaber des Heeres, einen Tagesbefehl an alle auf Kreta eingesetzten Truppen:
„Kreta ist fest in deutscher Hand. Ihr Gebirgsjäger, Pioniere und Kämpfer der anderen Waffen habt gemeinsam mit den Kameraden der Luftwaffe diesen wichtigen Stützpunkt des Feindes in kürzester Zeit bezwungen. Bei ungewöhnlich schwierigen Gelände- und Wetterverhältnissen hat sich in schwersten Kämpfen und unter härtesten Anstrengungen Eure Kampfkraft, Tapferkeit und Überlegenheit wieder auf das Höchste bewährt. Das ganze Heer ist stolz auf seine Kreta-Kämpfer."

Kreta war zum einmaligen Erfolg einer neuen Waffe geworden. Gleichzeitig wurde diese Insel aber auch — was die deutschen Fallschirmjäger angeht — ihr Schwanengesang. Im Führerhauptquartier in Rastenburg sagte Hitler am 19. Juli, dem Tag der Vorstellung aller Ritterkreuzträger des Kreta-Unternehmens:
„Kreta hat bewiesen, daß die Tage der Fallschirmtruppe vorüber sind. Die Fallschirmwaffe ist eben eine reine Überraschungswaffe; der Überraschungsfaktor hat sich aber abgenutzt."

Reichsmarschall Göring überreichte Erich Schuster das Ritterkreuz.

Reichsmarschall Göring begrüßt in Karinhall die Sieger von Kreta. Von links: General Student, die Oberste Sturm und Heidrich, Majore Stentzler, Heilmann, Hauptleute Gericke, von der Heydte, Schirmer, Oberleutnant von Roon.

Unten: General Student (links) und der Ia des XI. FschKorps, Major i. G. von Roon, bei einer Fallschirmerprobung.

Kreta war die Hölle.

Das war ein schwerer Schlag für General der Flieger Student, der gehofft hatte, nun auch die übrigen Einsätze, die geplant worden waren, durchführen zu können.
Für die Leistung der Truppe, vor allem der Fallschirmjäger, fand Hitler Worte höchster Anerkennung; aber so paradox dies klingt: mit dem großen Sieg über Kreta, der ersten Invasion aus der Luft, hatte Hitler den Glauben an diese Waffe verloren. Nicht zuletzt unter dem Eindruck der gewaltigen Verluste stehend, die diese Waffe erlitten hatte. So blieb denn dieser Sieg auf Kreta, blieben die unerhörten Opfer lediglich als Abschluß des Balkanfeldzuges bestehen. Ein großer Traum schien mit dem jähen blutigen Erwachen über und auf dieser Insel zu Ende geträumt.
General der Flieger Student, der diesen Sieg ermöglichte, erhielt dafür keinerlei Auszeichnung. Dies war für jeden Fallschirmjäger eine Unmöglichkeit. Darüber hinaus erhielt er ein ganzes Jahr lang keine Möglichkeit, Hitler Vortrag

Generaloberst Löhr (2. v. rechts) bespricht nach Kreta den weiteren Luftwaffeneinsatz gegen Ägypten.

zu halten. Mit seinen Denkschriften vermochte er weder Göring noch Hitler zu überzeugen.
Ob dies daran lag, daß die Generale der Flieger Korten und von Richthofen in ihren Meldungen berichteten, daß die hohen Verluste der Fallschirmjäger auf deren schlechte Gefechtsausbildung zurückzuführen seien, ist nie geklärt worden.

Sicher ist allerdings, daß anstelle des gefallenen Generals Süßmann nicht etwa einer der hochverdienten Regimentskommandeure die 7. Fliegerdivision übernahm, sondern vom OKH der Kommandeur des IR 125, Oberst Petersen, in die Luftwaffe versetzt und unter Ernennung zum GenMaj. zum neuen Kommandeur der 7. Fliegerdivision ernannt wurde.

Rückkehr von Kreta nach Hildesheim. Major Koch von schwerer Kopfverwundung genesen (weiße Mütze).

Das I./FJSturmRgt. kehrt nach Hildesheim zurück. Von links: Oberfeldwebel Festerling, Oberfeldwebel Schelling, Feldwebel ?, Oberfeldwebel Reisinger, Oberfeldwebel Herter.

General Student in Hildesheim, links von ihm Major Koch, dahinter Hauptmann Witzig.

Auch Hauptmann Frhr. von der Heydte kehrte mit seinen I./FJR 3 in die Heimat zurück.

Rußland — Vom Himmel in die Hölle

Oberst Hans Kroh führte in Rußland lange Zeit die 2. FJD anstelle von General Ramcke und wurde in der Festung Brest Divisionskommandeur. Auf Kreta kämpfte Major Kroh mit seiner Kampfgruppe im Einsatzraum Rethymnon neun Tage auf sich allein gestellt. Seine Auszeichnungen: Ritterkreuz mit Eichenlaub und Schwertern.

Fallschirmjäger-Regiment 1 in neuer Erprobung

Erst nachdem andere Truppenteile des Heeres die Insel Kreta erreichten, konnten die Fallschirmjäger zur Wiederauffüllung und Auffrischung in die Heimat verlegt werden. Dies war im August 1941 der Fall.

Das FJR 1 wurde auf den Truppenübungsplatz Bergen-Hohne verlegt. Allerdings ohne sein II. Bataillon, das zum Lehr-Bataillon umgerüstet werden sollte, um die Erkenntnisse von Kreta zu erproben und in die Tat umzusetzen. Dieses Bataillon wurde auf dem Truppenübungsplatz Döberitz einquartiert, damit General der Flieger Student, der nach wie vor in Berlin saß, es so oft wie möglich besuchen und sich vom Fortschritt der neuen Erprobungen überzeugen konnte.

Aus der auf Kreta teilweise nicht zu genießenden Nachschubverpflegung für die Fallschirmjäger wurden drei Arten von Sprung- und Nachschubverpflegung entwickelt und bereitgestellt. Und zwar je eine Art für die Arktis, eine für gemäßigte und die dritte für warme Zonen.

Kreta hatte gezeigt, daß die normale Springerverpflegung in wärmeren Ländern nicht zu gebrauchen war. Sie klebte aneinander und wurde teilweise ungenießbar.

Die Nachrichtenabteilung der 7. Fliegerdivision wurde ausgebaut und ebenfalls in simulierten Ernstfällen erprobt. Im Verband des FJR 1 wurden in immer neuen Übungen die Erfahrungen

Schulz und seine Männer bei der Verbandserprobung der neuen Fallschirme.

Neue Fallschirme werden erprobt. Hier Karl-Lothar Schulz.

von Kreta ausgewertet. Für jeden Soldaten dieser Truppe war klar, daß Kreta nur der Anfang gewesen sein konnte und daß größere Aufgaben folgen würden.

In dieser Phase schrieb General Student auch sein eigenes Fazit der Schlacht um Kreta nieder:

„Über diese Schlacht zu schreiben, wird mir schwer. Für mich als Führer der deutschen Luftlandetruppen, die Kreta eroberten, ist dieser Name eine sehr bittere Erinnerung. Ich hatte mich verrechnet, als ich diesen Angriff vorschlug, und dies bedeutete nicht nur den Verlust vieler Fallschirmjäger, die wie meine Söhne waren, sondern letztlich überhaupt der Tod der deutschen Luftlandewaffe, die ich selber geschaffen hatte."

Mit der ersten Anforderung des OKW und des OKH, Fallschirmtruppen in den seit dem 22. Juni 1941 tobenden Rußlandkrieg zu werfen, ging General Student auch die tiefere Bedeutung der Worte Hitlers vom 19. Juli 1941 anläßlich der Vorstellung der Ritterkreuzträger von Kreta auf.

Der Erfolg der Schlacht um Kreta, ein Meilenstein auf dem langen Weg der Kriegsgeschichte, blieb ungenutzt.

Am 24. September 1941 erhielt General Student den Befehl, unverzüglich ein Fallschirmjäger-Regiment mit Transportflugzeugen zum Nordabschnitt der Ostfront zu verlegen. Ostwärts Leningrad und südlich des Ladogasees sollte es in die blutige Front an der Newa eingeschoben werden. Anstelle des II./FJR 1 wurde dem FJR 1 das II./StRgt. zugeführt.

Der Kampf an der Newa

Als Oberstleutnant Heinrich Trettner, Ia der 7. Fliegerdivision, das Kasino des Truppenübungsplatzes Wildflecken betrat, sprangen alle Männer, die den Kdr. des III./FJR 1, Major Karl-Lothar Schulz, umringten, auf. Mit einer Handbewegung forderte Trettner seine Kameraden auf, wieder Platz zu nehmen.

„Meine Herren", begann er, als das Stühlerücken verstummt war, „die 7. Fliegerdivision erhält einen neuen Auftrag."

Der neue Lastensegler Go 242.

Das Fallschirm-Leichtgeschütz in der Erprobung.

„Afrika?“ fragte Major Walther.
„Diesmal geht es nicht in die Sonne. Jetzt heißt es für das Regiment 1 sich in Eis und Schnee zu behaupten.“
„Dann kommen wir also nach Rußland?“ fragte Major Stentzler, Kdr. des II./FJR 1.
„Richtig! — Die Truppe setzt sich morgen früh in Marsch. Einsatzziel ist Leningrad. Die Fronten sind dort unklar geworden. Für die an der Newa eingesetzten Abschnittskräfte besteht die Gefahr, daß sie von dem aus dem Leningrader Raum vorstoßenden Gegner abgeschnitten werden. Die Russen drohen außerdem von Leningrad aus auf unseren Flugplatz Tosno durchzubrechen.
Auf dem Frontabschnitt am Südufer der Newa, der westlich von Tosno, und ostwärts vom Mga-Fluß begrenzt wird, hat die Rote Armee mehrfach versucht, die Newa zu überschreiten. Es ist dem Feind dabei gelungen, einige Brückenköpfe auf dem Südufer des Flusses zu errichten und zu halten.“
„Und wann starten wir, Herr Oberstleutnant?“

Ab 1942 gab es bereits die 7,5 cm-Pak, eine durchschlagskräftige Waffe.

„Morgen früh um 5.30 Uhr. Bereiten Sie alles vor. Es muß wie am Schnürchen klappen. Sie fliegen von hier aus direkt nach Stendal, wo Sie voll aufgefüllt werden und Waffen empfangen."
Zehn Minuten darauf riß der Alarm die bereits in ihren Quartieren in Wildflecken schlafenden Fallschirmjäger aus ihren Träumen und Oberst Bräuer, der Regimentskommandeur, gab den fünf Minuten darauf angetretenen Soldaten seines Regimentes das neue Einsatzziel bekannt. Er selber war soeben erst aus Fulda zurückgekehrt. Von Goslar aus wurde die Verlegung nach Rußland im Lufttransport angetreten.

„Das gefällt mir nicht, Horst", sagte Karl-Lothar Schulz zu seinem KpChef, Hptm. Kerfin, und deutete auf die vor ihnen auf dem Tisch liegende Geländekarte. Im Bataillonsgefechtsstand war es warm. Im Hintergrund werkelte einer der Nachrichtenmänner am Klappenschrank des Fernsprechgerätes. Das III./FJR 1 lag im Rahmen des Frontverlaufes hinter der Newa ostwärts Leningrad in einer Stellung, die sich mit der linken Flanke an den Mga-Fluß anlehnte. Vor ihnen stieß die eigene Front in Gestalt einer langen, schmalen Zunge 14 Kilometer weiter nach Osten vor. Falls die Russen in der Mitte dieser Zunge überraschend über die Newa setzten, konnten sie deren Spitze abschneiden und die dort stehenden deutschen Einheiten vernichten.
Ab und zu orgelten einige 17 cm-Granaten der Feindartillerie über ihre Köpfe hinweg und schlugen weiter rückwärts in das verfilzte Dickicht hinein.
„Was hast du vom Regiment 3 gehört, Horst?" fragte Schulz den Kameraden, der vor einer halben Stunde vom RgtGefStand zurückgekehrt war.
„Sie haben das Regiment 3 auf die einzelnen Heeresverbände aufgeteilt."
„So ein Irrwitz. Gut, daß sich unser Bruno nicht auf diesen Koks eingelassen hat", sagte Schulz. Mit „Bruno" meinte er Bruno Bräuer, ihren Regimentskommandeur.
In dem Augenblick, als beide Offiziere hinausgehen und die Postenstände inspizieren wollten, schrillte im Hintergrund der Feldfernsprecher. Der Mann am Klappenschrank nahm den Hörer auf und meldete sich. Dann drehte er sich halb herum:
„Herr Major, russischer Einbruch beim IR 103."
„Alarm für das Bataillon! Die beiden 5 cm-Pak mit Zgkws vorziehen!"
Während Horst Kerfin das Bataillon

Aus dem Süden in den Norden. Post und Verpflegung sind eingetroffen.

alarmierte, ließ sich Schulz mit Oberst Bräuer verbinden, dem er Meldung machte.

Es war der 10. Oktober 1941, und seit fast zwei Wochen lagen die Fallschirmjäger in diesem Dschungel. Als Schulz vorn eintraf, befand sich sein Bataillon bereits im Vorstoß. Drei russische Panzer tauchten voraus aus dem Dunst auf. Sie hielten sich dicht am Fluß, wo der Boden fest schien. Aber noch feuerten sie nicht.

Das III./FJR 1 hatte den Einbruchsraum erreicht. Die Jäger schossen auf die nur schemenhaft sichtbar werdenden Rotarmisten, drückten sie auf das Flußufer zurück und ins Wasser hinein. Die dicht am Flußufer parallel zu den deutschen Stellungen entlangrollenden, ihre Türme eingeschwenkten Feindpanzer drehten sich. Aus ihren Kanonen spuckten die Flammenlanzen der Abschüsse. Granaten schlugen in die Deckungen ein, rissen Äste von den Bäumen und rasierten Büsche weg. Einer der Panzer, der gedreht hatte und auf sie zuhielt, rollte in ein Sumpfloch und verschwand bis zum Oberrand der Ketten darin.

Dann blitzten die Mündungsfeuer der beiden eigenen Pak durch die einfallende Dunkelheit. Einer der Panzer am Ufer, der ihnen die Breitseite bot, wurde von einer Pak-Granate durchschlagen. Ein blaffender Treffer riß das Turmluk auf. Eine grelle Detonation ließ die Bereitschaftsmunition in seinem Inneren hochgehen, und dann lag er über alles in Flammen gehüllt am Flußufer.

Das Bataillon arbeitete sich sprungweise vor, um den Feind, der noch im Sumpfgebiet vor ihnen steckte, abzu-

Der Winterkrieg im Osten stellte hohe Anforderungen an die Fallschirmjäger.

schneiden. Mit Sprengmitteln und Handgranaten setzten sie diesen Gegner außer Gefecht. Ein zweiter Panzer wurde mit geballten Ladungen vernichtet, und dann ereilte das gleiche Schicksal auch den im Sumpf stehenden Feindpanzer.

Zwei Stunden dauerte der Kampf, dann war der Gegner, dem der Flußübergang und der Einbruch in die eigene HKL gelungen war, vernichtet. Die Infanteristen der IR 103 hatten sich wieder gefangen und beteiligten sich am Abwehrkampf. Als der Feind niedergerungen war, wurden alle Männer des IR 103, die sich noch in den Bunkern gehalten hatten, zurückgezogen und diese durch Fallschirmjäger besetzt.

In den nächsten Tagen, während die ersten Schneefälle einsetzten und die Kälte rapide zunahm, versuchten die Russen noch zweimal mit Sturmbooten über die Newa zu gelangen und die spärlich besetzten deutschen Stellungen auszuschalten. Doch die Fallschirmjäger waren auf der Hut. Aus gut gestaffelten MG-Nestern mit Werfern und einigen Pak wurde der Feind immer wieder abgewiesen.

Dann aber kam die große Stunde der Fallschirmjäger, als es hieß, den starken russischen Brückenkopf Petruschino auf dem Südufer der Newa auszuräumen.

Der Angriff konnte infolge der begrenzten Breite des Angriffsstreifens nur in Bataillonsstärke geführt werden. Alle Kommandeure meldeten sich. Oberst Bräuer ließ den Angriff auslosen, um keinen zu benachteiligen. Major Stentzler, Kdr. des II./Sturmregimentes, das dem FJR 1 unterstellt worden war, zog das Los. Er sollte nunmehr mit seinem Bataillon den Angriff

Fallschirmjäger schulen auf „Ein-PS-Gespanne" um.

Die Gefallenen bei Sterzewo.

durchziehen. Ein ähnlicher Versuch war bereits sechsmal vom Heer unternommen worden. Er hatte immer mit hohen Verlusten und erfolglos geendet. Der russische Brückenkopf war zu einer waffenstarrenden Festung geworden.
Bereits am 26. September 1941 mußte das II./FJSturmRgt. unter Major Stentzler im Rahmen des FJR 1 im Lufttransport aus Goslar den Marsch zur Ostfront antreten. Vier Tage darauf stand dieses Bataillon bereits in seinem ersten Angriffsgefecht, wobei es die russische Frontlinie bei Petruschino durchstieß. Am nächsten Tage gelang ihm der Durchbruch bis zur Newa.
Bei diesen Kämpfen war es neben dem BatlKdr. selber Hptm. Reinhart mit seiner 8. Kp., der sich besonders auszeichnete. Er erhielt als einer der ersten Fallschirmjäger für viele vorbildliche Einsätze das Deutsche Kreuz in Gold.

In der Nacht zum 19. Oktober 1941 trat das Batl. Stentzler zum Angriff auf den russischen Brückenkopf Petruschino an. Lautlos, ohne jede Feuerunterstützung, um den Gegner nicht vorzeitig zu alarmieren und um den Überraschungsmoment auch zu nutzen, arbeiteten sich die Fallschirmjäger nach vorn. Lautlos sickerten sie in die vorgeschobenen russischen Postenstände ein und machten den Gegner nieder.
Beim ersten Schußwechsel aber war für alle Fallschirmjäger die Hölle los. Maxim-MG ratterten los. Gewehre wurden abgefeuert. Maschinenpistolen ratschten ihre tödlichen Salven durch die Nacht.
Mit Sprengmitteln und Handgranaten machten die Fallschirmjäger die feindlichen Widerstandsnester unschädlich. Mann gegen Mann hieß dieses Duell mit oftmals tödlichem Ausgang.
Als der Morgen des 19. Oktober heraufzog, war der russische Brückenkopf eliminiert. Das gesamte Fallschirmjäger-Bataillon Stentzler aber zählte nur noch 139 Soldaten. Alle Offiziere des Bataillons waren entweder tot oder verwundet. Major Stentzler, der vorbildliche Kämpfer von Kreta, war im Nahkampf ein Auge ausgeschossen worden. Er starb am 20. Oktober an dieser fürchterlichen Schädelverwundung.
Durch diesen mörderischen Einsatz war die Ausgangsstellung der Russen zum Durchbruch in Richtung Tosno beseitigt worden. Der Kampfgeist der Fallschirmjäger hatte das Unmögliche möglich gemacht.
Das Fallschirmjäger-Regiment 1 aber trauerte um viele Kameraden und um Major Stentzler.

Gräber blieben auch am Mius zurück.

Generalmajor Petersen führte die 7. Flieger-Division in Rußland während der ersten Einsatzphase.

Der erbitterte Kampf ging weiter. Die Rotarmisten trugen nunmehr ihre Angriffe in den Nachbarabschnitten vor und stießen lediglich mit kampfstarken Stoßtrupps in den finstersten Nächten in die vordersten Fallschirmjäger-Stellungen hinein, um diese auszuschalten. Sie hatten vor diesen Kämpfern einen Höllenrespekt.

In der Zwischenzeit hatte sich die deutsche Führung dazu entschlossen, ein weiteres Regiment der 7. FlDiv., das FJR 3, zur Verstärkung der schwachen Kräfte an der Newafront einzusetzen. Hier wurde gekleckert und nicht geklotzt, wie es hätte geschehen müssen. An dieser Stelle hätte die 7. Fliegerdivision geschlossen zum Ansatz kommen müssen. Stattdessen dieser nach und nach in kleinen Gruppen erfolgende Einsatz, der nacheinander fast alle Teile der 7. FlDiv. erfaßte und dezimierte. Erst als alle Verbände versammelt waren, wurde der Division ein eigener Abschnitt in der Newafront zugewiesen. Dieser verlief von Schlüsselburg nach Süden und schloß den bei Wyborgskaja befindlichen Brückenkopf der Sowjets ein.

Oberst Petersen, der Nachfolger von GenLt. Süßmann, der als Heeresoffizier nun den Erdeinsatz führte und sehr bald zum GenMaj. befördert wurde, war Mitte Oktober bei der Division eingetroffen.

Täglich griff die Rote Armee an irgendeinem Teilabschnitt der mehrere Kilometer langen Fallschirmjägerfront an.

Mitte November mußte die 7. FJD aus der Front herausgezogen werden, weil ihre Kampfkraft auf ein Minimum zusammengeschrumpft war. Sie wurde in die Ortschaft Wiriza, südlich Leningrad, in Ruhequartiere verlegt und blieb dort zunächst als Armeereserve liegen. Ende November begann ihre Rückverlegung in die Heimat, die bis Mitte des Monats abgeschlossen war.

Der OB der 16. Armee, GenOberst

Oberst Kroh vor seinem Gefechtsstand als Führer der 2. FJD.

Busch, entließ die 7. FlDiv. am 19. Nov. 1941 aus seinem Befehlsbereich und sagte in seinem Tagesbefehl dazu:
„Die 7. Flieger-Division hat in den Abwehrkämpfen an der Newafront unter ihrem Kommandeur, GenMaj. Petersen, einen Kampfgeist bewiesen, dem höchste Anerkennung zukommt."
Das waren lobende Worte, aber sie konnten den Verlust von 3000 verwundeten oder gefallenen Fallschirmjägern, die alle ausgesuchte und ausgebildete Springer waren, nicht wettmachen.

Einsatzraum Juchnow

Für das Fallschirmjäger-Sturmregiment war es nicht mit der Abgabe seines II. Batl. an die Ostfront getan. Das IV. Bataillon traf es als nächstes. Es verlegte im November 1941 in den Raum Krementschug. Von den Einheiten des III. Bataillons, das inzwischen von Hptm. Schwaiger übernommen worden war, gelangte nur die 10. Kp., zunächst unter Oblt. Herterich, dann Lt. Vogel, nach Rußland. Vom 7. Januar 1942 bis zum 6. April 1942 kämpfte diese Kp. im Raume nordwestlich Rshew bei Sobakino und bereinigte eine Reihe russischer Angriffe und Einbrüche.
Schließlich schlug auch für den Regimentsstab und das I. Batl., das von dem inzwischen wieder voll genesenen Major Koch übernommen worden war, die Abschiedsstunde von der Heimat.
Der Regimentsstab wurde nach Juchnow geflogen, wo GenMaj. Meindl zeitweilig die verschiedensten Truppen in seiner Kampfgruppe vereinigte, bis diese schließlich Divisionsstärke annahm. Darunter SS-Einheiten, Infanterie-Verbände und die ersten Teile von

Schaikowka: General Ramcke (Mitte) begrüßt den Divisionsstab. Hinter ihm Oberst Kroh.

Schaikowka, Winter 1942/43: Verwundete sind aus dem Vorfeld geborgen worden.

Luftwaffen-Feldverbänden. Mit dem Regimentsstab fuhr auch die Sanitäts-Kp. unter Oberstabsarzt Dr. Neumann nach dem Osten.

Am Nordostrande des Flugplatzes Anissowo-Gorodischtsche richtete sich die 3. Kp. des Sturm-Regimentes zur Verteidigung ein. Daran anschließend bezog die 2. Kp. unter Hptm. Jungwirt ihre Stellungen.

Hinter diesem dünnen Verteidigungsriegel lagen etwas zurückgesetzt die hohen Gebäude von Schaikowka und die Flugzeughallen. Als der Morgen des 16. Januar 1942 heraufdämmerte, wurden russische Skitruppen gemeldet. Die beiden MG des Zuges Schuster eröffneten das Feuer. Das Maxim-MG, das am Vortage erbeutet worden war, fiel mit langsamen tackenden Schlägen in das Feuer ein.

Die Skitruppen, die in ihren weißen Tarnanzügen nur schemenhaft auf dem Schnee sichtbar wurden, schwenkten nach Mathinka ein. Feindliche Werfer eröffneten das Feuer auf die Stellungen der Fallschirmjäger und zwangen diese in volle Deckung.

Als sie daraus auftauchten, waren die Skiverbände der Russen mit ihren Spitzengruppen bis auf etwa 70 Meter herangekommen. Beide sMG feuerten mit schnellster Schußfolge. Gewehrschüsse knallten dazwischen, und dann ratterten die hektischen Feuerstöße der MPi.

Der Gegner blieb im Stacheldraht vor den Stellungen der Dritten hängen, und diese erhielt Befehl von Major Koch, sich zum Gegenstoß auf Mathinka, das in die Hände des Angreifers gefallen war, fertigzumachen. Lt. Arpke, der

Flugplatzrand Schaikowka: Der Gegner schießt mit schweren Geschützen.

KpFhr., hatte diesen Befehl erhalten, und als das eigene Sperrfeuer aufbrandete, in das auch die Flugplatzflak einfiel, und die Russen in volle Deckung zwang, sprangen sie auf und arbeiteten sich in langen Sprüngen und im überschlagenden Einsatz auf Mathinka vor. Während Erich Schuster mit seinem

Schaikowka: Die 4./FJSturm Rgt. wehrt einen russischen Angriff ab.

Unteroffizier Achterfeld schoß den letzten russischen Schlachtflieger in diesem Raum ab.

Zug links vorging, stürmte der Zug unter Ellersiek auf der rechten Flanke vor. Ofw. Dudda aber hielt direkt auf Jekowlewka zu.

Kurz vor den Hütten von Mathinka, die jetzt im Winter die einzige Überlebenschance boten, tauchten Rotarmisten aus ihren Schneelöchern auf. Im Laufen eröffneten die Männer, mit den lMG im Hüftanschlag, das Feuer. Aus den Hecken und Häusern der Ortschaft peitschte ihnen das Feuer der Russen entgegen. Aber die Fallschirmjäger hatten den Dorfeingang bereits auf breiter Front erreicht. Lt. Arpke stürmte mit Dudda und seinen Jägern nach Jekowlewka hinein.

Der Zug Schuster befreite einige der von den Russen gefangengenommenen Fallschirmjäger und jagte den Gegner nach Osten aus der Ortschaft hinaus. Als sie in die eigenen Stellungen zurückkehrten, erfuhren sie von Ofw. Dudda, daß Lt. Arpke gefallen war.

Dieser 16. Januar 1942 bedeutete den Todestag für den begeisterten Fallschirmjäger, der auf Kreta das Ritterkreuz errungen hatte. Auf dem Ehrenfriedhof des Fallschirmjäger-Sturmregimentes in Schaikowka wurde Helmut Arpke beigesetzt. Sein Zug schoß die Ehrensalve.

In den nächsten Tagen gelang es der 2./FJSturmRgt. unter Hptm. Jungwirt, den Russen Belnja-Süd zu entreißen. Major Koch reichte Jungwirt zum Deutschen Kreuz in Gold ein, das dieser junge Offizier auch erhielt.

Am 18. Januar wurde den Sowjets auch Borez entrissen. Hier mußte vier Tage und Nächte gegen immerwährende russische Angriffe verteidigt werden.

Als am Nachmittag des 22. Januar 1942 russische Bereitstellungen vor dem I./FJSturmRgt. festgestellt wurden, gab es Alarm. Ein paar Spähtrupps wurden mit leichten MG vorgeschickt, um die Annäherung der Gegner rechtzeitig zu melden und die ersten Warnsalven und die vereinbarten Lichtzeichen zu schießen.

In der Nacht griffen die Russen an. Dichtes MG-Feuer der rechtzeitig gewarnten Fallschirmjäger peitschte ihnen entgegen. Der Feind revanchierte sich mit Stalinorgel-Beschuß. Sein Ziel war in dieser Nacht der Flugplatz bei Schaikowka. Als der Gegner dort in breiter Front angriff, peitschte ihm auch aus Mathinka und Jekowlewka dichtes MG-Feuer entgegen. In fünf Wellen hintereinander griffen die Rotarmisten an und wurden jedesmal mit schweren Verlusten für sie abgewiesen. Nachdem diese Angriffe erlahmt waren, stürmten die Fallschirmjäger auf Gorodischtsche zu. Trotz des Feindfeuers aus einer Reihe von Erdbunkern drangen sie von Nordwesten in die Ortschaft ein. Im Nahkampf wurden die Häuser am Ortsrand erobert und zur stützpunktartigen Verteidigung eingerichtet.

Vom 22. bis zum 28. Januar wurde verteidigt. Hier war es immer wieder der Ofw. Orth, der sich auszeichnete. Vor allem bei den Kämpfen um Anissowo, der Einnahme dieser Ortschaft und den Gegenstößen vom 3. und 4. Februar, kämpfte er mit einigen Kameraden ein ganzes russisches Elite-Bataillon nieder und brachte 126 Gefangene ein. Er wurde von Major Koch zum Ritterkreuz eingereicht. GenMaj. Meindl befürwortete den Vorschlag, und am 18. März 1942 erhielt Heinrich Orth diese hohe Auszeichnung, die er jedoch nicht mehr entgegennehmen konnte, weil er zwei Tage zuvor bei der Eroberung von Philippkowo und Silkowitschi gefallen war.

Hilfe für die Verwundeten

Für Oberstabsarzt Dr. Heinrich Neumann begann hier eine Zeit, an die er sich nur mit Grauen erinnern kann. Es war einer der finstersten Augenblicke im soldatischen Einsatz dieses hochverdienten Sanitätsoffiziers.

In Juchnow hatten sich im Verlaufe der

Gefallene des FschMGBatl., Januar 1942.

schweren Winterkämpfe etwa 5000 Verwundete angestaut. Das dortige Feldlazarett war an Ärzten und Hilfspersonal völlig unterbesetzt. Das einzige, worum sich Dr. Neumann kümmern konnte, waren die Möglichkeiten zum Abtransport. Aber die gab es nicht mehr. Die Russen beherrschten bereits die rückwärtigen Straßen. Nur eine rigorose Maßnahme konnte diese 5000 Verwundeten retten.

Oberstabsarzt Dr. Neumann ließ ein langes Fernschreiben an den Kommandierenden General des VIII. Fliegerkorps, General Wolfram Frhr. von Richthofen, absetzen, den er aus seiner

Achtacht-Flak an der Rollbahn westlich von Juchnow.

Spanienzeit bei der Legion Condor gut kannte. In diesem Fernschreiben gab er ein drastisches Bild vom Zustand der Verwundeten und bat von Richthofen, alles in Bewegung zu setzen, um diese 5000 Kameraden vor dem sicheren Tode zu retten.

Von Richthofen ließ diese Männer nicht im Stich. An zwei Tagen hintereinander landeten zwei Transportgruppen Ju 52 auf jeweils 60 und 70 Maschinen im Kessel von Juchnow. Die Verwundeten wurden mit Schlitten zum Rollfeldrand geschafft. Immer wieder erschien Oberstabsarzt Dr. Neumann dort, um nach dem Rechten zu sehen. Nicht weniger als 2000 der Schwerverwundeten wurden auf diese Art und Weise aus dem Kessel ausgeflogen.

Für Dr. Neumann war es jedoch noch nicht genug. Er ruhte nicht eher, bis auch die letzten Verwundeten ausgeflogen waren. Nacheinander wurden weitere Gruppen Verwundeter ausgeflogen. Der Rest mußte auf abenteuerliche Weise zurückgeschafft werden. Eine Gruppe Me 109 kämpfte einen schmalen Korridor entlang der Haupt-Rückmarschstraße frei, und Dr. Neumann stieß unmittelbar nach dem letzten Bordwaffenfeuer mit einem großen Krankentransport durch diese Schneise hindurch und brachte einige Hundert Gefangene zurück. Schließlich lagen immer noch über 1.400 Verwundete im Feldlazarett Juchnow. Auch sie mußten noch zurückgeschafft werden.

Sibirische Truppen traten in diesem Zeitraum das erstemal auch im Raume Schaikowka auf. Sie wollten diese Ortschaft und den Flugplatz von Anissowo mit allen Mitteln in ihren Besitz bringen. Als sie am 11. und 12. Februar angriffen, führte Oblt. Hoefeld die 3. Kp. zum Gegenstoß gegen eingedrungene Feindgruppen und schlug sie mit Hilfe zweier Flammenwerfer aus dem Nordostrand von Anissowo hinaus.

Am 19. und 20. Februar stand das Bataillon Koch erneut im Großeinsatz. Major Koch führte die Stabs-Kp. nach Michailowo. Gleichzeitig damit wurde von den übrigen Kpn. des I. Batl. Jemikowo und Orlowka angegriffen. Der Zug Schuster erhielt Dimitrowka als Ziel. Sie stießen unmittelbar vor dieser Ortschaft auf einen wuchtigen Bunker, aus dem zwei 7,62 cm-Geschütze der Russen, die berüchtigten „Ratschbum“, schossen. Sie setzten den Bunker mit Geballten Ladungen und einer Tellermine außer Gefecht. Dann stürmten

Schlammperiode im Frühjahr: Sechs Fallschirmjäger und ein Krad.

sie nach Dimitrowka hinein und nahmen die Ortschaft im Häuserkampf in Besitz.

Die Kämpfe tobten ohne Unterbrechung weiter. Am 9. März gelang den Fallschirmjägern der Einbruch nach Salowo. Anissowo und Gorodischtsche, die vorübergehend den Russen wieder zugefallen waren, wurden zurückerobert. Bei Philippkowo, Studenowo und Silkowitschi wurden russische Angriffe abgewiesen.

Am 1. April wurde Major Koch nach Deutschland zurückgerufen. Dort sollte er aus Freiwilligen und Rußlandkämpfern des Sturmregimentes ein neues Regiment aufstellen: das FJR 5. Die Reste des Bataillons riegelten vom 14.4. bis zum 24.4. 1942 den russischen Durchbruch an der Rollbahn bei Fomino ab. Hptm. Reinhart hatte die Führung übernommen.

Am 24. April wurde dann das Batl. Koch herausgezogen und im Bahntransport in die Heimat zurückverlegt. Es waren nicht mehr sehr viele, die diesen Weg antreten konnten. Auf dem Friedhof von Schaikowka blieben die gefallenen Kameraden zurück. Bliebe nur noch nachzutragen, wie Oberstabsarzt Dr. Neumann die letzten 1.400 Verwundeten des Feldlazaretts Schaikowka rettete.

Als russische Bomber Schaikowka angriffen und von den Flak-Batterien der Rundumverteidigung die ersten Salven in den Himmel geschickt wurden, sprang Dr. Neumann von seinem Strohlager auf und eilte ins Freie. Was er, was die Soldaten der Flugplatzverteidigung und des Feldlazaretts sahen, ließ sie an einen wüsten Alptraum denken.

Aus leichten Flugzeugen, die mit stark gedrosselter Geschwindigkeit nur wenige Meter über dem Schneefeld dahinglitten, sprangen plötzlich russische Soldaten in den hier bis zu drei Meter hohen Schnee. Es waren russische Fallschirmjäger, die hier ohne Schirm einfach aus den fliegenden Maschinen hinauspurzelten und im aufstiebenden Schnee verschwanden. Die sehr nahe an den deutschen Stellungen abgesetzten russischen Fallschirmjäger wurden von MG-Salven zu Boden geworfen. Dieses russische Kommandounternehmen gegen den Flugplatz Schaikowka

Oberstleutnant Karl-Lothar Schulz vor seinem Gefechtsstand; links neben ihm: Hauptmann Gröschke, Oberleutnant Rolschewski, Hauptmann Graf von der Schulenburg.

scheiterte. Es zeigte Dr. Neumann aber, daß die Tage des Lazaretts gezählt waren.

Es gelang noch einmal, eine schmale Schneise in den russischen Umklammerungsring zu schlagen und diese 24 Stunden offen zu halten. Mit dem Regimentsstab fuhren Oberstabsarzt Dr. Neumann und die letzten Fallschirmjäger zum Feldflugplatz südwestlich von Juchnow, der noch in deutscher Hand war. Von dort aus flogen sie in den Kessel von Schaikowka hinein, wo noch immer Fallschirmjäger standen und jeden feindlichen Angriff abwehrten. Sie landeten auf dem Platz von Anissowo. Hier arbeitete noch immer die Fsch SanKp. 1 unter Stabsarzt Dr. Mallison. Heinrich Neumann, am 1. Februar 1942 zum Oberfeldarzt befördert, veranlaßte, daß die Verwundeten auf langen Schlittenkolonnen ausgeschleust wurden.

Der zurückbleibende Verband Meindl verlegte in den Raum Staraja Russa.

Nach der Rückkehr dieser Verbände in die Heimat konnte General Student nunmehr an den Neuaufbau der Fallschirmtruppe denken. Im Mittelmeerraum zeichnete sich ein neuer Fallschirmjäger-Einsatz ab: gegen die britische Inselfestung Malta, die den Seeverkehr und den Nachschub des Deutschen Afrika-Korps aus Süditalien nach Afrika zum Versiegen zu bringen drohte.

Mit dem Fallschirmjäger-Regiment 1 im Kampfraum Smolensk

Als GenMaj. Bruno Bräuer sein FJR 1 übergeben mußte, trat Oberstleutnant Karl-Lothar Schulz dessen Nachfolge

an. Das I. Batl. führte Hptm. von der Schulenburg, Kdr. des II. Batl. war Maj. Gröschke, das III. Batl., das von Karl-Lothar Schulz befehligt worden war, wurde Hptm. Becker übergeben. Hptm. Horst Kerfin blieb Regiments-Adjutant von Schulz. Die Führung der 7. FlDiv. übernahm GenMaj. Heidrich. Der neue Kampfraum des FJR 1 war Smolensk, wo seit dem Sommer 1942 hinter der Front der HGr. Mitte südostwärts von Smolensk, bei Jelnja und beiderseits Wjasma Partisanenverbände des russischen Generals Below die Truppen im Hinterland verunsicherten und durch Sprengungen und Sabotageaktionen die rückwärtigen Verbindungen der 4. Armee bedrohten.

Es ging im Lufttransport zunächst nach Witebsk. Von dort fuhr das FJR 1 über die Rollbahn nach Osten. Als das Regiment zu früh abbog und in dichtes Waldgebiet hineinfuhr, kam es zu den ersten Partisaneneinsätzen. Den feindlichen Überfällen auf einzelne Fahrzeuge wurde durch blitzschnelles Nachstoßen und Vernichten dieses Feindes begegnet. In kleinen Einsatzgruppen ging das Regiment gegen Störkommandos der Partisanen vor. Zur Ausschaltung der Hauptstützpunkte dieses mit List und Tücke kämpfenden und mit dem Gelände verwachsenen Gegners waren dem Regiment eine Flak-Abt. mit schwerer Flak und FlaMW unterstellt worden.

Das Haupteinsatzgebiet lag im Großraum des Bakanowskaja-Sees. Finnische Waldläufer waren dem Regiment, das im Oktober 1942 im neuen Kampfgebiet eintraf, als Fährtensucher zugeteilt worden.

In oftmals erbitterten Nahkämpfen in den Wäldern und auf den zugefrorenen

Ein verdienter Stoßtruppführer wird von Schulz ausgezeichnet.

Heiligabend 1942 bei Smolensk: Päckchen und Grüße sind aus der Heimat gekommen.

Seen standen die Fallschirmjäger hier einem Gegner gegenüber, der das Gelände genau kannte und von einem unwahrscheinlichen Kampfgeist beseelt war.

Immer wieder kam GenOberst Ritter von Greim, OB des LwKdos Ost, als gern gesehener Gast mit seinem Fieseler Storch zu den Fallschirmjägern.

Im RgtGefStand unterhielten sich die

Oberstleutnant Schulz im Gefechtsstand vor dem Weihnachtsbaum.

Offiziere der Luftwaffe ohne die störenden Floskeln der verschiedenen Dienstgrade.
Bis Ende Dezember hatte das FJR 1 unter Karl-Lothar Schulz den Gegner hier niedergekämpft. Aus diesem Grunde wurde das Rgt. Anfang Januar 1943 in den Raum Orel verlegt. Dort schien sich der Gegner zum Durchbruch der HKL bei der 2. Panzerarmee anzuschicken. Im Abschnitt Duchowtschina eingesetzt, hielt das FJR 1 mehrfach starken Durchbruchsversuchen der Roten Armee stand. Als die Russen einmal in die HKL der 12. PD einbrachen und eines der Panzerregimenter einkesselten, das wegen Treibstoffmangel stillgelegt war, kämpfte das FJR 1 die Kameraden von der Panzerwaffe wieder frei.
Bei einem Einbruch der Roten Armee im Raume Alexejewka trat das Regiment zum Gegenstoß an und warf den Gegner im Nachtkampf, Mann gegen Mann, in seine Ausgangsstellungen zurück. In der darauf folgenden Nacht mußten die Männer um Karl-Lothar Schulz zu einem weiteren Gegenstoß antreten. Dabei gelang es ihnen, in das feindliche Stellungssystem einzudringen. Sie sprengten die feindlichen Bunkeranlagen und Kampfstände und vernichteten eine gerade zur Beschießung aufgefahrene Stalinorgel-Batterie. Bei diesem Einsatz fiel am 23. Januar 1943 der Freund des Kommandeurs seit den schweren Tagen in Holland und auf Kreta, Ritterkreuzträger Hptm. Horst Kerfin.
Als das FJR 1 aus dem Raume Orel abgelöst wurde, weil es in den Monaten seines Einsatzes schwere Verluste erlitten hatte, ließ GenOberst Rudolf Schmidt, OB der 2. Panzerarmee, Oberstleutnant Schulz ein Handschreiben überreichen, in dem er zum Ausdruck brachte, was die Fallschirmjäger für seine Front gewesen waren: „Für den Einsatz Ihrer Fallschirmjäger spreche ich Ihnen Dank und Anerkennung aus. Sie haben alle Einbrüche des Gegners abgeriegelt und die eingebrochenen Feindverbände vernichtet. Ihre Fallschirmjäger wurden zur Rettung für Orel. Sie haben die 2. Panzerarmee vor hohen Verlusten bewahrt."
Zur gleichen Zeit, da das FJR 1 im Raume nördlich und nordostwärts Smolensk zum Einsatz kam, hatte die Führungsabteilung der 7. Flieger-Division bereits seit der zweiten Septemberhälfte aus der Normandie über Deutschland in den Raum der Halbinsel Kertsch verlegt. Und zwar trug sich

Oberstleutnant Schulz (links) mit Hauptmann Limpert.

Die Rollbahn nach Smolensk wird von den Kradmeldern der II./FJR 4 umgepflügt.

das OKH mit der Absicht, im Zuge des Vorstoßes das III. PzK in den Kaukasus, die russischen Hauptstellungen durch Luftlandeeinsätze in deren Rücken zu Fall zu bringen, um die Landbrücke zwischen dem Kaspischen und dem Schwarzen Meer rasch in die Hand zu bekommen.

Als erstes wurde die Nachschubabteilung des XI. FlK im Bahntransport zur Halbinsel Kertsch geschafft, um an Ort und Stelle den Nachschubverkehr in die Wege zu leiten. Immerhin würden zum Transport der dazu benötigten Fallschirmjäger, der Waffen, Munition und Versorgung etwa 110 Transportzüge notwendig sein.

Es zeigte sich rasch, daß ein solches Unternehmen nicht durchführbar war, weil sowohl die Kaukasustruppen, als auch die 6. Armee, die soeben vor Stalingrad eingetroffen war, alle Transporte für sich beanspruchten.

Die Voraustruppe der 7. FlDiv. wurde von einem Waffen-SS-Verband vereinnahmt und später in Südrußland als Kampf-Batl. eingesetzt, anstatt mit seiner großen Erfahrung für die Versorgung des später eingeschlossenen Stalingrad eingesetzt zu werden. Erst im Frühjahr 1943 wurde diese Vorausabteilung dem XI. FlK. wieder zugeführt.

Fallschirmjäger bei Welikije Luki

Am 10. Januar 1943, als der Verteidiger von Welikije Luki, Oberstleutnant von Saß um 18.20 Uhr dem LIX. AK über Funk meldete, daß die Stadt kaum noch zu halten sei, und diesen FT-

Spruch mit den Worten beendete: „Wenn Hilfe noch wirksam werden soll, dann muß der Stoß noch heute Nacht durchgeführt werden“, wurde die 7. Flieger-Division angerufen.

Sie erhielt den Befehl, unverzüglich ein FJ-Batl. zum Einsatz und Entsatz bei und von Welikije Luki abzugeben.

Das III./FJR 1 unter Hptm. Karl-Heinz Becker wurde durch Karl-Lothar Schulz sofort aus seinem Abschnitt herausgelöst und im Lkw-Transport in Richtung Welikije Luki in Marsch gesetzt. Aber anstatt zum Sprungeinsatz zu kommen, wurde es nach Reichsmarschall Görings Befehl zum Erdeinsatz vorgesehen. Damit war es für Welikije Luki wertlos.

Hier einige Zitate aus dem Gefechtsbericht des III./FJR 1:

„11.1.1943: 1.15 Uhr Alarm für das Bataillon durch einen Anruf von Oberstleutnant Schulz, Kdr. des FJR 1. Das Batl. erhält Auftrag, sich zum Abtransport und Einsatz an einem anderen Teil der Front fertig zu machen.

4.10 Uhr: Besprechung der Kpn.-Chefs. Befehlausgabe über Gliederung, mitzuführende Sachen, Fahrstrecke, Zuweisung der Kfz und Abmarsch.

5.00 Uhr: Anruf von Major Götzel über die Zuweisung von 52 Lkw, acht Pkw und drei Kräder, sowie fünf Pkw für die Chefs.

7.30 Uhr: Batl. steht abmarschbereit.

8.50 Uhr: Eintreffen der ersten Lkw-Kolonnen und eines Teiles des Brennstoffes.

11.30 Uhr: Abflug von Hptm. Becker, Kdr. III./FJR 1, von Starina aus im Fieseler Storch zum GefStand der 7. FlDiv. Eintreffen dort um 11.45 Uhr.

12.40 Uhr: Lageeinweisung durch GenMaj. Heidrich, dem DivKdr., und dem Ia, Oberstleutnant Trettner. Fahrtroutenbekanntgabe, Abfahrt und Meldung in Opuchlinki beim LIX. AK, General von der Chevallerie.

Abflug erfolgt 12.50 Uhr, Führer des ‘Storchs’ ist Oblt. Weiß. Vorausfliegen zur Einweisung. Eintreffen in Opuchliki: 14.30 Uhr. Meldung beim KommGen. und Einweisung in die Lage. Der Auftrag lautet:

1.) Welikije Luki entsetzen.
2.) Verwendung als Abschirmungs-Batl. im Schlauch von Lobno-Balodedowo.

Ab 15.00 Uhr kompanieweiser Abmarsch. 12.1.1943, 8.30 Uhr: Rückflug von Oblt. Weiß mit dem Storch zur 7. FlDiv. Angetretene Einheiten des Batl. erkunden durch Vorausgruppen an diesem Morgen ab 9.30 Uhr den Unterkunftsraum Opuchliki. Ab 13.25 Uhr Einweisung in die Lage und Bereitstellung zum Abmarsch. Keine Befehle zum schnellen Antreten, daraufhin am 13. Januar 1943 Vorausfahrt des BatlKdr. und der Kpn.-Chefs zum KGr. Führer General Wöhler nach Lobno.“

Soweit der direkte Einsatzbericht. Was nun folgte, war ein einziges Hin und Her an Befehlen und Gegenbefehlen. Am 14. Januar sollte schließlich die Zitadelle von Welikije Luki entsetzt werden. Zu einer letzten Geländeorientierung gingen die Kpn.-Chefs und der BatlKdr. mit Oberstleutnant Schönberger, dem sie unterstellt worden waren, vor. Aber ein Angriffsbefehl erfolgte nicht. Auch am 15. Januar mußten die Fallschirmjäger bei 20 Grad unter Null im Freien biwakieren und lagen bereits unter direktem und dauerndem Beschuß russischer Werfereinheiten. Nach einer weiteren Besprechung am Mittag des 15. Januar und erneuter Einweisung der Chefs durch General Wöhler persönlich, sollte es am 16. Januar losgehen. Aber um 6.35 Uhr legte die Rote Armee auf den Aufmarschraum des III./FJR 1 im Raume Belodedowo starkes Artillerie- und Werferfeuer. Fünf erkannte Stalinorgeln und Feindpak fielen in dieses 45 Minuten dauernde Trommelfeuer ein, dem die deutsche Führung nichts entgegenzusetzen hatte.

Es gelang Hptm. Becker schließlich an diesem Morgen in eigener Initiative eine Krisenlage zu meistern, als das

Alarm-Batl. Witebsk seine Stellungen bei Gribuschino verließ. Der dort eingedrungene Feind wurde in erbitterten Kämpfen von den Fallschirmjägern geworfen. Der Angriff von 17 IL-2 Schlachtfliegern wurde mit dem Abschuß zweier Maschinen beantwortet.

Ein weiterer Feindangriff, mit neun Panzern als Stoßkeil, wurde abgewehrt.

In mehreren Wellen von jeweils 250 Rotarmisten versuchte der Feind diesen Einbruch zum Durchbruch zu erweitern. Mit Hilfe einiger Sturmgeschütze der StGeschAbt. 185 gelang es Hptm. Becker, den Feind zu schlagen. Lt. Briel schoß mit seinem Sturmgeschütz fünf der neun eingesetzten Feindpanzer ab. Geführt von Oblt. Merkordt wurden die 9. und 11./FJR 1 an die 20. ID (mot.) ausgeliehen und gegen einen dortigen Feinddurchbruch bei Jarzewo angesetzt. Auch hier konnten mehrere Feindangriffe abgewehrt werden. Russische Flieger bekämpften diese Fallschirmjäger-Gruppen.

Am Morgen des 18. Januar eroberte der Feind eine entscheidende Höhe für sich. Das Batl. wurde nun mit der I./StGeschAbt. 185 der 205. ID unterstellt, brauchte aber nicht mehr in den Angriff dieser Division einzugreifen, sondern erhielt um 21.15 Uhr von der 205. ID Befehl, sich abzusetzen und als KGrReserve nach Alexeikowo zurückzugehen. Dort wurden die letzten 139 Fallschirmjäger des Bataillons am 20. Januar 1943 herausgelöst und nach Lobno zurückverlegt.

Gegen Welikije Luki war das Batl. zwar nicht mehr zum Einsatz gekommen, aber es hatte in dem angegebenen Nahraum dieses Festen Platzes gut zwei Drittel seines Bestandes verloren. Welikije Luki war bereits am 16. Januar 1943 gefallen.

Im Südabschnitt der Ostfront: Die 2. FJD zwischen Dnjepr und Bug

Am 8. November 1943 erhielt die Divisionsführung der 2. FJD vom OKW den Verlegungsbefehl. Sie mußte sich aus ihren Standorten im Volturnogebiet, dem Vorfeld von Monte Cassino, vom Feind lösen und nach Rußland, in das Gebiet der HGr. Süd verlegen.

Und zwar verlegten dazu fünf Jäger-Bataillone mit dem Stab und den Divisionseinheiten und das Bataillon Schirmer (das II./FJR 5, das zum FJR 16 ausgebaut werden sollte) in den Raum Kiew.

Vier Bataillone und die 3. Kp. des FschPiBatl. 2 blieben in Italien zurück. Sie wurden wenig später als Stämme für die Neuaufstellungen der 4. und 3. FJD verwandt.

Major Mors, Ia der 2. FJD, flog voraus und meldete sich am 17. November in Berditschew bei GendInf. Mattenklott, und danach auch bei der 4. PzArmee, die unter dem Kommando von GenOberst Hoth stand.

In Berditschew, Kasatin, Demtschin und Browski wurden die Fallschirmjäger nach siebentägiger Fahrt ausgeladen. Sie hatten bei einem Zwischenaufenthalt in Nürnberg noch Winterbekleidung erhalten, um ihre Tropenuniformen ausziehen zu können.

Ende November war die Versammlung aller Divisionsteile vollzogen und die Division als OKH-Reserve der 4. PzArmee unterstellt. Für den erkrankten DivKdr., General Ramcke, führte Oberstleutnant Kroh den Verband.

Als es der 7. PD unter Generalleutnant von Manteuffel am 20. November 1943 gelang, Shitomir zurückzugewinnen, war die größte Gefahr zunächst gebannt. Am 23. November erhielt die Division, deren GefStand sich hinter der Fliegerkaserne in Shitomir befand, den Alarmbefehl. Der Feind war nordwestlich von Kotscherowo durchgebrochen und hatte die Ortschaft Stawetzkaja und Kotscherowo in Besitz genommen. Von dort aus konnte er mit seinen Geschützen auf die Rollbahn Shitomir — Kiew einwirken und auch mit schnell herangeführten neuen Kräf-

Russischer MG-Trupp mit Maxim-MG, das auf Schlitten gezogen und voll beweglich war.

ten im weiteren Antreten den Übergang über den Teterew-Fluß und die übrigen Brücken zwischen Korostyschew und der Rollbahn in Besitz nehmen.

Das FJR 7 übernahm die Sicherung dieser Objekte, während die Fallschirmpioniere Brücken und Rollbahn ostwärts Shitomir und Kmitoff sicherten.

Als am späten Abend des 28.11. das I./FJR 6 unter Hptm. Finzel im Bahnhof von Shitomir entlud, war der letzte größere Verband bei der Division eingetroffen.

Am selben Tage wurde die 2. FJD dem XXXXVIII. PsK unterstellt und erhielt von diesem Korps die Weisung, gemeinsam mit der 1. SS-PD „Leibstandarte AH" einen feindlichen Einbruch bei Kotscherowo abzuriegeln.

Am frühen Morgen des 30. November griff die Division in die Kämpfe ein. Zunächst mit dem Auftrag, das Waldgebiet zwischen der Belka und dem Teterew-Fluß zu durchkämmen. Dieser Auftrag wurde durchgeführt, ohne daß es zu größeren Kampfhandlungen kam. Dem neu in diesen Raum verlegten XXXXI. AK seit dem 1. Dezember unterstellt, richteten sich die Fallschirmjäger im Abschnitt zwischen Belka und Teterew zur Verteidigung ein.

Als die Rote Armee am 3. Dezember mit Panzerunterstützung vor dem II./FJR 5 angriff, konnte Major Rolschewski die Infanterie von den Panzern trennen und diesen Gegner, nachdem die T 34 zurückgerollt waren, vernichtend schlagen. Ganz besonders zeichnete sich dabei die 7. Kp. dieses Batl. aus, die von Oblt. Richter geführt wurde.

Zum 6. Dezember wurde die Operation „Advent" geplant. Im Rahmen dieser Aktion, für welche die 4. PzArmee verantwortlich zeichnete, galt es, aus dem Bereitstellungsraum Shitomir nach Radomyschl vorzustoßen. Die 2. FJD sollte vor ihrer Front für Ablenkungsangriffe sorgen, um den Gegner vor ihrer HKL zu binden und gleichzeitig damit mit einem starken Verband den Angriff von Süden her unterstützen.

Als der Angriff der Panzerverbände lief, eröffneten die einzelnen Verbände der 2. FJD die Scheinangriffe mit kampfstarken Stoßtrupps. Am anderen Morgen, dem 7. Dezember, trat die KGr. Finzel, das I./FJR 6, mit einer gepanzerten KGr. unter HptStFhr. Burfeind, der vier Tiger, drei Panther und vier Pz IV zur Verfügung standen, aus dem Abschnitt Garboroff an. Erstes Angriffsziel war Beresizy, fünf Kilometer vor Radomyschl. Das gesamte FJR 2 und das II./FJR 5 folgten 40 Minuten später nach, während die FschPioniere und das FJR 7 den Divisionsabschnitt sicherten.

Während Hptm. Finzel zunächst gut vorankam und die Panzer seiner KGr. den Weg bahnten, blieb das FJR 2 im linken Angriffsabschnitt vor starken Feldbefestigungen der Russen liegen und mußte sich eingraben.

In einem dichten Waldgelände erlitt das Bataillon Finzel starke Verluste, vor allem durch russische Baumschützen. Dennoch wurde das erste Angriffsziel kämpfend erreicht. Erst gegen Mittag geriet der Vorstoß ins Stocken. Finzel und seine Männer mußten sich vor einer starken Feindstellung in einem Bachgrund einigeln.

Der Panzerkommandeur HptStFhr. Burfeind wurde schwer verwundet. Hptm. Finzel erhielt einen Unterarmsteckschuß. Oblt. Billion einen Oberschenkelschuß. Finzel blieb bei seinem Bataillon, das bei diesem Angriff 50 Mann an Toten und Verwundeten verloren hatte. Über Funk erhielt er Weisung, sich auf die Ausgangsstellungen zurückzuziehen.

Der Angriff wurde vom III./FJR 2 mit der PzKGr. am 8. Dezember wiederholt. Hptm. Tannert, dem BatlKdr., wurde die SS-PzKGr. unter Sturmbannführer Hans Weiss, Kdr. der SS-PzAufklAbt. 2, zugeteilt. Das FschArt Rgt. 2 eröffnete den Angriff mit einem starken Feuerschlag. Jelnitsch, das erste Angriffsziel, wurde erreicht. Der Angriffsverband grub sich nach Einfall der Dunkelheit dort ein und sperrte damit die Straße von Jelnitsch nach Karlowka.

90 Minuten nach Mitternacht des 9. Dezember erhielt Oberstleutnant Kroh Weisung vom XXXXI. AK, daß die Division in der Nacht zum 10. Dezember aus der Front herausgelöst und in den Raum Kirowograd verlegt werde. Südostwärts von Kirowograd war der Roten Armee ein Einbruch gelungen, den es auszubügeln galt. Wenige Minuten später übernahm GenMaj. Gustav Wilke die 2. FJD.

Die Jäger verlegten im Lufttransport von Shitomir nach Kirowograd. In etwa 50 Meter Höhe fliegend entging der Verband allen Angriffen russischer Flieger. Lediglich das I./FJR 6 folgte im Landmarsch über Winniza und Uman nach.

Die Verbände der 2. FJD versammelten sich im neuen Einsatzraum Kosyrewka — Kalinowka — Klinzy — Pokrowskoje. Sie waren von der Lkw-Kolonnen der 11. PD vom Flugplatz Kirowograd hierhergeschafft und dieser Kampfdivision unterstellt worden.

Der erste Einsatz erfolgte mit Unterstützung einiger Geschütze der StGeschAbt. 286 auf Nowo Fedorowka. Die 11. PD., die Nowgorodka zum Ziel erhalten hatte, mußte in die Ausgleichsstellungen zurückgenommen werden. 50 Prozent ihrer Panzer waren bei diesem Angriff ausgefallen.

Beiderseits der Rollbahn IV in Richtung Nowgorodka am 17. Dezember angreifend, gelang es Hptm. Finzel mit seinem I./FJR 6, mit Unterstützung von Teilen des FJR 7, Nowgorodka in Besitz zu nehmen und die südlich und südwestlich davon gelegenen Höhenzüge zu besetzen. Der Restteil von Nowgorodka wurde vom FJR 7 erobert. Da bei diesem Angriff Major Hübner verwundet wurde, trat Major Pietzonka an seine Stelle als Kdr. des FJR 7.

Perwomaisk fiel am 18. Dezember durch das FJR 2. Auf sechs Panzer des PR 15 (der 11. PD) aufgesessen, stießen die Fallschirmjäger bis in die Sinkowa-Schlucht südwestlich Nowgorodka vor. Der nächste Tag sah weitere Angriffserfolge. Der Gegner ging über die Rollbahn Ingulo — Kamenka zurück.

Im Verein mit der 11. und 13. PD trat die 2. FJD am 21. Dezember weiter nach Osten an. Es gelangen einige Geländegewinne, aber die wichtige Höhe 167,0 südostwärts Nowgorodka wurde vom Gegner zurückerobert.

20.12.1943: Ostwärts Kirowograd Zwei Panther-Panzer sollen den Angriff der 2. FJD unterstützen. 2. von rechts: Oberst Kroh.

Trotz des starken Schneefalls, der in der Nacht zum 22. Dezember einsetzte, ging der Angriff mit dem ersten Büchsenlicht des 22.12. weiter. Um die Höhe 167,0 kam es zum Nahkampf. Das II./FJR 2 drang in die Höhenstellungen ein, rollte die dortigen Gräben auf und überrannte die feindlichen Pak-Stellungen.

In der gewonnenen Linie richtete sich das gesamte Korps zur Verteidigung ein. Es war in einem 17-tägigen Ringen gelungen, den feindlichen Durchbruchsversuch zu stoppen und die sowjetische Absicht eines operativen Stoßes nach Westen zu verhindern.

Die 2. FJD übernahm in der Nacht zum 24. Dezember die Stellungen der 11. PD, die zu anderweitiger Verwendung herausgelöst wurde.

In den nächsten Tagen galt es hier, mehrere Feindangriffe abzuwehren. Danach trat Ruhe ein. Der Feind stellte sich in den ersten Januartagen 1944 zu einem neuen Großangriff im Raume Werschina Kamenka bereit. Am Mittag des 4. Januar 1944 wurde dieser Aufmarschraum der Roten Armee von deutschen Stukas mit Bomben belegt. Dennoch trat die Rote Armee am Morgen des 5. Januar nach schwerem Artilleriefeuer, in das auch Salvengeschütze einfielen, zum Angriff auf die HKL der Fallschirmjäger ostwärts Kirowograd an. Südostwärts von Kirowograd stieß dieser russische Angriff, der in diesem Schwerpunkt an der Südflanke von mindestens fünf Schützen-Divisionen geführt wurde, auf den 21 Kilometer breiten Frontabschnitt der 2. FJD, die hier nunmehr der 8. Armee unterstellt war.

Nahkämpfe mit Rotarmisten, die auf Panzern aufgesessen waren, forderten die ersten Verluste vom III./FJR 2. Die Verbindungen der einzelnen Bataillone untereinander rissen ab. In einem schneidigen Gegenstoß gelang es der 9./FJR 2, unterstützt von drei Sturmgeschützen, eine Feindgruppe von 600 Rotarmisten aus der HKL hinauszuwerfen. Hptm. Tannert führte den Abwehrkampf bei seinem GefStand, den die Russen umzingelt hatten. Er konnte sich dieser Feindkräfte erwehren. Das Eindringen des Gegners nach Nowo Andrejewka wurde verhindert. Einzelne Bataillone und Kompanien wurden jedoch vom Feind eingeschlossen. Die Reste der 7./FJR 5 unter Lt. Flemming wurden vernichtet.

Große Gruppen feindlicher Panzer rollten im Breitkeil gegen die Front der Fallschirmjäger vor, die im Nahkampf einige davon ausschalteten. Insgesamt wurden 179 Feindpanzer an diesem Tage vernichtet. Das Flak-Rgt. 41 schoß davon allein in direktem Beschuß mit der Achtacht 61 ab; die wenigen Sturmgeschütze der Abt. 286 vernichteten 12 Panzer.

Oberstleutnant Kroh, Fhr. des FJR 2, verteidigte Nowo Andrejewka mit den ersten zurückgeschafften Leichtverwundeten, dem Stabspersonal und den Nachrichtenmännern. Als Hptm. Tannert mit den letzten 60 kampffähigen Männern seines III./FJR 2 dort eintraf und schließlich Hptm. Gerstner mit 80 Pionieren des FschPiBatl. 2 ebenfalls diese Ortschaft erreichte und sich in die Verteidigungsfront einreihte, konnte diese gehalten werden. Erst nach Mitternacht mußte sich Oberstleutnant Kroh dazu entschließen, durch die letzten Lücken des Umklammerungsringes nach Südosten auszubrechen.

Hptm. Ewald hielt mit dem II./FJR 2 die Höhe 159,9 trotz stärkster Feindangriffe. Auf dieser Höhe saß die 5. Kp., die Lt. Erich Lepkowski führte.

)berleutnant Erich Lepkowski ämpfte als Leutnant mit einer 5. Kp. auf der Höhe 59,9. Er sicherte den Rückzug er Division.

Kampf um die Höhen 167 und 159,9

Oblt. Nowarra erhielt Befehl, mit seiner 7./FJR 2 die Höhe 167 an der Rollbahn bei Nowgorodka anzugreifen. Lt. Sachse war Zugführer in dieser Kp., Fw. Martin Junge führte den sMG-Halbzug. Zwei Sturmgeschütze unterstützten das Unternehmen.

Die Kp. Nowarra kam gut voran. Durch den tiefen Schnee stapfend wurde diese Höhe erreicht. Dort griffen die Russen mit Panzern an und stoppten den Vorwärtsdrang des 7./FJR 2. Eines der Sturmgeschütze schoß zwei T 34 ab. Russische Infanterie und Pak zogen vor.

In den alten russischen Gräben, in denen sich die Siebte eingerichtet hatte, gab es viele Tote und Verwundete. Oblt. Nowarra wurde von der Kugel eines russischen Scharfschützen getötet. Obj. Heinz Bohn, einer der alten Kämpfer von Eben Emael und Kreta, und ein Sanitäter der Siebten fielen neben ihm. Die 7./FJR 2 mußte sich nach Einfall der Dunkelheit absetzen. In mühevollen Einsätzen retteten die Fallschirmärzte Dr. Langemeyer, Dr. Schmieden, Dr. Coers und Dr. Möschel viele Leben.

Mit dieser 7. Kp. waren auch Teile der 5./FJR 2 unter der Führung von Lt. Lepkowski angetreten. Am frühen Morgen des 22. Dezember erhielt Lepkowski Befehl, den Sowjets die Höhe 167 abermals zu entreißen. Diesmal sollten zwei Panther den Angriff unterstützen. Diese beiden Panther blieben jedoch auf halbem Wege zur Rollbahn stehen, weil der Feindbeschuß durch Pak zu dicht war.

Die Jäger der Fünften kamen bis auf Einbruchsentfernung an die russischen Stellungen heran. Doch hier blieb der Angriff liegen, obgleich der Radfahrzug der Siebten unter Ofw. Zausch mit Hurra rechts von der Fünften vorging. Mit Einfall der Nacht mußte sich diese kleine KGr. abermals von der Höhe 167 zurückziehen.

In Nowgorodka konnten die Reste der 7. und die 5. Kp. kurz verschnaufen. Von dort ging es nach Nowo Andrejewka in Ruhestellung, wo das Weihnachtsfest verbracht wurde. Am 25. Dezember erhielt Lt. Lepkowski das Deutsche Kreuz in Gold für seine Späh- und Stoßtrupps am Wolchow. Bereits am 27. Dezember marschierte die 5./FJR 2 dann in Stärke von 45 Mann nach vorn. Ziel war die Höhe 159,9.

In Schützenreihe ging es den Hang empor. Oben angekommen, stieß Lepkowski auf den Chef der Sechsten, dessen Kp. abgelöst werden sollte. Lepkowski und sein KpTrupp zogen in den geräumigen, tief in die Erde versenkten Befehlsbunker unter. In den Flankenstellungen waren je eine 7,5 cm-Pak eingebaut worden, und im Vorfeld standen noch einige Sturmgeschütze, die vom Feind bewegungsunfähig geschossen worden waren. Sie wurden am nächsten Morgen geborgen und zur Werkstatt zurückgeschleppt.

Am 5. Januar 1944 begannen die Russen mit ihrem Angriff auf den Wellenbrecher der HKL: die Höhe 159,9. Alles was die 2. Ukrainische Front an schweren Waffen zur Verfügung hatte, schien sich auf diesen Abschnitt einschießen zu wollen. Danach stürmten die Rotarmisten von drei Seiten der Höhe entgegen.

Lepkowski forderte über die glücklicherweise intakt gebliebene Fernsprechleitung Sperrfeuer an. Die angreifenden Feindwellen wurden abgewiesen. Fünfmal brandeten sie gegen die Höhe an und schwappten wieder zurück. Neues Trommelfeuer löste diese Angriffe ab.

Am Morgen des 6. Januar gelang es Teilen des II. Batl./FJR 2, sich links an die Höhe anzulehnen. Es war noch dunkel, als die ersten Feindpanzer ihren Angriff eröffneten. Ihnen folgten Rotarmisten in mehreren Wellen.

Die Panzer rollten auf die in der Nacht verlegten Tellerminen und blieben mit

Leutnant Erich Lepkowski mit seinem Kompanietrupp auf der Höhe 159,9. Von links: Lepkowski, Oberjäger Müschenborn, Oberfeldwebel Fritz, Obergefreiter Albin und Gefreiter Nagel.

zerrissenen Ketten liegen. Als die Infanterie bis auf 80 Meter herangekommen war, eröffneten die Verteidiger das Feuer.

Der Angriff wurde abgeschlagen. Mit dem Näherkommen von fünf weiteren T 34 eröffneten die Schweige-Pak das Feuer und schossen zwei Angreifer ab. Die anderen wendeten und rollten außer Sicht. Der folgende Infanterieangriff blieb im Abwehrfeuer aller 14 MG 42 liegen.

Der von den Russen in der Nacht zum 7. Januar durchgeführte Handstreich gelang zunächst. Ein Stück des eigenen Grabens ging verloren. Mit sechs Männern und drei MG stieß Lt. Lepkowski im Gegenstoß vor und warf den eingedrungenen Gegner hinaus. Obj. Albin, vom KpTrupp Lepkowski, wurde am Hals verwundet und von Dr. Marquardt versorgt.

Mit dem allgemeinen Großangriff am Morgen des 7. Januar 1944 im Raum Kirowograd stürmten die Rotarmisten ein weiteres Mal gegen die Höhe 159,9 an. Hier wurde der Gegner abgewiesen. Die beiden Pak schossen einige weitere Panzer zusammen. Eingebrochene Feindgruppen wurden im Nahkampf wieder geworfen. Die Höhe 159,9 hatte ein weiteres Mal gehalten.

Als Lepkowskis Spähtrupps am 8. Januar feststellten, daß die Feindmassen rechts und links seiner Höhe nach Westen vorbeiströmten, war ihm klar, daß auch die HKL der eigenen Division durchbrochen sein mußte. Über Funk gab es keine Verbindung mehr. Obj. Müschenborn, der als Melder zurückgeschickt wurde, brachte die Nachricht, daß das eigene II. Batl. zurückgegangen sei und daß auch die Division den Rückzug angetreten habe.

Lepkowski befahl die Aufgabe der Höhe. Als sie unten beim alten Gef-Stand eintrafen, fanden sie hier noch die Pferde des Regimentes vor und machten sich beritten. Als „reitende Fallschirmjäger“ gelang ihnen der Durchbruch durch russische Infanteriekolonnen, nach einem wilden Feuergefecht.

Die Rollbahn war von Feindverbänden dicht verstopft. Das Ziel der Russen war die große Brücke über den Ingulfluß. Bevor der Feind sie erreichte, flog sie mit Donnergetöse in die Luft. Dennoch gelang es Lepkowski und seinen Männern über das Brückengestänge den Fluß zu überwinden und das Batl. zu erreichen.

Oberstleutnant Kroh schlug Erich Lepkowski zum Ritterkreuz vor, das ihm am 8. August 1944 (bereits in der Festung Brest) überreicht wurde.

Nachdem sich Major Rolschewski am 10. Januar 1944 mit den letzten 30 Soldaten seines II./FJR 5 zur Division durchgeschlagen hatte, beliefen sich die Verluste der 2. FJD vom 5. bis zum 8. Januar 1944 auf 20 Offiziere und 745 Soldaten und Uffz. (Tote, Verwundete und Vermißte).

GendFl. Dessloch, schrieb als OB der Luftflotte 4 der 2. FJD:

„Die 2. Fallschirmjäger-Division hat in der Abwehrschlacht im Raume Kirowograd ungeachtet schwerer Blutopfer dem Feind hohe Verluste zugefügt und über 150 Panzer abgeschossen. Im Brennpunkt aller feindlichen Angriffe stehend, hat sie entscheidenden Anteil am Mißlingen des großangelegten Durchbruchversuchs der Roten Armee in diesem Kampfabschnitt.

Ich spreche den tapferen Fallschirmjägern und ihrem bewährten Kommandeur, Generalleutnant Wilke, für die hervorragende Waffentat meinen Dank und ganz besondere Anerkennung aus und gedenke in Ehrfurcht ihrer Toten.“

Hermann Göring wiederum richtete sein Fernschreiben vom 5. Februar:

„An 2. Fallschirmjäger-Division, z. Hd. Generalleutnant Wilke:

Soldaten der 2. Fallschirmjäger-Division!

In der gewaltigen Winterschlacht an der Ostfront hat sich die 2. Fallschirmjäger-Division erneut aufs Höchste bewährt. Stolz und dankbar spreche ich

den todesmutigen Sturmsoldaten meine volle Anerkennung aus.
gez. Göring
Reichsmarschall des Großdeutschen Reiches und Oberbefehlshaber der Luftwaffe."

In den folgenden Wochen nach dem Rückzug der Fallschirmjäger in die vorbereiteten Stellungen südwestlich von Kirowograd blieb die neue Front ruhig. Erst der Verlegungsbefehl vom 6. Februar 1944 ließ alle Verbände wieder in volle Aktion treten. Bis zum 11. Februar gelang die Herauslösung und Versammlung im Raume Nowo Ssawizkoje — Ustinowka. Die Division marschierte zum nahegelegenen Bahnhof Schewtschenkowo. Dort wurde verladen, und ab dem 14. Februar rollten die Züge über Nikolajew nach Nowo Ukrainka. In Nowo Ukrainka übernahm der genesene General Ramcke wieder die Divisionsführung.

Zwischen Bug und Dnjestr

Der Weitermarsch der Division von Nowo Ukrainka nach Nowo Archangelsk gestaltete sich durch starke Schneestürme, Schneeverwehungen und Glatteis zu einer einzigen Katastrophe.

Am 23. Februar erreichte die Division schließlich den Raum der Straße von Jekaterinopol nach Swenigorodka, wo sie dem XXXXVII. PzK unter General Nikolaus von Vormann unterstellt wurde. Hier löste sie die 11. PD ab. Zur Verstärkung der schwachen Artilleriekräfte wurden der 2. FJD die Geschütze der StGeschBrig. 911 unterstellt.

Erst am 3. März regte sich der Gegner vor der Front der Fallschirmjäger. Es gelang den Russen, kurzzeitig die Höhe 208,9 zu besetzen, die ihnen im Gegenstoß wieder entrissen wurde.

Der Großangriff der Roten Armee erfolgte am Morgen des 4. März. Ihr Spitzenkeil zielte auf die Stellungen des II./FJR 7. Er wurde abgewiesen, und der Feind zog sich nach mehreren vergeblichen Durchbruchsversuchen zurück. Am 5. März brach die Offensive mit aller Macht los. 45 Minuten dauerte das dichte Trommelfeuer, dann brandete der russische Angriff gegen die Front der 2. FJD. Olchowez ging ebenso wie die Höhe 208,9 verloren. Swenigorodka folgte nach. Die Sturmgeschütze der Brigade 911 versuchten die feindliche Panzerlawine zu stoppen, vergeblich.

Nachdem die Eingreifreserve der 14. PD in die HKL eingeschoben worden war und dann die gesamte 14. PD den Abschnitt des FJR 7 übernahm, fraßen sich die russischen Angriffstruppen fest. Die Gefechtsstärken der einzelnen Bataillone sanken auf 60 bis 80 Mann ab.

Hier fand auch Rudolf Harbig, Zugführer in der 2./FJR 6 den Tod. Der Weltrekordler über 400 und 800 Meter war ein großartiger Kamerad gewesen.

Als der Feind am Nachmittag auch Petki erreichte, von dort gegen die Artilleriestellungen der 2. FJD vorging und um 17.00 Uhr den Gefstand des FJR 7 — das Schulhaus von Gussakowo — erreichte, kam es zu erbitterten Nahkämpfen. Am Ostrand von Gussakowo gelang es den vereinten Kräften der beiden Regimenter 7 und 6 und dem FschPiBatl. 2 den Feind zum Stehen zu bringen. Bei den Nachbar-Divisionen war der Roten Armee ein Durchbruch von 16 Kilometer Breite und sechs Kilometer Tiefe gelungen.

Der Kampf setzte sich am Morgen des 6. März mit unverminderter Heftigkeit fort. Gussakowo ging schließlich verloren. Auch der 7. März sah wieder erbitterte und verlustreiche Kämpfe. Ein Vorstoß der Russen auf Tanoje konnte abgeriegelt werden. Unter den Verteidigern dieses Riegels befanden sich auch die beiden Züge der 1./SanAbt. 2 unter Stabsarzt Dr. Schmieden. Bis dahin hatten die Sanitäter dieser Kp. über 800 Verwundete versorgt und in zwei Eisenbahnzüge verladen, die sofort zu den Feldlazaretten fuhren.

General der Panzertruppe Otto von Knobelsdorff führte als OB im Großraum Kirowograd auch die 2. FJD.

Die 2. FJD erhielt am frühen Morgen des 8. März den Befehl zum Absetzen. Der Feind drängte stark nach. Der GefStand der Division verlegte am 9. März nach Jampol. Die Rotarmisten folgten am 10. März nach Brodezkoje nach. Laut Befehl des AOK 8 versammelten sich die Fallschirmjäger nordostwärts Nowo Archangelsk. Es hatte bei 4 Grad über Null zu tauen begonnen. Alles versank im Schlamm. Noch am 13. März erreichte die 2. FJD den neuen Einsatzraum westlich von Ssinjucha mit GefStand in Trojanka.

Hier wurde die 2. FJD am 14. März der Armeegruppe, unter GendPzTr von Knobelsdorff unterstellt.

Bereits am 16. März gelang es der Roten Armee den Verteidigungsstreifen der Fallschirmjäger bei Nowosseliki zu durchbrechen und den Bahnhof Jusefpol zu erreichen. Die 2. FJD mußte bis in den Raum Kuzaja Balka ausweichen. Am 17. März übernahm Hans Kroh, inzwischen zum Oberst befördert, die 2. FJD ein zweites Mal. General Ramcke mußte nach Deutschland fliegen und auf dem Truppenübungsplatz Köln-Wahn die Neuaufstellung und Auffrischung der 2. FJD durchführen. Vom 20. bis 23. März überschritten die einzelnen KGr. der 2. FJD den Bug und mußten am 24. März einen Einbruch der Russen beim linken Nachbarn ausbügeln. Der Gegner wurde bis zum Abend des nächsten Tages geworfen. Am nächsten Tag mußte die Division diesen gesicherten Bugabschnitt beiderseits Perwomaisk aufgeben und sich als Teil der Gruppe Postel unter GenLt. Postel, Kdr. der 320. ID, weiter nach Westen absetzen. Bis zum 31. März konnte sie Brückenköpfe über den Tiligul bilden, durch welche die Truppen auch diesen Fluß überschreiten konnte.

In den ersten Apriltagen herrschten wieder Kälte und Schneestürme. Das Thermometer fiel bis zu 16 Grad unter Null. Eine Bestandsaufnahme vom 5. April zeigte, daß die 2. FJD noch über 17 Offiziere und 500 Uffz. und Mannschaften verfügte. Sie hatte an Waffen noch 32 lMG, ein sMG, einen mittleren Granatwerfer und zwei Pak 7,5 cm zur Verfügung.

Vom Bug zum Dnjestr deckte das III./FJR 7 den Rückzug, und in der Nacht zum 12. April wurde die Division, die nicht einmal mehr Bataillonsstärke hatte, aus der Front herausgezogen und in die große Dnjestrschleife transportiert, wo sie einige Tage der Ruhe erlebte, bevor sie am 20. April den soeben in Kischinew eingetroffe-

Oberstleutnant Hans Kroh und Oberstleutnant Pietzonka im Osten.

nen Nachersatz erhielt. Es war Oblt. Backhaus mit 640 jungen Soldaten, der sich auf dem GefStand von Oberst Kroh meldete.

Mit dem Unternehmen „Bollwerk“ sollte jener russische Brückenkopf beseitigt werden, der sich in der großen Dnjestrschleife westlich Butor gebildet hatte. Dazu wurde die KGr. der 2. FJD für den Angriff der 3. PD unterstellt. Sie erhielt Weisung, tief in die Flanke des Feindes in Richtung Pugoceni vorzustoßen und diesem die sogenannte Stahlhelmhöhe zu entreißen.

Der Angriff begann am 10. Mai 1944. Geführt von Oberst Kroh drang die KGr. 2. FJD vor, durchbrach die russischen Linien, erreichte Pugoceni und stieß bis zum Westrand dieser Ortschaft durch. Dann drehte sie in Richtung Stahlhelmhöhe ein und nahm diese im Sturmangriff mit Hurra in Besitz. 36 Pak, zwölf Geschütze verschiedener Kaliber, zwölf sMG fielen den Fallschirmjägern in die Hände.

Nach neuerlicher Bereitstellung ging der Kampf am frühen Morgen des 11. Mai weiter. Dieser Angriff wurde durch einige bravouröse Einsätze des I. Fliegerkorps wirkungsvoll unterstützt. Bis zum Abend war der gesamte russische Brückenkopf ausgeräumt. Der Feind verlor hier 447 Geschütze, 193 Granatwerfer, 380 MG, 106 Flammenwerfer und 102 Panzer. 3050 Russen gingen in die Gefangenschaft, die Zahl der Toten überstieg diese um das Doppelte. Aber auch die bereits vorher ausgeblutete 2. FJD hatte weitere schwere Verluste hinnehmen müssen.

Am 12. Mai traf ein Fernschreiben bei der Division ein, daß die 2. FJD beschleunigt aus der Front herauszulösen und nach Deutschland zurückzuverlegen sei. Die Kompanien der 2. FJD, die noch Stärken von sechs bis zehn Mann hatten, sammelten in der kommenden Nacht. Sie verluden auf dem Bahnhof Kischinew, um im Eisenbahntransport nach Deutschland zurückzuverlegen. Die Rußlandeinsätze der deutschen Fallschirmtruppe waren zu Ende.

Hans Kroh, Führer der 2. FJD in Rußland und deren Kommandeur in Brest.

Erdeinsatz in Afrika

Unter Generalfeldmarschall Erwin Rommel kämpfte die Fallschirmbrigade Ramcke in der Quattarasenke und bei El Alamein. In Tunesien standen mehrere Fallschirmjäger-Verbände zu Rommels Verfügung. Erwin Rommel wußte, daß er sich in jeder Situation auf seine Fallschirmjäger verlassen konnte. Die Fallschirmjäger verehrten den Feldmarschall ebenso wie ihren „Papa" Ramcke.

Zunächst: „Herkules“

General Kurt Student besuchte am 21. April 1942 den Truppenübungsplatz Groß-Born. Dort leitete Oberst Heidrich einen Einweisungslehrgang für 2000 Offiziersanwärter des Heeres. Seinen alten Kampfgefährten wollte Student besuchen.

Am Mittag dieses Tages wurde der General an den Fernsprecher gerufen. Am anderen Ende der Leitung war GFM Kesselring, der Student aus Italien anrief und ihn bat, sich so bald wie möglich in Frascati, dem HQ des Feldmarschalls, zu melden, da er ihm zu einer Sonderaufgabe unterstellt sei.

Am 22. April landete General Student auf dem Flugplatz Pratica di Mare bei Rom und fuhr im bereitstehenden Pkw nach Frascati weiter, wo er sich bei GFM Kesselring melden ließ. Dieser

Berchtesgaden: Von links: Hitler, Mussolini und Generalfeldmarschall Kesselring besprechen „Herkules“ (die geplante Luftlandeoperation gegen Malta).

empfing ihn sofort und teilte ihm mit, daß nunmehr die Absicht bestehe, die britische Inselfestung Malta aus der Luft zu nehmen.

Am Abend dieses Tages traf Student auch mit seinem Waffenkameraden Ramcke zusammen, der als Berater der italienischen Fallschirmtruppe fungierte und damit befaßt war, der ersten italienischen Fallschirm-Division „Folgore" den richtigen Schliff zu geben.

Kurt Student erfuhr in den nächsten Tagen vom Verlauf jener Entwicklung, an deren Ende die Forderung nach der Eroberung von Malta stand. Es war Kesselring, der im Februar 1942 im FHQ die Wegnahme dieser Insel gefordert hatte, weil von dort aus eine schwere Bedrohung für alle Afrika-Transporte ausging. Hitler hatte Kesselring versichert, daß er „es ja tun" werde. Vorher aber müsse die Abwehrkraft der Insel durch eine Bomberoffensive zerschlagen werden.

Aufgrund dieser Besprechung wurden Stukas und Kampfflugzeuge nach dem Südraum verlegt und mit der Vernichtung Maltas beauftragt. Unter ihnen auch das Lehrgeschwader 1, das überwiegend Ju 88 flog. Einer der Gruppenkommandeure war Hptm. Joachim Helbig, der die I. Gruppe zu immer neuen Angriffen gegen Malta führte und sich in diesem Einsatz die Schwerter zum Ritterkreuz mit Eichenlaub verdiente.

Malta wurde nahezu zerschmettert. Die britische Flotte zog sich nach Alexandria zurück. Die berüchtigte 10. Malta U-Flottille mußte ihren Inselstützpunkt verlassen, wenn sie nicht endgültig vernichtet werden wollte. Nun schien es so weit zu sein, die Insel — ebenso wie Kreta, nur mit einer viel stärkeren Truppe — in einer Luft- und Seelandeoperation zu nehmen.

Die Leitung dieses Unternehmens sollte in den Händen des italienischen Oberkommandos — des Comando supremo — liegen. Der deutsche Anteil an dieser Schlacht sollte im XI. Fliegerkorps bestehen, während die Italiener für den Luftlandeeinsatz die Fallschirmdivision „Folgore" und die Luftlandedivision „Superba" beisteuerten.

Drei italienische Armeekorps in Gesamtstärke von 70.000 Mann sollten außerdem gleichzeitig im Seetransport, durch alle Kriegsschiffe der Italiener gesichert, nach Malta geschafft und ausgelandet werden. Zu dieser Planung wurden die beiden italienischen Fallschirmjäger-Divisionen im Mai General Student unterstellt.

Neben etwa 500 Transportflugzeugen sollten 1000 Lastensegler DFS 230 und Go 242 bereitgestellt werden. Dazu standen zwölf Giganten — Me 323 — zur Verfügung, die auch Panzer befördern konnten.

Der Angriffsplan sah vor, daß der im Rücken der britischen Verteidigungslinie liegende Fischerhafen Macluba an der maltesischen Südwestküste im Handstreich genommen wurde. Um diese Seelandungen zu sichern, mußte das nordwestlich davon liegende Hochplateau im Sprung- und Seglereinsatz in Besitz genommen und dort ein Brückenkopf gebildet werden. Diese Aufgabe hatte das XI. Fliegerkorps zu übernehmen.

Als Besonderheit schlug General Student vor, als Schleppmaschinen für die Segler Ju 87 zu wählen, die unmittelbar nach dem Ausklinken derselben im Sturzangriff auf die Ziele niederheulen und diese noch vor der Landung der Segler zerbomben sollten.

Am zweiten Tage würde dann mit der zweiten Welle die befestigte Bucht von Marsa Scirocco, der große Hafen im Süden der Insel, im Sturmangriff genommen werden, nachdem der Gegner einen Teil seiner Truppen in den Raum Macluba geworfen und sich im Süden geschwächt hatte. Außerdem sollte der drei Kilometer entfernt gelegene Flughafen Hal Far im Sprung- und Lastenseglereinsatz genommen werden, um schnelle Nachlandungen von Truppen zu ermöglichen.

Dieses Unternehmen sollte durch alle Fliegerverbände des II. Fliegerkorps unter General Lörzer und alle verfügbaren italienischen Luftstreitkräfte wirkungsvoll unterstützt werden.
Die Vorbereitungen liefen. Die Truppen verlegten in ihre Ausgangspositionen. Oberst Seibt, der Quartiermeister des XI. Fliegerkorps, hatte die Versorgungspläne und die Bereitstellung der Versorgungsgüter in Angriff genommen und meldete sehr schnell volle Bereitschaft. Nun mußte rasch gehandelt werden!
Tage und Wochen vergingen, bevor General Student am 21. Mai zum Vortrag ins FHQ befohlen wurde. Er hoffte, daß Hitler nunmehr den Startschuß für „Herkules" geben werde. Aber dem war nicht so. Bei der Besprechung mit Hitler, die am 22. Mai stattfand, hob Hitler zwar anerkennend die gute Vorarbeit Students hervor und erklärte, zu Student gewandt:
„Die Bildung des Brückenkopfes durch Ihre Luftlandetruppen ist gewährleistet. Ich garantiere Ihnen dann aber folgendes: Sobald der Angriff beginnt, läuft das Alexandriageschwader aus und auch aus Gibraltar kommt die britische Flotte heran. Sie sollen dann sehen, was die Italiener machen. Schon wenn sie die ersten Funksprüche auffangen, läuft alles in die Häfen zurück, die Kriegsschiffe ebenso wie die Transporter. Und dann sitzen Sie mit Ihren Fallschirmjägern allein auf der Insel."
(Siehe Kurt Student: a.a.O.)
Damit war der Angriffsplan für „Herkules" geplatzt. Hitler entschied, „daß der Angriff gegen Malta nicht im Jahre 1942 geführt" werden solle. Er verbot General Student, nach Rom zurückzufliegen, und befahl ihm, sich direkt nach Berlin in sein Stabsquartier zu begeben.
Hitler hatte am Vortage den Bericht des Kommandierenden Generals des Deutschen Afrika-Korps, Crüwell, gehört, der über die Kampfmoral der Italiener ein vernichtendes Urteil abgegeben hatte. Dies hatte seine schwelende

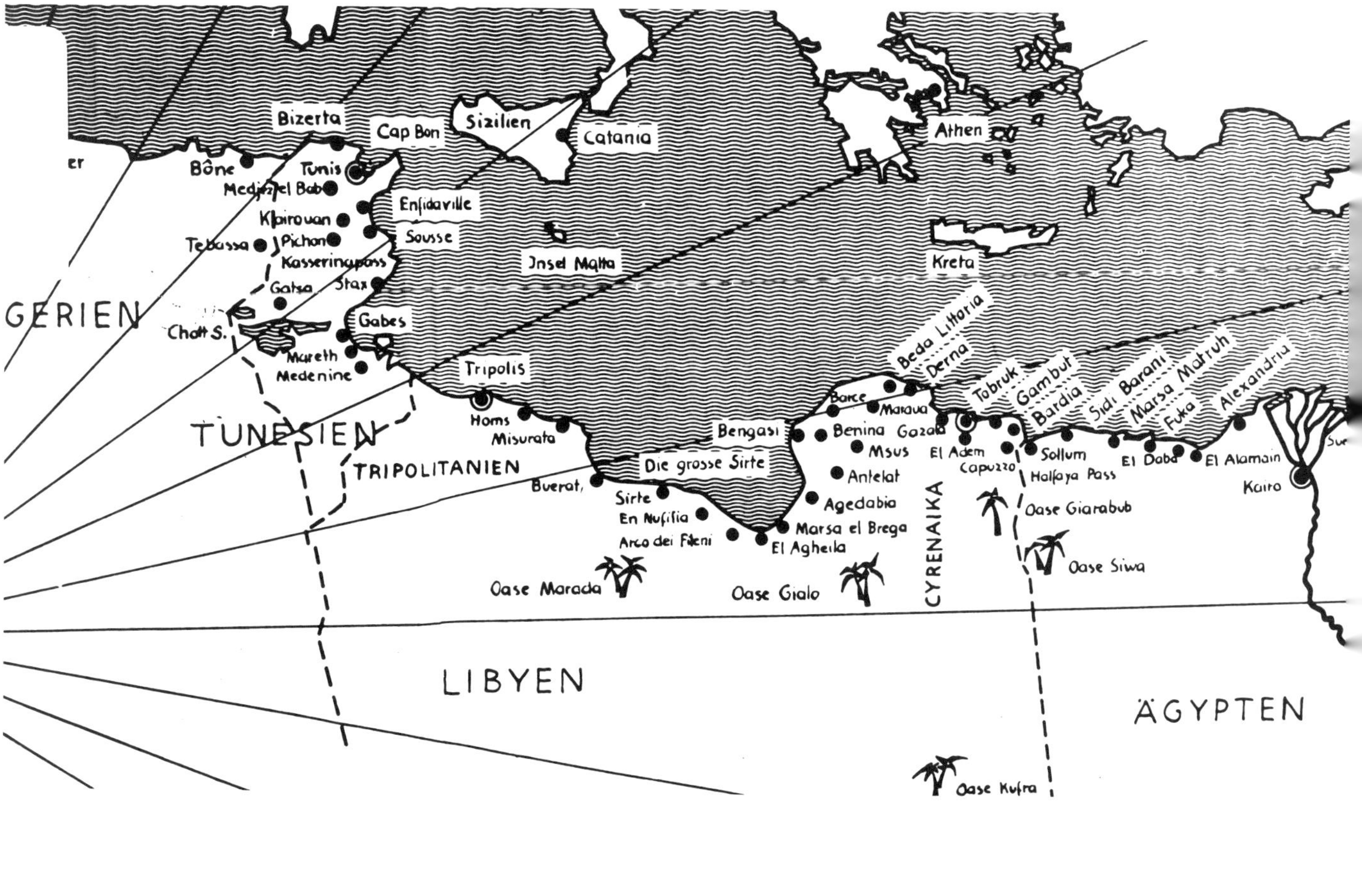

Der Gesamteinsatzraum Afrika.

Das Hauptquartier der Panzerarmee Afrika ist gut getarnt.

Voreingenommenheit für den italienischen Bundesgenossen zur offenen Ablehnung aufschäumen lassen.

Fallschirmbrigade Ramcke nach Afrika

Als die nach der Eroberung von Tobruk in Panzerarmee Afrika umbenannten Verbände des DAK Marsa Matruk in Besitz nahmen, um nunmehr in Richtung El Alamein erneut anzutreten, verlangte GFM Erwin Rommel vom OKH so schnell wie möglich Verstärkung. General Student erhielt den Befehl, einen gemischten Kampfverband in Brigadestärke zum Abtransport nach Afrika bereitzustellen. Der General ließ vier Bataillone, die nicht zur 7. Fliegerdivision gehörten, zur Brigade Ramcke zusammenstellen. Es handelte sich um folgende Verbände:

Kommandeur:
Generalmajor Ramcke
Ia:
Hauptmann Schacht
(später Major Kroh)
Adjutant:
Oberleutnant Wetter
Brigadearzt:
Stabsarzt Dr. Cohrs
Dolmetscher:
Sonderführer Wesselow
II. FschArtAbt.:
Major Fenski
PzJägKp.:
Oberleutnant Haseneder
FschPiKp.:
Oberleutnant Tiedjen
I. Bataillon:
Major Kroh
(später Major Schwaiger)
II. Bataillon:
Major von der Heydte

Generalmajor Ramcke (links) im Gespräch mit Major von der Heydte.

III. Bataillon:
Major Hübner
FschLehrBatl.:
Major Burckhardt

Bataillonsweise wurde die Brigade über Griechenland und Kreta nach Nordafrika geschafft. In einer He 111 flog Generalmajor Ramcke seiner Truppe voraus. Zunächst ging es nach Kreta, wo er beim Fallschirmjäger-Ehrenmal an der Höhe 107 seiner gefallenen Kameraden gedachte, ehe er nach Tobruk weiterflog. Dort wurde er von einem Ghibli empfangen, der ihm die Gewalt derartiger Sandstürme vor Augen führte.

Am Abend landete er 500 Kilometer weiter ostwärts auf dem Feldflughafen des Fliegerführers Afrika, wo ihn ein OrdOffz. mit den Worten empfing, daß GFM Rommel ihn am anderen Morgen zum Vortrag erwarte.

Am nächsten Vormittag erstattete Hermann Bernhard Ramcke dem OB der Panzerarmee Afrika Bericht über den Anmarsch seiner Brigade, die in vorläufiger Stärke von 2000 Mann mit Artillerie- und Panzerjäger-Einheiten unterwegs sei.

„Willkommen bei uns, Ramcke", erwiderte Rommel. „Dieser Kriegsschauplatz ist nicht einfach, er hat es in sich. Aber Sie werden sich schon durchbeißen. Lassen Sie Ihre Truppen so schnell wie möglich heranschließen."

GenMaj. Ramcke fuhr zu einer Fronterkundung vor. Am nächsten Morgen flog er mit einer He 111 nach Athen zurück, wo inzwischen das I. Batl. unter Major Kroh eingetroffen war. Mit diesem ersten Kampfverband flog Ramcke, nachdem er die Situation mit dem Lufttransportführer Mittelmeer geklärt und für seine Truppe höchste Priori-

Der „Wüstenfuchs"

Generalfeldmarschall Rommel bei der Befragung eines gefangengenommenen britischen Generals.

tät erhalten hatte, abermals nach Afrika.

Von Tobruk aus wurden die Einheiten im Lkw-Transport zur Front gefahren. Sie bezogen die wichtigen Stellungen am Ruweisatrücken und bei Deir el Shein. Die nachfolgenden Bataillone lösten die Afrikakämpfer im Fort Bab el Quattara ab.

Am Rande der Wadis und Deirs gruben sich die Fallschirmjäger ein. Unter einer glühenden Sonne, welche die Quecksilbersäule des Thermometers auf 50 Grad im Schatten emporsteigen ließ, von Myriaden Fliegen geplagt und von Ghiblis mit Tonnenlasten feinsten Sandes überweht, hielten sie durch. Feindliches Artilleriefeuer, nächtliche Bombenangriffe schmetterten auf sie herunter. In den Nächten näherten sich die Kämpfer der Indischen Division auf leisen Sohlen, um die Vorposten mit dem Messer zu erledigen. Aber die Jäger waren auf der Hut. In oftmals blutigen Nahkämpfen wurde dieser nächtliche Spuk überwunden.

Am 30. August trat auch die Brigade Ramcke im Zuge der neuen Offensive Rommels gegen El Alamein an. Am nördlichen Drehpunkt des Gesamtangriffs stehend, Schulter an Schulter mit der ebenfalls neu aus Griechenland und von Kreta nach Afrika gelangten 164. Leichten Division, stürmten sie dem Angriffsziel Deir el Munassib entgegen. Zwischen Deir el Ankar und Deir el Munassib sollten sie halten. Dieses Angriffsziel lag 14 Kilometer vor den Linien der Fallschirmjäger.

Inzwischen war Hptm. Schacht an Amöbenruhr erkrankt. Seine Stelle als Ia der Brigade hatte Major Kroh übernommen, während das I. Batl. weiter von Major Schwaiger geführt wurde.

Am nächsten Tage traf der Angriffsbefehl ein und wurde verlesen:

Soldaten!
Heute tritt die Armee, verstärkt durch neue Divisionen, zur endgültigen Vernichtung des Feindes erneut zum Angriff an. Ich erwarte, daß jeder Soldat meiner Armee in diesen entscheidenden Tagen das Letzte hergibt.

Der Oberbefehlshaber
Rommel
Generalfeldmarschall

Der Angriff begann. Die erste Sturm-Kp. unter Oblt. Wagner setzte sich in Bewegung. Dicht gefolgt von der Kp. Knacke. Durch die geräumten Minengassen schoben sich die Fallschirmjäger nach vorn. Plötzlich gingen die ersten Granatwerfer-Einschläge des Gegners im deutschen Minenfeld nieder und verursachten gewaltige Detonationen. Sekunden später fielen MG in den Kampf ein, der sich binnen weniger Minuten zu einem ohrenbetäubenden Getöse steigerte.

Die eigene Artillerie schoß sich auf die Feindstellungen ein. Bis zum Morgengrauen hatten sich Ramcke und seine Fallschirmjäger bis zu den Ausläufern des Wadi Deir el Ankar vorgearbeitet und standen kurz vor dem Ziel. Hier geriet die Spitzen-Kp. in ein britisches Minenfeld. Die Pioniere gingen vor, um eine Gasse zu räumen.

Aus Norden, von Alam Nayil, rauschten Feindgranaten zu ihnen herüber. Als die Gasse geräumt war, ging der Vorstoß weiter. Der Gegner, der diese

Generalfeldmarschall Kesselring bei den Fallschirmjägern auf der Ruweisathöhe.

Generalmajor Ramcke begrüßt die in Afrika eingetroffenen Soldaten des Batl. von der Heydte.

Auch als Sonnenschutz waren die Schützenlöcher zu gebrauchen.

Gasse vom Alam Nayil einsehen konnte, legte Sperrfeuer darauf. In langen Sprüngen kamen die Fallschirmjäger zwischen den einzelnen Salven durch und gruben sich am Ziel auf dem flachen steinigen Kamm des Deir el Munassib ein.

General Ramcke ließ weiter vorn Scheinstellungen anlegen, auf die sich der Gegner am nächsten Tag einschoß.

Am Morgen des 2. Sept. erschien GFM Rommel auf dem BrigGefStand. Ramcke meldete ihm, daß er einen Gegenangriff des Gegners erwarte, der jetzt bereits die Scheinstellungen abtastete.

„Auch meine Meinung, Ramcke! — Passen Sie gut auf! Schmieren Sie den Gegner ab. Es ist ungeheuer wichtig, daß Sie hier halten, wenn das DAK nicht in große Bedrängnis geraten soll." (Siehe Bernhard Herbert Ramcke: Gespräche mit dem Autor.)

Durch Rommel persönlich erfuhr General Ramcke, daß der Großteil der Kommandeure der PzArmee Afrika ausgefallen war. GenMaj. von Bismarck, Kdr. der 21. PD, war gefallen, GenMaj. Kleemann, Kdr. der 90. Leichten Afrika-Division, und General Nehring, KommGen. des DAK, waren verwundet.

Als eine Stunde vor Sonnenuntergang des nächsten Tages starke Panzergeräusche von der Feindseite herüberschallten, war allen Männern klar, daß der Tommy sich zum Angriff bereitstellte. GenMaj. Ramcke befahl Hptm. Wiechmann, die Artillerie zum Feuerschlag klarzuhalten. Die wenigen Pak standen feuerbereit. Als die ersten Panzer durch die lichtstarken Nachtgläser der Kommandeure erkennbar waren, wurde das Feuer auf sie eröffnet. Einer der schnellen Spähpanzer explodierte nach dem Volltreffer der Pak. Ein Munitionswagen barst mit gewaltigem Feuerschlag auseinander. Die Geschütze der ArtAbt. fielen in das Feuer ein. Dann schossen auch die Geschütze der benachbarten Division „Trieste".

Die ersten Gegner tauchten schemenhaft aus dem wabernden Dunst auf. MG ratterten los. Ein Einbruch wurde von der Kp. unter Oblt. Kiebitz ausgebügelt, und als GenMaj. Kleemann, der Kdr. der 164. Leichten Afrika-Division, um Hilfe rief, weil sein GefStand umstellt war, ging ein Zug des I. Batl. unter Lt. Schäfer dagegen vor und ent-

Rommel (Mitte) mit General Bastico bei einer Besprechung.

setzte den GefStand in letzter Sekunde. Die Fallschirmjäger machten 37 Gefangene. Lt. Schäfer fiel im Nahkampf.

Am Morgen des 4. September stellte der Gegner — die 132. brit. PzBrigade — den Angriff ein.

16 Feindpanzer lagen abgeschossen auf der Plaine, dazu kamen 80 Mannschafts- und Geschützwagen.

Kurz darauf erschien GFM Rommel wieder bei den Fallschirmjägern auf dem Deir el Munassib und sprach Ramcke Dank und Anerkennung für

Fallschirmjäger der Brigade Ramcke in der Quattarasenke.

Pak wird in der Quattarasenke im Mannschaftszug bewegt.

diesen Abwehrerfolg aus. Als ein paar Tage später GenMaj. Kleemann verwundet ausfiel, übernahm Ramcke auch die Führung der 164. Leichten Afrika-Division. Er verlegte den Gef Stand ins Fort Quattara. Wenig später wurde die Brigade Ramcke mit der Division „Folgore“ in den Südabschnitt der Alameinfront umgruppiert.

Mit dem beginnenden Großangriff der Briten, in der Nacht zum 23. Oktober 1942 auf den Südabschnitt, wurde das Fort Quattara mit 250 großkalibrigen Bomben belegt. Am Mittag des 2. November erhielt die Brigade Ramcke Befehl, sich bis zum Abend vom Gegner zu lösen und zwischen Duweir el Tarfa und dem Deir el Quantani-Minenriegel neue Stellungen zu beziehen.

Die bedeutete für das Gros der Brigade, die fast ohne Fahrzeuge war, einen 25 Kilometer weiten Nachtmarsch durch die Wüste. Ein paar Spähtrupps blieben am Feind und verschleierten den Abmarsch der Brigade, die in den frühen Morgenstunden des 3. November die neuen Stellungen erreichte und sich eingrub.

Am Abend dieses 3. November wurde ein neuer Stellungswechsel befohlen. Das Batl. Strähler-Pohl trat auf 40 zugeführten Lastwagen gegen Mittag des 4. November, den Marsch nach Norden an. Als das Batl. eben losgefahren war, traf ein dritter Befehl zum Absetzen und Rückmarsch bis in den Raum westlich von Fuka ein.

Die PzArmee Afrika setzte sich vom Gegner ab. Für die Brigade Ramcke bedeutete dieser Befehl einen Fußmarsch von 100 Kilometer, also vier Marschtage durch die Wüste. Für die wenigen Kraftfahrzeuge stand nicht einmal genügend Treibstoff zur Verfügung. Aber Bernhard Hermann Ramcke gab nicht auf.

In der folgenden Nacht marschierte die Brigade los. Die als Nachhut zurückgebliebenen Panzerjäger schossen den unmittelbar darauf losbrechenden Feindangriff zusammen.

Eine Stunde nach Mitternacht wurde eine Rast eingelegt. Ramcke fuhr mit Major Kroh und Oblt. Wetter zur Erkundung vor. Auf einem Plateau stießen sie auf ein englisches PzRgt. Sie rollten zum Verband zurück und dirigierten die Truppe nach Süden um.

In der Nacht zum 5. November stieß die Brigade auf eine lange Fahrzeugkolonne mit Panzern und vielen Transportern. Es war die Versorgungskolonne einer britischen PD.

In kleine Kampfkommandos aufgeteilt, griffen die Fallschirmjäger diese Wagen an, sprangen gleichzeitig hinein, warfen den darin schlafenden Gegner hinaus und rollten zum vereinbarten Treffpunkt. Dort saß die gesamte Brigade auf, die in den Wagen Verpflegung „in rauhen Mengen“ vorfand.

Als Bernhard Hermann Ramcke nach diesem Fallschirmjäger-Handstreich am Morgen des 7. November 1942 auf eine deutsche AufklAbt. stieß, waren sie gerettet. GenMaj. Ramcke kam gerade noch zurecht, um das Ende einer Rommelschen Befehlsausgabe für die Panzerarmee Afrika zu erleben und Rommel die Rückkehr seiner längst aufgegebenen Brigade mit den Worten zu melden:

„He leevet noch, Herr Generalfeldmarschall!"

Am 16. November erhielt GenMaj. Ramcke das Eichenlaub zum Ritterkreuz.

Fallschirmjäger in Tunesien

Mit der Niederlage bei El Alamein und dem Rückzug der Panzerarmee Afrika nach Westen galt es, diese Truppe so rasch wie möglich zu verstärken. General Student wurde Weisung erteilt, so viele Fallschirmjäger wie möglich freizumachen. Ihm standen jedoch nur das FJR 5 unter Oberstleutnant Koch und das neuaufgestellte Korps-Pionier-Bataillon unter Major Witzig zur Verfügung, wobei noch Teile beider Verbände in der Brigade Ramcke standen.

Am 8. November 1942 eröffneten die Westalliierten mit der Operation „Torch — Fackel" ihre Invasion in Nordwestafrika. An den drei Landungsplätzen bei Safi, Mehadia und Fedala landete die alliierte Expeditionsflotte insgesamt 104.000 Mann, die sich trotz französischen Widerstandes sehr rasch in den Besitz von Oran, Casablanca und Algier setzten.

Hitler, der sich in der Nacht zum 8. November auf dem Wege nach München befand, um im Bürgerbräukeller zu den Männern des 9. November 1919 zu sprechen, erfuhr auf einem Bahnhof in Thüringen von der unmittelbar bevorstehenden Landung der Westalliierten in Nordwestafrika. In der sofort einberufenen Konferenz kam auch die Rede darauf, ob es nicht ratsam sei, Afrika aufzugeben, um die dort frei-

So sahen auch die Fallschirmjäger ihren Rommel.

Gefangene britische Truppen.

Generalfeldmarschall Kesselring kam immer wieder herüber.

werdenden Truppen zur Verteidigung Europas zur Verfügung zu haben.
Hitler wischte diese Überlegungen mit den Worten vom Tisch:
„Afrika aufgeben, hieße das Mittelmeer aufgeben, und damit hätten wir bis spätestens zur Jahreswende den gesamten Mittelmeer-Kriegsschauplatz verloren. Dies würde einen unausdenkbaren Prestigeverlust bedeuten. Die Aufgabe Afrikas würde die Italiener bis ins Mark treffen." (Siehe Franz Kurowski: Endkampf in Afrika).
Hitler ließ sich mit dem OB-Süd, GFM Kesselring, verbinden und fragte diesen, was er sofort nach Nordwestafrika

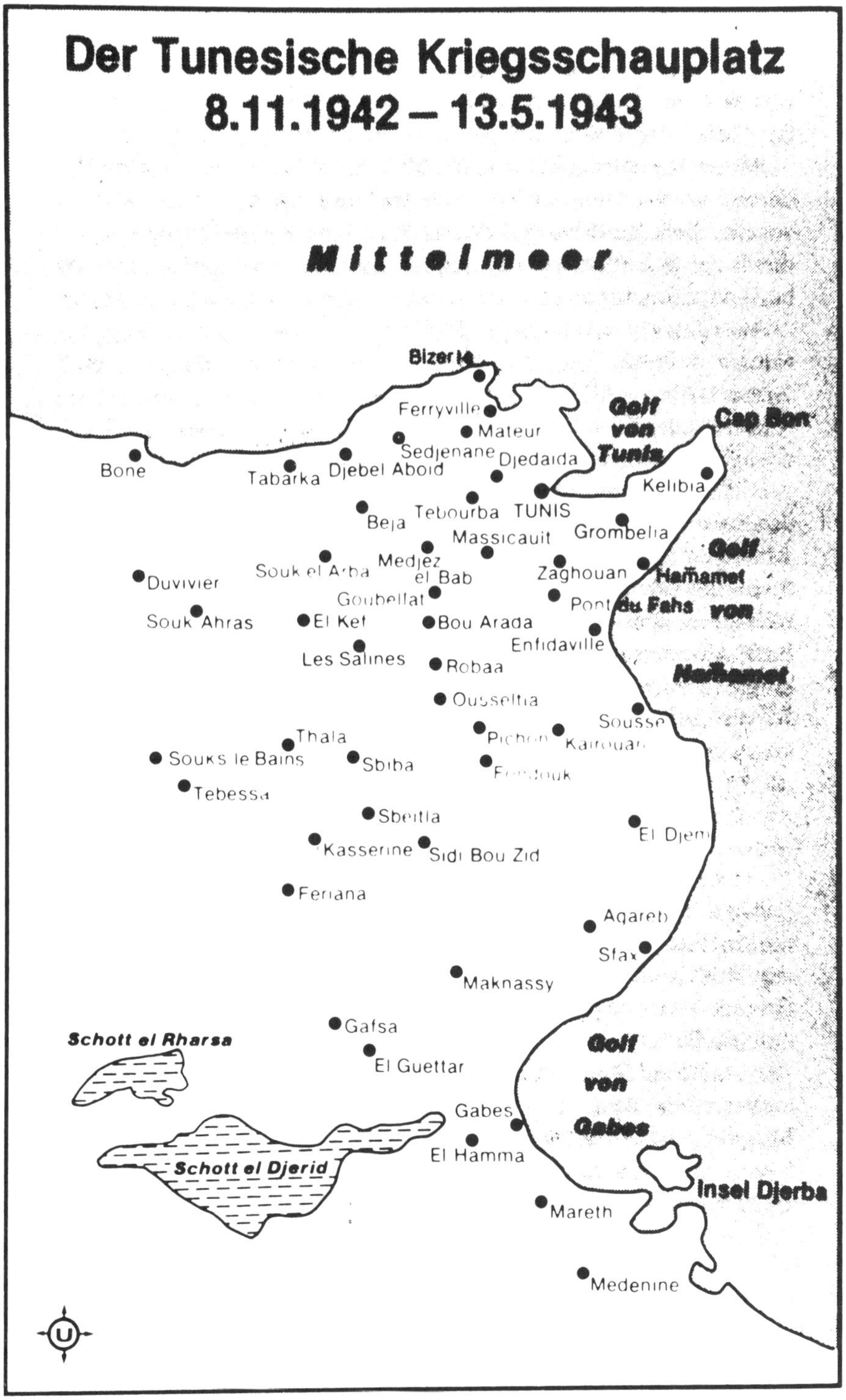

Der tunesische Kriegsschauplatz.

hinüberwerfen könne. Kesselring hatte zwei Bataillone des FJR 5 und die Stabs-Kp. des HGrStabes anzubieten. Hitler befahl, alles nach Tunis hinüberzuwerfen, was er zur Verfügung habe und beendete das Gespräch mit den Worten:

„Wir werden Afrika nicht aufgeben. Sie, Kesselring, haben dies zu verhindern!“ (Siehe Franz Kurowski: Endkampf in Afrika).

Das FJR 5, das seit Anfang November nach Italien übergeführt worden war, um im Raume El Alamein zum Einsatz zu gelangen, wurde alarmiert. GFM Kesselring rief Oberst Martin Harlinghausen nach Frascati und ernannte ihn nach dessen Eintreffen am Morgen des 9. November 1942 zum „Fliegerführer Tunesien“. Der ihm erteilte Befehl lautete:

„Mit den Fliegerverbänden ergreifen Sie Besitz von den Brückenköpfen Tunis und Bizerta und sichern diese bis zum Nachfolgen der eigenen Kampftruppen.“

Oberst Harlinghausen flog über Sizilien nach Tunesien und landete mit seiner He 111, begleitet von zwei Bf 109, auf dem Flugplatz El Aouina bei Tunis. Nach ihm landeten hier drei FW 190. Kurz darauf setzten einige Ju 52 auf, die das technische Personal des JG 53 unter Oberstleutnant von Maltzahn an Bord hatten. Sie konnten unangefochten landen.

Stoßtrupps riegelten den Flugplatz ab. Das Bodenpersonal richtete alles zum Empfang des Gros ein. Am Flugplatzrand standen französische Soldaten Gewehr bei Fuß und bezeugten den Deutschen sogar ihre Sympathie, weil sie den Überfall der Engländer auf ihre Flotte bei Mers el Kebir und die dabei getöteten französischen Seeleute nicht vergessen hatten.

Binnen weniger Stunden waren die I./JG 53 und die II./StG. 3 gelandet, und Admiral Esteva, der Generalgouverneur von Tunis, begrüßte die deutschen Truppen.

Von Grossetto aus flogen die I. und III./KG 26 Einsätze gegen den alliierten Schiffsverkehr. Weitere Jagd- und Kampffliegerverbände kamen hinzu. General der Panzertruppe Walther K. Nehring wurde als Kommandierender General des neuaufgestellten XC. AK mit der Verteidigung von Tunesien beauftragt. Was aber war mit den Fallschirmjägern?

Noch am 8. November wurde in Athen aus den Resten der 27 Kpn. und Batterien der FschBrig. Ramcke provisorisch die FJ-Kp. Sauer aufgestellt. Hptm. Paul Sauer flog damit über Brindisi nach Catania und wurde am Morgen des 10. November 1942 nach Tunis weitergeleitet und Oberst Harlinghausen direkt unterstellt. Er erhielt den Auftrag, die Flugplätze von Tunis, La Marsa und El Aouina, zu sichern und den Flugbetrieb zu gewährleisten.

Auch die FJ-Bataillone I und III des FJR 5 wurden unmittelbar nach Bekanntwerden dieser Invasion alarmiert und vom Truppenübungsplatz Mourmelon aus im Bahntransport nach Caserta geschafft. Dort traf als erster Regimentsverband das III. Batl. unter Hptm. Wilhelm Knoche ein. Knoche bildete aus der 10. Kp. ein Vorkommando unter Lt. Baitinger. Mit einem Seitenwagen-Krad, einem MG und einem Sanitäter fuhr das Vorkommando zum Flughafen Neapel und konnte, nachdem die Transport-Jus zur Stelle waren, am frühen Morgen des 11. November, nach einer Zwischenlandung in Trapani, das Flugfeld von El Aouina erreichen.

Lt. Baitinger meldete sich bei Oberst Harlinghausen und erhielt Befehl, die Stadt Tunis zu durchstoßen und die Ausfallstraßen nach Westen zu sichern. Baitinger führte diesen Befehl aus, fand die Straße feindfrei und schickte den Sanitätsgefreiten Viktor Fink zur Meldung zurück. Fink fuhr, wie alle Bürger von Tunis, mit der Straßenbahn und meldete Oberst Harlinghausen, daß die Vorausgruppe die Straßenkreuzung besetzt habe. Dies war der erste

General Walther K. Nehring, KommGen. des DAK und danach KommGen. des XC. AK, in Tunesien.

Major Wilhelm Knoche, Kdr. des III./FJR 5, in Tunis.

Einsatz des FJR 5 in Nordwestafrika. Andere, schwerere und opfervollere Einsätze galt es bald zu überstehen.
Gegen Mittag des 11. November starteten die Transportgruppen des III./FJR 5. Im Tiefflug überflogen die Verbände das Mittelmeer und landeten am 12. November auf dem Flugplatz La Marsa.
„La Marsa bot ganz das Bild eines Fronthorstes. Zerstörte Gebäude, beschädigte Maschinen am Platzrand, Bombentrichter. Das Ausladen war mehr ein hinauswerfen, denn die Ju 52-Besatzungen hatten es sehr eilig. Wenige Minuten nach der Landung starteten sie bereits wieder, um neue Lasten aus Sizilien zu holen." (Siehe Wilhelm Knoche: Mit dem III./FJR 5 in Tunesien).
Im Gespräch mit Oberst Harlinghausen erfuhr Hptm. Knoche, daß der Platz notdürftig gesichert sei und daß sich Hptm. Schirmer bereits in der

Fallschirmjäger in Tunesien.

Marschall- Foch-Kaserne befinde. Knoche marschierte nach Zurücklassung einer Sicherung für La Marsa zur Marschall-Foch-Kaserne. Wenig später fand dort eine erste Lagebesprechung statt, an der unter Harlinghausens Führung die Hauptleute Knoche, Schirmer und Sauer von der Fallschirmtruppe teilnahmen.

Die Gruppe Schirmer erhielt den Sicherungsabschnitt West, KGr. Sauer übernahm den Abschnitt Süd und das Batl. Knoche wurde ebenfalls in den Westteil eingeschoben, weil von dort her die alliierten Invasionstruppen erwartet wurden.

Das I./FJR 5 unter Hptm. Jungwirt landete ab dem 15. November auf dem Flugfeld La Marsa. Inzwischen waren auch Heeresteile in Tunesien eingetroffen. So Teile der PzJägKp. des IR 104 der 21. PD unter Führung von Lt. Klein. Fallschirmjäger-Spähtrupps gingen nach allen Richtungen vor. Sie fanden schnell heraus, daß die Franzosen im Großraum Tunis auf Zeitgewinn spielten.

Am 14. November war auch General Walther K. Nehring in Tunis eingetroffen und hatte einen provisorischen Stab mitgebracht. Er erkundete die Lage und flog nach Frascati zurück, um GFM Kesselring Meldung zu erstatten. Von diesem erhielt er Befehl, Tunis mit allen Mitteln zu halten und den Brückenkopf Tunesien auszuweiten, um zu verhindern, daß der Feind mit starken, frischen Verbänden über Gabes, Mareth und Tripolis gegen Rommels Rücken nach Osten eingriff, die Panzerarmee Afrika auf diese Weise in die Zange nahm und vernichtete. Der Brückenkopf Tunis mußte so rasch wie möglich erweitert werden, um die Panzerarmee Afrika nach ihrem Rückzug aufzunehmen. Dazu General der Panzertruppe a. D. Walther K. Nehring:

„Der Brückenkopf Tunis war eine moralische Stützung für die zurückgehende Panzerarmee Afrika, die damit eine Art Rückendeckung hinter sich wußte. Er gab die unerläßlichen Nachschubmöglichkeiten für den Rückmarsch Rommels und war darüber hinaus eine ständige Bedrohung für die alliierten Landungsstreitkräfte, die ihr Handeln operativ beeinflussen mußten." (Siehe Walther K. Nehring: Gespräche mit dem Autor).

Nehring schloß diese Betrachtungen mit den Worten: „Aus diesen Überlegungen ergab sich für beide Parteien der 'Wettlauf nach Tunis'."

Der Wettlauf nach Tunis

Der neue Kriegsschauplatz Tunesien lag im Befehlsbereich des OB Süd, GFM Kesselring, dessen Stabsquartier sich in Frascati bei Rom befand. Bis zum 16. November unterstellte dieses dem neuaufgestellten XC. AK neben dem FJR 5 auch noch das FschPi-Batl. 21 unter Major Witzig, eine PanzerspähKp. unter Lt. Kahle, eine Acht-acht-Flak-Batterie, italienische Truppen der Division „Superga" bei Pont du Fahs sowie italienische Marineinfanterie im Raume Bizerta.

Hptm. Knoche und sein Adj., Oblt. Quednow unternahmen am frühen Morgen des 16. November die erste Erkundung, bei der sie mit dem Seitenwagen-Krad mitten in die französischen Stellungen hineinfuhren. Hptm. Knoche forderte den befehlsführenden RgtKdr., Oberst Le Couteux, auf, den gesamten Medjerdaabschnitt bis nach Medjez el Bab zu räumen und verwies auf das Manifest von Marschall Pétain. Medjez el Bab — „Schlüssel zum Tor", sicherte den ganzen Raum bis Tunis. Da Oberst Le Couteux ablehnte, ließ sich Knoche mit Oblt. Quednow zum OB der französischen Streitkräfte nach Beja fahren. Im HQ von General Barré verhandelten die beiden Deutschen lange mit dem Chef des Stabes und seinen Offizieren.

Die Franzosen waren bereit, Tebourba und Djedeida freizugeben und sich auf

Major Hans Jungwirt, Kdr. des I./FJR 5 führte im Abwehrkampf.

Medjez el Bab zurückzuziehen. In bezug auf letztere Ortschaft blieben sie aber hart. Nicht zuletzt durch die Tatsache dazu gebracht, daß noch am selben Tage britische Fallschirmjäger bei Souk el Arba gesprungen und bis nach Beja vorgedrungen waren.

Während noch Hptm. Knoche als Unterhändler auf eigene Faust verhandelte, schwebten in Tunis jene Ju 52 auf dem Flugplatz von El Aouina ein, in denen sich der RgtStab befand.

Am Abend dieses Tages erstattete Hptm. Knoche, nach Tunis zurückgekehrt, General Nehring Meldung und berichtete, daß er sofort nach der Rückkehr von seiner Erkundungsfahrt die 9./FJR 5 unter Hptm. Becker nach Djedeida und Tebourba in Marsch gesetzt habe, um wenigstens diese Räume kampflos zu sichern.

General Nehring befahl Knoche, noch einmal ins französische HQ zu fahren und die Franzosen zu weiteren Zugeständnissen zu bringen. Bevor Hptm. Knoche am anderen Morgen losfuhr, setzte er noch die 10./FJR 5 unter Oblt. Hoge, eine Hälfte der 12. Kp., die halbe 14./IR 104 unter Lt. Klein mit fünf Pak, und einen Flak-Kampftrupp aus Tunis nach Medjez el Bab in Marsch.

Unmittelbar danach brach auch Hptm. Schirmer mit einem Teil der 12. (schweren) Kp. nach Medjez el Bab auf. Er sollte als „Vortrupp eines neu aufgestellten FJR“ gelten und die Franzosen einschüchtern.

In Bizerta hatten sich inzwischen die Fallschirmpioniere unter Major Witzig mit unterstellten italienischen Kräften zum Vorstoß nach Westen auf den Djebel Abiod bereitgestellt.

Am selben 27. November frühmorgens starteten vom Flugfeld von El Marsa

In Tunesien, von links: Major Bayer, Oberst Barenthin, Major Witzig.

Lt. Kempa mit seinem Radfahrzug nach Gabes. Mit von der Partie war auch Oblt. Salb mit der 3. Wach-Kp. des OB Süd.

Als die ersten Ju 52 bei Gabes zur Landung ansetzten, wurden sie von heftigem Flakfeuer empfangen. Die Ju-Gruppe mit der Wach-Kp. drehte und flog nach Tunis zurück. Nicht so die Fallschirmjäger. Sie gingen 40 Kilometer von Gabes entfernt auf freiem Felde nieder.

Von dort aus setzte Kempa zwei Spähtrupps an. Einer davon wurde von einer französischen Streife gestellt und nach Gabes geschafft. Als am Morgen des 18. November weitere Ju 52 heranröhrten, ließ man diese sieben Fallschirmjäger frei, die ihre landenden Kameraden einwiesen. Gabes, im Süden Tunesiens gelegen, war in deutscher Hand.

Oberst Walther Barenthin, ehemals Stabsoffizier der Pioniere im XI. FlK und nunmehr Korps-Pionierführer, hatte seine stärkste Waffe des KorpsPi-Batl. 21 unter Major Witzig, bereits nach Afrika vorgeworfen. Pak, Flak und Werfer-Einheiten folgten nach. Pioniere und die SanAbt. dieses Regimentes landeten zum Schluß. Als KGrFhr. Mateur übernahm Oberst Barenthin die Führung im Gesamtraum Mateur im Norden.

Der Kampf um Medjez el Bab

Nach einigen Vorgeplänkeln standen die Fallschirmjäger unter Hptm. Knoche in der Nacht zum 19. November im Bereitstellungsraum ostwärts Medjez el Bab versammelt. Diese KGr. hatte eine Stärke von etwa 300 Mann. Am Mor-

Befehlsausgabe beim Luftwaffen-Rgt. Barenthin in Tunesien. Major Witzig (2.) und Oberst Barenthin (3. von links).

Oberstleutnant Walther Koch zeichnet Jäger des FJR 5 aus.

gen des 19. November 1942 erkannte Knoche jenseits des Medjerda mehrere Feindstellungen und sah, darin umherkurvend, einige US-Panzer. Ein Araber hatte ihnen bereits berichtet, daß in der vergangenen Nacht US-Truppen nach Medjez el Bab eingerückt seien. Dies war die Bestätigung dafür.

Nach einem Stuka-Angriff gelang es der KGr. Knoche den gesamten ostwärts des Flusses gelegenen Stadtteil in Besitz zu nehmen. Südlich der Stadt war es Oblt. Bundt gelungen, mit zehn Männern den Medjerda zu durchwaten und einen ersten kleinen Brückenkopf auf dem anderen Ufer zu errichten. Dann aber lief sich der Angriff fest. Knoche mußte die Männer aus den bereits eroberten Häusern in die Ausgangsstellungen zurücknehmen.

Am späten Nachmittag des 19. November traf Oberstleutnant Koch bei Knoche ein. Knoche legte dem Kdr. seinen Plan vor, bei Nacht mit Stoßtrupps nach Medjez el Bab einzusickern und die Stadt im Handstreich zu nehmen. Oberstleutnant Koch stimmte zu und fuhr nach Tunis zurück, um die dazu notwendigen Sprengmittel heranzuschaffen.

Der Lastwagen mit 20 Tonnen Sprengmitteln stand um 22.00 Uhr bereit. Knoche sprach seinen Plan noch einmal mit dem RgtKdr. durch. Es wurden zehn Stoßtrupps gebildet, deren Führer alte, kampferfahrene Kreta-Kämpfer waren.

Die Stoßtrupps brachen um 22.45 Uhr auf, erreichten ihre Bereitstellungen bis 23.00 Uhr und starteten ab 00.00 Uhr über den Medjerda. Eines der kühnsten Fallschirmjäger-Unternehmen war angelaufen.

Die französischen Truppen auf der

Westseite wurden passiert. Dann auch einige US-Panzer und Spähwagen. Alle Sprengladungen wurden an den wichtigsten Objekten angebracht, und um 1.00 Uhr krachten an zehn Stellen gleichzeitig gewaltige Feuerschläge. Die Überraschung war riesig. Franzosen und Amerikaner zogen sich im Feuer der deutschen MG 42 fluchtartig zurück. Ein Munitionsdepot flog in die Luft. Medjez el Bab war wenig später in deutscher Hand. Fünf ausgebrannte Panzer, eine große Anzahl Fahrzeuge und das gesamte Versorgungslager mit unübersehbarer Beute war der Lohn für diesen Handstreich.

Von hier aus führte Hptm. Schirmer die von Hptm. Knoche eingeleitete Verfolgung des Gegners auf Oued Zarga fort. Die nach Teboursouk und El Aroussa führenden Straßen wurden durch Vorposten gesichert.

Am Nachmittag des 20. November erreichte Schirmer mit seinen Männern Oued Zarga. Hier erhielten die Fallschirmjäger den Befehl zum Rückzug nach Medjez el Bab, das gegen die heranrückenden und durch die Aufklärung erfaßten Feindkolonnen gehalten werden sollte.

Damit hatte der sechsmonatige Kampf um den Brückenkopf Tunis begonnen.

Hundertprozentiger Ausguck!

Der Versuch, die herannahenden Feindverbände, die inzwischen El Aroussa erreicht hatten, zu stoppen, gelang. Nach zweistündigem Kampf räumte der Gegner diese Ortschaft. Oberstleutnant Koch ließ zwischen El Aroussa und Bou Arada Stellungen beziehen. Die KGr. Knoche beorderte er nach Medjez el Bab zurück.

Noch während sich die gesamte Kräftegruppe dieses Raumes teilte, griff der Gegner mit starken Kräften Medjez el Bab an. Feindpanzer rollten feuernd nach Medjez el Bab hinein. Das Batl. Schirmer wurde aus den Höhenstellungen ostwärts der Stadt hinausgedrängt. Der rechte Flügel des Batl. Knoche, der sich am Südrand von Medjez el Bab anschloß, hing demzufolge in der Luft. Er mußte ebenfalls zurückgenommen werden. Der Gegner hatte Medjez el Bab zurückgewonnen und richtete sich darin ein. Es waren Verbände der 78. brit. ID unter Führung von GenMaj. Evelegh, die nun in Medjez el Bab saßen.

Oberstleutnant Koch führte das FJR 5 in den Raum westlich Massicault zurück. Hier wurden beiderseits der Straße neue Stellungen bezogen. Hptm. Jungwirt gelang es noch, mit seinem inzwischen voll in die Front eingerückten I. Batl. einen Feindangriff auf Bou Arada abzuweisen, dennoch war die Zurücknahme der Front unausweichlich, weil das feindliche Kampfkommando B unter GenMaj. Robinett südlich von Medjez el Bab auf Goubellat vorgestoßen und damit in den Rücken der Fallschirmjäger gelangt war.

Inzwischen waren auch die ersten Teile der TigerAbt. 501 und weitere Infanterieverbände in Tunesien eingetroffen, die in den Kampf eingriffen und dem Gegner herbe Verluste beibrachten.

Fallschirmjäger gegen Fallschirmjäger

Nachdem auf alliierter Seite bereits das III. und I./FschJägRgt. 6 zum Einsatz gekommen waren, erhielt am 28. November Oberstleutnant Frost Befehl, mit seinem II. Batl. im Raume Pont du Fahs zu springen, um die auf dem dortigen Feldflugplatz liegenden deutschen Flugzeuge zu vernichten. Anschließend sollte diese KGr. auch den 15 Kilometer weiter nördlich gelegenen zweiten deutschen Flugplatz von Depienne erreichen und alle dort stehen-

Eine brennende Ferme bei Bou Arada.

Hauptmann Jungwirt befragt einen gefangengenommenen englischen Fallschirmjäger.

den Maschinen in die Luft jagen. Der weitere Vorstoß auf Oudna zielte auf den dortigen kleinen Feldflugplatz und den Bahnhof.

In den 44 C-47 Flugzeugen saßen am späten Morgen des 29. November 1942 530 FschJäg. dieses II./FJR 6 der Briten. Kurz vor dem Start erhielt Oberstleutnant Frost Meldung, daß die Flugplätze Depienne und Pont du Fahs von deutschen Kräften geräumt worden seien. Nunmehr sollte direkt bei Depienne gesprungen und nach Oudna vorgegangen werden.

Der Start erfolgte um 12.30 Uhr. Die Landung der Fallschirmjäger bei Depienne gelang, und am Morgen des 30. November zog die britische KGr. in Richtung Flugplatz Oudna, um nach langem Marsch zu erfahren, daß auch Oudna geräumt worden war. Die Aufgabe von Oberstleutnant Frost hatte sich von selbst erledigt, und die britischen Fallschirmjäger saßen 80 Kilometer tief in Feindesland.

Am 30. November wurden Teile der 1. und der 10./FJR 5 mit dem Panzerspähzug Fw. Hämmerlein auf die britischen Fallschirmjäger angesetzt. Oblt. Jahn umfaßte den Feindverband, während Hptm. Jungwirt mit Teilen des I. Batl. frontal angriff. In einem erbitterten Duell der roten gegen die grünen Teufel fiel der voranstürmende Oblt. Jahn durch Kopfschuß und starb drei Minuten später.

Der Kampf wurde mit aller Erbitterung geführt. Zwei Eliteverbände standen sich hier erstmals gegenüber. In drei Gefechten wurde der Feind aufgerieben. Major Cleaver, Chef der B-Kp., fiel. Mit 70 seiner Soldaten gelang es Oberstleutnant Frost sich zum Djebel Mengoub abzusetzen und sich in einer Ferme festzusetzen. Hptm. Knoche gab dem Drängen seines Adjutanten Lt. Ismer nach, mit einem Stoßtrupp die Ferme in Besitz zu nehmen. Bei diesem Angriff fiel auch Lt. Ismer durch Kopfschuß. Dennoch gelang es dem Stoßtrupp, diesen Gegener zu überwältigen.

Oberstleutnant Frost war mit einigen Männern entkommen und wich in Richtung Massicault aus. Am Abend des 2. Dezember um 17.00 Uhr stieß Frost nahe Medjez el Bab mit dem Rest seiner Männer auf eigene Truppen. Sein Bataillon hatte 16 Offiziere und 250 Mann verloren. Das war „für ein

Oberfeldwebel Peter Arent erhielt bei Bou Arada das Ritterkreuz und fiel am 4.12.1942.

Nichts ein zu hoher Blutzoll" (GenMaj. Frost im Gespräch mit Herrn Teske).

Die Schlacht um Tebourba, dem Dreh- und Angelpunkt des Wettlaufes nach Tunis, die am 30. November begann, sah auch Fallschirmjäger im Einsatz. Und zwar saßen in der Stadt eine Kp. des FJR „Barenthin" und der RgtPiZug seit dem 25. November fest und hielt den Stadtkern gegen alle Angriffe der brit. Kampfkommandos B.

Dort trafen die „Tigermänner" unter Hptm. Baron Nolde bei Djedeida auf den Gegner und schossen ihn zusammen. GenMaj. Fischer, der inzwischen mit den ersten Teilen seiner 10. PD in Tunesien eingetroffen war, erzielte weitere durchschlagende Erfolge und zerschlug die brit. 11. Brigade. Im Kampf gegen das Kampfkommando B verlor dieses durch die Tiger den Großteil seiner Panzer. Hier fiel im Kampf Hptm. Baron Nolde. An seine Stelle trat Hptm. Deichmann, der wenig später bei einer Erkundung außerhalb des Tigers durch einen Gewehrschuß getötet wurde.

Die Fallschirmjäger unter Oberstleutnant Koch stießen auf Medjez el Bab vor, schwenkten aber kurz davor mit dem Gros auf El Bathan ein, um den Kessel um die bei Tebourba stehenden Feindkräfte zu schließen. Spitze fuhr Lt. Kautz mit seinem Zug. Ostwärts El Bathan flackerte MG-Feuer auf, dann erschienen Stukas über ihnen und bombten Tebourba und El Bathan. Lt. Kautz ließ auf El Bathan weiterfahren und erstürmte die Häuser dieser Ortschaft im Handgranatenkampf.

In wilder Flucht rollten englische und amerikanische Stabswagen über die Straße nach Südwesten, dicht verfolgt von der 12./FJR 5 unter Oblt. Wöhler.

Am 4. Dezember setzten die Fallschirmjäger zum Sturm auf die vor ihnen liegenden Hügel des Djebel Lanserine und des Djebel Bou Aouka an. Die Panzer der 10. PD voraus, gingen diese Fallschirmjäger des Rgt. 5 unter Koch, die Pioniere Witzigs und die Jäger Barenthins vor, überwanden Gräben und Unterstände und kämpften den Gegner nieder.

Entscheidenden Anteil an diesen Kämpfen hatte der PiZug unter Ofw. Arent, einem der „Kuppelknacker" von Eben Emael. Arent hatte Auftrag erhalten, die Verbindungsstraße zwischen Medjez el Bab und Mateur zu sperren und dem Gegner alle Nachschub- und Rückzugswege abzuschneiden.

Mit seinen Männern durchbrach Arent am späten Abend des 30. November die rückwärtigen Sicherungen des Gegners und erreichte vier Kilometer westlich Bathan die Medjerdabrücke, die es zu sperren galt. Die Brücke wurde vermint und durch zwei MG links und rechts gesichert. Als die ersten Wagen des Gegners die Brücke erreichten, wurden sie durch die hochgehenden Tellerminen gestoppt. Die Brücke war damit gesperrt.

Die nachgezogene Feindinfanterie wurde durch die beiden MG niedergehalten. Der hier angreifende Gegner sollte für die 11. Brigade und Teile der 1. US-PD Nachschub und Munition nach vorn bringen. Ohne diese Versorgungsgüter waren die genannten Verbände am Ende.

Hier kam der Gegner nicht durch, und jener kampfstarke britische Stoßtrupp, der in der Nacht zum 2. Dezember über den Medjerda setzte, um die deutschen Fallschirmjäger auszuheben, wurde im Handgranatenkampf über den Fluß zurückgetrieben.

Am Mittag des 2. Dezember stießen die Männer der 10./FJR 5 auf jene Fallschirmjäger, die auf der Höhe des Djebel Bou Aoukaz lagen und den Pionieren Arents den Rücken deckten.

Der Kampf war zu Ende. Tebourba war gefallen und hatte dem Gegner schwere Opfer gekostet.

Als sich die Fallschirmjäger am 3. Dezember absetzten, blieb der PiZug

Arent noch als Sicherung auf der Höhe 154 des Khoumet el Diab zurück. Hier wurde er von einem starken Artillerie-Feuerüberfall erfaßt. Englische Scharfschützen schossen Peter Arent nieder, der sofort tot war.

Am selben Abend, als die Fallschirmjäger mit ihrem toten Zugführer das Regiment erreichten, war die Nachricht eingetroffen, das Peter Arent das Ritterkreuz verliehen worden war. Die deutschen Truppen hatten den Wettlauf nach Tunis gewonnen.

Am 8. Dezember traf Generaloberst Jürgen von Arnim als OB der neuaufgestellten 5. Panzerarmee mit seinem Chef des Generalstabes, GenLt. Ziegler, in Tunis ein und übernahm dort die Führung. Die Kämpfe zur Konsolidierung des Brückenkopfes machten gute Fortschritte. Das FJR 5, durch die Erfolge bei Tebourba entlastet, hatte sich ostwärts Medjez el Bab bis zur berüchtigten Höhe 107 etwa acht Kilometer weit vorgelegt. Diese Höhe 107 direkt hinter Ksar Tyr, lag den feindbesetzten Höhen etwa 2500 Meter gegenüber.

In den „Blauen Bergen" von Bou Arada lag Mitte Dezember die 1./FJR 5 unter Lt. Schuster. Diese Kp. ging schließlich weiter nach vorn und stand damit etwa 15 Kilometer nordwestlich Pont du Fahs im Einsatz. Das Weihnachtsfest wurde auf einer französischen Ferme gefeiert, die dementsprechend den Namen „Weihnachtsferme" erhielt. Erst am 10. Januar 1943 verlegte diese Kp. bis zur Straße Bou Arada — Goubellat, wo sie auf Einheiten des III./FJR 5 stieß. Hptm. Jungwirt erteilte Erich Schuster Befehl, die Höhe 311 zu besetzen. Der 3. Zug der Ersten erreichte am 11.Januar 1943 diese Höhe. Auf der benachbarten Höhe 321 setzte sich der 2. Zug der 10. Kp. (des III./FJR 5) fest.

Erich Schuster unternahm mit einem Wagen und einem Krad an diesem Morgen eine Erkundungsfahrt in Richtung Bou Arada. Lt. Flemming sollte eine Stunde später mit dem 3. Zug nachfolgen. Bei Schuster waren Fw. Kurze, Ofw. Krassek Lt. Löbmann, Gefr. Gietmann und der Fahrer Stahnke.

Die Fahrt ging zügig voran. Der Stützpunkt auf der Höhe 305 wurde festgelegt. Von dort aus ging es über die Höhe 306 zur Höhe 316 weiter. Als der Erkundungstrupp dann zur letzten Stellung auf der Höhe 315 fahren wollte, entdeckte Lt. Schuster durch sein Fernglas auf dem gegenüberliegenden Djebel Rihane Gegner. Kurz darauf meldete Krassek „Feindpanzer!"

Gefr. Gietmann stellte durch einen Erkundungsgang fest, daß es zwölf Panzer waren. Diese Feindpanzer eröffneten das Feuer. Der nachfolgende Zug Lt. Flemming wurde dadurch gestoppt und mußte zurückgehen. Lt. Schuster war plötzlich verschwunden, und ein Posten glaubte, ihn in Gefangenschaft geraten zu sehen.

Dem war jedoch nicht so. Nach langer Suche wurde Erich Schuster tief im Niemandsland gefunden. Ein Oberschenkelschuß hatte die Schlagader durchschlagen und seinen schnellen Tod herbeigeführt. Mit ihm war auch Ofw. Krassek gefallen.

Im Kampf in den Blauen Bergen von Bou Arada, der am späten Abend des 12. Januar 1943 begann, kam es an dem dortigen Paß zu schweren Kämpfen. In einer Reihe weiterer Gefechte südlich und nördlich des Passes erlitt die 10./FJR 5 schwere Verluste. Der Angriff erlahmte. Starke Regenfälle machten Freund und Feind schwer zu schaffen. Der Krieg versackte im Schlamm. Während dieser Zeit ereilte Lt. Kempa auf der Kempa-Ferme das Soldatenschicksal. Er trat auf eine britische Mine und war sofort tot.

Die Kämpfe in Tunesien standen auf der Stelle. Die Luftwaffenaktivitäten verstärkten sich. Weitere deutsche Infanterie-Verbände trafen auf den beiden Flugplätzen bei Tunis ein und wurden in die Abwehrfront eingewiesen. Die beiden Unternehmen „Eilbote I und II" vom 14. und 31. Januar 1943

Sanitätsfeldwebel Zimmermann, einer der Besten vom FJR 5.

Erich Schuster fiel als Oberleutnant in Tunesien.

Vor dem Angriff zum Unternehmen „Ochsenkopf".

brachten kleinere örtliche Erfolge.

Als erste Division der nach Westen zurückgehenden PzArmee Afrika traf die 21. PD Ende Januar 1943 auf tunesischem Boden ein und wurde dem Pz AOK 5 direkt unterstellt. Das Gros der PzArmee Afrika hatte bis zum 15. Januar in der Bueratstellung gehalten und starke Angriffe ihres Verfolgers, der britischen 8. Armee unter General Montgomery, standgehalten. Von dort rollte sie bis zum 22. Januar 350 Kilometer weiter nach Westen zurück und stand damit westlich Tarhuna und Homs, wo die Nachhuten unter Oberst Irkens den Gegner noch einmal bremsten.

Rommels großer Panzerraid von Faid über Kasserine auf Thala schien das Blatt in Afrika noch einmal wenden zu können. Doch bei Thala war die Kraft zu Ende. Der Rommelsche Panzervorstoß kam zum Erliegen. (Zu den Kämpfen um Tunesien siehe: Franz Kurowski: Endkampf in Afrika).

Fallschirmjäger beim Unternehmen „Ochsenkopf"

In diesem Unternehmen des 26. Februar 1943 ging es darum, mit einer Kampfgruppe den West- und Südrand des Djebel Rihane und mit der zweiten den Djebel Guettar zu erreichen, dahinter die Zange zu schließen und die im Tal von Bou Arada stehenden Feindgruppen zu vernichten.

In der Nordgruppe unter GenMaj. von Manteuffel stürmte das FschBatl. Witzig mit voran. Sein Ziel war der Djebel Abiod, den es auch erreichte und sich darauf festsetzte.

Im südlichen Angriffsabschnitt stand die Division „Hermann Göring“, in welche das FJR 5 unter der neuen Bezeichnung (die sich bei der Truppe allerdings nicht durchsetzte) Jäger-Regiment „Hermann Göring“ eingereiht war. Hier begann der Angriff ebenfalls am frühen Morgen des 26. Februar. Hptm. Jungwirt setzte seine 1. Kp., gefolgt von den übrigen Kpn., auf die Höhe des Regoubet Bidja (die Höhe 381) an. Als der 3. Zug die Kammlinie erreicht hatte, erhielt er starken MG- und Werferbeschuß und suchte in einem Zwischenwadi Deckung. Hier erhielt er dichtes MG-Feuer von vorn, aus dem Rücken starkes Werferfeuer. Auch aus der linken Flanke schoß ein Feind-MG. Die deutschen Fallschirmjäger erwiderten das Feuer bis zum Munitionsaufbrauch.

Auch die beiden übrigen Züge der 1./FJR 5 und der PiZug der 10. Kp., welcher der „ersten“ unterstellt worden war, erhielten starkes Feuer. Das I./FJR 5 war auf Einheiten des 6. Commandos, eine Elitetruppe unter Brigadier Mills-Roberts, gestoßen, welches der 78. britischen ID unterstellt war.

In wechselvollen Kämpfen verloren die Fallschirmjäger einen Teil ihres Bestandes.

Das III./FJR 5, das ebenfalls zum Angriff angetreten war, marschierte mit der 10. Kp. nach vorn, die nach dem Tode des Lt. Kempa von Oblt. Gasteyer geführt wurde, zur Straße Medjez el Bab — El Aroussa, die im Morgengrauen erreicht wurde. Die 10. Kp. nahm ein Ruhelager der Engländer im Handstreich und erhielt am Paß starkes Feuer. Sie stürmten hindurch. Gasteyer forderte zum sofortigen Weiterstoß auf. Aber die zwölf unterstützenden Panzer wurden in ein Gefecht verwickelt. Hptm. Hofbauer wartete das Herankommen aller Panzer ab, ehe der Vorstoß fortgesetzt wurde. Damit war der Schock der Engländer gewichen.

Auf den Panzern aufgesessen, erlebten die Männer der „Zehnten“ einen schweren Feuerüberfall. Neun der zwölf eigenen Panzer blieben nacheinander getroffen liegen. Die drei letzten lagen bald darauf mit Schäden fest.

Das Batl. mußte sich auf die Paßhöhe zurückziehen. Die „Zehnte“ richtete sich auf der Nebenhöhe 351 zur Rundumverteidigung ein.

Hier hatte sie in den nächsten Tagen stärkste Feindangriffe abzuwehren. Oblt. Gasteyer mußte am 1. März „Fertigmachen zum Nahkampf“ befehlen. Feindpanzer überrollten die Stellungen, und nun gab Gasteyer den Befehl zum Rückzug. Im nächsten Wadi wurde gesammelt. 50 Männer waren von der 10. Kp. und den unterstellten Gruppen übrig geblieben. Diese schlugen sich am 2. und 3. März zum Djebel Djaffa durch und fanden am Morgen des 4. März bei Goubellat Anschluß an das Bataillon, das sich ebenfalls bis hierher durchgekämpft hatte.

Abwehrkampf auf der Kaktusfarm

Die Lagebeurteilung des OB der HGr. Afrika, GenOberst von Arnim, zum 30. März 1943 lautete:

„An der Westfront bis nördlich Maknassy besteht keine akute Gefahr. Es ist jedoch wegen des Kräftemangels im Abschnitt der Division von Manteuffel erforderlich, auf die alte HKl zurückzugehen.

Die Schott-Stellung ist abwehrbereit.“

Dennoch konnte sich niemand im Stabe der neuen Heeresgruppe Afrika darüber hinwegtäuschen, daß es auch hier dem Ende entgegenging. Die Kämpfe bei und ostwärts Maknassy und südlich El Guettar zeigten einen neuen Großangriff des Gegners an.

Am späten Abend des 5. April stellte sich die britische 8. Armee bereit. Der mit geballter Kraft geführte Angriff gegen die Front der italienischen 1. Armee schlug durch. Er wurde erst durch

einen Gegenstoß der 15. PD und der Panzergrenadiere der 90. Leichten Afrikadivision gestoppt. Dennoch mußte GenOberst von Arnim am Abend des 6. April den Rückzug befehlen.
Von nun an ging es Schlag auf Schlag, denn mit dem Rückzug der 1. italienischen Armee aus der Schott-Stellung hatte sich die aus Osten kommende 8. Armee mit den alliierten Landungstruppen vereinigt. Oued Zarga, ein wichtiger Schlüsselpunkt, mußte am 9. April aufgegeben werden. Im Großraum Medjez el Bab und bei der Höhe 107, wo die Fallschirmjäger noch einmal verteidigten, herrschte noch verhältnismäßige Ruhe. Oberstleutnant Koch hatte wegen Krankheit Afrika verlassen müssen. Major Schirmer übernahm die Führung des FJR 5, und der aus der Heimat kommende Hptm. Zimmermann wurde Kdr. des III./FJR 5.
Mitte April versammelte General Alexander, der alliierte OB in Tunesien, 15 englische, fünf amerikanische und vier französische Divisionen zu einer neuen Offensive. Eine Gruppe mit vier Infanterie- und zwei Panzer-Divisionen sollte direkt auf Tunis vorstoßen. Dieser Angriff begann am Abend des 19. April.
Am Djebel Rihane ließ Major Schirmer das FJR 5 noch einmal antreten. Ziel war es: „In einem Überraschungsangriff den Gegner aus den Höhenstellungen des Djebel Rihane zu werfen und die feindliche Artillerie auszuschalten. Danach ist der Djebel Djaffa in Besitz zu nehmen. Weiterer geplanter Vorstoß zum Medjerda und Abschneiden der dort verlaufenden Versorgungslinien des Gegners nach Medjez el Bab."
Die nur mit Teilen in Afrika stehenden beiden sPzAbt. 501 und 504 unter Oberstleutnant Seidensticker sollten diesem Angriff den nötigen Druck verleihen.
Um 23.30 Uhr traten die Einheiten des FJR 5 an. Nach Durchschreiten einer 200 Meter tiefen Minensperre fielen die ersten Schüsse. Es kam zu einem erbitterten Kampf, der hohe Opfer kostete, ohne daß das ersehnte Ziel erreicht wurde. Das Rgt. setzte sich auf Goubellat ab. Im Rückzugsgefecht gegen 20 Feindpanzer wurden zwölf abgeschossen. Bis zum 23. April setzten sich die Fallschirmjäger in die vorbereitete zweite HKL ab.
Zum letzten Male leisteten die Männer des FJR 5 auf der Höhe 107 entschei-

Generalmajor Hans Seidemann, Fliegerführer Tunesien.

denden Widerstand. Dort oben hatte sich Ofw. Heinrich Schäfer mit seinem Zug Fallschirmjäger auf der „Kaktusfarm“ hinter dichten Kaktushecken eingerichtet. Der Zug hatte von dieser Höhe ausgezeichnetes Schußfeld nach Nordwesten und auf Medjez el Bab. Der Gegner versuchte mehrfach, diese Höhe im Handstreich zu besetzen. Er wurde stets abgewiesen. Als er am Abend des 28. April hier mit starken Kräften angriff, konnten die 48 Fsch Jäg. um Schäfer ihn abermals abweisen.

Die nächsten Feindangriffe wurden mit Panzerunterstützung geführt. Noch einmal griffen die letzten Tiger unter Oberstleutnant Seidensticker in den Kampf ein und schossen einen Panzerpulk der Tommies zusammen, ehe sie abdrehten.

Am 29. April flogen Bomber der „sturen 18“ den Hügel an und bombten ihn. Jabos folgten, und am anderen Morgen versuchte es der Angreifer ein weiteres Mal. Schäfer forderte „Feuer auf den eigenen Standort“ an. Drei angreifende Panzer wurden zerschmettert, der Gegner geworfen. Als der Abend dieses Tages einfiel, lagen 14 Feindpanzer vernichtet um die Höhe herum.

Lt. Endlich vom I. Batl. arbeitete sich durch die Angreiferlinien durch und tauchte auf der Höhe auf.

„Noch einen Tag halten, Schäfer!“ beschwor er den Kameraden. Schäfer und seine Jäger hielten. Erst als er am Abend den Befehl erhielt, in Richtung Massicault auszuweichen, setzten sich die Fallschirmjäger seines Zuges ab. 37 abgeschossene Feindpanzer blieben zurück. Schäfer wurde zum Ritterkreuz eingereicht, das er in amerikanischer Gefangenschaft über das Rote Kreuz erhielt.

Der 12. Mai 1943 brachte das Ende in Afrika. Der letzte Funkspruch des DAK lautete:

„Munition verschossen. Waffen und Kriegsgerät zerstört. Das DAK hat sich bis zur Kampfunfähigkeit geschlagen. Es muß wiedererstehen. Heia Safari! gez. Cramer, Kommandierender General des DAK.“

Oberfeldwebel Heinrich Schäfer führte mit seinem Zug die Verteidigung der Kaktusfarm. Das Ritterkreuz dafür erhielt er über das Internationale Rote Kreuz ins US-Gefangenenlager nachgeschickt.

Kampfraum Italien

Generalfeldmarschall Albert Kesselring war seit dem ersten großen Einsatz der Fallschirmtruppe im Westen zunächst als OB der Luftflotte 2, später vor allem als Oberbefehlshaber Süd in Afrika und Italien für den Einsatz der Grünen Teufel verantwortlich. Er führte als Freund von Richard Heidrich auch den Abwehrkampf um Monte Cassino, bei Anzio-Nettuno und bei Bologna. ‚Kesselrings Männer nahmen den Kampf auf, so erbittert, wie nur einen in der deutschen Geschichte.“ (Feldmarschall Harold Alexander).

Sizilien: Tor zur Festung Europa

Mit Luftangriffen auf die Insel Pantelleria und Messina auf Sizilien eröffneten die Westalliierten das Vorbereitungsfeuer zur Invasion von Sizilien am 18. Mai 1943, nur sechs Tage nach dem Ende der HGr. Afrika in Tunis.

Pantelleria hißte „wegen Wassermangels“ die weiße Fahne, als die Sturmtruppen der Angreifer in die Boote gingen. 9000 Italiener verließen die für uneinnehmbar gehaltenen unterirdischen Betonkasematten, ohne einen Schuß am 11. Juni 1943. Die Nachbarinsel Linosa wurde am folgenden Tage kampflos in Besitz genommen. Von diesen nahegelegenen Inseln aus führten Briten und Amerikaner von nun an ihre Luftangriffe gegen Sizilien, um auch diese Insel — das Tor zur Festung Europa — zu erobern.

Auf Sizilien führte das italienische AOK 6 unter General Guzzoni, der in Enna im Innern der Insel residierte. An deutschen Truppen lagen etwa 30.000 Mann auf der Insel. Vor allem Flak, Luftwaffe und deren Bodenpersonal, sowie die noch nicht aufgelösten Nachschubverbände für den afrikanischen Kriegsschauplatz.

Unter der Führung von Oberst i.G. Heckel, der Anfang Juni auf Sizilien eintraf, wurden die deutschen Truppen in vier Regimentsgruppen zusammengefaßt und in ihre Abwehrräume eingegliedert. Das ebenfalls aufgestellte Artillerie-Regiment Sizilien stellte diesen Regimentsverbänden die Artillerie zur Verfügung.

Die 15. PGD unter Generalmajor Rodt folgte rasch nach. Außerdem führte das OKW die PD „Hermann Göring“ auf die Insel. Sie stand unter dem Kommando von GenMaj. Conrath.

Eine KGr. der 15. PGD wird am Nachmittag des 10. Juli auf Sizilien alarmiert.

Die alliierten Landungen am 10. Juli 1943 auf Sizilien.

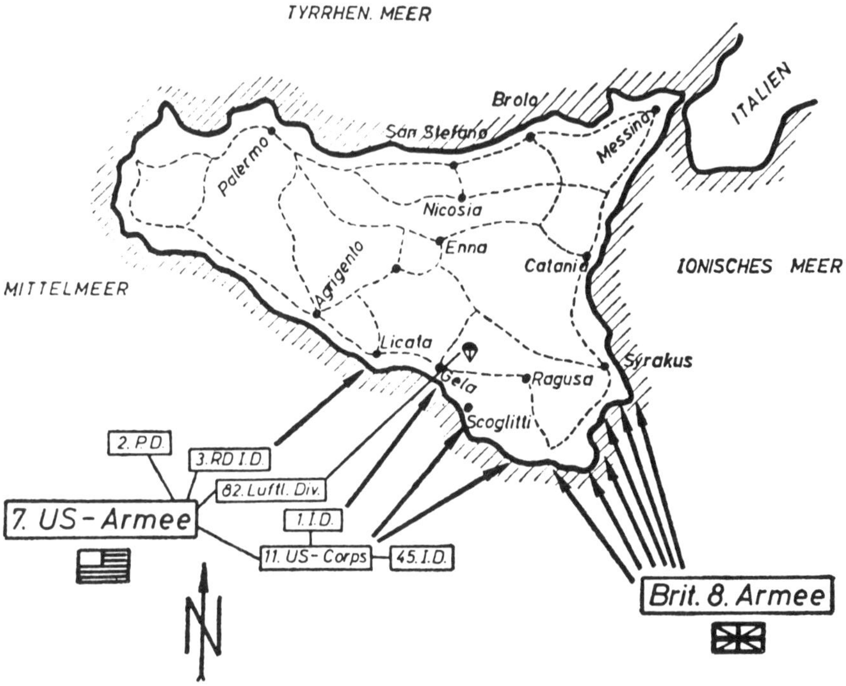

Bereits am 9. Juli stellten Aufklärer der Luftflotte 2 die alliierte Invasionsflotte im Seegebiet um Malta fest. Um 19.00 Uhr wurde das AOK 6 in Enna unterrichtet, daß der Feind sich in sieben Geleitzügen der Insel nähere. Bereits eine Stunde vorher hatten die Alliierten Sizilien mit 400 Bombern angegriffen.
In der Nacht zum 10. Juli erfolgten die Feindanlandungen auf der Insel bei Gela

Die alliierten Landungen an der sizilianischen Südküste.

im Fallschirmjägereinsatz, an der Brücke über den Anapo — den Ponte grande — westlich von Syrakus mit Waco-Gleitern und Horsa-Lastenseglern, und im Großraum Avola und Cassibile mit britischen Seelandungen. Hinzu kam der Angriff des XXX. britischen Korps gegen die Pachino-Halbinsel mit Flugplatz und Stadt Pachino. 3.200 alliierte Fahrzeuge waren am D-Tage vor der sizilianischen Küste versammelt, davon 2000 im vordersten Treffen. Alle alliierten Verbände waren erfolgreich, die italienischen Küsten-Verbände streckten oftmals ohne Schußwechsel die Waffen. Lediglich die 206. italienische Küstendivision und einige Teilverbände leisteten verbissenen Widerstand.

Die PD „Hermann Göring" fuhr auf Befehl von GFM Kesselring den ersten Gegenangriff. Sie sollte zum Strand von Gela vorstoßen und den Feind ins Meer werfen. Dieser Angriff blieb 1000 Meter vor dem Strand im Feuer der feindlichen Schiffsartillerie liegen. Weitere nennenswerte Einsätze deutscher Truppen gab es am ersten Tag nicht.

Die Fallschirmjäger kommen

Das XI. FlK. unter General der Flieger Student war Ende Juni 1943 als operative Reserve dem OKW unterstellt worden. Die 30.000 gut ausgerüsteten und im Sprungeinsatz ausgebildeten Jäger lagen auf verschiedenen Truppenübungsplätzen und Garnisonen in Frankreich. Der Korpsstab residierte in Nimes.

Das Korps war bereits am frühen Morgen des 10. Juli alarmiert worden. Mehr geschah an diesem Tage jedoch nicht. General Student hatte bereits vorher geäußert, daß er im Falle einer Invasion auf der Insel mit allen Fallschirmkräften auf Sizilien zum Sprungeinsatz zu kommen wünsche. Er wollte mitten in den feindlichen Landeraum hineinspringen und den Feind von innen her niederkämpfen.

Nun warteten die Fallschirmjäger auf ihren Einsatzbefehl. Erst am 11. Juli erhielt Kurt Student Befehl, die 1. FJD am Nachmittag gruppenweise nach Sizilien zu überführen. GenLt. Heidrich, ihr Kdr., flog mit einem kleinen Führungsstab nach Frascati voraus, um sich bei GFM Kesselring zu melden und dessen Befehle im Empfang zu nehmen. Als erste Welle folgte das FJR 3 unter Oberst Heilmann. Ihm sollten das FschMGBatl., das FschPiBatl. I, das FJR 4 unter Oberstleutnant Walther und Teile der Artillerie- und der Panzerjäger nachfolgen.

Das FJR 3 landete sicher auf den Flugplätzen bei Rom. Heilmann erhielt von GenLt. Heidrich den Befehl, sein Rgt. am anderen Morgen in bereitstehenden He 111 zu verladen und damit als erste Welle am Nachmittag des 12. in der Weizenebene von Catania zu springen. Drei weitere Gruppen würden im Fallschirmeinsatz folgen. Es waren dies:

Das FschMGBatl. 1 und die FunkKp. der NachrAbt., die Pioniere, die Panzerjäger und das FJR 4, das FschJägRgt. 1 und die FschArtAbt. I.

Da die Funkverbindungen zur schnellen Befehlsübermittlung wichtig, ja entscheidend waren, schickte GenLt. Heidrich einen Offz. seines Stabes, Hptm. Stangenberg, nach Sizilien voraus. Stangenberg startete um 2.30 Uhr am Morgen des 12. Juli mit dem Ia des OB-Süd, der die Verbindung zu GFM Kesselring halten sollte. Stangenberg und sein Begleiter landeten unbeschossen in Catania. Als Quartiermeister der 1. FJD flog auch Hptm. Specht mit. Stangenberg hatte Auftrag, einen Absprungplatz für das FJR 3 zu suchen, das zu dieser Zeit gerade in Fiumicino startete. Stangenberg erkundete einen sicheren Landeplatz, ließ sich mit Gen Lt. Heidrich verbinden und gab die Koordinaten des Platzes durch, die sofort Oberst Heilmann mitgeteilt wurden.

Oberst Ludwig Heilmann auf Sizilien.

Es war die Linie Stazione Passo — Martino, und das Rgt. sollte die KGr. Schmalz der PD „Hermann Göring" verstärken.
Es war 18.30 Uhr an diesem 12. Juli, als die Boschhörner in den Transport-He 111 ertönten und das Rgt. 3 sprang. Das Absetzen erfolgte ungestört und sehr dicht, so daß Oberst Heilmann seinen Verband 45 Minuten später geschlossen versammelt hatte.

Im Vorgehen nach Süden stießen die Spitzen um 2.05 Uhr auf die ersten Teile der KGr. Schmalz. Noch in der Nacht besetzten die Fallschirmjäger eine Stellung zwischen Carlentini und der See. Das III. Batl. wurde auf Bitten von Oberst Schmalz nach Francofonte in Marsch gesetzt, um diesen neuralgischen Punkt zwischen Lentini und Vizzini zu halten.
GFM Kesselring, der am 11. Juli auf Si-

Südlich Catania: Vorposten der KGr. Schmalz beobachtet das Gelände nach Süden.

zilien gewesen war, hatte erkannt, daß er den Westteil der Insel aufgeben mußte, um für die Verteidigung des Ostteils genügend Kräfte freizubekommen. Am Morgen des 13. Juli erhielt er dazu Hitlers Einverständnis. Währenddessen stand die 15. PGD unter GenMaj. Rodt bereits in schweren Abwehrkämpfen.

Die britische Führung der 8. Armee trug sich mit der Absicht, am 13. Juli an der Front seines XIII. Korps bei Lentini einen Durchbruch in die Ebene von Catania zu erzwingen. Dazu wurden eine Fallschirm-Brigade und eine Commando-Abteilung eingesetzt. Gemeinsam kämpfend sollten sie die beiden wichtigen Brücken, einmal den Ponte dei Malati bei Lentini, zum anderen die Brücke bei Primasole über den Simeto, in Besitz nehmen.

Von den sechs Flugplätzen bei Kairouan und Sousse starteten gegen Sonnenuntergang des 13. Juli 105 Dacota mit Fallschirmjägern. 19 Halifax-Bomber und elf Ablemarle-Flugzeuge schleppten jene 30 Horsa-Gleiter, in denen die schweren Waffen zu den Landeplätzen transportiert wurden.

Das Unternehmen begann mit dem Verlust von 20 Maschinen, die durch die alliierte Flotte und von der deutschen Flak abgeschossen wurden. Die 1. FschJäg-Brigade hatte dadurch allein 300 Mann Verluste. In der weiteren Umgebung der Primasolebrücke aber gingen immerhin 25 Prozent der Fallschirmjäger nieder. Brigadier Lathbury arbeitete sich mit der Spitzengruppe zur Brücke vor, deren Südende sie ohne Feindberührung erreichten. In diesem Moment flammte am Nordende der Brücke das Feuer der Brückenbesatzung auf.

Oberst Wilhelm Schmalz führte auf Sizilien eine KGr. mit großem Erfolg.

Go 242 in Pratica di Mare zum Flug nach Sizilien gestartet.

„Rote“ gegen „Grüne Teufel“

Der Kampf hatte begonnen. Die Pioniere Lathbury's entfernten die Zündleitungen und rissen die Sprengladungen aus den Trägern und Pfeilern heraus. Das II. und III. Batl. richtete sich halbkreisförmig um die Brücke ein. Das I. Batl. besetzte mit dem Brigadestab das Südende der Simetobrücke.

Hier tauchten am 14. Juli um 11.00 Uhr einige deutsche Me 109 auf und beschossen die englischen Fallschirmjäger. Gleichzeitig eröffnete am Südrand von Catania in Stellung gegangene schwere deutsche Flak das Feuer. Erst die Meldung eines deutschen Kradmelders ließ erkennen, daß diese Brücke durch einen Handstreich des Gegners besetzt war. Hptm. Stangenberg fuhr zur Brücke, raffte unterwegs etwa 30 Fallschirmjäger zusammen und — wurde wenige hundert Meter vor der Brücke durch MG- und Werferfeuer gestoppt. Er beorderte eine schwere Flak-Batterie heran, die nördlich der Brücke abriegelte. Stangenberg meldete, nach Catania zurückgekehrt, daß feindliche Fallschirmjäger die Primasole-Brücke besetzt hätten und daß zum südlich davon operierenden FJR 3 keine Verbindung mehr bestehe.

Der Ponte dei Malati bei Agnone wurde durch eine Sturmlandung des 3. britischen Commando unter Oberstleutnant Slater mit Sturmbooten etwa gleichzeitig, wenn auch nur von der Gruppe unter Major Young erreicht. Dieser ließ die Sprengladungen entfernen und bildete nach Norden einen Brückenkopf. Diese Brückenkopfstellung mußte bereits am Vormittag des 14. Juli wieder aufgegeben werden. Doch die Sprengkammern der Brücke waren leer.

Eine Kette Me 110 über dem Vesuv.

Als am Morgen des 15. Juli die ersten Panzerverbände der 8. Armee die Südauffahrt der Simetobrücke erreichten, mußten sie feststellen, daß sie von ihren Fallschirmjägern ebenfalls aufgegeben worden war.
Der deutsche Versuch, die Brücke mit T-Minen zu sprengen, war allerdings mißlungen. Dennoch hielten die Deutschen den Nordteil und stoppten damit den britischen Panzerangriff.
General der PzTr. Hube, der als KommGen. des XIV. PzK. am 12. Juli auf Sizilien angekommen war und kurz darauf die Führung übernommen hatte, übernahm die Zügel der Gesamtverteidigung endgültig am 15. Juli. Damit war die Lage auf der Insel erstmals gefestigt.
Die ebenfalls auf der Insel im Sprungeinsatz niedergehenden FschMGBatl. 1 und das FJR 4 waren an der Küste nördlich von Acireale gesprungen. Dies war für das Halten des Nordteiles der Primasole-Brücke die Rettung. Unter Führung von Oberstleutnant Walther besetzte das FJR 4 das Nordufer des Simeto von der Küste an landeinwärts, während des I./FJR 4 dicht beiderseits der Brücke in Stellung ging. Das FschPiBatl. 1 stand hier im Verband des FJR 4.
In der Nacht zum 15. Juli traf auch das FschMGBatl. 1 an der Primasolebrücke ein. Es hatte sich von den Ortschaften Primasole und S. Giorgio aus, nach Westen ausholend, auf den Simento zubewegt. In der Simentostellung schloß es nach Westen an das FJR 4 an und fand mit seinem rechten Flügel Anschluß an die KGr. Schmalz.
Damit standen den „Roten Teufeln“ der Alliierten die „Grünen Teufel“ der deutschen Fallschirmtruppe gegenüber. Lediglich das FJR 3 unter Oberst Heilmann war noch nicht in dieser Verteidi-

Zwei Fallschirmjäger haben in einem Schützenloch Deckung gefunden.

gungslinie eingetroffen. Als es sich endlich in Marsch setzte, waren englische Truppen bereits am Rgt. nach Norden vorbeigestoßen und hatten dem FJR 3 den Rückzugsweg abgeschnitten.

Am frühen Morgen des 16. Juli wurden alle an der Primasolebrücke stehenden FschJägVerbände der KGr. Schmalz unterstellt. Lediglich das Rgt. Heilmann stand noch aus. Oberst Schmalz mußte melden, daß er die neuen Abwehrstellungen ohne das FJR 3 erreicht habe. Erst als am Nachmittag des 16. Juli einige Jäger dieses Regimentes durch die Feindlinien sickerten, klärte sich das Schicksal des Rgts. Heilmann auf. Es lag dicht hinter den Engländern und wollte in der Nacht zum 17. Juli zur KGr. Schmalz durchbrechen.

Am Morgen war jedoch von den Fallschirmjägern noch immer nichts zu sehen. GFM Kesselring erschien auf dem GefStand der KGr. Schmalz bei Misterbianco und übermittelte Schmalz den Unwillen des FHQ. Schmalz erwiderte ungerührt, daß er das Regiment „heute noch" erwarte.

Oberst Heilmann berichtete nach dem Kriege dem Autor: „Ich hatte gerade die sich vom Ponte dei Malati zurückziehenden Gruppen des 3. britischen Commandos gefangengenommen und erhielt nach dem Vordringen der 5. und 50. britischen Division auf Carlentini den Befehl der KGr. Schmalz, meine Stellungen zu räumen und mich nach Norden abzusetzen. Ich zögerte, denn ich wartete noch auf die Meldung meines II. Batl., das in Francofonte stand. Am Nachmittag mußte ich mich doch zum Ausweichen nach Norden ent-

schließen. Doch da rollten bereits englische Panzer auf der Straße nach Catania. Ich befahl den Nachtmarsch nach Westen durch den Lentinigrund und erreichte am Morgen des 15. Juli die Straße Lentini — Catania, südwestlich des Ponte dei Malati bei Principe. Die vorgeschickten Spähtrupps meldeten die Straße von Feindfahrzeugen verstopft."

Das FJR 3 zog sich in einen Orangenhain zurück, in dem auch ein englischer Stab untergezogen war, ohne von der Nähe des Gegners etwas zu ahnen. Die 70 Gefangenen wurden in dem Gebäude der Plantage untergebracht. Ein Leichtverwundeter bewachte sie.

In der Nacht gingen die Fallschirmjäger unter der viaduktartigen Lentinibrücke her. Entlang einer Bahnlinie und durch einen anschließenden 2000 Meter langen Tunnel ging es weiter, um bei Tagesanbruch im dichten Schilf unterzukriechen.

In der folgenden Nacht marschierte das Rgt. nach Norden. Der letzte Durchbruch durch den Umklammerungsring gelang, und wenig später meldete sich Oberst Heilmann bei Oberst Schmalz.

General Heidrich und GFM Kesselring erschienen wenig später dort und beglückwünschten die 800 Fallschirmjäger zur gelungenen Rückkehr.

In der Zwischenzeit versuchte Oberstleutnant Walther einige Male, die Primasolebrücke in die Luft zu jagen. Bei einem dieser Versuche fiel am 17. Juli Major Paul Adolff, Kdr. des FschPiBatl. 1, der mit einem Lastwagen Bomben auf die Brücke fahren wollte, um diese mit denselben zu sprengen.

Der britische Angriff in der Nacht zum

Der Durchbruch ist geglückt.

Oberstleutnant Heilmann nach dem Durchbruch bei Lentini. Von links: Heilmann, Hauptmann Kratzert, Heidrich.

Fallschirmjäger mit dem neuen Gewehr FG 42.

18. Juli mit der 23. PzBrig. und der 50. ID unter General Dempsey wurde von den deutschen Fallschirmjägern gestoppt. Bis zum 3. August gelang es dem Gegner nicht, die deutschen Fallschirmjäger auszuhebeln.
Im Zentrum der Insel, bei der Ortschaft Centuripe, verteidigte sich zunächst nur ein Festungs-Batl. Als das I./FJR 3 hinzukam, wurden alle Kräfte zur KGr. von Carnap zusammengefaßt. Oberstleutnant von Carnap, Adjutant der 1. FJD, sollte mit ihr das Dittainotal sperren. In Centuripe selbst verteidigte das II./FJR 3 unter Hptm. Liebscher. Das III./FJR 3 setzte sich in Regalbuto fest. Hier kam es zu schweren wechselvollen und verlustreichen Kämpfen. Beim Trommelfeuer des 31. Juli fiel Oberstleutnant von Carnap. Centuripe hielt sich gegen die britische 78. ID. Ein Bombenangriff legte die Stadt in Schutt und Asche. Das Batl. Liebscher aber hielt noch immer. Erst

Fallschirmjäger machen sich zum Gegenstoß bereit.

am Morgen des 2. August drangen britische Truppen in Centuripe ein. Als sie in den Trümmern steckten, wurden sie von einem neuen Angriff ihrer eigenen Bomber überrascht und zogen sich zurück.
Als schließlich am Abend des 2. August Centuripe geräumt werden mußte, wurde immer noch um Regalbuto gekämpft. Doch auch diese Stadt fiel noch am 2. August.
Die Kämpfe aller anderen deutschen Divisionen — die 29. PGD war inzwischen ebenfalls nach Sizilien übergeführt worden und stand im Norden der Insel im Einsatz — gingen bis zum 10. August weiter. Dann trat der Rückzugsplan von General Hube in Kraft, nach welchem sich die 50.000 Mann deutscher Truppen in fünf Wellen zurückzogen und auf das Festland übergeführt wurden.

Generalfeldmarschall Kesselring mit General Rintelen und Kronprinz Umberto noch vor dem Umfall.

Der Duce verschwand plötzlich spurlos von der Bildfläche.

König Viktor Emanuel III. ließ den Duce verhaften.

In den letzten beiden Tagen standen die deutschen Fallschirmjäger, der PD „Hermann Göring“ unterstellt, in den Absetzringen als Nachhuten im Einsatz und stoppten den nachdrängenden Gegner. Am frühen Morgen des 17. August 1943 setzten die letzten Kommandeure, darunter auch Oberstleutnant Walther und Oberst Heilmann, mit General Hube ans italienische Festland über.

„Mussolini muß befreit werden!“

Nach Beginn der alliierten Invasion Siziliens wurde neben der 1. FJD das gesamte XI. Fliegerkorps alarmiert. Aber erst am 25. Juli 1943 erhielt die 2. FJD den Befehl zum Einsatz. In Italien war der Duce, Benito Mussolini, vom Faschistischen Großrat gestürzt worden und verschwand von der Bildfläche.

Am späten Nachmittag dieses Tages wurde General Student ins FHQ befohlen. Er saß eine Stunde später in seiner schnellen Reisemaschine und flog nach Rastenburg, wo er nach fünfstündigem Flug kurz vor Mitternacht eintraf.

Hitler empfing den Fallschirmjägergeneral sofort in seinem Vortragszimmer. Er war allein und kam sogleich zur Sache:

„Ich habe Sie“, erklärte er, „und Ihre Fallschirmtruppe für eine sehr wichtige Aufgabe ausersehen. Der Duce ist heute mittag vom italienischen König abgesetzt und in Haft genommen worden. Das bedeutet den unmittelbar bevorstehenden Abfall Italiens vom Achsenbündnis und seinen Übergang ins feindliche Lager.

Gehen Sie so schnell wie möglich mit allen verfügbaren Fallschirmjägern nach Rom. Sie sind mir dafür verantwortlich, daß Rom gehalten wird; sonst sind unsere Truppen auf Sizilien und in Süditalien abgeschnitten. Sie sind mit Ihrem Korps dem Oberbefehlshaber Süd unterstellt. Feldmarschall Kesselring wurde bereits orientiert.“

Dazu Generaloberst a. D. Student: „Am frühen Morgen des 26. Juli startete ich nach Rom. Mit mir flog der mir bis dahin unbekannte SS-Hauptsturmführer Otto Skorzeny. Er war mir noch in der Nacht mit etwa 40 Männern eines SS-Kommandos für die Durchführung etwa notwendig werdender polizeilicher Maßnahmen zugeteilt worden.

In Frascati angekommen, meldete ich mich bei GFM Kesselring, der mich näher über die Lage in Italien orientierte. Dann forderte er mich auf, in seiner Residenz zu wohnen.“ (Siehe Karl Alman: Sprung in die Hölle).

Die Fallschirmjäger wurden sehr schnell nach Rom geflogen. Binnen 48 Stunden landeten auf dem Flugfeld Pratica di Mare, südwestlich von Rom, 20.000 Fallschirmjäger. Sie bezogen in den Pontinischen Sümpfen Biwak. Die Soldaten waren in 90 Ju 52, 45 He 111 und 80 Lastenseglern — darunter sechs Giganten Me 323 und einigen Go 242 — nach Italien geschafft worden. Sehr bald wurde der GefStand der 2. FJD nach Ostia verlegt. Dem XI. FschKorps wurde noch die 3. PGD unterstellt.

Unmittelbar nach seinem Eintreffen in Rom nahm General Student die Nachforschungen nach dem spurlos verschwundenen Duce auf.

Durch einen Zufall kamen die Nachforschenden, darunter auch Otto Skorzeny, darauf, daß Mussolini auf die Insel Ponza verbracht worden war. Der seinerzeitige Polizeiattaché in Rom, SS-Sturmbannführer Kappler, bestätigte bald darauf die Anwesenheit des Duce auf dieser Insel. Bevor noch die Befreiungsaktion starten konnte, hatte man Mussolini abermals verlegt, und zwar nach Maddalena.

General Student wurde nach Rastenburg befohlen. Dort bat Hitler den Fallschirmjägergeneral, so schnell wie möglich zuzuschlagen. Skorzeny wurde mehr und mehr in die Nachforschungsarbeiten eingeschaltet. Als wieder die Vorbereitungen zum Handstreich auf

Hochtouren liefen, mußte Skorzeny General Student melden, daß der Duce auch von Maddalena verschwunden sei.
Abermals war es die Nachrichtenstelle Kappler, die kurz darauf den Hinweis gab, daß Mussolini auf dem Gran Sasso sitze.
Der dorthin entsandte Stabsarzt Dr. Krutoff erfuhr am 8. September, daß das Sanatorium Campo Imperatore auf dem Gran Sasso geschlossen sei. An den hier herumwimmelnden etwa 600 Karabinieri-Männern aber erkannte Dr. Krutoff, daß sich dort etwas tat. Die mit dem italienischen Umfall kritisch werdende Lage in Rom ließ zunächst jedoch die Befreiungsoperation zurücktreten.

Der Kampf um Rom

Am Mittag des 8. September 1943 bombardierten alliierte Flieger die Gefechtsstände der deutschen Führungsstäbe des OB Süd in Frascati. 1000 italienische Zivilisten wurden getötet. Der Gefechtsstand in Grottaferrata bei Rom wurde nicht getroffen, und am Nachmittag meldete die Luftaufklärung einen großen feindlichen Schiffsverband südwestlich von Neapel. Der Verband lief jedoch weiter nordwärts und landete in der Bucht von Salerno. Wenige Minuten nachdem am 8. September General Roatta General Westphal, dem Chef des Generalstabes des OB-Süd, noch einmal versichert hatte, daß ein Überlaufen Italiens zum Feind „nur leere Propaganda“ sei, verkündete General Eisenhower um 18.30 Uhr

Panzer als Sicherungsposten in Rom.

Der Kampf um Rom. Die 2. FJD in der Stadt.

vorzeitig, daß der Waffenstillstand mit den Italienern vollzogen sei. Sofort liefen deutscherseits ab 20.30 Uhr unter dem Stichwort „Achse“ die Gegenmaßnahmen an, welche die völlige Entwaffnung der italienischen Streitkräfte vorsahen.

Noch in der Nacht zum 9. September wurde die 2. FJD zum Angriff auf Rom bereitgestellt. Sie wurde wegen der Erkrankung von General Ramcke kurzfristig von Oberstleutnant Meder-Eggebert und dem Ia, Major Frhr. von der Heydte, gemeinsam geführt.

Das FJR 2 rollte beiderseits der Via Appia in die Stadt hinein. Über die Via Ostiense zwischen dem Lido di Roma und Rom waren es die Truppen des FschArtRgt. 2 und die Divisionseinheiten, die nach Rom vorstießen. Das FJR 2 erreichte unter teilweise erbitterten Kämpfen am 10. September die Stazione Termini.

Dem FJR 6 war es gelungen, über die Via Ostiense und das Weltausstellungsgelände zur Porta di Sao Paolo vorzudringen. Von dort aus gelangte es über die Viale Aventino zum Colosseum.

Das am Nemi-See liegende FJR 7 mit dem unterstellten FschLehrBatl. setzte sich gegen mehrere italienische Divisionen durch.

Zur gleichen Zeit stieß die 3. PGD von Norden aus dem Bereitstellungsraum am Lago die Bolsena nach Rom vor.

Am 10. September streckte aufgrund der Unterhandlungen von General Westphal *und* der Tatsache, daß Rom bereits teilweise in deutscher Hand war, das Korps Carboni um 15.30 Uhr die Waffen. Einige Divisionen dieses Korps hatten sich bereits selber aufgelöst.

Leichte Pak der 2. FJD riegelt die Straßenzüge ab.

Das XI. FschKorps hatte seine Aufgabe ohne zu großes Blutvergießen gelöst. Die Nachschubstraßen und Bahnlinien nach Süden wurden gesichert.
Nach Befriedung dieses Geländes ließ GFM Kesselring nur einen FschJäg-Wachzug zum Schutz des Vatikans, und das neu aufgestellte Batl. Schirmer zur Sicherung der wichtigsten Gebäude zurück. Alle übrigen Truppen mußten die italienische Metropole verlassen, weil Kesselring sie zur offenen Stadt erklären wollte, um sie vor der Vernichtung zu schützen.

Sturm auf Monte Rotondo

24 Stunden nach der Landung der Fallschirmjäger im Großraum Rom hatte General Student Major Walter Gericke, Kdr. des II./FJR 6, zu sich rufen lassen und ihm folgenden Auftrag erteilt:
„Wir müssen damit rechnen, daß Italien über kurz oder lang aus dem Krieg ausscheidet. Sobald dieses Ereignis stattgefunden hat, haben Sie mit Ihrem Bataillon das italienische Hauptquartier in Monte Rotondo im Sprungeinsatz auszuheben und den gesamten Führungsapparat der italienischen Streitkräfte lahmzulegen.
Unterstützung vor, während oder nach dem Sprung kann Ihnen aus Geheimhaltungsgründen nicht gewährt werden."
Walter Gericke fuhr nach Foggia zu seinem Batl. zurück und befahl dessen Einsatzbereitschaft. Er studierte eingehend die Karte dieses 160 Meter hohen Hügels, der mit Betonbunkern, Dekkungsgräben, Straßensperren und Panzerhindernissen gespickt war. Rund um diese Anlagen hatten sich italienische Flak-Batterien eingerichtet. Auf eigene Faust flog er von Frascati aus mit dem Fieseler Storch in das Sperrgebiet, wo er durch die Flak mit einigen Warnschüssen abgewiesen wurde.

Albert Kesselring nach dem Abfall Italiens vom Bündnis.

Walter Gericke erhielt den Einsatzbefehl am 8. September 1943. Um 6.30 Uhr am anderen Morgen startete sein Batl. in 52 Ju 52 zum Flug nach Rom. Nahe Monte Rotondo erhielt der Pulk das erste Abwehrfeuer. Zwei Maschinen wurden abgeschossen. Das Gros aber sprang, wurde jedoch teilweise falsch abgesetzt.

Dennoch erstürmten die richtig abgesetzten Einheiten den Monte Rotondo. Sie drangen im Nahkampf in die Stellungen der Italiener ein, die nun ihre Feinde waren. Walter Gericke griff an der Spitze seines Batl. das Kastell an, das die Führungsabteilung der Italiener beherbergte. Gleichzeitig damit erstürmte eine andere dazu ausgewählte KGr. die Großfunkstelle.

Aus dem Kastell peitschte das Abwehrfeuer der Italiener hinaus. Doch es wurde von den Fallschirmjägern erstürmt. An Stelle des italienischen Generalstabes und seines Chefs, General Roatta, wurden hier nur 15 Offiziere und 200 Soldaten gefangengenommen. General Roatta und der Generalstab hatten rechtzeitig das Weite gesucht und warteten um diese Zeit bereits in Pescara auf den Flug zu den Alliierten. Insgesamt ergaben sich 2500 Italiener der KGr. Gericke. Unter ihnen 100 Offiziere.

Als am Nachmittag italienische Verstärkungen auf dem Monte Rotondo eintrafen und es kritisch wurde, als eine aus Rom herausrollende PD den Hügel hinaufrollte, verlegte sich Gericke aufs Verhandeln. Ein Parlamentär des XI. FschK. kam diesem Vorhaben zu Hilfe. So konnte das Batl. Gericke am 11. September um 9.30 Uhr frei und ungehindert und mit allen Waffen den Monte Rotondo verlassen.

Das Bataillon fand im Raum Rom schnell Anschluß an die Verbände der 2. FJD. Noch am selben Tage kapitulierten die Italiener in Rom. Für diesen Einsatz wurde Walter Gericke mit dem Deutschen Kreuz in Gold ausgezeichnet.

Handstreich auf den Gran Sasso

Nachdem in Rom Ruhe eingetreten und das Gros der italienischen Truppen entwaffnet war, konnte Kurt Student die zurückgestellte Aktion zur Befreiung von Benito Mussolini anlaufen lassen. Student faßte den Entschluß, die Befreiung des Duce am 12. September zu unternehmen. Noch am 11. September beauftragte er das FschJägLehrBatl. unter Major Mors mit der Durchführung des Auftrages und befahl ihm, mit einer Kompanie Lastensegler auf dem Gran Sasso zu landen. Mit der Masse seines Bataillons sollte Mors die in Assergi liegende Talstation der Bergbahn auf den Gran Sasso besetzen und verhindern, daß Italiener sie benutzten. Damit war der Angriff der Lastenseglergruppe auf dem Plateau des Gran Sasso gedeckt.

General Student baute auf den Überraschungsfaktor, den die lautlos einschwebenden Segler hervorrufen und den Gegner dort oben auf dem 2000-Meter-Berg lähmen würde.

Die auf der Insel Elba liegende Lastenseglerstaffel wurde für diesen Handstreich ausgewählt.

Major Mors übertrug Oblt. von Berlepsch mit seiner 1. Kp. den Einsatz der Lastensegler. Der Kompanie sollte auch Otto Skorzeny mit einer Gruppe von etwa 20 SS-Fallschirmspringern angehören, um notwendig werdende Polizeiaufgaben zu erfüllen und den Schutz des Duce sicherzustellen.

Die Führung des Fliegerverbandes übertrug Student Hptm. Langgut, der auch die vorangegangene Bildaufklärung über dem Gran Sasso geflogen hatte und sich in diesem schwierigen Luftraum auskannte. Aus der ersten Schleppmaschine sollte Langgut den gesamten Schleppverband führen.

Als General Student um 9.00 Uhr des 12. September auf dem Flugplatz Pratica di Mare eintraf, waren die Kpn. von

Major Mors bereits nach Assergi unterwegs.
Am Rande des Flugplatzes wurde Kurt Student von Oblt. von Berlepsch, dessen Kp. sowie Otto Skorzeny mit seinen SS-Männern erwartet.
Die Schleppstaffel wurde von Oblt. Heidenreich geführt. Chef der Segler-

Handstreich auf den Gran Sasso: Lastensegler DFS 230 sind gelandet.

Fallschirmjäger verlassen die Segler und sichern.

staffel war Lt. Meyer-Wehner. General Student schärfte allen Männern noch einmal ein, daß auf dem Gran Sasso kein Schuß fallen dürfe. Oblt. von Berlepsch teilte die Männer für die Segler ein, wobei er der Gruppe Skorzeny die zweite Kette zuwies.

Der Start erfolgte um 13.00 Uhr. Da die vorderste Kette bei Erreichen der Berge noch zu niedrig flog, legte sie eine Kreiskurve ein, der die zweite Kette jedoch nicht folgte. Dadurch kamen die Segler mit den SS-Männern und Otto Skorzeny an die Spitze des Verbandes. Der erste Segler mit Lt. Meyer-Wehner landete dicht neben dem Hotel. Skorzeny stürmte in das Gebäude, dicht gefolgt von seinen Männern. Er vernichtete mit seiner MPi das Funkgerät. Die Wachen leisteten keinen Widerstand.

Als Hptm. Gerlach mit dem Fieseler Storch auf dem Plateau landete, mit dem er Mussolini abholen sollte, fragte er Lt. Meyer-Wehner, wo sich der Duce befinde. Dieser sagte ihm die Zimmernummer, und Gerlach eilte hinauf. In dem angegebenen Raum traf er den Duce und — Otto Skorzeny. Gerlach meldete Mussolini, daß er mit ihm den Gran Sasso im Fieseler Storch verlassen werde. Mussolini erhob Einwände, aber da die Bergbahn noch zu unsicher war, schickte er sich schließlich darein, Fluggast in dieser winzigen Kiste zu werden.

Als dann aber auch Skorzeny mitfliegen wollte, schien dies das Ende des Fluges zu sein, denn der „Storch“ war

Der Duce verläßt sein Gefängnis.

Mussolini auf dem Weg zum Fieseler Storch. Hinter ihm Skorzeny.

ein Zweisitzer, und Skorzeny mußte hinter dem Pilotensitz, weit vornübergebeugt stehend, den ganzen Flug aushalten. Gerlach konnte den SS-Mann nicht dazu bewegen, von diesem Flug Abstand zu nehmen. So startete er trotz größter Bedenken, auf dem schrägen Hang bergabwärts rollend.

Wider Erwarten gelang der Start. Wohlbehalten landete der „Storch" in Pratica di Mare. Gerlach ließ die Maschine dicht neben der bereitstehenden He 111 ausrollen. Mussolini verabschiedete sich von ihm und erklärte, daß er Gerlach sein Leben verdanke.

Außer Skorzeny, der die Sicherung des Fluggastes übernahm, flog noch Stabsarzt Dr. Rüther mit, um den Duce, falls sich dies als notwendig erweisen sollte, zu behandeln. Die beiden bereitstehenden He 111 starteten unmittelbar darauf und erreichten den Flugplatz Wien-Aspern, von wo aus Mussolini nach Wien ins Hotel Imperial geleitet wurde, wo er Unterkunft nahm.

Skorzeny meldete Himmler telefonisch die gelungene Befreiung des Duce, während General Student dem Reichsmarschall bereits unmittelbar nach dem Abflug des Duce von dem gelun-

12.9.1943: Die 1./FJLehrBatl. unter Oberleutnant von Berlepsch (nach Gelingen des Handstreichs).

genen Handstreich Meldung gemacht hatte. Göring verabsäumte es, Hitler sofort zu benachrichtigen. So kam es, daß Himmler derjenige war, der dem Führer die Befreiung des Duce durch seine SS-Fallschirmjäger meldete.
Skorzeny erhielt bereits am 13. September aus der Hand Hitlers das Ritterkreuz. Hptm. Gerlach und Lt. Meyer-Wehner, den eigentlichen Befreiern des Duce, wurde am 19. September auf Students energische Meldung hin diese Auszeichnung ebenfalls verliehen. General Student überreichte sie den beiden Soldaten der Fallschirmtruppe in feierlicher Form am Nemisee. Alle übrigen Teilnehmer dieses Handstreichs der Fallschirmjäger erhielten das E. K. I. Generaloberst a.D. Student sagte dem Autor später:
„Es ist doch müßig darüber zu streiten, wem das Verdienst gebührt, Mussolini befreit zu haben!"
Und der damalige Hptm. Gerlach erklärte nachdrücklich: „Nur eine Persönlichkeit kann vor der Geschichte in Anspruch nehmen, Befreier des Duce gewesen zu sein: Generaloberst Kurt Student, der alles plante, leitete und die Verantwortung für dieses Unternehmen trug!"
Neben diesen geschilderten Einsätzen, die infolge des „Umfalls auf italienisch" stattfinden mußten, kam es an zwei weiteren Stellen zum Einsatz deutscher Fallschirmjäger.
Da die italienischen Truppen auf Elba ihre Waffen nicht niederlegten und deutscherseits eine Landung der Alliierten auch auf dieser Insel befürchtet wurde, womit die italienische Westküste auf das äußerste gefährdet worden wäre, wurde die Operation „Goldfasan", Sprungeinsatz der Fallschirmjäger gegen Elba, eingeleitet. Dazu hatte der Führer der Springeroperation, Major Friedrich Hübner, sein III./FJR 7 zur Verfügung, das auf dem Flugplatz Campino bei Rom bereitstand.
Für die Seelandungen wurden General Student das I./PGR 200 der 90. Leichten Afrika-Division und einige Spezialeinheiten zur Verfügung gestellt.
Auf Elba standen nach den Meldungen der deutschen Stäbe 7000 Italiener und eine Reihe Küstenbatterien sowie Fahrzeuge der Marine. Der Inselkommandant war General Giraldi.
Während die Angriffsvorbereitungen liefen, versuchten deutsche Unterhändler den General zur Übergabe zu bewegen. Trotz langem Hin und Her war

Kurt Student auf dem Gran Sasso, links Dr. Krutoff.

dieser nicht bereit, die Übergabe der Insel durchzuführen. Es war bald klar, daß General Giraldi nur auf Zeitgewinn spielte und auf einen englischen Handstreich wartete. Als dieser nicht stattfand, baten die Italiener am Abend des 16. September um eine weitere Verhandlungsrunde und nahmen nun die bedingungslose Übergabe der Insel an. Auf dem Festland aber war die Maschinerie des Angriffs bereits angelaufen. So starteten am frühen Morgen des 17. September die 600 Fallschirmjäger unter Major Hübner von Flugplatz Campino zum Sprungeinsatz Elba. Vorher hatte eine Stukagruppe bereits angegriffen.

Bereits beim Anflug des Transportverbandes, der von Hptm. Dudeck geführt wurde, sahen die Fallschirmjäger die Verwüstungen, welche die Luftangriffe der Stukas verursacht hatten. Portoferraio lag in Trümmern. Die Bewohner flohen noch immer aus der Stadt.

Es war 8.30 Uhr als in den vorderen Ju 52 die Boschhörner heulten und die

Hauptmann Martin Kühne sprang auf Leros.

Fallschirmjäger ihre Maschinen im Hechtsprung verließen und zum Teil in einem Weinberg, zum anderen Teil im Südwestteil der Bucht niedergingen. Noch während sich die Fallschirmjäger sammelten, kamen ihnen bereits die Italiener mit emporgehobenen Armen und waffenlos entgegen.

Gleichzeitig mit dieser Fallschirmlandung erreichten die Sturmtruppen der 90. Leichten, nunmehr 90. PGD genannt, von Livorno aus auf Siebelfähren den Hafen von Portoferraio. Auch hier wurde kaum Widerstand geleistet. Die Küstenbatterien, die ihren Anmarschweg fast bis zur Küste hätten bestreichen können, schwiegen.

Der Fallschirmjägereinsatz war nichts weiter als ein Übungssprung gewesen. Bereits 24 Stunden darauf verließen die Männer des III./FJR 2 Elba wieder und kehrten in ihre Quartiere an der Festlandsküste bei Ostia und Pratica di Mare zurück. Ein Teil der Fallschirmjäger blieb für Ordnungsaufgaben, wie Entwaffnung der Italiener, sammeln der Waffen und des Gerätes auf der Insel zurück und überführte alles ans Festland.

Leros wird erobert

Anders als dieser Sprungeinsatz sollte jener auf die Inselfestung der Engländer, Leros, verlaufen. Dort hatten die italienischen Inselbesatzungen des Dodekanes es zugelassen, daß sich englische Verbände auf der Insel einnisteten und diese zu einer waffenstarrenden Festung machten.

Zunächst waren zur Rückeroberung dieser Insel die „Brandenburger" gefragt. Hptm. Kuhlmann, Chef der 1. Küstenjäger-Abt. „Brandenburg", hatte in Athen am 28. September 1943 von GenLt. Müller, dem Kdr. der 22. ID (der ehemaligen 22. LL-Div. in Holland), den Befehl erhalten, zuerst die Insel Kos zu besetzen.

Dieses Vorhaben gelang in einem minuziös durchgeführten Angriff, der am 3. Oktober begann, nachdem die „Brandenburger" die Küstenbatterie bei Kephalos in Besitz genommen und den britischen Flugplatz erstürmt hatten.

Kalymnos wurde im Sturmboot-Einsatz genommen. Von hier aus sollte der Sturmangriff auf Leros, dem Hauptstützpunkt der Engländer erfolgen.

Es dauerte bis zum 12. November, ehe die Sturmboote der Küstenjäger von ihren Anlaufpunkten in die Alindabucht von Leros vorstießen. Sie landeten nach erbittertem Kampf, wurden von herunterstoßenden Stukas unterstützt, erreichten gute Ausgangspositionen zur Erstürmung des Hauptberges der Insel. Dann aber blieben sie liegen.

Nunmehr sollte der auch hier geplante Fallschirmjäger-Einsatz durchgeführt werden. Neben der Fallschirmjäger-Kp. der „Brandenburger" unter Oblt. Oschatz war das I./FJR 2 dazu ausersehen. Zum Transport in die Ausgangsposition wurde das Batl. zum Flughafen Ferrara geschafft. Dort kletterten die 470 Fallschirmjäger in die bereitstehenden Ju 52 und wurden zum Flughafen Tatoi bei Athen übergeführt.

Ab Anfang November begannen die Stukagruppen des StG. 1 unter Major Theodor Nordmann, von Rhodos startend, mit der Bombardierung der Insel. Eine Gruppe He 111 fiel in dieses Bombardement ein und bereitete das Sturmreifmachen von Leros vor.

Am frühen 12. November begann der Angriff der Fallschirmjäger, aber die Maschinen wurden nach Athen zurückbeordert, da die Heeresteile von See her noch nicht gelandet waren.

Der zweite Start erfolgte auf Tatoi um 10.00 Uhr. Die 40 Ju 52 mit ihren 470 Fallschirmjägern erreichten gegen 13.00 Uhr von Westen her die Insel, auf der schwere Kämpfe im Gange waren. Italienische und britische Flak eröffneten das Feuer. Aber die Flugzeugführer setzten die Jäger genau an den vorgeschriebenen Stellen zwischen der Gurnabucht und der Alindabucht an der

Wo steht der Feind?

schlanken, nur 2000 Meter breiten Taille der Insel ab.
Es gelang Hptm. Kühne seine Männer rasch zu sammeln. Oblt. Haase, Chef der 1. Kp., erhielt Weisung, den Nordteil der Insel abzuschirmen und den Gegner nicht von dort nach dem Südteil vordringen zu lassen. Die 2. Kp. unter Oblt. Fellner erhielt den Monte Rachi zum Ziel, jene in der Karte verzeichnete Höhe 105, die etwa 600 Meter weiter landeinwärts gelegen war. Die 4. Kp. unter Oblt. Möller-Astheimer wurde auf die gleiche Höhe angesetzt. Blieb noch die 5. Kp., geführt von Oblt. Raabe. Diese wurde damit beauftragt, nach Osten gegen die Alindabucht und gegen die Hauptstadt Leros zu sichern. „Wir treffen uns im Bataillonsgefechtsstand auf dem Monte Rachi wieder", schloß Major Hübner seine Einweisung.
Im Feuer des zäh verteidigenden Gegners gingen die Fallschirmjäger vor. Schwere Verluste dezimierten die Jägergruppen, und es wurde als Erleichterung begrüßt, als schließlich die Kp. Oschatz der „Brandenburger" noch sprang und in die Kämpfe eingriff.
Als die Nacht einfiel, hatten die Fall-

schirmjäger zwei der ihnen gestellten vier Aufgaben erfüllt. Der Nordteil der Insel war abgeschirmt, die Höhe des Monte Rachi erreicht und der BatlGef-Stand dort eingerichtet.
Die Jäger hatten auch bis zum Abend die Verbindung zum II./IR 65 (der 22. ID) unter Major von Saldern hergestellt, das mit Fährprähmen im dichten Feuer der Inselverteidigung gelandet war und im Laufe des Tages die Alindabucht in Besitz genommen hatte.
Im Morgengrauen des 13. November landeten das II./IR 16 (der 22. ID) und ein Batl. der 11. Luftwaffenfeld-Division an der Nordküste von Leros. Das II./IR 16 unter Hptm. Aschoff stieß über die Höhe 192 zur Alindabucht durch und nahm mit den Fallschirmjägern auf dem Monte Rachi Verbindung auf.
Nun galt es, den Monte Maraviglia, mit dem GefStand der Inselführung auszuheben. Angriffe des Gegners am 13. und 14. November wurden abgewiesen. In der Nacht zum 15. November sammelten die Fallschirmjäger am Monte Rachi und umgingen in einem Nachtmarsch den Monte Maraviglia, um diesen von Südosten, an der weniger steilen Seite zu erobern. Der Angriff begann am frühen Morgen des 16. November 1943.
Gleichzeitig mit den Fallschirmjägern griffen auch die beiden genannten Bataillone der 22. ID an. Aus Kasematten und Bunkern wurden die Angreifer mit einem Feuerhagel überschüttet. Die Fallschirmjäger kamen sprungweise voran. Hptm. Froböse, der Führer des Infanterieangriffs, wurde nur 30 Meter vor den Feindbunkern verwundet. Für ihn übernahm Oblt. Wandrey die Führung des Angriffs-Batl.
Während die Fallschirmjäger schließlich den Hauptanteil des Feuers auf

Flammenwerfer nach vorn!

sich zogen, gelang es Oblt. Wandrey mit 20 Freiwilligen einen steilen Felshang zu überwinden und die Kasematten auf der Höhe zu erreichen. Mit Geballten Ladungen wurden sie aufgesprengt. Wandrey schoß das vereinbarte grüne Leuchtzeichen.
Dies zeigte Hptm. Kühne, daß die „Brandenburger" nunmehr auf den Angriff der Fallschirmjäger warteten. Kühne stürmte mit drei Kpn. den Steilhang empor. Gleichzeitig eilten auch die Männer von Salderns und die Fallschirmjäger von Oblt. Oschatz auf den Monte Maraviglia zu.
Max Wandrey hatte inzwischen den Hauptbunker erreicht, dessen Tür aufgesprengt wurde. Mit seinen letzten elf Soldaten stieß er auf den Gegner, der sich ergab und eine weiße Fahne auf der Spitze dieses Bollwerkes hißte.
Neben dem englischen Kommandeur

Oberst Heinz Trettner führte bei Anzio-Nettuno die neuaufgestellte 4. FJD (Das Bild zeigt ihn als Generalleutnant der Bundeswehr).

wurde hier auch der italienische Gouverneur von Leros, Admiral Mascherpa, gefangengenommen.
Gegen 18.00 Uhr dieses 17. November lief ein Sturmboot mit GenLt. Müller an Bord in die Stazione Marina di Leros ein. Der Nachrichtenoffizier meldete dem Kommandeur: „Alle Engländer und Italiener haben die Waffen gestreckt. Admiral Mascherpa hat auch für die italienische Besatzungstruppe die Kapitulation angeboten."
200 englische Offiziere und 2000 Mann, sowie 350 italienische Offiziere und 5000 Mann gingen auf Leros in die Gefangenschaft.
Hptm. Martin Kühne erhielt am 29. Februar 1944 für diesen und für seinen Einsatz bei Anzio-Nettuno das Ritterkreuz. Er kehrte mit seinem Batl. erst am 18. Januar 1944 nach Italien zurück. Dort wurde es zum Stamm des in der Aufstellung befindlichen FJR 10 der 4. FJD. Damit war dieses Bataillon für immer aus der 2. FJD ausgeschieden.

Feldmarschall Harold Alexander, OB der alliierten Streitkräfte im Mittelmeerraum.

Der Weg nach Cassino — Die erste Cassino-Schlacht

Unmittelbar nach der Eroberung der Insel Sizilien starteten die Alliierten ihre Landungsoperationen in Kalabrien, bei Tarent und Salerno. Damit faßten sie erstmals nach den Rückzügen aus Frankreich und Griechenland wieder auf dem europäischen Festland Fuß. Die geplante Luftlandeaktion der Alliierten gegen Rom, die in der Nacht zum 9. September 1943 erfolgen sollte, fand nicht statt. Der feindliche Brükkenkopf bei Salerno aber, nur 40 Kilometer von Neapel entfernt, wurde am frühen Morgen des 9. September 1943 durch die 5. US-Armee errichtet und ausgeweitet. Ein energischer deutscher Gegenstoß am 12. September brachte etwas Luft. Battipaglia wurde dem Gegner an diesem Tage wieder entrissen. Die Amerikaner wurden aus Altavilla und Persano vertrieben. „Die 5. Armee", so deren OB, General Mark Clark, „bewegte sich während dieser Zeit wahrhaftig am Rande des Abgrunds." (Siehe Mark Clark: Calculated Risk).
An der kalabrischen Küste gelang es General Montgomery mit der 8. Armee den Brückenkopf auf 80 Kilometer Ausdehnung zu erweitern, so daß Cosenza erreicht wurde. Der britische OB, General Alexander, wollte den deutschen Truppen den Rückzug abschneiden und ließ am Morgen des 8. Oktober im Rücken der deutschen Truppen bei Termoli eine starke Kampfgruppe der 8. Armee landen. Doch die hier verteidigende 1. FJD unter Generalleutnant Heidrich wurde von der 26. PD entsetzt.
Im Streit zwischen Kesselring und Rommel um die Frage einer bestmöglichen Verteidigung Italiens siegte Kesselring, der dafür war, so weit wie möglich im Süden zu verteidigen, während Rommel ganz Süditalien aufgeben und in einem Zuge bis auf die Linie Rimini — La Spezia zurückgehen wollte.
GFM Kesselring flog ins FHQ und forderte, „ohne Rücksicht auf meine Person, ein einheitliches Führungsprinzip zu schaffen". (Siehe Franz Kurowski: Generalfeldmarschall Albert Kesselring).
Am 21. November wurde Kesselring zum Oberbefehlshaber Südwest — HGr. C ernannt. Er forderte die Verteidigung Italiens in der Gustavlinie. Trotz aller Anstrengungen des Gegners, hier durchzubrechen, hielt die Gustavlinie eisern. In diesem Abschnitt wurde die Straße aus Rom bei der Enge von Cassino von den Monti Aurunci einerseits und dem Monte Cairo andererseits mit jeweils etwa 1.500 Meter Höhe begrenzt. In der Mitte dieser Linie lagen noch die Monti Miletto, Petroso und Malella, letztere mit dem 2.795 Meter hohen Monte Malella. Danach fiel das Gebirge steil zur Adria ab.
In diesen Gebirgsraum wurde aufgrund

Esel und Mulis helfen den Fallschirmjägern.

einer Bitte von General Eisenhower von den Freien Franzosen die 2. marokkanische ID und danach auch die 3. algerische ID an die Front geworfen, um die Deutschen im Gebirgskampf zu überflügeln und auszuheben. Dieser Versuch mißlang. Es kam zu einer kurzen Atempause.

Am 3. Januar 1944 begannen die Schlußkämpfe um die Vor-Stellungen der Gustavlinie, die mit der Wegnahme von San Vittore am 6. Januar und der Inbesitznahme des Monte Trocchio und des Monte Santa Croce durch die genannten Gebirgstruppen der Franzosen am 15. Januar endeten.

„Man mußte nunmehr damit rechnen, daß über kurz oder lang diesem blutigen Kampf durch eine überholende Anlandung ein Ende gemacht werden würde. Eine solche konnte bei Berücksichtigung der alliierten Methodik nur im Großraum Rom erwartet werden. Klar war weiterhin, daß eine Feindlandung irgenwie mit einer Offensive an der Südfront gekoppelt sein würde." (Siehe Albert Kesselring: Soldat bis zum letzten Tag).

Am 17. Januar, dem Beginn der ersten Cassinoschlacht, gelang es General Juins Truppen die Dörfer Vallerotonda und Sant' Elia zu erobern und den Angriff auf den Monte Belvedere zu starten. Dort verteidigte die 5. GebDiv. unter General Schrank.

Gleichzeitig damit führte das X. britische Korps, das am linken Flügel der 5. US-Armee stand, den Angriff über den Garigliano. Zwei Divisionen kamen über den Fluß und warfen die 94. deutsche ID aus ihren Stellungen hinaus. Damit war der Monte Maio gefährdet.

Drei Tage später setzte General Clark seine 5. US-Armee zum Unterlauf des Rapido in Marsch. Spitze fuhr die 36. (Texas) Division. Dahinter stand die 1. US-PD bereit, um in Richtung Anzio Nettuno vorzustoßen, wo am 22. Januar ein alliiertes Korps zum Sturmangriff auf Rom landen sollte.

Der Angriffsplan lief schief. Die 36. US-ID verblutete im Vorfeld des Monte Maio und den Hängen des Monte Cassino, an denen sich die deutschen Verteidiger festgesetzt hatten.

Während hier die Kämpfe tobten, landeten am frühen Morgen des 22. Januar 1944 68.886 US-Soldaten des VI. US-Korps unter GenMaj. Lucas mit 508 Geschützen und 237 Panzern bei Anzio-Nettuno. Nunmehr traten die Fallschirmjäger wieder in den Mittelpunkt des Geschehens.

Abwehr bei Anzio-Nettuno

Anfang Januar 1944 waren im Raume Perugia aus dem FJSturmRgt. und Teilen der FJR 2 und 6 die 4. FJD aufgestellt worden, und Oberst i.G. Trettner, Fallschirmjäger der ersten Stunde, wurde mit der Führung dieser neuen Division beauftragt. Major Gericke übernahm die Führung des FJR 11 als Kdr.

Am 18. Januar 1944 wurde bereits bei den Regimentern 10, 11 und 12 jeweils ein Alarm-Batl. aufgestellt, die für den Fall einer feindlichen Landung hinter der stark umkämpften Cassinofront als Eingreifreserve bereitstehen sollten.

Nach der Landung des VI. US-Korps bei Anzio-Nettuno lag der Weg nach Rom offen vor den Angreifern.

Unter Führung von Major Walter Ge-

Major Reinhard Egger als Fhr. des FJR 4 weist Panzer ein.

Vorwärts gegen den eingebrochenen Feind.

ricke wurden am 22. Januar die drei Alarm-Bataillone als KGr. Gericke nach Aprilia in Marsch gesetzt, um im Zusammenwirken mit anderen Einheiten den Landekopf einzuengen und einen schnellen Vorstoß dieses Gegners über die Albaner Berge auf die Via Casilina, und über diese nach Rom, zu verhindern.

Ein Batl. rollte nach der Alarmmeldung des 22. Januar im Kfz-Marsch direkt nach Albano. Das Batl. Hauber war vier Stunden nach der Landung bereits unterwegs. Major Gericke war zum Korpsstab gefahren, wo er ins Bild gesetzt wurde. Von dort aus fuhr er direkt zur Front. Er wartete nicht erst das Herankommen der zugesagten Verstärkungen ab, sondern ließ alle größeren Straßen sperren. Als gegen 17.00 Uhr die letzte Gruppe, das Batl. von Major Kleye vom FJR 11, eintraf, und kurz darauf auch Gen. Gräser, Kdr. der 3. PGD, in Albano im KGrGefStand erschien, richtete Gräser ebenfalls hier seinen GefStand ein.

Das Batl. Hauber stürmte nach Ardea und La Fossa und wehrte den dorthin vorgedrungenen Feind ab. Bis zum 26. Januar war der Gegner in seinem großen Brückenkopf nahezu eingeschlossen.

Am 9. Februar 1944 erschien Gen. Schlemm, der KommGen. des I. FschKorps, auf Gerickes Gefechtsstand, um den Angriff gegen die vom Feind stark verteidigte Höhe 80 und den Bahnhof von Carroceto zu führen. Gericke führte am Morgen des 10. Februar das Batl. Kleye zum Angriff gegen die Höhe 80, die unter schweren eigenen Verlusten in Besitz genommen werden konnte. Major Kleye fiel hier. Die Panzergrenadiere der 3. PGD, die nach Carroceto eingedrungen waren, riefen von dort um Hilfe. Oblt. Weiß, KpFhr. der 2. Kp. des Batl. Kleye, raffte 60 FschJäger zusammen und konnte Ortschaft und Bahnhof erstürmen. 180 Gegner streckten die Waffen. Das Batl. Kleye hatte bei diesem Angriff vier Offiziere und 287 Soldaten durch Tod und Verwundung verloren. Trotz aller dieser Erfolge mußte der Angriff zur Vernichtung des feindlichen Brückenkopfes von Anzio-Nettuno am 18. Februar abgebrochen werden.

Erst am 29. Februar wurde aufgrund eines Führerbefehls ein weiterer Angriff unternommen, an dem die KGr. Gericke wiederum beteiligt war. Auch diesmal blieb der Angriff nach An-

Fallschirmpioniere mit Flammenwerfern.

Cisterna nach den Kämpfen.

fangserfolgen liegen und mußte am 1. März 1944 eingestellt werden.
Im folgenden Einsatz in den Albaner Bergen zeichnete sich die KGr. Gericke weiter aus. Als General Truscott, der die Invasionstruppen inzwischen übernommen hatte, am 26. Mai zum Durchbruchsangriff antrat, stoppte das I. FschKorps mit der 4. FJD, der 65. ID und der 3. PGD denselben. Erst als die 36. US-ID bei Lanuvio und Campoleone in die Flanke des I. FschKorps stieß, brach die deutsche Abwehrfront in den Albaner Bergen zusammen. Die 4. FJD mußte sich in Richtung Rom zurückkämpfen. Was war aber am Monte Cassino geschehen?

Weitere Schlachten um Monte Cassino

Am 6. Februar 1944 gelang es den im Vorfeld von Cassino-Stadt kämpfenden Truppen der 34. US-ID, die vorher vergebens gegen Cassino-Stadt angerannt waren, die Höhe 593, den berüchtigten Calvarienberg, zu erobern. Der Besitz dieser Höhe war der Ausgangspunkt für die endgültige Inbesitznahme von Monte Cassino. Um diesen Berg entbrannten heftige Kämpfe. Die Höhe wechselte mehrfach ihren Besitzer. Erst am 10. Februar gelang es dem III./FJR 3, den Calvarienberg zurückzuerobern.
Nunmehr trat hier die Kampfgruppe Schulz auf den Plan. Karl-Lothar Schulz, der am 1. Januar 1944 zum Oberst befördert worden war, hatte mit seinem FJR 1 von Tarent aus den Gegner auf den Hacken gehabt. Schrittweise hatte sein Regiment einer vielfachen Übermacht weichen müssen. In Carignola hatte es dem Feind eine mehrstündige Straßenschlacht geliefert. Es wurde schließlich von der Ostseite des italienischen Festlandes auf die Westseite geworfen, um bei Anzio-Nettuno mehrfach im Brennpunkt der dortigen Kämpfe zu stehen.
Südlich von Anzio, einen Teil des Umklammerungsringes um das US-Landungskorps bildend, erhielt Karl-Lothar Schulz am 1. Februar den Ablösungsbefehl.
Das IR 168 der 34. US-ID hatte Cairo-Dorf nördlich von Cassino am 30. Januar 1944 erobert. Am 1. Februar trat diese Division zum Angriff auf Monte Cassino an. Nach dreitägigen Kämpfen stand die 34. US-ID nördlich der direkt nach Rom führenden Via Casilina.

Oberst Karl-Lothar Schulz verteidigte mit dem FJR 1 den „Monte“ in der zweiten Cassinoschlacht.

Oberst Hanns Horst Necker, Kdr. des PGR 2 des FschPzDiv. „Hermann Göring“, bei Anzio.

Die KGr. Schulz, bestehend aus dem FJR 1, dem FschMGBatl. 1 unter Major Schmidt und der III./FJR 3 unter Hptm. Kratzert, traf in letzter Sekunde als „Feuerwehr“ ein. Schulz brachte das MG-Batl. an den Hängen des Monte Cassino in Stellung. Der Calvarienberg wurde von Hptm. Kratzert zurückgewonnen. Auf den Hängen von und über der Via Casilina verteidigte sich Oberst Schulz mit seinen Männern. Als der Feind Flugblätter abwarf und darin die deutschen Fallschirmjäger beschuldigte, den Klostergrund und das Kloster Monte Cassino betreten zu haben, ließ Schulz im Klartext zurückfun-

Cassino-Stadt: Fallschirmjäger fertig zum Gegenstoß.

Das Kloster Monte Cassino vor der Bombardierung.

ken, daß dies eine Propagandalüge sei. Gleichzeitig verständigte er seinen DivKdr., General Heidrich, der dies noch einmal übermitteln ließ.

Dennoch wurde Monte Cassino aufgrund der kategorischen Forderung von General Freyberg am 15. Februar 1944 zum Ziel von 142 Fliegenden Festungen, die gegen 10.00 Uhr 353 Tonnen Sprengbomben auf das Kloster warfen. Es folgten 47 B-25 und 40 B-26 nach, die weitere 100 Tonnen Bomben auf diesen winzigen Komplex warfen. Das Kloster Monte Cassino war ein einziger Trümmerhaufen.

Hätten nicht deutsche Offiziere bereits geraume Zeit vorher dafür gesorgt, daß alle wichtigen Klosterschätze in siebenhundert Kisten nach Rom transportiert und dem Vatikan übergeben

Und nach dem Bombardement.

Generalleutnant Heidrich und Oberst Heilmann auf dem GefStand bei Monte Cassino.

Oberleutnant Siegfried Jamrowski, Chef der 6./FJR 3, bei Cassino mit dem RK ausgezeichnet.

wurden, dann wären alle jene unbezahlbaren Schätze dieses Klosters, vor allem seine großartigen Handschriften, für immer ein Raub der Bomben geworden.
Mit seinen Männern erlebte Karl-Lothar Schulz dieses grausige und völlig sinnlose Bombardement, das den Fallschirmjägern aber keinen einzigen Mann an Verlusten kostete, weil sie sich nicht im Kloster oder auf dem Klostergelände befunden hatten, welche das Ziel gewesen waren.
Am 17. Februar 1944 brachten Oberst Schulz und seine Fallschirmjäger den Abt Gregorio Diamare und die Klosterbrüder, die dieses Bombardement überlebt hatten, in Sicherheit.
Danach setzten sich die Fallschirmjäger in den Trümmern fest, die ihnen nicht nur ausgezeichnete Deckung, sondern noch besseres Schußfeld und günstigere Verteidigungspositionen boten.
Nacheinander traten am 18. Februar sämtliche Bataillone der indischen 7. Brigade und schließlich die gesamte 4. indische ID zum Angriff auf den „Monte" an.
Oberst Schulz, der die Verteidigung organisiert hatte, wies die Angreifer zurück. Als der Gegner am Abend dieses 18. Februar 1944 seine erste Cassinoschlacht abbrach, hatte die KGr. Schulz den Durchbruch durch die Gustavstellung erfolgreich vereitelt.
Am 20. April erhielt Oberst Karl-Lothar Schulz dafür das Eichenlaub zum Ritterkreuz des Eisernen Kreuzes.
Dem Maori-Batl. der 2. neuseeländischen ID gelang es am selben Tage, den Bahnhof von Cassino-Stadt zu erreichen. Er wurde ihm durch einen Gegenangriff des GR 211 wieder entrissen.
Die zweite Cassinoschlacht sah die gesamte 1. FJD im Abwehrkampf. GFM Kesselring hatte sich zu diesem Schritt entschlossen, weil die bis dahin dort mitverteidigenden 71. ID und die 90. PGD ausgelaugt und abgekämpft waren. Am 26. Februar übernahm General Heidrich die Führung im gesamten Cassino-Abschnitt.
Diesmal sollten die Neuseeländer den „Monte" erobern. Der Gegner stellte für diese zweite Cassinoschlacht 600 Bomber und 750 Geschütze bereit. Für letztere standen 600.000 Granaten zur Verfügung. Neben den Neuseeländern wurder wieder die 4. indische ID angesetzt, die den „Monte" direkt erstürmen sollte.
Das FJR 3 stand diesmal im Zentrum des Abwehrkampfes. Das II./FJR 3 hielt die Stadt Cassino, während das I.

Gegenstoß in Cassino-Stadt.

Batl. dieses Regimentes auf dem „Monte“ stand. In Richtung auf das Gebirge schlossen sich die FJ-Regimenter 1 und 4 an.
Diemal bombten die Alliierten die Stadt Cassino. Sie sank am 15. März wie ein Aschenhaufen in sich zusammen. Die alliierte Führung sah sich dieses Schauspiel vom nahegelegenen Monte Trocchio aus an. Dem Luftangriff folgte eine gigantische Feuerwalze der Artillerie.

Hptm. Foltins II./FJR 3 in Cassino-Stadt erlitt schwere Verluste. Von seinen 300 Fallschirmjägern wurden 220 getötet oder verwundet. Nur die 6. (Reserve-)Kp. überlebte diesen Feuersturm weiter rückwärts, in einer Felshöhle am Rande der Stadt.
Von 400 Panzern unterstützt, stürmten die vorsorglich aus dem Bereich dieses Todesorkans zurückgezogenen Neuseeländer auf die Stadt zu. Wider Erwarten erhielten sie heftiges Feuer der

Hauptmann Kurt Veth führte bei Cassino das II./FJR 3.

überlebenden Jäger. Die Panzer waren nicht in der Lage, die von ihren Kameraden der Luftwaffe und der Artillerie geschaffenen Trümmer zu überwinden und kehrten um.

Im Kampf Mann gegen Mann gelang es den Neuseeländern schließlich, den Bahnhof Cassino in ihren Besitz zu bringen. Aber am Morgen des 19. März führte das I./FJR 4 einen Gegenangriff gegen den Rocca Janule und zersprengte die 4. britische Brigade, die gerade im Begriff stand, die Höhe 435 zu erreichen und gemeinsam mit den Gurkhas das Kloster Monte Cassino zu erobern.

Alle weiteren Versuche, Cassino oder den „Monte" zu erobern, scheiterten an der zähen Abwehrkraft der Fallschirmjäger. Am 22. März befahl General Alexander, den Angriff einzustellen. Die Gurkhas mußten die eroberte Höhe 435 räumen, die Neuseeländer zogen sich aus dem Zentrum von Cassino-Stadt zurück.

Die Gurkhas kommen. Gefreiter Kist wartet auf sie.

Sechs nicht einmal vollständige Fallschirmjäger-Bataillone hatten dem Angriff zweier Elite-Divisionen der Alliierten standgehalten und diese abgewiesen.

Ende März konnte die 1. FJD, da inzwischen die Front zur Ruhe gekommen war, für eine Woche in die Reservestellung zurückgeführt werden. Bereits in den ersten Apriltagen wurde die Division abermals alarmiert. Diesmal übernahm das FJR 4 die Verteidigung des Klosterberges und der Stadt Cassino. Ihm wurde das FschMGBatl. 1 unterstellt.

Das FJR 3 übernahm nun die Verteidigung des Calvarienberges, des Colle S. Angelo und des Monte Cairo. Das FJR 1 stand als Divisionsreserve hinter den Verteidigungsstellungen bereit, jederzeit in diesen Kampf einzugreifen. Alle Fallschirmjäger-Regimenter dieser

Oberst Ludwig Heilmann führte das FJR 3 bei Cassino.

In den Trümmern des Klosters.

Die Männer von Major Böhmlers I./FJR 3 sind abwehrbereit.

Oberfeldwebel Schmidt. Auf den Höhen des Monte Cassino-Massivs Stoßtrupp-führer vom Dienst.

Division hatten ihr jeweils III. Batl. zur Aufstellung der 5. FschJägDiv. abgeben müssen, während sich die Alliierten auf insgesamt 16 Divisionen aufstockten, die dem polnischen II., dem britischen XIII. und dem französischen Korps angehörten.

Ihnen standen außer der 1. FJD noch vier weitere, ausgeblutete deutsche Divisionen gegenüber.

Am 11. Mai um 23.00 Uhr wurde die dritte Cassinoschlacht von seiten des Gegners mit einem Trommelfeuer aus 2000 Geschützen begonnen, die nach dem Pausenzeichen von BBC-London das Feuer gleichzeitig eröffneten.

Das polnische Korps versuchte, die Höhe 593 — den Calvarienberg — zu erobern. Die 1. Kp. des FJR 3 hielt diesen Berg zunächst besetzt. Hier war es Ofw. Karl Schmidt von der 14. Kp., der nach dem Verlust dieser Höhe den Berg im Gegenstoß wieder in Besitz nehmen konnte und alle Feindangriffe bis zum Eintreffen von Entsatzkräften abwies. Er erhielt dafür das Deutsche Kreuz in Gold.

Bis zum Abend dieses entscheidenden 12. Mai mußte General Anders das polnische Korps wieder in die Ausgangsstellungen zurücknehmen.

Bis zum Abend des 17. Mai hielten die Fallschirmjäger den „Monte". Dann erhielten sie Befehl, den Rückzug anzutreten und sich auf Piedimonte zurückzuziehen, weil im Südabschnitt dieser Front die deutschen Stellungen vom französischen Korps durchbrochen worden waren und dieses am Abend des 17. Mai bereits 40 Kilometer nördlich der Cassinofront stand und eine tödliche Gefahr für die 1. FJD bedeutete.

Als die Angreifer am 18. Mai morgens erneut antraten, fanden sie die deutschen Stellungen leer. Monte Cassino hatte dem Feind vier Monate lang standgehalten.

Monte Cassino wurde zum Inbegriff für die Standfestigkeit deutscher Fallschirmjäger und zum Beweis für die Zerstörungskraft feindlicher Fliegerverbände.

Die Schlachten um den Monte Cassino:
An diesem „Wellenbrecher" zerschellten für vier Monate die Angriffe der 5. US-Armee und der britischen 8. Armee.

13
13
14
14
7
6
7
6
7
5
5
6
5
4

15
15
15
8
8
3
10
2
10
9
1
12
7
7
12
12
11
11
10
10
10
10
9
5
12
7

Das Denkmal für die Cassinokämpfer.

Erläuterungen zu den Seiten 344 und 345.

Die einzelnen Punkte sind:

1) Cassino-Stadt
2) Burgberg und Burgruine
3) der Klosterberg mit dem Kloster Monte Cassino
4) Cassino-Bahnhof
5) der Rapidofluß
6) die Bahnlinie nach Neapel
7) die Straße Rom — Neapel
8) abgeschlagene Angriffe gegen den Nordteil von Cassino
9) deutsche Gegenangriffe im Nordteil von Cassino
10) Angriffe gegen den Burgberg brachen hier zusammen
11) Vorstöße gegen Fallschirmjäger-Stellungen in Cassino-Ost
12) deutsche Gegenangriffe
13) Umgehungsversuche britischer Truppen Anfang Mai 1944
14) Nachhutgefechte deutscher Truppen nach der Räumung des Burgberges
15) die von den alliierten Artillerieverbänden auf den Burgberg gelegte Feuerglocke

(Nach Kriegsberichter Leutnant Benno Wundshammer)

Der zweite Kampf um Rom

Im Kampfraum zwischen Anzio-Nettuno und Rom stand des FJR 12 am linken Flügel des I. Fallschirmkorps, als in der Nacht zum 31. Mai die neu herangeführte 36. US-ID auf dem nördlich von Velletri gelegenen Monte Artimisio durch eine deutsche Frontlücke stieß und am anderen Morgen nicht nur im Rücken des FJR 12, sondern auch in der offenen Flanke des I. FschKorps stand. Major Timm war nicht mehr in der Lage gewesen, den Durchbruch zu vereiteln. Dieser Durchbruch der Amerikaner bei Velletri bedeutete schließlich auch den Zusammenbruch der Abwehrfront der 14. deutschen Armee. Die Amerikaner sahen nun die italienische Hauptstadt direkt vor sich, und am 3. Juni 1944 um 19.15 Uhr tauchten die ersten gepanzerten US-Fahrzeuge der 88. US-ID auf der Piazza Venezia im Herzen von Rom auf.

Die deutschen Truppen verteidigten Rom nicht, da die italienische Metropole durch GFM Kesselring zur offenen Stadt erklärt worden war. Die Regimenter der 4. FJD zogen sich aus der Ewigen Stadt zurück, nachdem es ihr gelungen war, wenigstens den Rückzug der 14. Armee zu sichern. Oberst Heinz Trettner, der die Verteidigung gegen die vielfache Übermacht des VI. US-Korps geführt hatte, wurde am 20. September 1944 mit dem Eichenlaub zum Ritterkreuz ausgezeichnet.

Dem Ende in Italien entgegen

In den nächsten Monaten standen sowohl die 1. als auch die 4. FJD in immerwährenden Kämpfen gegen einen vielfach überlegenen Gegner, der nicht nur den Luftraum völlig beherrschte, sondern auch zur See absoluter Herr war.

Kämpfend zogen sich beide Divisionen nach Norden zurück. Ende August erreichte das FJR 1 die Adria vor Bologna. Am 10. September begann hier der Großangriff der 5. US-Armee. Der Kampf um Bologna zog sich Woche um Woche hin, bis der Gegner endlich am 27. Oktober den Kampf einstellte und sich zurückzog. Das FJR 1 hatte Bologna gehalten und würde dies auch den kommenden Winter über tun.

Oberst Karl-Lothar Schulz erhielt als 112. Soldat der deutschen Wehrmacht am 18. November 1944 die Schwerter zum Ritterkreuz mit Eichenlaub.

Richard Heidrich, der nach den Cassinoschlachten die 1. FJD an Oberst Schulz übergeben hatte, wurde KommGen. des I. FschKorps. Seine 1. und 4. FJD schafften den Rückzug über den Reno ebenso wie über den Panaro und gelangten schließlich zum Po.

In Bondeno leitete General Heidrich die Abwehrkämpfe, und bei Il Bosco vereinigte er noch einmal die Kommandeure seiner beiden FschJägDivisionen um sich, zu denen noch der Kdr. der ihm unterstellten 278. ID, GenLt. Harry Hoppe, kam. Er gab ihnen die Befehle zum Übergang über den Po. Viele Soldaten, die versuchten, schwimmend den Fluß zu durchqueren, fanden den Tod.

Dann aber kam das Ende der Fallschirmjäger in Italien. Der letzte Tagesbefehl des I. Fallschirmkorps wurde von General der Fallschirmtruppe Heidrich herausgegeben. Sein Wortlaut:

„Wir haben bis zuletzt unsere Pflicht getan und fühlen uns nicht geschlagen. Erhaltet euren Fallschirmjägergeist! Selbst wenn wir uns vorübergehend trennen müssen, so bleiben wir dennoch eine Gemeinschaft. Jeder von euch muß wissen, daß die dunkelste Stunde unseres Volkes männliche Würde verlangt.

Gedenkt der gefallenen Kameraden, die für uns alle starben!“

Drei Wochen kämpften die Fallschirmjäger noch im Trentino. Dann ging es nach der Kapitulation am 2. Mai 1945 über Rovereto und Verona in das Kriegsgefangenenlager von Ghedi.

Costermano: Letzte Ruhestätte für viele Fallschirmjäger und ihre Kameraden des Heeres.

General Heidrich wurde in der US-Kriegsgefangenschaft den Engländern übergeben, die ihm den Prozeß machten. Alle gegen ihn erhobenen Anwürfe stellten sich als gegenstandslos heraus. Er starb am 22. Dezember 1947 im Versorgungslazarett Hamburg-Bergedorf.

Doch zurück zum letzten Kapitel des Einsatzes deutscher Fallschirmjäger, das im Westen und im Reich geschrieben wurde.

Endkampf im Westen

General der Fallschirmtruppe Bernhard Hermann Ramcke befehligte auf Kreta die Kampfgruppe West. In Afrika stand er mit seiner Brigade in schweren Kämpfen, in der Festung Brest wurde er zu „Papa“ Ramcke. Synonym für Tapferkeit, Opferbereitschaft und Menschlichkeit.

Aufstellung der 1. Fallschirm-Armee

Bereits am 5. November 1943 war von Reichsmarschall Göring die Aufstellung der 1. Fallschirm-Armee befohlen worden. Es ging Göring darum, alle Kräfte, die in der Luftwaffe nicht mehr benötigt wurden, vor allem ihre große Bodenorganisation zur Vergrößerung der Fallschirmtruppe einzusetzen und so einen Kampfverband von besonderer Schlagkraft zu erhalten. Sein Befehl lautete:
„Vergrößerung der Fallschirmtruppe auf fünf Divisionen. Zusammenfassung derselben in zwei Fallschirmkorps und Führung dieser beiden Korps durch das Fallschirm-Armeeoberkommando 1."
General Student erhielt Weisung, diese Aufstockung so schnell wie möglich durchzuführen. Er sah sich vor der Situation, daß seine beiden Fallschirmjäger-Divisionen im Einsatz waren und er diesen keinen Verband für die aufzustellenden drei neuen Divisionen wegnehmen durfte.
Während die 1. FJD sich auf dem italienischen Festland im Einsatz befand, waren soeben große Teile der FJD 2 nach Rußland in Marsch gesetzt worden. Die in Italien aufzustellende 4. FJD und die in Nordwestfrankreich aufzustellenden Divisionen 3 und 5 hatten also kein Stammpersonal. Dennoch wurde die Aufstellung rasch angepackt, weil die zur Verfügung gestellten Soldaten der Luftwaffe bereits an den Aufstellungsstandorten eintrafen.
Kommandeur des I. FschKorps wurde General Schlemm, das II. FschKorps sollte General Meindl übernehmen. Letzterer wurde beauftragt, mit seinem Stab die Aufstellung der 3. und 5. FJD

Südfrankreich: General Student bei einem Truppenbesuch. Von links: Hauptmann Heuser, Student, Hauptmann Brückner, Generalleutnant Heidrich, Oberleutnant Feyerabend, Generalmajor von Fichte, Ia des XI. FschKorps.

Reichsmarschall Göring bei der neuaufgestellten FschPzGrenDiv. 2, die von Oberst Walther geführt wurde.

in Frankreich zu leiten, während die Aufstellung der 4. FJD vom Korpsstab unter General Student in die Wege geleitet wurde, bis General Schlemm diese Aufgaben wahrnehmen konnte. Oberst Trettner, Chef des Stabes des XI. FlK., wurde Kdr. der 4. FJD. Um nahe beim Aufstellungsort zu sein, verlegte General Student sein Stabsquartier nach Perugia.

(Die 4. FJD stand — wenn auch nur erst in Teilen aufgestellt und einsatzbereit — denn auch unmittelbar nach der alliierten Landung bei Anzio-Nettuno am 20. Januar 1944 im Einsatz.)

Nachdem Ende März 1944 das bisheri-

ge Generalkommando XI. FlK. nach Frankreich verlegt worden war, erfolgte dessen Aufstockung und Umwandlung in das Fallschirm AOK 1 mit HQ in Nancy. General Student war darüber orientiert, daß die alliierte Invasion in der Normandie in Kürze stattfinden werde. Aus diesem Grunde forcierte er den Aufbau der 3. und 5. FJD. Dies war dank der ausgezeichneten Organisationsleitung von Gen. Meindl und seinem Stabe möglich.
Im Mai 1944 befahl Hitler, die beiden FJD in die Bretagne zu verlegen. Erst Ende Mai waren die letzten Teile an Menschen, Waffen und Gerät für die Division in ausreichender Menge eingetroffen.
General Student gelang es, bei Reichsmarschall Göring durchzusetzen, daß das Bataillon Schirmer im Februar 1944 aus der Rußlandfront nach Halberstadt verlegt wurde, wo es durch Schirmer binnen weniger Wochen zum FJR 16 ausgebaut wurde. Ende April wurde das Regiment nach Abbeville verlegt, um kurz darauf wieder in die Standorte Wittstock, Salzwedel und Stendal zurückzukehren, um auf den dortigen Springerschulen im Nachtspringen ausgebildet zu werden.
General Student beabsichtigte, bei einer feindlichen Landung in der Normandie bereits in der ersten Nacht mit diesem Rgt. in die feindlichen Brückenköpfe hineinzuspringen und diese von innen her zum Einsturz zu bringen.
„Leider konnte ich nur dieses Regiment und 200 Ju 52 dafür erhalten. Doch ich hoffte, daß es ihm gelingen würde, in der Nacht springend, eine große Wirkung zu erzielen. Nur so war es nach meiner Meinung möglich, einer starken Invasion in erster Stunde zu begegnen."
(Siehe Kurt Student: Gespräche mit dem Autor)

Von links: Generalleutnant Meindl, Generalmajor Sturm und Generalleutnant Heidrich im Westen.

Bereits im Januar 1944 war das FJR 6 unter Führung von Oberstleutnant Frhr. von der Heydte vom italienischen Kriegsschauplatz auf den Truppenübungsplatz Wahn verlegt worden, um aufzufrischen. Von hier aus ging es zunächst nach Rußland. Im Mai wurde es aus dem Rußlandeinsatz herausgezogen, nach Frankreich verlegt und seiner Stamm-Division — der 2. FJD — wieder eingegliedert.

Im April-Mai 1944 trafen denn auch die in Rußland eingesetzten Truppen der 2. FJD wieder in Deutschland ein. Auf dem Truppenübungsplatz Wahn erlebten diese Soldaten den Beginn der alliierten Invasion in der Normandie.

Erste Einsätze des FJR 6

Mit Beginn der Invasion in der Normandie erhielt Gen. Meindl von der 7. Armee Befehl, sofort mit seinem Stab

Hauptmann Bodo Göttsche (links) im Gespräch mit General Meindl.

Generalfeldmarschall Erwin Rommel zu Besuch beim II. FschKorps. Rechts: Generalleutnant Meindl, KommGen. des II. FschKorps.

und der 3. FJD in den Raum St. Lô zu verlegen. Die 5. FJD, die noch nicht voll aufgestellt war, sollte in der Bretagne verbleiben, und dorthin sollte auch die 2. FJD aus Deutschland transportiert werden. Das FJR 6 wurde bereits am ersten Angriffstage in die Kämpfe an der Küste verwickelt.

Es dauerte Tage, bis Gen. Meindl die neuen Standorte in der Normandie erreichte. Inzwischen war das FJR 6 in erbitterte Kämpfe verwickelt worden. Wenden wir uns zunächst diesem Regiment zu.

Am Abend des 5. Juni 1944 erschien ganz unerwartet General Student auf dem RgtGefStand des FJR 6 in Carentan. Major von der Heydte war soeben in den Nachbarabschnitt gefahren, und Student wurde von dessen OrdOffz. begrüßt. Die Fallschirmjäger bereiteten ihrem OB ein „Blitzfestessen“. Lange

stand der General vor der Karte des RgtAbschnittes, ehe er lakonisch bemerkte: „Seid wachsam!“
Es sollten prophetische Worte werden, denn in der kommenden Nacht öffneten sich am Himmel über der Normandie die Sprungluken der US-Flugzeuge. Fallschirmjäger schwebten der Erde entgegen. Ofw. P., Zugführer in der 1. Kp., nahm in seinem Stützpunktbereich nach kurzem, aber schwerem Kampf vier Offiziere und 73 Fallschirmjäger der Amerikaner gefangen. In den frühen Morgenstunden fuhr Major von der Heydte persönlich nach Carentan, um diese zu vernehmen.
Die Gefangenen waren Angehörige des 501. Rgt. der 101. US-LL-Division. Die

Kurt Student wieder bei den Fallschirmjägern.

Invasion hatte begonnen, und noch in der Nacht waren deutsche Fallschirmjäger im Abwehrkampf dabei.

Vom Kirchturm von St. Come du Mont erkannte Major von der Heydte durch sein Fernglas die unübersehbare Landeflotte des Strandabschnittes „Utah".

Im Angriff mit dem I. Batl. über St. Marie du Mont und mit dem II. Batl. über Turqueville versuchte von der Heydte die Küste bei La Madeleine zu erreichen. Aber vor Ste Mère Eglise wurden die Fallschirmjäger bereits von starkem Feindfeuer gestoppt. Major Mager erhielt Weisung, mit seinem Batl. auf diese Ortschaft einzudrehen, die Stadt zu nehmen und die von dort kommende Flankenbedrohung zu beseitigen. Der Angriff scheiterte im starken Abwehrfeuer.

Am 7. Juni richteten sich die Bataillone zur Verteidigung ein und bildeten in ihren Stellungen den Sicherungsriegel an der Haustür zur Halbinsel Cotentin. Hier kämpfte das Regiment 48 Stunden und wurde eingekesselt. Mitten in einer Lagebesprechung kreisten US-Panzer den RgtGefStand ein. Ofw. H. Bräu, der Divisionsschreiber, übernahm mit Meldern, Funkern und Schreibern die Nahsicherung. Er machte einen Sherman-Panzer mit Sprengmitteln unschädlich.

Die Fallschirmjäger durchbrachen den Sperr-Riegel, sie wateten durch Sümpfe, überquerten Flüsse und kämpften, immer wieder im Rücken ihres Gegners auftauchend, mit allen Mitteln. Friedrich August von der Heydte meisterte alle Krisenlagen und ließ am Abend des 8. Juni auf den Ost- und Nordrand von Carentan ausweichen. An der Nationalstraße No. 13 wurde ein neuer Sperr-Riegel errichtet.

Carentan wurde in den ersten Tagen zum meistumkämpften Platz der Invasionsfront. Im Luftbombardement und Schiffsgeschützfeuer des Gegners standen die Fallschirmjäger in ihren flachen Gräben am Stadtrand.

Im Kampf Fallschirmjäger gegen Fallschirmjäger zerschlug das FJR 6 die 101. US-LL-Division. Doch auch die Fallschirmjäger waren am Ende, und am 10. Juni kämpften sich die letzten 25 Soldaten zum RgtGefStand durch und meldeten die Vernichtung des Bataillons, der 25 von 700 Soldaten entgangen waren.

Am Abend dieses Tages warfen Ju 52 Verpflegungsbomben und Munitionsbehälter über dem Regiment ab. Der Gegner griff mit allen Kräften an. Gegen Mittag tobte am Ostrand von Carentan der Nahkampf. Am RegGef-Stand in Pommenauque fiel nach erbittertem Kampf einer der Tapfersten: Lt. Brunnklaus.

Am 11. Juni wurden Major von der Heydte und sein Regiment namentlich im Wehrmachtsbericht genannt. Als Major von der Heydte nach einer Frontfahrt des 11. Juni zum RgtGefStand zurückkehrte, war dieser vom Gegner erstürmt worden. Um 17.00 Uhr ließ der Kdr. Carentan räumen und das Rgt. auf vorbereitete Stellungen zurückgehen. Am 12. Juni mußte dann der Traum vom erfolgreichen Gegenangriff aus den Stellungen der Fallschirmjäger gemeinsam mit der 17. SS-PD unter Brigadeführer Ostendorff begraben werden, als diese Division im Feuer der Alliierten zusammengeschlagen wurde.

Im Verbande dieser Waffen-SS-Division kämpfte sich das FJR 6 bis zum 25. Juli 1944 beiderseits der Straße Carentan nach Periers zurück.

General Ramcke kommt

Am 11. Juni 1944 erhielt Generalleutnant Ramcke in Wahn einen Anruf des Ia der 1. Fallschirm-Armee aus Nancy. Er erfuhr, daß er sich am kommenden Vormittag bei General Student melden sollte.

In den frühen Morgenstunden des 12. Juni fuhr Ramcke nach Nancy. General Student empfing ihn in seinem Dienstzimmer und gab ihm die neue Verwendung der 2. FJD bekannt:

„Also, Ramcke“, sagte er, „die 2. Fallschirmjäger-Division verlegt sofort zur weiteren Aufstellung und Ausbildung in die Bretagne. Gleichzeitig hat sie die Aufgabe, die Festung Brest, die für Anlandungen der Alliierten sehr wichtig ist, gegen feindliche Luftlandungen zu schützen. Alles Nähere erfahren Sie beim Generalkommando XXV. in Pontivy. Ich habe bereits das Vorkommando Ihrer Division durch Ihren Ia, Major Schmidt, telefonisch in Marsch setzen lassen. Schmidt hat Weisung, Sie in Vannes zu treffen. Die ersten Transporte Ihrer Division rollen morgen in aller Frühe von Wahn los. Ich lege Wert darauf, Ramcke, daß Sie spätestens morgen vormittag nach der Bretagne fahren.“ (Siehe Bernhard Hermann Ramcke: Gespräche mit dem Autor und persönliche Daten und Berichte).

Am 16. Juni traf General Ramcke den KommGen. des XXV. AK, GenLt. von Choltitz, mit dem er den taktischen Einsatz seiner Division im Großraum Brest besprach. Noch am selben Tage bezog der Fallschirmjägergeneral Quartier in Landivisiau. Drei Tage später übersiedelte er nach Lampaul.

Die 2. FJD wurde mit dem Rgt. 2 im Raume Chateaulin und dem südlich davon liegenden Gelände eingesetzt. Das FJR 7 übernahm den Abschnitt Zizun und die Höhen der Monts d'Arré, während die Pioniere die Sicherung der Bucht von Douarenez übernahmen. Eine KGr. des Rgt. 7 mit dessen II. Batl. und der Pak-Abt. richtete sich nördlich und nordwestlich von Brest ein.

Gegen Ende Juli mußte die 2. FJD ein

Fallschirmjägereinsatz im Vorfeld von Brest.

Kampf um Bohars bei Brest.

Batl. und einen RgtStab an die Normandiefront abgeben. Am Tage darauf wurden das FJR 2 unter Oberst Kroh und das FJR 7 unter Oberst Pietzonka von jenen starken Panzerverbänden angegriffen, die nach ihrem Durchbruch bei Avranches in Richtung Brest vorstießen.
General Ramcke leitete von den Höhen der Commana aus den Abwehrkampf. Die wenigen verfügbaren 7,5 cm-Pak, Panzerfäuste und Panzerschreck — auch „Ofenrohr" genannt — konnten diese Panzerlawine stoppen.
Drei Tage lang versuchte der Gegner die Monts d'Arré zu erobern. Unter Verlusten von 32 Panzern wurde er abgewiesen. Oberst Pietzonka erhielt für diese Abwehrleistung das Ritterkreuz.
Nunmehr erhielt General Ramcke am 7. August Weisung, in die Festung Brest einzurücken. Zur selben Zeit waren US-Truppen bereits über das 22 Kilometer nordostwärts Brest gelegene Lesneven hinaus vorgedrungen und hatten den Flugplatz Guipavas, acht Kilometer nordostwärts Brest, kampflos genommen. Am 8. August forderten US-Parlamentäre den Festungskommandanten, Oberst von der Mosel, zur Übergabe der Stadt auf. Hans von der Mosel lehnte ab.
Am 9. August erreichten die Fallschirmjäger das Vorfeld der Festung und sicherten hier. Ramcke wurde am 12. August zum neuen Festungskommandoanten ernannt. Da die Stadt noch immer voller Zivilisten war, erwirkte General Ramcke als erstes einen viertägigen Waffenstillstand von seinem Gegenüber, General Middleton. Auf vier freien Abzugsstraßen wurde während dieser Tage die Zivilbevölkerung aus der Stadt abtransportiert.

Hans Kroh wurde in Brest Kommandeur der 2. FJD.

Diese Räumung vollzog sich reibungslos. Die nicht transportfähigen Kranken wurden im sicheren Hospitalstollen untergebracht. Eine kleine Anzahl von Franzosen kam der Räumungsaufforderung aus vielerlei Gründen nicht nach.

Brest war eingeschlossene Festung geworden. Mit den nördlich der Reede stehenden Verbänden setzte General Ramcke auf die Halbinsel Crozon über. GenLt. Rauch, Kdr. der ebenfalls im Festungsbereich liegenden 343. ID, trug die Verantwortung über den Südabschnitt der Festung. Artilleriekommandeur wurde Kpt.z.S. Richter, Kdr. der Marineflak. Der Seekommandant Brest, Admiral Kähler, stellte Bordkanonen und Mannschaften dafür zur Verfügung.

General Ramcke ließ dem Gegner durch Parlamentär eine Karte mit den darin eingezeichneten Lazaretten übermitteln und bat um deren Schonung. Darüber hinaus bat er um Anerkennung des Lazarettdorfes Le Fret, nahe Kap Espagnol, als neutrale Zone, in der auch US-Gefangene untergebracht werden würden. General Middleton kam dieser Bitte nach.

Als US-Angriffe einen Durchbruchsversuch bei Gouesnou anzeigten, fuhren Ramcke, Hptm. Kamitschek und der Fahrer Engler der Elorne-Brücke bei Plougastel entgegen. Auf dem Gef-Stand des I./FJR 7 wurde dem Festungskommandanten durch Major Hamer Meldung gemacht. Der Major sprang auf das Trittbrett des Wagens, um diesen zum vorgeschobenen Beobachtungsstand zu lotsen.

Rings um den Wagen schlugen Granaten ein. Dann erreichten sie den gedeckten Beobachtungsstand. Durch das Scherenfernrohr erblickte General Ramcke wenig später die näherrollenden Feindpanzer. Major Hamer gab per Leuchtpistole den Feuerbefehl für Pak, Flak und Fallschirm-Leichtgeschütze.

Die Spitzenpanzer der Angreifer wurden getroffen, standen schwarzqualmend und brennend auf der Plaine.

Im Gegenstoß wurde eine Feindgruppe, der es gelungen war, in die eigene HKL einzudringen, abgeriegelt und vernich-

Die Brücke über die Elorne wurde von Fallschirmpionieren gesprengt.

tet. Der Angriff war gestoppt. 500 Gefangene ließen die Amerikaner zurück, als sie sich absetzten.

Sondereinsatz Lepkowski

Noch bevor die 2. FJD sich in der Festung Brest festsetzte, waren während der Gefechte bei Huelgat etwa 130 deutsche Fallschirmjäger von den Franctireurs et Partisans (F.T.P.) gefangengenommen und nach Huelgat geschafft worden. Erst von einigen Männern des von Major Becker geführten gefangengenommenen Teiles des II./FJR 7 erfuhr Oberst Kroh von dieser Lage seiner Kameraden und bat General Ramcke, einen kampfkräftigen Stoßtrupp ansetzen und die Männer befreien zu dürfen. Ramcke gab sofort seine Einwilligung zu diesem typischen Fallschirmjäger-Handstreich, für den Oberst Kroh den Leutnant Erich Lepkowski auswählte.

Als Major Ewald, Kdr. des II./FJR 2, der zum Festungskommandanten befohlen worden war, Lepkowski anrief und ihn bat, sofort dort zu erscheinen, war dieser wenige Minuten später zur Stelle und wurde von General Ramcke persönlich eingewiesen:

„Hören Sie gut zu, Lepkowski, die Maquisards haben uns ein Ultimatum geschickt, wir sollen Brest binnen 48 Stunden dem Ami übergeben, sonst werden alle 131 Gefangenen als Geiseln erschossen."

„Die Fünfte holt sie raus Herr General!" sagte Lepkowski ohne Zögern.

„Ich habe das von Ihnen erwartet, Lepkowski. Aber ich muß Ihnen sagen, daß diese Sache Sie Kopf und Kragen kosten kann."

„Die Gefangenen", fuhr Ramcke fort,

Erich Lepkowski weist in Brest einen Stoßtrupp ein.

Leutnant Erich Lepkowski, der für 30 erfolgreiche Stoßtrupps das Ritterkreuz erhielt.

„befinden sich jetzt in Braspart, etwa 60 Kilometer hinter der Umklammerungslinie des VIII. US-Korps. Sie müssen zuerst durch die feindlichen Linien, dann durch vier oder fünf Dörfer, die Sie hier auf der Karte sehen. Diese Dörfer sind mit Partisanen überfüllt. — Beginn der Aktion: 24.00 Uhr. Wir werden an anderer Stelle zur Täuschung des Gegners einen Scheinangriff starten. Und nun, Lepkowski: viel Glück!"

Der Feuerschlag der Festungsartillerie setzte um 23.55 Uhr ein und hatte sich bis 24.00 Uhr zu einem dichten Grollen gesteigert. Die Motoren der Wagenkolonne des Handstreich-Kommandos wurden angelassen. Im Panzerspähwagen an der Spitze saß Lt. Lepkowski. Dahinter fuhren die vier Lastwagen, auf denen die Kameraden zurückgebracht werden sollten, gefolgt von einer Zwozentimeter-Zwillingsflak auf Selbstfahrlafette. Den Schluß machten die Schützenpanzer mit 40 Freiwilligen.

Es ging mitten über das Feld, durch ein Erlenwäldchen bis zu einer amerikanischen Straßensperre. Dort sprangen einige Amerikaner auf die Straße und hoben ihre Waffen. Das MG des Spähwagens ließ sie blitzartig in Deckung gehen. In schneller Fahrt durchbrach der Wagenkonvoi die Sperre, und nach einigen Minuten erreichte er das erste französische Dorf. Die Kolonne fuhr bis zum Bürgermeisterhaus, ein Stoßtrupp sprang hinein und zerstörte die darin installierte Telefonanlage.

Die beiden nächsten Dörfer konnten umfahren werden. Braspart tauchte vor ihnen auf. Die Schützenpanzer mit den aufgesessenen Fallschirmjägern rollten bis zur Schule vor, einer fuhr daran vorbei und drehte in den Schulhof ein. Die Zwillingsflak sicherte den Eingang. Schon blitzten Abschüsse aus MG und Gewehren. „Boches! — Boches!" schrie einer der Maquisards und riß seine Waffe hoch. Er fiel im Feuer.

Hinter Lepkowski stürmten die dafür vorgesehenen Jäger in die Schule hinein, in der sich die Gefangenen befinden sollten. Vierzig Maquisards wurden gefangengenommen, aber die Kameraden befanden sich in der zweiten Schule. Sofort rasten die SPW mit den Fallschirmjägern und die vier Lastwagen weiter. Unterwegs wurden die Wagen beschossen.

Noch während das Spitzenfahrzeug ausrollte, sprangen die Fallschirmjäger um Erich Lepkowski ab und rannten in die zweite Schule hinein. Nach kurzem Feuergefecht ergaben sich die hier sitzenden Partisanen. Die Fallschirmjäger fanden 113 Kameraden. Ein wahrer Freudentaumel brach aus, als diese ihren alten Kampfgefährten Lepkowski erkannten.

Als ihm bestätigt wurde, daß niemand mehr in dieser Schule gefangengehalten wurde, ließ Lepkowski aufsitzen. Sie fuhren los, passierten diesmal in hohem Tempo die umfahrenen Ortschaften, weil der Weg schneller und kürzer war. An der dritten Ortschaft hatten die Maquisards bereits Spanische Reiter aufgestellt. Von dort aus wurde das Feuer eröffnet. Abgesessen ging Lepkowski mit seinen Männern vor, während der Zwozentimeter-Zwilling nachrollte und die Widerstandsnester unter Feuer nahm.

Der Weg wurde freigekämpft, und die Fahrt mitten durch die US-Linien, an der erkundeten Schwachstelle, in rasender Fahrt geschafft. Dann waren sie bei den deutschen Vorposten, schossen das vereinbarte Leuchtzeichen und rollten zum DivGefStand weiter, wo Lepkowski Meldung machte.

Am 22. August wurde Lt. Lepkowski noch einmal zu General Ramcke befohlen. Dieser verlaß ihm einen FT-Spruch aus dem OKW, nach welchem Erich Lepkowski für seinen Einsatz im Südabschnitt der Ostfront das Ritterkreuz verliehen worden war.

Ramcke teilte dem Leutnant mit, daß er ihn zum Eichenlaub eingereicht habe.

Großangriff des VIII. US-Korps

Durch das Abhören des Feindfunks hatte Hptm. Dr. Hoven, der Ic der 2. FJD, erfahren, daß ein Großangriff auf den Westteil der Festung geplant war. Als der Kampf dort einsetzte, waren die Abwehrkräfte bereit. Es kam zu erbitterten Duellen. Die Höhe 103 ging nach für beide Seiten verlustreichen Kämpfen verloren. Zwei Großangriffe mit Zielrichtung Guipavas wurden von Hptm. Becker am 4. und 6. September abgewehrt. Am nächsten Tage wurde der Abschnitt Beckers überrannt. Das an der linken Flanke anschließende Pi-Batl. wurde ebenfalls überflügelt. Hptm. Becker und Hptm. Kamitschek, der Chef der PiKp., gingen in die Gefangenschaft.

Dennoch behaupteten sich die Fallschirmjäger noch bis zum 10. September im Vorfeld der Festung gegen einen vierfach überlegenen Gegner. Unbarmherzig zerschlugen Bombenteppiche die Stadt. Aber der U-Boots-Stützpunkt Brest, einer der wichtigsten der U-Bootwaffe, bestand noch, und deshalb konnte an ein Aufgeben der Stadt nicht gedacht werden. Nun aber wurden die noch in Brest stationierten und fahrbereiten Vorpostenboote in Marsch gesetzt. Sie liefen aus. Von einem feindlichen Kreuzerverband gestellt, sanken sie nach erbitterter Verteidigung.

Ein tiefer Einbruch des Gegners aus

In Brest: Ein vernichtetes Marinegeschütz.

Brest von alliierten Bombern und Artillerie zerstört.

Nordwesten wurde im Gegenstoß vom II./FJR 2 unter Major Ewald wettgemacht, der Feind in seine Ausgangsstellungen zurückgeworfen.
Oberst Kroh erhielt am 12. September als 96. Soldat der deutschen Wehrmacht die Schwerter zum Ritterkreuz mit Eichenlaub.
Am 13. September erschien ein US-Parlamentär im GefStand von General Ramcke und überreichte diesem ein Schreiben des Kommandierenden Generals Middleton, in dem dieser jene Achtung zum Ausdruck brachte, die er den Fallschirmjägern zollte. Der Kernsatz dieses Briefes lautete:
„Ihre Soldaten haben gut gekämpft. Ungefähr 10.000 Mann sind jetzt Kriegsgefangene. Ihre eigenen Verluste kennen Sie. Sie haben somit Ihre Pflicht Ihrem Vaterland gegenüber voll und ganz erfüllt.
Ich ersuche Sie, als ein Soldat zum anderen, diesen ungleichen Kampf einzustellen. Wir hoffen, daß Sie als alter und verantwortungsvoller Offizier, der ehrenvoll gedient und seine Pflicht auch hier erfüllt hat, diesem Vorschlag Ihre günstige Berücksichtigung geben werden."
Ramckes Antwort lautete:
„Der Kommandeur der Festung Brest an den Kommandierenden General des VIII. US-Korps:
Herrn Generalmajor Troy H. Middleton:
Herr General! Ihren Vorschlag lehne ich ab. — Ramcke."
Am 14. und 15. September setzten die US-Truppen ihre Angriffe fort. Die Stadtteile Quilbignon und Revouvrade

fielen ihnen zu. St. Pierre wurde von Oberst Kroh gehalten. Auch der Stützpunkt Porzig widerstand allen Angriffen.

Am Abend des 16. September stand fest, daß St. Pierre nicht länger gehalten werden konnte. Wenn der Kampf auf diese Stelle übergriff, waren die Lazarettstollen, die in die Hafenufer mündeten und in denen Tausende Verwundete, darunter auch Zivilisten und Amerikaner lagen, durch Flammenwerfer gefährdet, die das auf dem Wasser schwimmende Öl in Brand setzten. General Ramcke stellte hier den Kampf ein und setzte zur Halbinsel Crozon über. Dort wurde der Kampf fortgesetzt. Die bei St. Pierre stehenden Geschütze wurden gesprengt. Die dortigen Hafenanlagen vernichtet.

Am Quellenriegel auf der Halbinsel Espagnol kam es zu letzten erbitterten Kämpfen. Unter Führung von Major Mehler, Kdr. der FschNachrAbt. 2, ließ General Ramcke eine KGr. von 170 Mann zusammenstellen und den Quel-

20.09.1944: General Ramcke muß kapitulieren.

Major Wolf Werner Graf von der Schulenburg.

lenriegel besetzen. Drei Tage konzentrierte sich das Feindfeuer auf diesen letzten Widerstandsriegel. Oblt. Jacob warf den eingedrungenen Gegner zweimal wieder hinaus, dann gelang den Amerikanern mit Panzerunterstützung der Durchbruch.
Als General Ramcke an diesem 20. September aus dem Beobachtungsstand die sich am Ostufer der Halbinsel herantastenden US-Panzer sehen konnte, eilte er mit seinem Stab zum Befehlsbunker zurück. Wenig später schlugen die ersten Granaten in diesen Bunker ein. Ramcke befahl alle Funkunterlagen und Schriftsachen zu vernichten. Einige Zeit darauf hämmerten von drei Seiten Granaten gegen den Bunker. Dann verstummte plötzlich das Feindfeuer. Ein US-Brigadegeneral näherte sich mit weißer Fahne. General Ramcke verließ seinen letzten Gefechtsstand und ging ihm entgegen.
„Ich freue mich, Sie wohlauf zu sehen, General", eröffnete der Brigadegeneral die Begrüßung. „Ihr Bunker war der letzte im gesamten Festungsbereich, der noch gekämpft hat. Ich muß Sie auffordern, sich als mein Gefangener zu betrachten. — Sie waren ein smarter und großer Gegner."
Das war am Abend des 20. September. Das Ende von Brest und das Ende der 2. Fallschirmjäger-Division. Sieben Wochen hatte Brest einer vielfachen Übermacht standgehalten.
Noch am selben Abend um 22.00 Uhr erhielt Bernhard Hermann Ramcke die Schwerter *und* die Brillanten zum Ritterkreuz des Eisernen Kreuzes und wurde zum General der Fallschirmtruppe befördert.

Im Kessel von Falaise

Am 11. Juni 1944 hatte das II. FschKorps unter General Meindl mit der 3. FJD und unterstellten Heeresverbänden einen Frontabschnitt nordostwärts St. Lô übernommen. Hier kam es in den nächsten Wochen zu schweren Abwehrkämpfen. Bombenteppiche und schwerstes Artilleriefeuer leiteten jeweils neue Angriffe des Gegners ein. Die 5. FJD, die nicht im Verband des II. FschKorps, sondern in Unterstellung unter andere Divisionen in die Schlacht geworfen wurde, verblutete. Major Graf von der Schulenburg fiel im Angriff seines FJR 13 am 15. Juli bei St. Lô. Major Noster, Kdr. des FJR 14, wurde abermals schwer verwundet und fiel aus. Diese beiden Regimenter der 5. FJD wurden zerschlagen.
Das II. FschKorps mußte sich kämpfend zurückziehen. Dem Gegner gelang dennoch die Überflügelung nach seinem Durchbruch am 27. Juli. Schließlich umklammerte er alles, was von der 7. Armee übriggeblieben war, im Kessel von Falaise.
Der Ausbruch aus diesem Kessel, der am 19. August 1944 von SS-Obergruppenführer Hauser, dem OB der 7. Armee, befohlen wurde, war die letzte Chance, der Gefangenschaft zu entkommen. An der Spitze seiner Verbände, die den Kessel öffnen sollten, stand die 3. FJD unter GenMaj. Schimpf, der schwer verwundet wurde. General Meindl führte ebenfalls im vordersten Treffen des Durchbruchskeiles und schaffte mit den Überlebenden seines Korps den Durchbruch. Er konnte dann durchsetzen, daß diese Reste in den Raum Nancy zur Ruhe zurückverlegt wurden.
Die 3. FJD jedoch wurde am 2. und 3. September noch als Nachhut für die mot. Teile der 5. und 7. Armee eingesetzt und am 4. September im Raume Mons von starken Panzerkräften des Gegners überholt, eingeschlossen und in einem blutigen Gefecht völlig aufgerieben.

Bei der 6. Fallschirmjäger-Division

Nachdem es am 1. Juni 1944 General Meindl und Generalstabsarzt Dr. Neu-

Generalmajor Schimpf, Kdr. der 3. FJD (Mitte), erhält eine Lagemeldung.

müller gelungen war, ihren Kameraden und Freund Dr. Heinrich Neumann aus Minsk zum II. FschKorps zurückzuholen und ihn zum Divisionsarzt der neuaufgestellten 6. FJD zu ernennen, baute Dr. Neumann in Abbeville die Versorgungsorganisation für die Verwundeten und Kranken dieser Division auf.
Mitte Juli wurde die noch nicht voll ausgerüstete 6. FJD alarmiert, in den Raum westlich von Evreux verlegt und hier in die Abwehrkämpfe gegen die vordringenden Alliierten eingesetzt.
Die 6. FJD zog sich in verbissenen Gefechten in Richtung auf Paris zurück. Dort traf Dr. Neumann General von Choltitz, der am 7. August zum Stadtkommandanten von Paris ernannt worden war, den er aus den Kämpfen bei Rotterdam gut kannte.
Heinrich Neumann, seit dem 1. August Korpsarzt des II. FschKorps, erfuhr, daß von Choltitz Paris kampflos übergeben werde.
„Ich werde aus Paris kein zweites Warschau machen", erklärte Dietrich von Choltitz.
Über St. Quentin und Maubeuge zogen sich die Fallschirmjäger auf Mons zurück. Mehrfach wurden die nur mangelhaft motorisierten Divisionsteile von US-Verbänden überflügelt und „bis Mitte August war die Wundertüte 6. FJD leer!", wie Dr. Neumann diese Situation beschrieb, der ganze Bataillone der Division zum Opfer fielen.
Als Dr. Neumann mit einigen wenigen Übriggebliebenen Anfang September 1944 in Maastricht eintraf, erfuhr er, daß das II. FschKorps zur Neuaufstellung in den Raum Köln verlegt worden sei und daß die 6., 7. und 8. FJD ihm als Korpsarzt unterstellt werden würden.
Kurt Student, am 11. August 1944 zum Generaloberst ernannt, gab dem II. Fallschirmkorps einen neuen Auftrag. Bevor jedoch dieser Auftrag angegangen werden konnte, brach ein Ereignis über die Fallschirmjäger im Armeestab herein, das hier eingeblendet werden soll.

Abwehrfront am Albertkanal

Mit seinem kleinen Stab in Berlin-Wannsee sitzend, wurde Kurt Student Anfang September 1944 die Aufgabe übertragen, eine neue Abwehrfront am Albertkanal aufzubauen und zu halten. Dazu stand ihm nur seine 1. FschArmee zur Verfügung, von der allerdings

Generalleutnant Wolfgang Erdmann, Kdr. der 7. FJD, mußte in Schleswig-Holstein kapitulieren. Freitod in einem britischen Gefangenenlager.

Major Helmut Kerutt, RgtFhr. in der 7. FJD, erhielt am 2.02.1945 das Ritterkreuz.

die 1. und 4. Division in Italien kämpfte, während die 3. und 5. sowie auch die 6. FJD im Westen zerschlagen worden waren.

Als Artillerieersatz waren GenOberst Student 20 Flak-Batterien von der Luftflotte Reich zugeteilt worden, die er als Flak-Kampftrupps im Erdeinsatz einzusetzen trachtete.

Drei neuaufgestellte Fallschirmjäger-Regimenter waren erst seit wenigen Tagen unter GenLt. Erdmann zur 7. FJD zusammengestellt worden. Bei der Alarmierung am 4. September 1944 lagen die Fallschirm- und Flakverbände weit über Deutschland verteilt. Dennoch trafen die letzten Einheiten bereits am 7. September im Blitztransport am Albertkanal ein.

Der Kreis hatte sich geschlossen. Hier hatte vor über vier Jahren der erste große Sprung- und Luftlandeeinsatz der Fallschirmtruppe begonnen.

Am 5. September flog GenOberst Student zu GFM Model, dem OB der HGr. B, dem die 1. FschArmee unterstellt worden war. Der Feldmarschall war enttäuscht, als er hörte, daß die ganze Armee nur aus 20.000 Soldaten bestand. Er wies GenOberst Student einen Abschnitt zu, der von Maastricht bis zur Nordsee reichte, also 120 Kilometer breit war. Dazu stellte er Student das LXXXVIII. AK unter General Reinhard mit der 719. und der 176. ID zur Verfügung. Die 85. ID unter GenLt. Chill kam hinzu.

Als Kurt Student bei GenLt. Chill weilte, traf die Meldung ein, daß britische Panzer bei Beeringen den Albertkanal überschritten hätten, weil dort eine Brücke nicht gesprengt worden war.

Student befahl der 85. ID diesen Gegner zu stoppen und unterstellte ihm das FJR 6 unter Oberstleutnant von der Heydte. Bei Beverloo trafen die Verbände aufeinander. Mehrere Tage tobten die Kämpfe gegen die britische Gardepanzer-Division und die hinzustoßende 11. PD. Die 7. FJD wurde in Gewaltmärschen in diesen Raum geworfen und nahm mehrere Ortschaften in Besitz. Als es dann auch der 50. britischen ID bei Gheel gelang, über den Albertkanal zu kommen, wo sie zwar vom II./FJR 6 unter Hptm. Mager gestoppt werden konnte, veranlaßte Gen Oberst Student, sich vom Gegner zu lösen und hinter den Maas-Schelde-Kanal zurückzugehen. Bis dahin hatte sich die 15. Armee unter General von Zangen aus dem Raume Calais nach Osten zurückgekämpft und gliederte sich in die Abwehrstellungen der Fallschirmjäger ein. Damit stand der Feindangriff und blieb hier endgültig liegen. Während dieser Kämpfe zeichnete sich Major Helmut Kerutt, Kdr. des I./FJR 6 und später der KGr. Kerutt, besonders aus. Er erhielt am 18. Februar 1945 das Ritterkreuz.

Arnheim — Feindliche Luftlandungen

Am 16. September 1944 verlegte Gen Oberst Student seinen GefStand in den Raum südlich von Vught bei s'Hertogenbosch. Der folgende 17. September war ein Sonntag. Während GenOberst Student in seinem Zimmer bei weitgeöffnetem Fenster arbeitete, vernahm er plötzlich ein immer stärker anschwellendes Brausen in der Luft. Hier sein Bericht über die nächsten Minuten:

„Ich trat auf den Balkon hinaus. Überall wohin ich blickte, sah ich Flugzeuge. Truppentransporter und Schleppzüge mit Lastenseglern, die in lockeren Verbänden und einzeln ganz niedrig am Hause vorbeiflogen und in der Ferne verschwanden.

Ich war von diesem gewaltigen Schauspiel tief beeindruckt. In diesem Augenblick dachte ich noch nicht an die Gefährlichkeit der Lage, sondern an meine eigenen früheren Luftlandeunternehmungen.

Zusammen mit meinem Chef, Oberst i.G. Reinhard, stieg ich auf das flache

Dach unseres Hauses hinauf, um zu sehen, wo diese Feindverbände blieben. Immer noch zogen sie in einem unübersehbaren Strom so tief über uns hinweg, daß wir unwillkürlich die Köpfe einzogen.
Nun flackerte überall auf der Erde Gewehrfeuer auf. Unsere Schreiber, Kraftfahrer, Ordonnanzen und Nachrichtenmänner hatten sich ihre Karabiner geholt und eröffneten ein regelloses Schnellfeuer auf die ganz nahe vorbeifliegenden Maschinen. Über uns hinweg flogen zwei der drei eingesetzten feindlichen Luftlande-Divisionen." (Siehe Karl Alman: Sprung in die Hölle).
Der Führung der 1. FschArmee kam ein glücklicher Umstand zur Hilfe, der ihr sagte, welche Ziele diese drei Divisionen des Gegners hatten, die hier plötzlich auftauchten. Der gesamte Operationsplan war in einem Waco-Segler gefunden worden, der bei Vught abgeschossen wurde. Wenige Stunden später lag er ausgewertet auf Students Schreibtisch:
„Endziel des Gegners war die Gewinnung wichtiger Brücken über den Niederrhein. In den Korridor der Luftlandeverbände sollte die 2. britische Armee mit großer Geschwindigkeit vorstoßen und die Luftlandekräfte entsetzen. Dann mußte es möglich sein, mit diesen schnellen Truppen — einige Panzer-Divisionen als Spitze voraus — das nördliche Ruhrgebiet im Handstreich zu erreichen und dieses, und damit auch die deutsche Kriegsindustrie, lahmzulegen. Dann war der Krieg binnen weniger Wochen beendet."
Der Gegner hatte die 101. US-Airbor-

Bei Arnheim gefangengenommene englische Fallschirmjäger.

Herbst 1944: Dr. Goebbels empfängt eine Abordnung des FschPiBatl. mit dessen Kommandeur, Hauptmann Frömming (links).

ne-Division, die 82. US-Airborne-Division und die 1. britische Airborne-Division eingesetzt. Die Luftlandeoperationen wiederum wurden vom britischen Airborne-Korps unter GenLt. Browning geführt.
Während GFM Model, der mit seinem Stab bei Oosterbeek in der Kampfzone westlich von Arnheim lag, nach Terborg auswich und während dieser Tage bei Arnheim und Nijmegen persönlich führte, übernahm GenOberst Student ebenfalls persönlich die Bekämpfung der 101. US-Airborne-Division. Bei Son verteidigten sich die Amerikaner verbissen. Aber die großangelegte alliierte Luftoperation verlief im Sande. Die ersehnten Rheinbrücken wurden nicht erreicht und die 2. britische Armee kam nicht zu den Fallschirmjägern durch, die den Großteil ihres Bestandes durch Tod, Verwundung oder Gefangenschaft verloren.

Aufgrund der Lage bei Arnheim erteilte der OB West dem II. FschKorps Weisung, in den Raum Emmerich zu verlegen. Aus den vorhandenen Korps- und Divisionstruppen wurden Kampfgruppen zusammengestellt. Zwei davon wurden am 18. und 19. September im Bahntransport nach Kleve geschafft. Am 20. September verlegte das Gen Kdo. des II. FschKorps nach Keppeln, zwölf Kilometer vor Xanten. Hier übernahm es am folgenden Tage die Führung im Abschnitt Kleve-Goch-Gennep. Der erste Kampfauftrag für den 21. September lautete:
„Wegnahme von Nijmegen und Erreichen des Maas-Waal-Kanals."
Am 27. September stand das Korps rechts vom II. SS-PzKorps am Waal. Am 2. Oktober wurde Groesbeek genommen. Dann ging das gesamte Korps in der erreichten Linie zur Abwehr über.

Am 30. Oktober übernahm das GenKdo. II. FschK. den Abschnitt Arcen-Venlo-Maasbracht. Hier kam es in den folgenden Wochen nur zu schwachen Kämpfen. Erst am 17. Januar 1945 brach der Gegner in diesem Abschnitt mit 100 Panzern durch und erreichte über Süstern auch Dietersen und Heide. Vier Feind-Divisionen waren von Sittard aus angetreten. General Meindl verlegte mit der FschJägKGr. Wadehn (GenMaj. Wadehn) in den Abschnitt der 606. ID, der am stärksten gefährdet war, und festigte hier die Lage. Die Maasfront und der Roerabschnitt wurden gehalten.

Am 19. Februar 1945 wurde das II. FschKorps umgegliedert, aus dem augenblicklichen Einsatzraum herausgelöst und in den neuen, Alpen-Sonsbeck-Üdem-Haltenboom-Tannenbusch, verlegt. Bis dahin waren an einer anderen Front zwei deutsche Fallschirmjäger-Divisionen in schwere und verlustreiche Kämpfe verwickelt worden, die an dieser Stelle eingeflochten werden müssen.

Die „Wacht am Rhein“

Eine Woche vor Beginn der Offensive in den Ardennen, die unter dem Tarnnamen „Wacht am Rhein“ lief, erhielt GenOberst Kurt Student Kenntnis von diesem Vorhaben Hitlers, noch einmal eine große Offensive im Westen zu starten und dem Gegner dort eine vernichtende Niederlage beizubringen.

Student wurde angewiesen, sofort ein verstärktes FJ-Batl. herauszuziehen und für einen Sprungeinsatz bereitzustellen. Darüber hinaus wurde ihm als neuem OB der HGr. H befohlen, ein Angriffsunternehmen vorzubereiten, das Ende Dezember parallel zur Ardennenoffensive anlaufen sollte.

Am 9. Dezember 1944 wurde in Aalten in Gelderland aus ausgebildeten Fallschirmjägern der gesamten Armee ein verstärktes Batl. in Gefechtsstärke von 1000 Mann zusammengestellt. Die Führung dieses Batl. übernahm Oberstleutnant von der Heydte.

Als am 16. Dezember 1944 die Ardennenoffensive losbrach, nahmen die wiederaufgestellte 3. FJD und die 5. FJD an diesem Einsatz teil. Die 3. FJD hatte seit dem 24. November westlich Düren in erbitterten Abwehrkämpfen gestanden und war abgekämpft und ausgelaugt. GenMaj. Wadehn, der sie anstelle des noch immer nicht genesenen GenMaj. Schimpf führte, trat am 15. Dezember den Marsch in die Ausgangsstellung St. Vith an. Von hier brachen sie am frühen Morgen des 16. Dezember zum Angriff hervor.

Im Verband des Generalkommandos des I. SS-PzK. unter Oberst, wenig später GenMaj. Heilmann stehend, hatte die 3. FJD an den Anfangserfolgen im Norden der Angriffsfront wesentlichen Anteil.

Ein letzter Fallschirmjägereinsatz war ebenfalls geplant.

Sprungeinsatz in den Ardennen

Am 8. Dezember 1944 war Oberstleutnant von der Heydte zu GenOberst Student befohlen worden. Dieser erklärte ihm:

„Der Führer hat eine große Offensive befohlen. Im Rahmen dieser Offensive soll eine Fallschirm-Kampfgruppe zum Sprungeinsatz kommen. Sie, Heydte, sind mit Aufstellung und Führung dieser Kampfgruppe beauftragt.“

Für diese neuaufgestellte KGr. mußte jedes Fallschirmjäger-Regiment 100 ausgebildete Springer abstellen. Von seinem eigenen Regiment 6 gelang es 150 Männern mit List und Tücke zur Kampfgruppe zu kommen.

Am 11. Dezember verließ die KGr. von der Heydte den Aufstellungsort Aalten und fuhr ins Sennelager. Am Abend des 12. Dezember traf Major Erdmann,

Stabsarzt Dr. Carl Langemeyer errang im Westen das Ritterkreuz.

der Führer des Fliegenden Transportverbandes, hier ein, und unmittelbar darauf erfuhr von der Heydte, daß dieser Einsatz nicht im Osten — wie er gewähnt hatte —, sondern im Westen stattfinden und mit Stoßrichtung Antwerpen geführt werden sollte.
In der Nacht zum 15. Dezember meldete sich von der Heydte in Euskirchen im HQ der HGr. B, wo ihm deren GenSt-Chef, General Krebs, den Auftrag bekanntgab:
„Öffnen und Offenhalten der Engen für die 6. Panzerarmee. Dazu wird Ihre Fallschirm-Kampfgruppe der 6. Panzerarmee unterstellt, die von Oberstgruppenführer Dietrich geführt wird."
Der Einsatzraum der Kampfgruppe lag 75 Kilometer hinter den eigenen vordersten Linien.
Nach Örlinghausen zurückgekehrt, wo sich die KGr. nunmehr befand, traf Oberstleutnant von der Heydte die KGr. einsatzbereit und in Erwartung des Angriffsbefehls an. Aber es war kein Benzin für die Transportfahrzeuge vorhanden. Um 22.00 Uhr mußte Oberstleutnant von der Heydte Gen Oberst Student melden, daß aus diesem Grunde die KGr. nur mit einem Drittel der Kampfstärke starten könnte, wenn nicht sofort Betriebsstoff herangeschafft werde.
Am Nachmittag des 16. Dezember, die Ardennenoffensive war angelaufen, wurde Oberstleutnant von der Heydte von einem Stabsoffizier der 6. PzArmee angerufen, der ihm erklärte, daß der Verlauf der Offensive im Bereich der 6. PzArmee nicht den Erwartungen entspräche und daß der Sprungeinsatz der KGr. noch in der Nacht zum 17. Dezember erfolgen müsse:
„Ihre Kampfgruppe hat den Übergang über die Schnee-Eifel nach Süden für den dortigen Gegner zu sperren, zumindest aber die von Norden nach Süden in Gang befindlichen feindlichen Truppenbewegungen nachhaltig zu stören."
Betriebsstoff traf ein, und der Transport der Fallschirmjäger zu den Startplätzen Paderborn und Lippspringe lief an.
Kurz vor Mitternacht starteten die ersten Fallschirmjäger zum Sprungeinsatz. In der vordersten Maschine flog auch der KGrFhr. mit.
Der Absetzpunkt wurde erst eine Stunde nach der vorausberechneten Zeit er-

Generaloberst Student begrüßt die Gruppe von der Heydte, die aus den Ardennen zurückkam.

reicht. Dann erscholl der Befehl: „Fertigmachen!“ Als das Boschhorn erscholl, sprang Oberstleutnant von der Heydte als erster, dicht gefolgt von seinen Männern. Hier sein Bericht:

„Das Bild von unserem Absetzplatz war geisterhaft schön. Über mir standen wie Leuchtkäfer die Positionslichter der Ju 52. Wie ein Vorhang von Perlen erschien die Leuchtspur einer leichten US-Flak. Hinter den schwarzen Bäumen, wie Finger einer Hand, die suchenden Strahlen der Scheinwerfer.

Ich kam gut auf, schnallte den Fallschirm ab. Zunächst war ich noch allein. Ich ging zum Sammelplatz, einer Straßengabel, und orientierte mich dabei an einem langsam erlöschenden Brandbombenfeld. Unterwegs traf ich meine ersten Männer. Es waren viel zu wenige. Auch am Sammelplatz waren erst einige angelangt. Wo konnten die anderen geblieben sein? Ein paar Maschinen hatte ich als brennende Fackeln unmittelbar nach meinem Absprung gesehen. Doch das erklärt nicht das Fehlen so vieler Männer. Als der Morgen graute, hatte ich erst 125 Fallschirmjäger gesammelt, etwas mehr als ein Zehntel meiner Kampfgruppe.“

Von der Straßengabel zogen sich die Fallschirmjäger in den Wald zurück und bildeten einen Verteidigungsriegel. Das Funkgerät war ausgefallen, die Verbindung mit der eigenen Truppe konnte nicht aufgenommen werden. Freiwillige Melder, die von der Heydte durch die US-Linien zurückschickte, erreichten ihr Ziel nicht.

Am Nachmittag des zweiten Tages sickerte diese kleine KGr. nach Nordosten in den Wald ein. Hier stieß sie auf weitere 150 Kameraden, die unter der Führung des Kriegsberichters Oblt. Kaiser standen und sich bis hierher durchgeschlagen hatten. Damit standen von der Heydte insgesamt etwa 300 Fallschirmjäger zur Verfügung.

Nach einigen Gefechten mit US-Spähtrupps entschloß sich Oberstleutnant von der Heydte am vierten Tag, den Durchbruch nach Osten zu wagen, da mit dem Herankommen eigener Kräfte nicht mehr zu rechnen war. Sie drangen durch den Wald vor, durchwateten einen eiskalten Bach und stießen auf US-Sicherungen, denen sie sich nach kurzem Feuerwechsel entziehen konnten. Der Gegner folgte nicht nach.

Am 21. Dezember beschloß Oberstleutnant von der Heydte, die KGr. aufzulösen. Er gab den Befehl, sich in kleinen Gruppen nach Osten durchzuschlagen. Am 24. Dezember 1944 geriet er selber in US-Kriegsgefangenschaft.

Die 5. FJD unter Oberst Heilmann stand im Verband der 7. Armee und wurde dem Generalkommando des LXXXV. AK zugeführt. Sie stand ebenfalls vom ersten Tage an im Einsatz. Diese Division erkämpfte sich den Weg über den Clerf-Fluß und stieß in Richtung Wiltz vor, um an dieser Stadt vorbei über Heiderscheidergrund auf Harlange durchzubrechen. Entgegen diesem Auftrag spaltete sich eine KGr. vom Gros ab und drang nach Wiltz ein. Am Café Schumann, 4,5 Kilometer westlich Wiltz, kassierte sie einen Vorposten des Gegners, und an der Sauerbrücke bei Heiderscheidergrund wurde Colonel Linus T. Hoban mit seinem RgtStab gefangengenommen.

Auch am nächsten Tage gelangte diese Division in einem kühnen Vorstoß tief in die feindlichen Linien und war hier zeitweise der am weitesten nach Westen vorgestoßene Angriffsverband. Ständig von Süden angegriffen, gelang es ihr am 22. Dezember über Vaux les Rosières 15 Kilometer südwestlich von Bastogne vorzustoßen. Ein Rgt. der Division beteiligte sich an der Einschließung von Bastogne. Später wurde die ganze 5. FJD in diesen Hexenkessel hineingeworfen, welcher zum Dreh- und Angelpunkt der Front in den Ardennen wurde.

Nach örtlichen Einbrüchen, immer wieder lag ein durchschlagender Erfolg zum Greifen nahe vor den Fallschirm-

Generalleutnant Hermann Plocher erhielt noch am 8.05.1945 als 867. deutscher Soldat das Eichenlaub.

Major Hans Teusen als BatlKdr. in Litauen.

Generalleutnant Gustav Wilke führte zeitweise die 2. FJD.

jägern, waren auch die Kräfte dieser Division erschöpft.
In Gefechten mit der 4. US-PD zwischen Morhet und Vaux les Rosières erlitt die Division schwere Verluste. Sie konnte sich jedoch dank Ludwig Heilmanns Führungskunst und der eigenen Anspannung aller Reserven aus der drohenden Umklammerung lösen und zurückkommen.
Ludwig Heilmann wurde zum Generalmajor befördert.
Als der Kampf in den Ardennen Mitte Januar 1945 zu Ende ging, hatte die deutsche Fallschirmtruppe auch in diesem Erdeinsatz einen hohen Blutzoll entrichtet. Die deutsche Fronteinbuchtung war beseitigt worden, alliierte Truppen standen an der „Siegfriedlinie". Der letzte Einsatz der Überreste der deutschen Fallschirmtruppe bis zum bitteren Ende konnte beginnen.

Das Finale

Das Fallschirm-Bataillon z.b.V., Skau vom FJR „z.b.V. Schacht" flog am 28. Februar von Jüterbog nach Breslau und sprang dort in die von der Roten Armee eingeschlossene Stadt. Die Soldaten dieses Bataillons fügten sich in die Kampfgemeinschaft um General der Infanterie Niehoff ein und verteidigten diese Stadt bis zum 6. Mai 1945. Dann gingen auch sie in die Kriegsgefangenschaft, aus der nur eine Handvoll Fallschirmjäger wieder nach Deutschland zurückkehrten. Dies war der *letzte* Sprungeinsatz der deutschen Fallschirmtruppe.
Im Westen aber ging der Kampf der Fallschirmtruppe im Erdeinsatz weiter.

Am 22. Februar 1945 durchstießen 500 Panzer des britischen XXX. Korps unter General Horrocks — aus dem Reichswald kommend — die vordersten deutschen Linien und prallten bei Üdem-Keppeln auf die Truppen des II. FschKorps. Auf dem Totenhügel von Keppeln und an dessen Peripherie kam es zu mehrtägigen Kämpfen alliierter Panzer gegen deutsche Fallschirmjäger. Die Verluste stiegen erschreckend. Allein am 23. Februar fielen hier 333 Fallschirmjäger. Ostwärts Goch gelang es dem Gegner, seinen Einbruchsraum über Saabrokhof in Richtung Kampshof zu erweitern. Doch sein angestrebter Durchbruch auf Weeze und Üdem gelang nicht. Hier standen die Fallschirmjäger. Nicht weniger als 320 Panzer blieben im Bereich des Totenhügels von Keppeln zerschossen und ausgebrannt liegen.
Am 24. Februar wurde auch die 8. FJD in den Raum nördlich von Weeze zugeführt.
Am 28. Februar und am 1. März wurden die deutschen Hauptverbandsplätze in Heydeck und jener der 15. PGD trotz genauer Kenntlichmachung und ausgelegter großer Rote-Kreuz-Fahne durch feindliche Jabos mit Bomben und Bordwaffenbeschuß im Tiefflug angegriffen.
Bis zum 3. März wurden 1019 Soldaten des II. FschKorps vermißt. Noch immer westlich des Rheins kämpfend, erfuhr das KorpsKdo. II. FschK. von der Sprengung der letzten Rheinbrücken am anderen Morgen. Es gelang, die letzten Kräfte über den Fluß zu bringen.

Die neue 2. Fallschirmjäger-Division

Nach ihrem Untergang in Brest wurde die 2. FJD mit den Regimentern 2, 7 und 23 neu aufgestellt. Der Stab begann bereits Ende Oktober 1944 in Quedlinburg mit der Arbeit. Unter Führung des Ia, Maj. i.G. Schröder, zog er schließlich am 6. Dezember 1944 nach Oldenburg in den Bereitstellungsraum der Division. Die Aufstellungsorte der drei genannten Regimenter waren: Halberstadt und Oldenburg für

20.02.1945: Generalleutnant Plocher (rechts) und Major Witzig an der Straße Kalkar-Kleve.

das FJR 2 unter Oberst Meyer-Sach, Brandenburg, Havel, für das FJR 7 unter Oberst Eggerth, und Magdeburg für das FJR 23. Letzteres wurde von Major Liebing aufgestellt. In Güstrow stellte Hptm. Gasteyer aus den Resten des I./FschPiRgt. 21 das FschPiBatl. II auf.

Im Dezember wurden alle drei Regimenter der neuerstandenen 2. FJD in die Niederlande verlegt, um die an der Maaslinie verlaufende Front zu halten. Das FJR 2 erhielt den Sonderauftrag, an der niederländischen Westküste Sicherungsaufgaben wahrzunehmen. Am 16. Dezember 1944 wurde ihm die zusätzliche Bezeichnung „Feldherrnhalle“ verliehen.

Im niederländischen Raum erlebte die 2. FJD zunächst eine verhältnismäßig ruhige Zeit. Erst mit Beginn der alliierten Operation „Veritable“ am 8. Februar 1945 traten britische Truppen aus dem Raume Erlekom-Mook in Richtung auf den Reichswald und Kleve an. Bis zum 13. Februar erreichten diese Feindtruppen nach einem gewaltigen Artillerieeinsatz ihre Ziele.

Im Eiltransport erfolgte die Verlegung des FJR 7 Mitte Februar aus dem Raum Arnheim über Rees und Wesel nach Üdem. Geführt von Oberst Riedel baute es einen Verteidigungsriegel um Üdem auf. Gemeinsam mit der 15. PGD ging das FJR 7 am 19. Februar zum Angriff gegen den im Raum Goch-Üdem liegenden Feind vor.

Im Kampf um die einzelnen Gehöfte setzten hier die Amerikaner Flammenwerferpanzer in größerer Zahl ein. Am 20. Februar wurden alle Verbände dieses Raumes dem II. FschK unterstellt. Der gewaltigen Übermacht der Gegner mußte aber auch General Meindl mit seinem Korps weichen. Im Raum Weeze, Üdem und im Üdemer Bruch kam es am 26. Februar zu erbitterten Gefechten. Nach schweren Straßenkämpfen wurde das FJR 7 von kanadischen Truppen aus Üdem hinausgedrängt.

Bei Weeze war am 25. Februar auch Lt. Deutsch mit seinem Zug von der Fallschirm-Sturmgeschützbrigade XII dabei, die als „Brigade der Grünen Teufel“ Berühmtheit erlangte. Im Rahmen der 7. FJD eingesetzt, kämpfte sie mehrfach auch für das FJR 7 der 2. FJD. In den frühen Morgenstunden des 1. März 1945 stoppten Deutsch's drei Sturmgeschütze einen dichten Verfolgerpulk gepanzerter Fahrzeuge des Gegners beim Kloppermannshof. Deutsch zerschoß zwei Churchillpanzer, und seine beiden anderen Geschüt-

Leutnant Heinz Deutsch, Zugführer in der FschStGesch-Brig. XII.

Oberfeldwebel Franz Berndl und Feldwebel Ludwig Stangassinger von der Besatzung Deutsch.

Das Grab von Hans Lappe, Fahrer im Sturmgeschütz Deutsch.

ze erzielten ebenfalls Abschüsse.
Als der Feind am nächsten Tag die zurückweichenden Fallschirmjäger zu überflügeln trachtete, stieß Deutsch mit seinen drei Sturmgeschützen noch einmal bis Kevelaer vor. Zwei Sherman und ein Churchillpanzer blieben abgeschossen liegen. Die Verfolger verhielten und gaben so den Fallschirmjägern die Chance, geordnet über Wetten in Richtung Kapellen zurückzugehen und sich wieder zu setzen. Beim Übergang über den Rhein bei Wesel vernichtete Deutsch im linksrheinischen Vorfeld des Flusses am 6. und 9. März mehrere Feindpanzer und ermöglichte den Fallschirmjägern den Übergang über den Fluß. Am Morgen des 10. März überquerte auch das FJR 7 auf Fähren den Rhein bei Büderich. Daß es sich so lange hatte behaupten können, hatte es ebenfalls den Sturmgeschützen der Brigade XII zu verdanken.
An der Uerdinger Rheinbrücke war es das FJR 23 unter Major Liebing, das mit Truppen des Heeres bis zum 4. März einen linksrheinischen Brükkenkopf gehalten hatte. Dann mußte die Brücke nach dem Übergang der letzten Soldaten von Pionieren gesprengt werden. Das Rgt. zog sich nach Rheinhausen zurück. Es sollte hier die Rheinhausener Rheinbrücke sichern, doch die „lag bereits im Bach“. Auf Sturm- und Schlauchbooten mußten die Soldaten des Rgt. den Fluß überwinden. Im Raum Duisburg bezog die 2. FJD Stellungen. Hier unterstand sie dem LVIII. AK der HGr. B. DivGefStand war Mülheim-Ruhr. Mit dem Losbrechen der alliierten Offensive über den Rhein am späten Abend des 23. März 1945 setzten zwei Armeen der Commonwealthtruppen über den Rhein. Hinzu kam die 9. US-Armee. Alliierte Fallschirmjäger landeten bei Wesel, Hamminkeln, Lokkum und Meerhog mit Lastenseglern und drangen zehn Kilometer weit nach Osten vor.
Die alarmierte 2. FJD wurde nach Norden in Marsch gesetzt, um den dortigen Vorstoß der US-Truppen zwischen Rhein-Herne-Kanal und der Lippe nach Osten zu stoppen.

Am 1. April 1945 — dem ersten Ostertag dieses Jahres — übernahm Oberst von Vorwerck mit dem FJR 2 die Verteidigung von Gelsenkirchen. Er richtete seinen GefStand auf der Zeche Wilhelmine-Viktoria ein, ließ aber am 9. April die Stadt räumen, um eine sinnlose Zerstörung derselben zu verhindern.

In Castrop-Rauxel stand ein Batl. des FJR 23 vom 2. bis 9. April im Einsatz. Essen, Mülheim und Witten gingen am 11. April verloren. Auch hier hatten die Fallschirmjäger der 2. FJD rechtzeitig geräumt, um eine restlose Vernichtung dieser Städte zu verhindern.
Die letzten Teile der 2. FJD zogen sich vor dem ungestüm nachdrängenden Feind über Kupferdreh und Essen-Werden nach Blankenstein und Wetter/Ruhr zurück. In Niedersprockhövel, im Gasthaus „Kleine Kuh", wurde der letzte GefStand eingerichtet. Südlich von Hattingen lösten sich die Divisionen auf, nachdem der Auflösungsbefehl von GFM Model erteilt worden war, weil der Ruhrkessel geschlossen war. Kurz darauf wurde hier der Divisionsstab von US-Panzerrudeln überrollt.
Die 7. FJD aber kämpfte weiter im Norden der Ruhrkessel-Front. Sie war am Ruhrkessel vorbeigestoßen und hatte bei Lengerich noch einmal den Kampf aufgenommen, wobei Lt. Deutsch innerhalb kürzester Zeit vier durchgebrochene Churchillpanzer vernichtete. Am 15. April erhielt Heinz Deutsch das Ritterkreuz.
Nördlich des Hunte-Ems-Kanals bei Edewecht kam es zu weiteren Abwehrkämpfen. Bei Edewecht-Frisoyte wurde der nachdrängende Gegner noch einmal gestoppt. Die Verbände zogen sich bis Cuxhaven zurück. Sie sollten noch in den letzten Apriltagen über die Elbe setzen und sich der 12. Armee zum Entsatz von Berlin anschließen; dazu kam es jedoch nicht mehr. In Wilhelmshaven wurden Teile der Division interniert, darunter auch die StGeschBrig XII der „Grünen Teufel".
Das Schicksal der 3. und 5. FJD nach dem Debakel in den Ardennen vollzog sich in ähnlicher Form. In wochenlangen Abwehrkämpfen im Südabschnitt der Westfront gelang es der 3. FJD, sich nach Nordosten abzusetzen. Sie gelangte in den Ruhrkessel und löste sich hier am 17. April 1945 auf. Die 5. FJD marschierte weiter und stellte erst im Harz den aussichtslos gewordenen Kampf ein.
Als die Rote Armee im März 1945 den Unterlauf der Oder erreichte, wurde die ad hoc aufgestellte 9. FJD unter General Bruno Bräuer dort eingesetzt. Sie kämpfte sich hier bis in die Hauptstadt des Reiches, Berlin, zurück. In den Trümmern fand sie kämpfend ihr Ende. Die Überlebenden gerieten in sowjetische Kriegsgefangenschaft.

Generalfeldmarschall Walter Model kapitulierte im Ruhrkessel.

Verhaftung der deutschen Reichsregierung in Flensburg. Von links: Reichsminister Albert Speer, Großadmiral Karl Dönitz, Generaloberst Alfred Jodl.

Oberstleutnant Schirmer mit Generalleutnant Matzky bei einer Ordensverleihung im Osten.

Endkampf der 9. FJD in Berlin. Verwundete werden geborgen.

Großadmiral Karl Dönitz, das letzte deutsche Staatsoberhaupt.

Generalfeldmarschall Keitel unterschreibt am 9.05.1945 in Karlshorst die Kapitulationsurkunde.

Nach dem Kriege

Richard Kohnke, Fallschirmkonstrukteur, Fallschirmpionier und Ehrenpräsident der Internationalen Fallschirmkommission.

Der Bund deutscher Fallschirmjäger e.V. und die Bundeswehr

Nach Kriegsschluß und der Heimkehr der überlebenden Fallschirmjäger aus der Kriegsgefangenschaft, schlossen sich 1949 die Heimgekehrten zum Bund deutscher Fallschirmjäger zusammen. Ziel dieses Zusammenschlusses war es, „frei von politischen und konfessionellen Bindungen einen Kameradschaftsverband mit sozialer und karitativer Zielsetzung zu bilden". Ihr allen gemeinsames Sprachrohr war die Monatszeitschrift „Der deutsche Fallschirmjäger". In ihr wurde alles, was für die Kameradschaft von Belang war, behandelt. Besonderes Ziel aber war die Zusammenführung alter Kameraden, die sich aus den Augen verloren hatten, und der Suchdienst nach vermißten Soldaten ihrer Truppe.

Daß die Pflege der alten Kameradschaft an oberster Stelle stand, verstand sich von selber. Oberst a. D. Rudolf Böhmler, einer der Verteidiger des Monte Cassino, war als Chefredakteur des „Fallschirmjäger" ein begnadeter Sachwalter, der seiner Truppe bereits sehr früh mit zwei ausgezeichneten Büchern ein Denkmal setzte. Generaloberst a. D. Kurt Student, Präsident dieses Bundes ehemaliger alter Soldaten, trug wesentlich mit dazu bei, daß der Traditionsverband auch im Ausland und bei den ehemaligen Gegnern in hohem Ansehen stand.

Er war die treibende Kraft, wenn es galt, nach den Schicksalen der über 30.000 vermißten Fallschirmjäger zu forschen.

General der Fallschirmtruppe Hermann Bernhard Ramcke, Generalmajor a. D. Hans Kroh und Generalmajor a. D. Heinz Trettner waren jene Soldaten der ersten Stunde, die nach dem totalen Zusammenbruch den ersten Kontakt zum ehemaligen Gegner aufnahmen. Sie bauten mit vielen Kameraden nach Wiederherstellung der Wehrhoheit in der Bundesrepublik Deutschland die Fallschirmtruppe der Bundeswehr wieder auf und brachten sie auf jene Schlagkraft, die eine solche Truppe braucht.

Viele Soldaten stellten sich auch jetzt wieder in den Dienst dieser Waffe und des neuen Staates. Sie waren maßgeblich am Aufbau der Fallschirmtruppe der Bundeswehr beteiligt.

Hans Kroh beispielsweise als Brigadegeneral und Kommandeur der 1. Luftlande-Division. Heinz Trettner unter anderem im NATO-Hauptquartier in Paris und zuletzt als Kommandierender General des I. Korps. Friedrich August Freiherr von der Heydte als erster Reservegeneral der Bundeswehr.

Kurt Student wurde 1959 zum Vizepräsidenten des neuseeländischen Frontkämpferverbandes ernannt, jener Soldaten also, die auf Kreta die härtesten Gegner der deutschen Fallschirmjäger waren und die ihm und den Fallschirmjägern auch nach dem Kriege noch Fairness und Tapferkeit bescheinigten.

Gerhard Schirmer führte nach dem Kriege die Fallschirmjäger-Brigade 25, die er aus dem Nichts schuf. Walter Gericke wiederum baute zunächst die Luftlande- und Lufttransportschule in Altenstadt/Schongau auf, ehe er — zum Brigadegeneral befördert — Kommandeur der 1. Luftlande-Division wurde. Oberst Harry Herrmann, der letzte Kommandeur der 9. FJD im Großkampfraum Berlin, der zehn volle Jahre in sowjetischer Gefangenschaft war, wurde einer der anerkannten Lehrer dieser neuen Bundeswehrtruppe.

Auch Helmut Kerutt, Hans Teusen und Erich Lepkowski, um nur einige zu nennen, waren wie Gerhard Schacht und Rudolf Witzig mit großen Verdiensten in der Bundeswehr tätig.

Wenden wir uns nunmehr dem einen Soldaten zu, der als Oberleutnant in der Festung Brest nach einer schweren

Lothar Rützel, mehrfacher deutscher Meister im Fallschirmspringen (links) mit „Papa" Kohnke

Verwundung bereits unter den Toten gelegen hatte und den seine Fallschirmjäger in letzter Sekunde retteten: Erich Lepkowski. In US-Kriegsgefangenschaft wurde ihm der Granatsplitter, der ihn an den Rand des Todes brachte, aus der linken Herzvorkammer entfernt. Er wurde nach seiner Rückkehr aus den USA — obgleich fallschirmuntauglich geworden — zum Initiator des Fallschirmsportspringens in Deutschland. Gemeinsam mit dem Fallschirmpionier Ingenieur Richard Kohnke baute Lepkowski das Fallschirmsportspringen auf.

Fallschirmsportspringen in Deutschland

Von den chinesischen Gauklern und Akrobaten des Jahres 1306, die an Fallschirmen von hohen Türmen herabschwebten, bis zu *den* Fallschirmspringern, die nach dem Zweiten Weltkrieg in Deutschland damit begannen, diesen Sport bekannt zu machen, besteht im wahrsten Sinne des Wortes ein himmelweiter Unterschied. In der langen Kette all derer, die diese Sportart in unserem Lande förderten, wirkte neben dem Altmeister und Fallschirmpionier Richard Kohnke auch Erich Lepkowski mit. „Papa" Kohnke war es, der nach dem ersten Weltkrieg bereits in seiner Schule nicht weniger als 600 Fallschirmspringer ausbildete. Er selber führte 398 Fallschirmabsprünge durch. Nach dem Zweiten Weltkrieg gründete er eine Fabrik für Fallschirme und Fallschirmzubehör. Über 15 Jahre lang war er Erster Vorsitzender der Fachgruppe Fallschirmsport im Deutschen Aero-Club e. V.

1970 wurde er deren Ehrenvorsitzender, um wenig später zum Ehrenpräsidenten der Commission Internationale de Parachutisme in der FAI ernannt zu werden.

Wer nun etwa geglaubt hat, daß direkt nach dem Zweiten Weltkrieg in Deutschland Fallschirmsportspringen betrieben worden sei, der irrt gewaltig. Erst nach Wiedererlangung der Lufthoheit der Bundesrepublik Deutschland im Jahre 1955 durfte erstmals das „Luftfahrergerät" Fallschirm benutzt werden. In Oerlinghausen bei Bielefeld fanden im August 1955 die ersten offiziellen Veranstaltungen der Fallschirmspringer statt. Initiator war der Nordrhein-Westfälische Luftsportverband e. V. in Zusammenarbeit mit dem Deutschen Aero-Club e. V. — Fallschirmsportkommission.

Leiter dieser Veranstaltung war der Vorsitzende dieser Kommission, Ingenieur Richard Kohnke. Unter den 17 Springern zählte auch der 58jährige Senior des Verbandes Richard Kohnke, der zwei Sprünge absolvierte.

Bei dieser ersten Veranstaltung war auch der junge Fallschirmspringer von 1942, Arndt Hoyer, dabei, der spätere Vorsitzende des Luftsportringes Süd e. V., Schongau, Sieger der niedersächsischen Landesmeisterschaft von 1958, der bei weiteren Deutschen und Weltmeisterschaften deutscher Delegationsleiter wurde. Er erhielt als einer der ganz wenigen die „Kätchen-Paulus-Medaille des DAeC e. V.".

Die erste deutsche Meisterschaft im Fallschirmsportspringen fand im Jahre 1959 unter der Schirmherrschaft des damaligen Bundesministers für Verkehr, Dr.-Ing. Hans Christoph Seebohm, in Braunschweig statt. Bereits hier zeichnete sich ein Springer aus, der später zu Erfolgen am laufenden Band kam: Lothar Rützel. Willi Ernst wurde Gesamtsieger. Die Meister der Gruppen A, B und C wurden Rudolf Zender, Eberhard Block und Willi Ernst.

Die Siegerehrung der 2. Deutschen Meisterschaft, die im August 1961 auf dem Übungsgelände der Luftlandeschule zu Altenstadt stattfand, nahm der Kommandeur der Luftlandeschule, Oberst Walter Gericke vor. Lothar Rützel landete wieder vorn. Neunter in der Gesamtwertung wurde jener Fall-

schirmspringer, der in den USA bereits für „fallschirmuntauglich“ erklärt worden war: Erich Lepkowski, der Fallschirmjäger vom Kanal von Korinth, von Kreta und Rußland und aus der Festung Brest. Schirmherr dieser Veranstaltung war der seinerzeitige Bundesverteidigungsminister Dr. Franz Josef Strauß.

Bei der 3. Deutschen Meisterschaft wurde Lothar Rützel Sieger im Einzelabsprung aus 2000 m Höhe mit Öffnungsverzögerung von 25 bis 30 Sekunden und errang auch den Gesamtsieg.

Die 4. Deutsche Meisterschaft in Leutkirch-Unterzeil wurde zu einem weiteren Erfolg von Lothar Rützel, der mit seinem seit einiger Zeit zugelassenen US-Fallschirm der Typs Para Commander startete und siegte. Der Fallschirmspringer aus der 1. Luftlande-Division der Bundeswehr, Feldwebel Alois Scherer, belegte hier noch hinter dem Abonnementsieger Rützel den zweiten Rang, in Zukunft aber sollte ihm der Himmel und der Sieg gehören. Dies im Zielspringen und ganz sicher auch im Stilspringen.

Die Gesamtleitung der 6. Deutschen Meisterschaft lag in den Händen von Erich Lepkowski, der auch die Wettbewerbsleitung inne hatte und in der Jury saß, kein Grund für ihn, nicht auch noch einige Fallschirmabsprünge zu machen.

Lothar Rützel, einer der besten Stilspringer beim Absprung.

Lothar Rützel mit seinem Para Commander-Schirm Mark I.

Unmittelbar vor der Landung.

Die Degerfelder Veranstaltung wurde übrigens mit dem ersten Feldgottesdienst eingeleitet, zu dem Pfarrer und Ministranten mit dem Fallschirm landeten. Pfarrer war zu seiner Zeit der Standortgeistliche von Stetten, Pastor Lerchenmüller.

Erich Lepkowski, der im Frühjahr 1960 bei der Bundeswehr eingetreten war, hatte bis dahin wieder 80 Fallschirmabsprünge absolviert. Gemeinsam mit seinen Freunden Siegfried Starke, Günther Bosse, Wolfgang Minstedt und Lothar Rützel stellte er am 25. Oktober 1962 mit einem Absprung aus 7.010 m Höhe einen Gruppenrekord im Fallschirmspringen auf. Von dieser Höhe wurden 6.455 m im freien Fall zurückgelegt. So durch den Raum segelnd erreichten die Springer eine Geschwindigkeit bis zu 240 Stundenkilometern. Bereits am 12. Februar 1963 wurde mit demselben Team ein neuer Gruppen-Höhenrekord angegangen. Sprunghöhe war dabei 7.601 m, die im freien Fall durchflogene Höhe betrug 6.943 m. Diesem Versuch folgte ein dritter, der am 26. Juni 1963 bei Wildeshausen gestartet wurde. Diesmal sollte der Gruppen-Höhenrekord im Nachtsprung angegangen werden. Aus 4.300 m sprangen Erich Lepkowski, Lothar Rützel und Wolfgang Minstedt. Nach 3.700 m im freien Fall zogen sie die Handauslösung und schwebten sicher der Erde entgegen.

Für den Mai 1964 plante Erich Lepkowski einen Nachtabsprung aus der höchsten erreichbaren Höhe des Noratlas-Transportflugzeuges.

Diese Aktion startete am 21. Mai, nachdem die vorausgeschickten Springer gesprungen waren, die letzte Voraus-Gruppe mit Ofw. Boldt und Stabsunteroffizier Aron stieg aus 4.500 m aus. Als die „Nora" endlich 8.000 m Höhe erreicht hatte, war von den irgendwo unter ihr liegenden Flugplatz Alhorn nichts zu erkennen. Aber die Maschine stand über dem Peiler, hatte also die richtige Position.

„Absprung! Und schon herrschte im wahrsten Sinne des Wortes eisige finstere Stille um mich", berichtete Lepkowski dem Autor. „Höhenmesser und Stoppuhr waren gut zu erkennen. Unter mir eine dicke Wolkenwand. Nach 50 Sekunden waren Brille und Instrumente beschlagen, vereist. Jetzt hieß es Lage halten und senkrecht fallen lassen. Schließlich entdeckte ich unter mir den Flugplatz, der etwas abseits lag und setzte zum Flash an, um die noch fehlende Distanz zum Ziel zu überwinden. Dann sichtete ich das kreisende Blaulicht des Sankas, das mir den Weg weisen sollte. Wenig später auch den Tower des Platzes und die Umrisse der Rollbahnen, Grasflächen und Verbindungswege. Ich mußte 600 m erreicht haben.

Jetzt ruckartig den Körper gestrafft, stabile Lage eingenommen, die Hand am Griff, gezogen und — der Schirm kam sofort. Unmittelbar nach dem Entfaltungsstoß stellte ich den Schirm auf Fahrt in Richtung Blaulicht und schoß einen Leuchtfallschirm als Markierungszeichen ab."

Nach 132 Sekunden im freien Fall, während derer er 6.920 m zurücklegte und dabei 45 Grad Temperaturunterschied zu überwinden hatte, landete er sicher.

Der folgende Höhenrekordsprung aus 9.445 m startete nach fast zweistündigem Steigflug, wie der Höhenmesser einwandfrei auswies. Die Maschine befand sich etwa drei Kilometer seitlich des Flugplatzes von Celle. Bei glasklarer Erdsicht und 49 Grad unter Null überbrückte der Springer Lepkowski in einem gewaltigen Flash die 3.000 m Distanz und öffnete nach einem 2 Minuten und 22 Sekunden dauerndem Freifall bei einer Schirmöffnungshöhe von 700 Metern den Fallschirm. Er landete unmittelbar neben den begeisterten Zuschauern.

Bei einer nachfolgenden Sprungveranstaltung landete er aus einer weiteren Rekordhöhe auf dem Anstoßpunkt des

Erich Lepkowski beim Nachtsprung ins Weserstadion Bremen.

vom Flutlicht erhellten Weserstadions zu Bremen.

Bei jedem seiner Sprünge stellte Major Lepkowski Untersuchungen und Erprobungen darüber an, wie sich der Mensch in der sauerstoff- und druckarmen Luft unter extremen Kältegraden verhalten mußte. Seine Erfahrungsberichte kamen natürlich auch der Bundeswehr zu Gute.

Als Ingenieur Richard Kohnke aus Altersgründen sein Amt zur Verfügung stellte, wurde Erich Lepkowski am 18. Februar 1967 zum 1. Vorsitzenden der Fachgruppe Fallschirmsport im DAeC e. V. gewählt. Er war inzwischen Träger des Goldenen Leistungsabzeichens mit Brillanten im Fallschirmsport.

Am 17. September 1969 — dem Tag seines 50. Geburtstages — startete er zu seinem 499. Fallschirmabsprung. Dieser endete mit einem Unfall, der ohne

Rützel mit seinem Hochleistungsfallschirm PTCH-8

die große Erfahrung und Routine des Springers tödlich geendet haben würde. Lepkowski wurde zum Aussetzen gezwungen, doch als der Autor ihn anläßlich der 8. Deutschen Meisterschaft im Fallschirmspringen am 4. Juli 1971 auf dem Flugplatz zu Lüneburg traf, meldete ihm Lepkowski: „Habe soeben den 500. Fallschirmabsprung hinter mich gebracht!“

Daß er trotz der Gesamtleitung und der verschiedenen weiteren Aufgaben, die er hier zu erfüllen hatte, auch selber springen mußte, war für ihn Selbstverständlichkeit.

Hier in Lüneburg lernte der Autor auch jenen Fallschirmjäger-Offizier kennen, der ihm aus vielen Einsätzen in Rußland über die er erfuhr, bereits bekannt war. Hauptmann Oskar Finzel kämpfte mit seinem Bataillon in Rußland mit unermüdlicher Einsatzbereitschaft und wurde schwer verwundet. Hier in Lüneburg, ein Vierteljahrhundert später, berichtete er über das Fallschirmspringen für den „Fallschirmjäger“, dessen Redaktion er nach dem Tode des unvergessenen Rudolf Böhmler übernommen hatte. Auch hier waren die großen Namen wieder vorn. Alois Scherer im Zielspringen, Werner Eschenlohr im Stilspringen und Lothar Rützel mit zweiten Plätzen in beiden Disziplinen. In dem ehemaligen Fallschirmjägeroffizier Erich Lepkowski hatte der Fallschirmsport seinen besonderen Freund

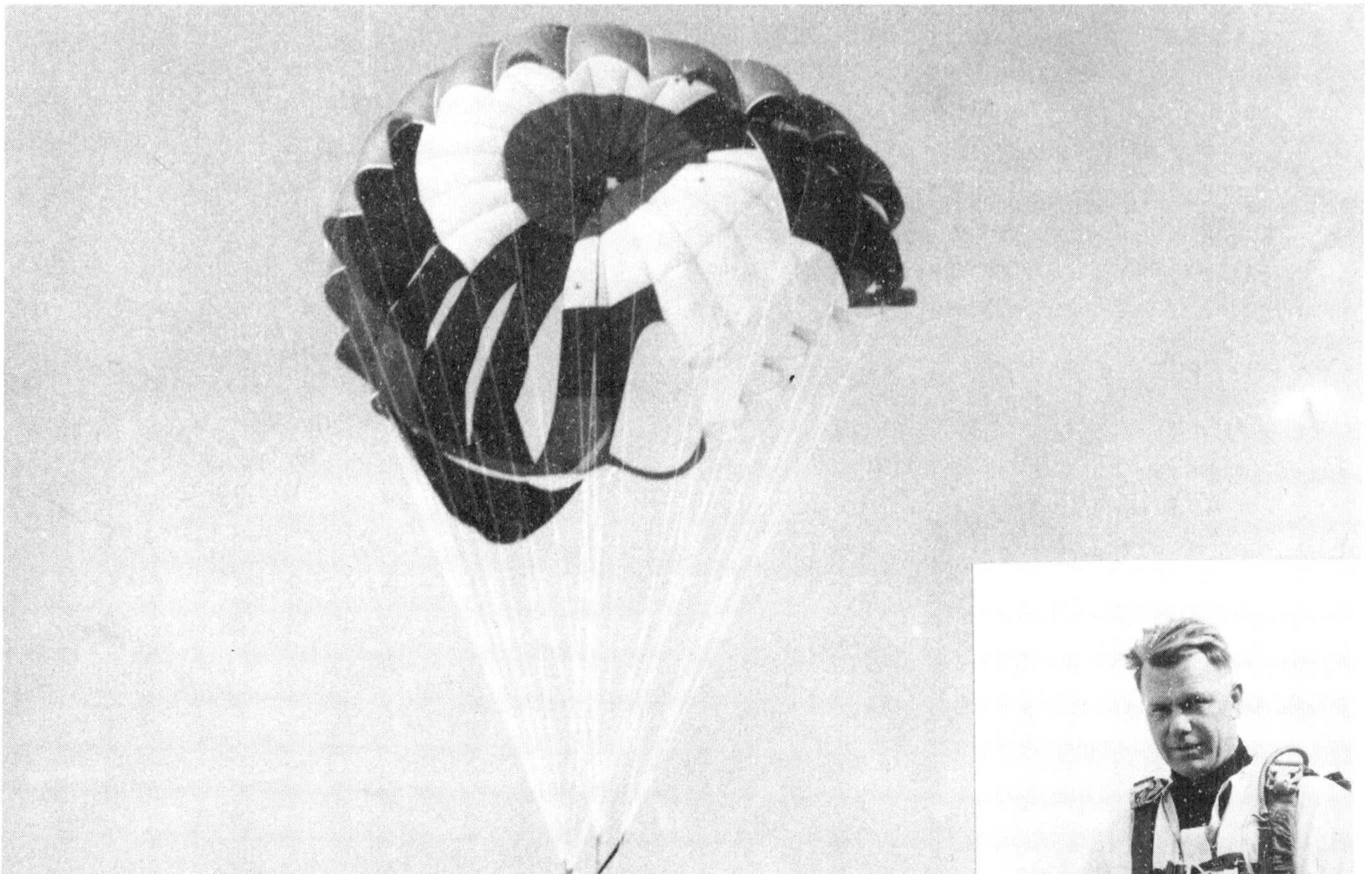

und unermüdlichen Helfer gefunden. Es war ohne jeden Zweifel seiner Initiative zu verdanken, daß dieser Sport, der von seinen Gegnern als „eine Gratwanderung zwischen Todessehnsucht und Todesverachtung" apostrophiert wurde — dies aber sicher nicht ist — in Deutschland viele Freunde fand, denen der älteste Traum der Menschheitsgeschichte, fliegen zu können, im Blut steckte. Sie machten diesen Traum wahr, flogen mit 230 und 240 Stundenkilometern durch den Raum, fanden sich im freien Fall zu kunstvollen Figuren zusammen und zeigten die ganze Schönheit dieses Sports auf.

Neue Fallschirme aus aller Welt vervollkommneten das Gefühl, wirklich durch den Raum zu fliegen. In vielen Fällen fanden sich Fallschirmsportgruppen zusammen, um solche Veranstaltungen durchzuführen, bei denen es galt, eine Schlange zu bilden, oder den bekannten Caterpillar, oder einen kunstvollen Stern. Andere Figuren kamen hinzu.

Daß es neben diesen bekannten Fallschirm-Flugfiguren auch weiter ging, zeigen die Rekorde aus den USA, wo sich Fallschirmsportspringer in großen Gruppen trafen, um aus mehreren Maschinen gleichzeitig springend immer größere Sterne in der Luft zu bilden, bis es zu jenem außergewöhnlichen Ereignis kam, daß sich 32 Fallschirmspringer in der Luft zu einem einzigen Stern miteinander verbanden. Mit über 200 Stundenkilometern aufeinander zuschießend, fanden sie sich, bildeten einen Kreis und schwebten der Erde entgegen, während ihre Rauchpatronen, die sie an den Stiefeln befestigt hatten, rote, grüne, blaue und orangefarbene Rauchspiralen ausstießen.

Auch in der Bundesrepublik Deutschland wurden Sterne gebildet und einmal kam es sogar zur Bildung eines Zehn-Mann-Sterns.

In verschiedenen lustigen Schaueinlagen zeigten die Fallschirmspringer, daß sie auch außergewöhnliche Situationen im freien Fall beherrschten, so als zum 1.000. Fallschirmabsprung Hartmut Huber von Fred Hesse in Freifall ein Krug Bier eingeschenkt wurde.

In den USA erlebte Gert Weckbecker im freien Fall das Geburtstagsküßchen einer amerikanischen Sportsfreundin, die zu den besten Fallschirmspringerinnen der Welt zählte.

Ein Viererstern ist gut gelungen.

*27. April 1972:
Apollo 16 kehrt von seiner Mondmission zurück und gleitet an seinen drei Tragfallschirmen 2.778 km südlich Hawaii dem Pazifik entgegen. In der Kapsel die Astronauten. John W. Young, Charles M. Duke jr. und Thomas K. Mattingly II.*

Daß der Fallschirm daneben zu vielen anderen Einsätzen benötigt wird, ist bekannt. Eines der spektakulärsten Bilder von Fallschirmeinsätzen wurde jenen Zuschauern geboten, die am 27. April 1972 vor den Fernsehern saßen und die Landung der Apollo 16 verfolgten, mit der die fünfte bemannte Mondlandung und der zweite Einsatz des Mondfahrzeuges „Lunar Roving Vehicle" durchgeführt wurde.

Beeindruckend, wie der kleine Schirm die drei Landungsschirme aus der Verpackung zog und wie sich diese aufblähten und die Kapsel mit den drei Astronauten John W. Young, Charles M. Duke jr. und Thomas K. Mattingly II auf dem Wasser niedergehen ließen. Ebensolche Landungen erlebten auch die Kosmonauten der UdSSR die allerdings zu Lande stattfanden.

Diese Sportart, aus der einige Ausschnitte dargeboten wurden, um zu zeigen, daß die alten Fallschirmjäger zugleich auch die Fallschirmsportler der ersten Stunde waren und diesen Sport populär machten, erfordert eine Reihe Voraussetzungen. Einmal die körperliche Eignung, Mut und Entschlossenheit, sodann blitzschnelle Aktionen und Reaktionen, wenn es gilt, mit 230 Stundenkilometern durch die Luft

Dies wird der erste Siebenerstern in der Geschichte des deutschen Fallschirmsports.

fliegend, den Anschluß an vorher gesprungene Kameraden zu finden, die in der Froschhaltung langsamer sind, als jene im Flash hinterherflitzenden Springer. Körperbeherrschung und gute Selbstdisziplin sind ebenfalls gefordert. So gibt denn auch eine gelungene Figur, die geflogen wurde, ein besonderes Gefühl von Befriedigung und Teamgeist.

„Jeder gelungene Sprung", so Erich Lepkowski, der leider zu früh im Jahre 1975 verstorbene Fallschirmexperte, „erzeugt ein gesundes Selbstvertrauen und Stolz, ohne zu Überheblichkeit zu entarten. Hier gilt es, jederzeit Kameradschaft und Teamgeist zu bewahren, wenn man erfolgreich sein will".

Daß auch ein Hauch von Romantik dabei ist, zeigen die Abende nach den Treffen, in fröhlicher Runde am Lagerfeuer, oder am Rande irgend eines Flugfeldes in Zelten und Flugzeugschuppen. Dort sind sie — ebenso wie in der Luft — eine einzige große Familie aller jener, die das Fliegen als Erlebnis betrachten, und jener, die ihnen dabei helfen, daß sie Fallschirmspringen können.

Das Fallschirmspringen ist *keine* Gratwanderung zwischen Todessehnsucht und Todesverachtung. Es ist auch kein Kampf jeder gegen jeden, sondern ein sportlicher Wettkampf unter Gleichgesinnten und Freunden, die zwar jeder für sich das Beste zu erreichen versuchen, aber doch auch und immer die gute Leistung des anderen anerkennen, sie akzeptieren und sich mit den erfolgreicheren Freunden freuen und ihnen nachzueifern versuchen. Wenn dieser Abschnitt als versöhnender Abschluß über den Fallschirm und den Fallschirmjäger im Kriege gesetzt ist, dann in der Absicht, den weiteren Lebensweg einer Reihe deutscher Fallschirmjäger aufzuzeigen und den Fallschirm in seiner vielfältigen Entwicklung, vom Rettungsgerät, über seinen Einsatz im Kriege bis hin zum Fallschirmsport aufzuzeigen.

Verzeichnis der verwendeten Abkürzungen

Abt.	Abteilung
a.D.	außer Dienst
Adj.	Adjutant
AK	Armeekorps
AOK	Armeeoberkommando
AR	Artillerie-Regiment
A-Tag	Angriffstag
Batl.	Bataillon
BatlGefStand	Bataillonsgefechtsstand
BatlKdr.	Bataillonskommandeur
Brig.	Brigade
BrigGefStand	Brigadegefechtsstand
BRT	Bruttoregistertonnen
DAK	Deutsches Afrika-Korps
DFS	Deutsche Forschungsanstalt für Segelflug
DivFlakBattr.	Divisions-Flak-Batterie
DivKdr.	Divisionskommandeur
DivPakKp.	Divisions-Pak-Kompanie
DivTranspKp.	Divisions-Transport-Kompanie
D-Tag	Angriffstag
FHQ	Führerhauptquartier
Fhr.	Führer
FJD	Fallschirmjägerdivision
FJR	Fallschirmjäger-Regiment
FlaMG	Fliegerabwehr-Maschinengewehr
FlaMGBatl.	Fliegerabwehr-Maschinengewehr-Bataillon
FlaMW	Fliegerabwehr-Maschinenwaffen
FlDiv.	Fliegerdivision
FlK	Fliegerkorps
FschArtAbt.	Fallschirm-Artillerie-Abteilung
FschAOK	Fallschirmarmee-Oberkommando
FschJägRgt.	Fallschirmjäger-Regiment
FschMGBatl.	Fallschirm-Maschinengewehr-Bataillon
FschPiBatl.	Fallschirm-Pionier-Bataillon
FschSanAbt.	Fallschirm-Sanitäts-Abteilung
FT	Funkentelegraphie
Fw.	Feldwebel
GebDiv.	Gebirgsdivision
GebJägRgt.	Gebirgsjäger-Regiment
GefStand	Gefechtsstand
GendFl.	General der Flieger
GendInf.	General der Infanterie
GendPzTr.	General der Panzertruppe
GenLt.	Generalleutnant
GenMaj.	Generalmajor

GenOberst	Generaloberst
GFM	Generalfeldmarschall
GJR	Gebirgsjäger-Regiment
GKdos.	Geheime Kommandosache
Go	Gotha-Lastensegler
He	Heinkel
Hfw.	Hauptfeldwebel
HGr.	Heeresgruppe
HKL	Hauptkampflinie
Hptm.	Hauptmann
HptStFhr.	Hauptsturmführer
HQ	Hauptquartier
HVP	Hauptverbandsplatz
Ia	Erster Generalstabsoffizier
Ib	Zweiter Generalstabsoffizier
Ic	Dritter Generalstabsoffizier
ID	Infanteriedivision
i.G.	Im Generalstab
IR	Infanterie-Regiment
Ju	Junkers
Kapitänlt.	Kapitänleutnant
Kdr.	Kommandeur
KG	Kampfgeschwader
KGr.	Kampfgruppe
KommGen.	Kommandierender General
Kp.	Kompanie
Kpn.	Kompanien
KTB	Kriegstagebuch
le.	leichte
Lt.	Leutnant
LL	Luftlande
LLDiv.	Luftlande-Division
lMG	leichtes Maschinengewehr
LS	Lastensegler
LwKdo.	Luftwaffenkommandos
Me	Messerschmitt
Maj.	Major
MG	Maschinengewehr
MGKp.	Maschinengewehr-Kompanie
mot.	motorisiert
MPi	Maschinenpistole
OB	Oberbefehlshaber
Oblt.	Oberleutnant
ObGefr.	Obergefreiter
Ofw.	Oberfeldwebel
OKH	Oberkommando des Heeres
OKW	Oberkommando der Wehrmacht

OrdOffz.	Ordonnanzoffizier
Pak	Panzerabwehrkanone
PD	Panzerdivision
PGD	Panzergrenadierdivision
Pi.	Pioniere
PiGebBatl.	Pionier-Gebirgs-Bataillon
PR	Panzer-Regiment
PzJägKp.	Panzerjäger-Kompanie
PzAufklAbt	Panzeraufklärungs-Abteilung
PzKGr.	Panzerkampfgruppe
Rgt.	Regiment
RgtAdj.	Regimentsadjutant
RgtGefStand	Regimentsgefechtsstand
RgtKdr.	Regimentskommandeur
SanKp.	Sanitätskompanie
sMG	schweres Maschinengewehr
SPW	Schützenpanzerwagen
sPzAbt.	schwere Panzerabteilung (Tiger)
StGeschAbt.	Sturmgeschütz-Abteilung
StGeschBrig.	Sturmgeschütz-Brigade
Uffz.	Unteroffizier
X-Zeit	Angriffszeit
Y-Uhr	Angriffszeit
z.b.V.	zur besonderen Verfügung
Zgkw.	Zugkraftwagen (Zugmaschine)

Literaturverzeichnis

Alexander, Harold, R.: D' El-Alamein à Tunis e la Sicile, Paris 1945.

Alman, Karl: Sprung in die Hölle, Rastatt 1964.

Arent, Ernst: Aus dem Leben meines Bruders, Manuskript 1963.

Arent, Peter: Briefe nach den Schlachten, Manuskript 1940-43.

Arnim: Jürgen von: Tunesien nach 14 Jahren, in: Der deutsche Fallschirmjäger 1957.

Barnikol, Dr. H. A.: Kriegserlebnisse in Tunesien, Manuskript.

Benz, Heinrich: Das Fallschirmjäger-Regiment 5 und Ergebnisse des Suchdienstes, Manuskript 1964.

Bernig, Heinrich, H.: Hölle Alamein, Balve 1960.

ders.: Angriffsziel Festung Europa, Balve 1960.

Blausteiner, Oberst: Einsatz des II. Fallschirmkorps an der Invasionsfront vom 6.6.1944 bis 10.5.1945, Manuskript.

Böhmler, Rudolf: Monte Cassino, Darmstadt 1955.

ders.: Fallschirmjäger, Nauheim 1960.

ders.: General Ludwig Heilmann, in: Der deutsche Fallschirmjäger 1959.

ders.: General Richard Heidrich, in: Der deutsche Fallschirmjäger 1959.

Bradley, Omar: A soldiers Story, New York 1964.

Bräuer, Bruno: Unser Oberst Schulz, in: Berliner Illustrierte, 1942.

Brown, John Mason: Destination: Sicily (July 1943), New York 1945.

Bryant, Arthur: Sieg im Westen, Düsseldorf 1960.

Buckley, Christopher: Road to Rome, London 1945.

Bundesarchiv-Zentralnachweisstelle: Rangliste der Generale der Luftwaffe, 1939-1945, Kornelimünster 1963.

Churchill, Winston: Memoiren, Bern 1949-1954.

ders.: Der Zweite Weltkrieg, Stuttgart 1954.

Clark, W. Mark: Calculated Risc, London 1951.

Cunningham, Sir John Henry: A Saylors Odyssee, London 1951.

Deutsch, Heinz: Geschichte der Fallschirm-Sturmgeschütz-Brigade XII, Manuskript 1965.

Dobiasch, Sepp und Major Fleckner: Gebirgsjäger auf Kreta, Berlin 1942.

Durnford-Slater, John: Commandos, London 1953.

Eisenhower, Dwight D.: Kreuzzug in Europa, Amsterdam 1948.

Fries, Walter: Sizilien und Italien, Bad Nauheim 1966.

ders.: Der Kampf der 29. PGD auf Sizilien, Manuskript.

Gasteyer, Walter: Mit meinen Pionieren in Tunesien, Manuskript.

ders.: Mein Zugführer Peter Arent, Manuskript.

Gavin, James M.: Airborne warfare, Washington 1947.

Genz, Alfred: Meine Einsätze als Fallschirmjäger an allen Fronten, Manuskript.

Gericke, Walter: Fallschirmjäger hier und da, Berlin 1941.

ders.: Da gibt es kein Zürück, Münster 1955.

ders.: Sprungeinsatz Monte Rotondo, in: Der deutsche Fallschirmjäger 1965.

ders.: Im Landekopf Anzio-Nettuno, Manuskript.

Gerland, Albert N. und McGaw, Howard: Sicily and the surrender of Italy 1943-1944, Washington 1945.

Götzel, Hermann: Generaloberst Kurt Student, Friedberg 1981.

Greiner, Heinz: Kampf um Rom, Inferno am Po, Neckargemünd 1968.

Hambuch, Rudolf: Einsätze des Fallschirmjäger-Regimentes 5 in Tunesien. Kampfberichte, Manuskript.

Haupt, Werner: Das Ende in Afrika, in: Alte Kameraden 1965.

Hayn, Friedrich: Die Invasion, Heidelberg 1954.

Heilmann, Grete: Mein Mann Ludwig Heilmann.

Heilmann, Ludwig: Chania, in: Der deutsche Fallschirmjäger 1957.

ders.: Monte Cassino, in: Der deutsche Fallschirmjäger 1957.

ders.: Fallschirmjäger auf Sizilien, Manuskript.

Heydte, Prof. Dr. Friedrich Frhr. von der: Deadalus Returned, London 1958.

ders.: Kampfberichte, Tagesbefehle, Manuskript.

ders.: Der Fehler in der Rechnung Cotentin, in: Der deutsche Fallschirmjäger 1962.

Honniball, F. E.: Sicily and Italy, Sussex 1966.

Horrocks, Brian: A full Life, London 1961

Irving, David: Hitler und seine Feldherren, München 1982.

Kabisch, General: Unser Kampf in Holland, München 1941.

Kai, Robin Langford: Italy, Vol. II: From Cassino to Trieste, Wellington/Neuseeland, 1967.

Keilig, Wolf: Das deutsche Heer 1939-1945, Bad Nauheim 1959.

Kerutt, Helmut: Kampfberichte, Skizzen, Befehle, Manuskript.

Kesselring, Albert: Soldat bis zum letzten Tag, Bonn 1953.

ders.: Die deutsche Luftwaffe, in: Bilanz des Zweiten Weltkrieges, Oldenburg, Hamburg 1953.

ders.: Gespräch mit dem Autor, Bundestreffen deutsches Afrika-Korps 1956.

Kleim, Herbert: Einsatz am Djebel Djihane, Manuskript.

Knoche, Wilhelm: Beitrag zur Kriegsgeschichte des FJR 5, Manuskript.

ders.: Beginn der Kämpfe in Tunesien, Manuskript.

ders.: Brückenkopf Wiborgskaja, Manuskript.

ders.: Mit dem III./FJR 5 in Tunesien, Manuskript.

Kollatz, Karl: Oberleutnant Erich Lepkowski.

ders.: General der Fallschirmtruppe Ramcke.

ders.:	Oberleutnant Erich Schuster.
ders.:	Generalmajor Karl-Lothar Schulz.
ders.:	Die Fallschirmjäger von Dombas.
ders.:	Fallschirme und Lastensegler über Eben Emael.
ders.:	Fallschirmjäger-Einsatz gegen Leros.
ders.:	Oberstabsarzt Dr. Heinrich Neumann.
ders.:	Die Schlacht um Sizilien.
ders.:	Unter uns Kreta. (Alle Rastatt 1960-1976).
ders.:	General Hans Kroh, Manuskript.
Kühn, Volkmar:	Deutsche Fallschirmjäger im Zweiten Weltkrieg, 1939-1945, Stuttgart 1976.
Kurowski, Franz:	Der Kampf um Kreta, Herford 1965.
ders.:	Brückenkopf Tunesien, Herford 1967.
ders.:	Von Caserta bis Tunis — Der Kampf um Medjez el Bab, Der Durchbruch der Alliierten bei Medjez el Bab, Entlastungsangriff am Djebel Djaffa, Nach 23 Jahren wieder in Tunesien. Fallschirmjäger in Rußland, Teil I—V: (Alle in: Der deutsche Fallschirmjäger 1966-1967).
ders.:	Ihr Stadion ist der Himmel, Bochum 1971.
ders.:	Das Buch der Fallschirmspringer, Göttingen 1973.
ders.:	Das Afrika-Korps, München 1977.
ders.:	Sturz in die Hölle, München 1986.
ders.:	Bedingungslose Kapitulation, Leoni 1984.
ders.:	Endkampf in Afrika, Leoni 1983.
ders.:	Der Afrikafeldzug in Farbe, Leoni 1985.
ders.:	Professor Tönnis im Gespräch in Dortmund Oespel.
ders.:	Generalfeldmarschall Albert Kesselring, Leoni 1985.
ders. und Beekmann, Frans S.:	Der Kampf um die Festung Holland, Herford 1981.
ders. und Tornau, Gottfried:	Sturmartillerie. Die Geschichte einer Waffe, Stuttgart 1977.
ders. und Böhmler, Rudolf:	Deutsche Fallschirmjäger in Rußland, Manuskript.
Langemeyer, Dr. Carl:	Die Männer mit den blauen Spiegeln, Manuskript.
ders.:	Kampfberichte eines Fallschirmjäger-Arztes, Manuskript.
Lauterbach, Ernst:	Mit dem II./Fallschirmjäger-Sturmregiment im Osten, Manuskript.
Lepkowski, Erich:	Kampfbericht über: Kanal von Korinth, Kreta, Miusfront, Kirowograd und Brest, Manuskript.
ders.:	Gespräche mit dem Autor.
Majdalany, Fred:	Monte Cassino, München 1958.

Manteuffel, Hasso v.: Tunesieneinsatz — Auszüge der täglichen Meldungen des OKH an das OKW, Manuskript.

Messe, Giovanni: Come fini la guerra in Africa, Roma 1949.

Metzsch, Friedrich-August: Die Geschichte der 22. Infanterie-Division 1939-1945, Kiel 1952.

Montgomery, Sir Bernard: Von El Alamein zum Sangro, Bern 1949.

Morzik-Hümmelchen: Die deutschen Transportflieger im Zweiten Weltkrieg, Frankfurt/Main 1968.

Nehm, Heinz: Einsätze in Tunesien, Manuskript.

ders.: Gespräche mit dem Autor.

Neumann, Dr. Heinrich: Der Kreta-Einsatz des Luftlande-Sturmregimentes. Sanitätsberichte von der Ostfront, Manuskript.

Ob. d. L.: Befehl zur Aufstellung der 1. Fallschirmarmee vom 5.11.1943.

ders.: Befehl zur Auffrischung der 2., 3., 5. und 6. FJD und Neuaufstellung der 7., 8., und 9. FJD vom 24.9.1944; Nachsatz über die Aufstellung der 10. FJD.

ders.: Gefechtsbericht über die Eroberung der Insel Kreta (von der Luftflotte 4).

Patton, George Smith: Krieg, wie ich ihn erlebte, Bern 1950.

Pend, Hugh: Sicily, London 1962.

Ramcke, Bernhard Hermann: Vom Schiffsjungen zum Fallschirmjäger-General, Berlin 1943.

ders.: Fallschirmjäger, damals und danach, Frankfurt/Main 1951.

ders.: Gespräche mit dem Autor und persönliche Daten und Berichte, Manuskript.

Reichsminister für Luftfahrt: Übernahme der Landespolizeigruppe „General Göring“ in die Luftwaffe.

ders.: Ausgliederung des Fallschirmjäger-Bataillons aus dem Regiment „General Göring“.

Richter, Peter R.: Im Großkampfraum Normandie — Brest, Zs. 1967.

Ringel, Julius: Hurra die Gams! Graz-Stuttgart o. J.

ders.: Persönliche Berichte an den Autor, Manuskript.

Robinett, Paul McDonald: Armor Command, Washington 1958.

Rodt, Eberhard: Kampf der 15. PGD auf Sizilien, Manuskript.

Sauer, Paul: Gefechtsbericht und Kompanieliste der Kompanie/Kampfgruppe Sauer, Manuskript.

Schacht, Gerhard: Eben-Emael — 10. Mai 1940, in: Der deutsche Fallschirmjäger, 1962.

ders.: Die Kämpfe der Gruppe Walther in Südholland, Manuskript.

Schäfer, Heinrich: Einsatz auf der Kaktusfarm, Manuskript.

Schirmer, Gerhard: Persönliche Daten und Gefechtsberichte zum Fallschirmjäger-Einsatz, Manuskript.

Schmalz, Wilhelm: Der Kampf der Brigade Schmalz auf Sizilien, Manuskript.

ders.:	Kampf der Division „Hermann Göring“ bei Salerno, Manuskript.
Schubert, Erich:	Erinnerungen an General Bruno Bräuer, in: Der deutsche Fallschirmjäger, 1963.
Schulz, Johann:	Die verlorene Armee, Balve 1960.
ders.:	Unternehmen „Overlord“, Balve 1961.
ders.:	Unter uns Kreta, Rastatt 1972.
Schulz, Karl-Lothar:	So nahmen wir Waalhaven, ZS 1940.
ders.:	Kampfberichte Heraklion, Monte Cassino, Bologna, Manuskript.
ders.:	Gespräche mit dem Autor.
Schuster, Erich:	Von der Versuchsabteilung zum Sturmregiment. Stoßtrupps in Tunesien, Manuskript (von Heinrich Benz).
Seemen, Gerhard v.:	Die Ritterkreuzträger 1939-1945, Bad Nauheim 1955.
Senger und Etterlin, Frido von:	Krieg um Europa, Köln 1960.
Spencer, John Hall:	Battle for Crete, London 1962.
Staiger, Georg:	Anzio-Nettuno, Neckargemünd 1962.
Starr, Chester G.:	From Salerno to the Alps, a History of the Fifth Army 1943-1945, Washington 1948.
Stephanides, Theodore:	Climax in Crete, London 1950.
Strassl, Ernst E.:	Die Nacht von Galates, Berlin 1941.
Student, Kurt:	Memoiren, als Manuskript dem Autor überlassen.
ders.:	So sahen wir die Kreter. Der Kampf um Rom. Arnheim — der letzte deutsche Erfolg. (Alle in: Der deutsche Fallschirmjäger 1959-1962)
ders.:	Gespräche mit dem Autor.
Teusen, Hans:	Kampfberichte über meinen Fallschirmjägereinsatz, Manuskript.
Trettner, Heinz:	Werdegang und soldatischer Einsatz, Manuskript (und Gespräch mit dem Autor).
Volz, Heinz:	Fallschirmjäger-Regiment von Hoffmann, Manuskript.
Wachsmut, Harald:	Waffenlos 12 Tommies überrumpelt, in: Der deutsche Fallschirmjäger 1963.
Westphal, Siegfried:	Heer in Fesseln, Bonn 1950.
ders.:	Gespräche mit dem Autor.
ders. (Hrg.):	Schicksal Nordafrika, Bonn 1954.
ders.:	Erinnerungen, Mainz 1975.

ders.:	Der deutsche Generalstab auf der Anklagebank, Mainz 1978.
Wilmot, Chester:	Der Kampf um Europa, Frankfurt/Main 1954.
Winterstein, Martin und Jacobs, Hans:	General Meindl und seine Fallschirmjäger, Braunschweig o. J.
Witzig, Rudolf:	Die Einnahme von Eben Emael, ZS 1941.
Zimmermann, Horst:	Mein Einsatz mit dem II./FJR 5 in Tunesien, Manuskript (und Gespräche mit dem Autor).

Fotonachweis

Die Fotos stellten zur Verfügung:
Ernst Arent, Frau von Arnim, Heinrich Benz, Heinz Deutsch, Walter Fries, Alfred Genz, Walter Gericke, Rudolf Hambuch, Grete Heilmann, Prof. Dr. Friedrich August Frhr. von der Heydte, Helmut Kerutt, Wilhelm Knoche, Dr. Carl Langemeyer, Erich Lepkowski, Hasso von Manteuffel, Eberhard Roth, Walther K. Nehring, Dr. Heinrich Neumann, Bernhard Hermann Ramcke, Julius Ringel, Gerhard Schacht, Gerhard Schirmer, Karl-Lothar Schulz, Kurt Student, Hans Teusen, Heinz Trettner, Horst Zimmermann und Kameraden der ehemaligen Propagandatruppe der Luftwaffe, Lothar Rützel.

Dem Archiv des Verfassers stellten in der Vergangenheit einige Herren in besonders großzügiger Weise Fotos zur Verfügung. Es waren dies:
Oberst a.D. Rudolf Böhmler, mit dem der Verfasser das Werk „Deutsche Fallschirmjäger in Rußland“ erarbeitete, dessen Endfertigung am Tode Rudolf Böhmlers scheiterte. Generaloberst a.D. Kurt Student stellte weit über 40 Fotos zur Verfügung; desgleichen GenMaj. a.D. Karl-Lothar Schulz. Heinrich Benz, Suchdienstleiter des Fallschirmjäger-Regimentes 5, hat in besonderer Weise Fotos aus allen Fallschirmjäger-Verbänden besorgt.
Ganz besonders war es aber Rudolf Hambuch, der Kameradschaftsleiter der ehemaligen Angehörigen des FJR 5, der eine Fülle von Fotos beisteuerte, wenn es darum ging, Werke über die Fallschirmtruppe zu bebildern. Vergessen seien aber nicht die vielen Kameraden, die mit nur einem oder zwei Fotos zur Komplettierung beitrugen. Allen auf diesem Wege herzlichen Dank zu sagen, ist mir an dieser Stelle ein besonderes Bedürfnis.

Danksagung

Der besondere Dank des Autors gilt allen Persönlichkeiten und Institutionen, die ihm über Jahrzehnte hinweg in Sachen Deutsche Fallschirmjäger Hilfestellung leisteten.
Er gilt vor allem: Dem Bundesarchiv/Militärarchiv in Freiburg i. Brg. und dessen Archivdirektor Dr. Mayerhöfer, der Zentralbibliothek der Bundeswehr, Direktor Dr. Sack, der Redaktion „Der deutschen Fallschirmjäger", Herrn Oberst a.D. Rudolf Böhmler.
Jenen 400 Fallschirmjägern aller Dienstgrade, die Einzelberichte, Kartenskizzen, Einsatzschilderungen und Aufstellungen aller Art zur Bestgestaltung beisteuerten, sei allgemein gedankt.
Namentlich erwähnen möchte ich folgende Damen und Herren:
Ernst Arent, Jürgen von Arnim und Frau von Arnim, Heinrich Benz, Rudolf Böhmler, Hans Cramer, Heinz Deutsch, Walter Fries, Walter Gasteyer, Alfred Genz, Walter Gericke, Rudolf Hambuch, Ludwig Heilmann, Grete Heilmann, Prof. Dr. Friedrich-August von der Heydte, Helmut Kerutt, Wilhelm Knoche, Dr. Carl Langemeyer, Ernst Lauterbach, Erich Lepkowski, Hasso von Manteuffel, Hans Möller-Witten, Heinz Nehm, Walther K. Nehring, Dr. Heinrich Neumann, Alfred Otte, Bernhard Hermann Ramcke, Julius Ringel, Eberhard Roth, Paul Sauer, Gerhard Schacht, Lina Schäfer, Gerhard Schirmer, Wilhelm Schmalz, Karl-Lothar Schulz, Wolfram Stronk, Kurt Student, Hans Teusen, Heinz Trettner, Heinz Volz, Harald Wachsmuth, Horst Zimmermann.